표지 그림 _ 홍성지

어릴 때는 방바닥에 엎드려 중얼거리며 그림을 그리고, 여기저기 색칠하고 오리고 붙이는 것을 좋아하는 아이였습니다. 개성 있는 그림을 그리기 위해 세상의 모든 색과 선을 주머니에 넣고서 여행하기를 좋아합니다. 서양화와 미술교육을 전공했고, 영국에서 일러스트를 공부했습니다. 그린 책 중 동시 관련 책으로는 《초코파이 자전거》,《프라이팬을 타고 가는 도둑고양이》가 있으며 동시 전문지 《동시마중》 미술 편집위원으로 활동하고 있습니다.

동시에 고리 걸기

ⓒ 강연미 외, 2022

2022년 02월 20일 1쇄 펴냄
2024년 02월 20일 2쇄 펴냄

글 쓴 이 | 전국초등국어교과모임 서울남부 쌀떡밀떡
강연미 권선희 김명순 김효진 우경숙 유선민
윤미경 이정희 이혜림 한우정 황세원

기　　획 | 강연미 권선희 우경숙 이정희
표지디자인 | 김민해
제　　작 | 세종PNP

펴 낸 곳 | 도서출판 삶말
등　　록 | 399-2016-000-007
인　　쇄 | 세종PNP
주　　소 | 경기도 하남시 덕풍북로 140, 114-701
전　　화 | 031-792-6038
이 메 일 | yy0117@hanmail.net

ISBN 979-11-89078-21-8 (03370)

값 18,000원

이 도서의 국립중앙도서관 출판시도서목록(CIP)은 서지정보유통지원시스템 홈페이지(http //seoji.nl.go.kr)와 국가자료공동목록시스템(http //www.nl.go.kr/kolisnet)에서 이용하실 수 있습니다.

■ 잘못된 책은 구입한 서점에서 바꿔 드립니다.

동시
온작품읽기

전국초등국어교과모임 서울남부 쌀떡밀떡

강연미 권선희 김명순 김효진 우경숙 유선민
윤미경 이정희 이혜림 한우정 황세원

여는글	동시에 고리를 걸며 _ 강연미	006

첫째 고리
나와 동시 잇기

나를 향한 시 읽기, 시 쓰기 _ 우경숙	013
왜 동시로 온작품읽기를 하나요? _ 이정희	036
시 읽기, 삶 읽기 _ 권선희	054
시 쓰는 교실, 시 쓰는 삶 _ 황세원	065

둘째 고리
어린이와 동시 잇기

1~2학년

올망졸망 열어 가는 동시 세상 _ 김명순	077
함께 만난 "동시"의 세계 _ 황세원	094
'매일매일 낭독해요' _ 이정희	104

3~4학년

새로운 눈, 감각을 깨우는 동시 세계 _ 강연미	127
네 손에 쥔 돌멩이가 말을 걸 거야 _ 우경숙	154
온·오프라인으로 함께 한 〈온작품 동시 놀이 프로젝트〉 _ 이혜림	170
詩끌詩끌 동시 생활 _ 유선민	184
필사의 힘으로 시 창작까지 _ 윤미경	209
서로의 마음을 이어 주는 시 쓰기 _ 김효진	220

5~6학년

동시 속 '숨은그림찾기' _ 한우정	236
마음 놓고 진지하기 _ 권선희	254

셋째 고리
시인과 잇기

상상의 아이콘! 눈사람, 김륭 _ 이혜림	273
공감과 치유의 동시, 송선미 _ 강연미	286
동화적 상상력이 시 세계로 들어왔다, 송찬호 _ 황세원	305
새로운 형식의 동시 놀이, 유강희 _ 유선민	322
말을 기르는 시인, 이안 _ 김효진	342

넷째 고리
작품과 잇기

교사, 동시를 읽다	371

덧 고리

우리가 공부한 책 목록	412
책에 인용된 동시 목록	414
참고 문헌	418
저자 소개	419

추천의 말

바다에 띄워 보내는 사랑 이야기 _ 송선미	422

여는글

동시에 고리를 걸며

"이 동시집 다 읽고 나면 '동시 톡톡' 또 해요."
"저는 올해 시 소풍이 가장 기억에 남고 좋았어요. 계속하고 싶어요"
"같은 제목, 같은 대상인데도 작가마다 동시들이 다 다른 게 참 신기해요."
"올해는 참 특별했어요. 동시를 만났으니까요."

동시를 함께 읽고 나누었던 우리 반 아이들의 목소리. 다시 꺼내 들어도 기운 나게 한다. 내가 걷고 있는 길, 전국초등국어교과모임의 작은 모임 '쌀떡밀떡'(이하 쌀밀)이 걷는 동시의 길을 돌아보게 한다.

동시에 첫 고리를 걸었던 4년 전 봄으로 거슬러 올라가 본다. 쌀밀의 한 선생님이 동시 강좌를 같이 들어 보지 않겠냐고 제안을 했다. 그동안 모임에서 동화책, 그림책, 신화 등 함께 읽고 나누며 공부했지만, 동시는 처음이었다. 동시 수업할 때 막막하고 어렵지 않았냐며 같이 공부해 보자는 제안에 덜컥 고리를 걸고 말았다. 그렇게 동시의 길은 시작되었다.

다른 문학 작품을 만났을 때와는 다르게 동시와의 만남은 조금 특별했다. 동시의 '동(童)'을 생각하며 '어린이'라는 존재에 대해서 다시 생각해 보게 만들었다. 그냥 지나치고 말았을 아이들이 하는 말과 행동에 좀 더 귀를 기울이게 되고 좀 더 세심한 눈길을 주게 되었다. 다그치기보다는 기다려 주고, 좀 더 품 넓게 이해하려 애쓰게 되었다. 좀 더 좋은 사람이 되고 싶어졌다. 좀 더 좋은 어른이 되고 싶고 좀 더 좋은 교사의 자리에 서고 싶어졌다. 나만 그런 것이 아니었다. 쌀밀 회원 선생님들이 무엇보다 자신이 변하기 시작했다고 했다.

동시의 매력에 빠져, 나와 우리 모임 일부 회원들은 동시에 걸었던 고리에 '동시 창작'이라는 고리 하나를 더 걸었다. 동시집을 함께 읽고 감상을 나누고 학교 현장에서 동시 수업을 실천하면서 동시 창작이 궁금해졌다. 아이들의 시 쓰기 지도가 막막했던 나에게 도움이 될 것이라는 기대감도 있었다. 동시 창작 공부를 시작하게 된 이유다. 이렇게 시작된 동시 창작의 길은 무뎌졌던 감각을 깨워 예민하게 해주었다. 세심하게 듣고 보게 하는 근육을 단련하게 했다. 익숙하게 보았던 나의 일상과 주변을 낯설게 보려고 애쓰게 되었다. 동시를 쓰면서 '어린이'를 다시 보고 생각하게 된다. 동시가 새롭고 더 깊게 들어오기 시작했다. 동시 창작은 쉽지 않은 길이어서 '쏨'의 자세에 대해 돌아보게 한다.

동시는 감추어 말하고, 바꾸어 말하고, 빗대어 말하면서 살짝살짝 보여 준다. 이것은 동시 지도를 어렵게 하는 것일 수 있지만, 동시를 읽는 재미일 수도 있다. 설명하지 않으며 그대로 드러내 보이지 않고 다 말하지 않는다. 그리듯이 보여 준다. 그래서 재미있고 매력적이다. 동시는 말하고자 하는 것을 시어에 꽁꽁 숨겨 둔다. 이 숨겨 둔 보물을 찾는 재미가 동시를 더 궁금하게 만든다. 동시는 언어 예술로서 짧은 문학 작품이지만 품고 있는 세상은 무한하다. 어른과 어린이들 모두에게 다양한 세상을 만나고 느낄 수 있도록 해 준다. 그래서 동시를 만나면 삶이 더 풍요로워진다.

그동안 쌀밀 선생님들은 아이들과 다양한 이야기와 정서를 담고 있는 동시, 시적 상상력을 자극하는 동시들을 만나 함께 읽고 나누었다. 아이들은 자기의 정서를 만나고 친구들과 서로의 정서를 교류했다. 동시는 이렇게 공감하고 소통하는 연결 다리가 되어 주었다. 그동안 쌀밀이 동시를 만나면서 느끼고 배우며 성장한 이야기, 학교 현장에서 동시와 만난 아이들의 변화와 성장 이야기를 함께 나누고 싶다.

이제 쌀밀은 세 번째 고리를 걸었다. 우리 모임이 그동안 동시 공부를 하면서 달라진 나의 삶 이야기, 학교 현장에서 실천하며 나누었던 동시 수업 이야기, 동시집을 함께 읽으면서 쓰고 나누었던 감상 이야기, 동시 작가들의 삶과 창작 이야기가 궁금해져 기획했던 동시 작가와의 인터뷰 모음 등을 담아 책으로 묶었다.

《동시에 고리 걸기》는 쌀밀 선생님들이 동시에 첫 고리를 걸고 나서부터 동시의 길을 걸었던 이야기들을 묶은 책이다. 이 책이 우리 모임 선생님들처럼 동시 수업할 때 느꼈던 막막함과 어려움을 갖고 있을 전국 초등교사들에게 조금이라도 길라잡이가 될 수 있으면 좋겠다. 동시에 대해 궁금해지는 마음이 생기길 바란다.

  2년간의 힘든 코로나 시기를 통과하고 있는 우리 앞에, 동시는 서로의 마음을 잇고 마음을 단단하고도 말랑하게 해 주는 존재였다. 만나면 만날수록, 알아 가면 알아 갈수록, 알다가도 모를, 더 궁금해지는 그런 존재이다. 동시는. 그래서 미지의 쌀밑이 궁금해진다. 또 어떤 고리를 만들어 걸게 될지. 고리를 걸고 걷게 될 그 길은 어떤 길일지. 동시의 길을 걷지 않았다면 지금 우리 모습은 어땠을까. 길은 또 다른 길을 부르며 이어질 것이다.

  어린이문학을 공부하는 쌀떡밀떡 선생님들과 함께 책을 묶으며 조금 더 단단해지고 한 뼘 더 성장한 것 같다. 서로에게 자극이 되고 힘이 되는 모임이다. 우리가 동시의 길을 걸을 수 있도록 동시 공부에 도움을 주신 이안 시인과 송선미 시인께 깊이 감사드린다. 동시의 매력에 빠져 동시가 더 궁금해지도록 동시의 여러 고리를 만들게 해 주셨다. 동시의 길을 더 걷고 싶도록 좋은 동시를 써 주시는 동시 작가들께도 감사드린다. 바쁘신 와중에도 쌀밀의 인터뷰에 흔쾌히 응해 주시고 동시 이야기를 들려주신 다섯 분의 시인, 동시 세계로 마냥 들어가 보고 싶도록 사랑스런 표지 그림을 그려 주신 홍성지 작가님께도 감사드린다.

2022년 2월

강연미

나와 동시 잇기

- 나를 향한 시 읽기, 시 쓰기
- 왜 동시로 온작품읽기를 하나요?
- 시 읽기, 삶 읽기- 노란 단추
- 시 쓰는 교실, 시 쓰는 삶

나를 향한 시 읽기, 시 쓰기

우경숙

1. 시 정신을 통한 인문 정신의 회복

동시 _ 어린이들을 향해 조율된 시

동시를 보는 시각은 두 갈래가 있다. "동시는 문학 갈래 중 독자적인 미적 양식을 지닌 형식이며 어린이를 향해 조율된 목소리"[1]로 보는 관점, "동시를 통해 동심을 일깨워 인간다운 순수정신을 일깨우자"[2]라는 관점이 있다. 이오덕 선생님은 임길택 시집 《탄광마을 아이들》(1990)의 발문에서 "이 책이 '동시집'이라는 이름으로 나오지 못하고 어른들에게 읽히는 시집으로 나오게 된 일"이 안타까워서 "문학으로 자라지 못하는 아이들보다 더 불행한 아이들을 나는 상상할 수 없다"라고 하셨다. 선생님은 《농사꾼 아이들의 노래_권태응 동요 이야기》(2001)[3]를 펴내시고 〈권태응 어린이 시인학교〉에도 각별한 애정을 가지셨

---

1) 김이구, 《어린이문학을 보는 시각》, 창비, 2005.
2) 이오덕, 《아동시론》, 굴렁쇠, 2006.
3) 이오덕, 《농사꾼 아이들의 노래_권태응 동요 이야기》, 소년한길, 2001.

다. 아마도 어른들과 아이들에게 아름답고 참된 삶이란 무엇인가 생각하는 데 도움이 될 동시집이 나오길 염원하셨으리라. 다행스럽게도 2000년 이후 현재까지 동시 장르는 폭과 깊이에서 크게 발전했다. 그래서 현재의 어린이들은 풍부한 어린이문학이라는 자산을 가질 수 있다. 초등교육의 현장에서 교사는 어린이들에게 좋은 어린이문학을 만나는 다리 역할을 한다.

동시는 '동'이어야 하나 '시'여야 하나 논의가 분분했지만, 동시를 어떻게 동과 시로 나눌 수 있을까. 시는 교육적 효과와 예술적 효과를 한 몸에 갖고 있기에 동시라는 장르를 본격적으로 이해하며, 풍부하게 읽으면 좋겠다. 어린이와 나눌 수 있는 것이 많아지려면 시 수업을 어떻게 고안할지 관심을 두자. 동시는 어린이와 함께 읽을 수 있는 시이며, 함께 읽기에 적합한 특질이 있다. 함께 읽기 위해서는 언어 예술로서 놀이의 가능성 관점에서 접근이 필요하다고 본다. 우리 쌀밀 모임은 어린이들이 동시를 만나고 표현하는 과정을 어떻게 하면 더 풍요롭게 할까 궁리해왔다. 시를 읽을 때, 시를 쓸 때 한 사람의 내면에 사유와 감정이 자극된다. 아울러 시는 인문 정신을 대표하는 문학의 한 갈래이며, 동시에 '없는 세계'를 구현하는 언어 놀이 즉 언어 예술이다.

어린이 마음의 세계

이오덕 선생님은 '어린이 삶을 가꾸는 글쓰기' 교육을 통해 인문 정신의 회복을 추구하셨다고 본다. "마음이 정직하고 행동이 순진하고, 인간성이 풍부하고, 개성이 뚜렷한 창조적 인간"으로 자라길 원하셨다. 선생님은 "어린이 글쓰기는 어린이 마음의 세계를 담는 게 중요하다"[4]라고 말씀하셨다. 글은 한 사람

---

4) 이오덕, 중앙일보 인터뷰, 1993.

내면세계의 반영이다. 나는 어린이 내면에 모험과 놀이의 씨앗이 들었을 거라고 생각한다.

어린이는 발견의 순간, 감각의 움직임, 마음의 기척을 처음 겪으며 모험하며, 놀이하며 자라는 존재이다. 그렇게 성장하며 자신의 세계를 확장하고 내면을 길러 나간다. 내면의 성장을 위해서는 직접적인 체험과 더불어 문학 체험이 필요하다. 문학 경험을 통해 우리는 혼자서는 보지 못한 것을 발견할 수 있고, 새로운 감수성과 새로운 언어를 획득하게 된다. 발견한 것을 언어로 표현하려면 일상에서 시적인 것을 발견하는 눈을 길러야겠다. 또, 언어를 어떻게 운용해야 표현하려는 것을 정확히 혹은 비스듬히 드러낼지 궁리해야겠다.

시를 읽는 일은 '보물찾기'와 비슷하다. 교사 탁동철은《하느님의 입김》(2017)에서 시적인 것을 발견하는 눈을 '동시가 왔다'라 불렀다. 이 보물찾기 놀이는 학교 둘레의 자연, 텃밭 등으로 이어진다. 보물찾기가 한 편의 동시로, 한 권의 동시집으로 향한다면? 동시 놀이를 통해 시 속에 숨은 보물을 찾으며 내 안에 존재하는, 그러나 아직 한 번도 사용해 보지 않은 영역의 감각, 감정, 경험을 꺼내 쓰며 나를 발견할 수 있다.

동심을 앓자, 류선열

우리보다 앞서 뜨겁게 시대를 사셨던 초등 선생님이 계시다. 바로 류선열(1952~1989, 충북 제천, 청주교대) 선생이다. 선생은 우리 동시사에서 시대정신을 말할 때 뚜렷이 빛을 발한다. 시대에 발붙인 문제의식에서 비롯된 작품 세계는 삶과 씀이 서로 견인한 과정으로 보인다. '어른과 어린이가 함께 읽을 수 있는 동시집'《샛강 아이》(2002)는 선생이 37세로 세상을 떠난 후 묶은 유고 동시집이다.《샛강 아이》이후에 발견된 작품들을 살려 류선열 동시의 원형이

《잠자리 시집보내기》(2015)에 담겨 있다.

   시인의 말에 담긴 문제의식은 1980년대의 것이지만 지금 읽어도 마음이 뜨거워진다. 류선열은 "마음을 앓고, 동심을 일으켜, 온몸으로 써 내려간 삶"을 살았다. 선생은 유년 시절 원체험의 공간을 시적 공간으로 삼아 산문시의 가락을 형식으로 작품을 빚어 냈다. 산문시와 자유시의 혼용을 통한 실험, 어린이들의 놀이에 전래동요를 삽입한 작품이 서늘하고 아름다워 읽고 나면 오래 마음에 남는다.

   류선열은 시인의 말에서 다섯 가지를 말했다. ① 자연에 대한 감수성, ② 아름답고 풍요로운 언어의 획득, ③ 교육적 경험의 본질 촉구, ④ 동심의 회복, ⑤ 시 정신을 통한 "인문 정신의 회복"으로 읽을 수 있다.

> 수백 가지 새나 들꽃의 이름을 지어낸 조상들을 위해 글을 쓰자.
>
> 냉이꽃이건 산수유건 노란꽃이라 하고 피라미건 배가사리건 그냥 물고기라고만 부르는 아이들을 위해 글을 쓰자.
>
> 자주자주 시험을 뵈며 산더미 같은 숙제를 내시고는 이튿날이면 꼬박꼬박 검사를 하시는 선생님들을 위해 마음을 앓자.
>
> 장난감 수갑을 보란 듯이 내걸고 파는 문방구 주인아줌마와 희한한 비디오를 보여 주는 만화 가게 아저씨를 위해 동심을 일으키자.
>
> 그리고 이 세상에 아이들의 마음밭을 가꾸는 일보다 더 중요한 일이 있다고 믿는 어른들과 무엇보다도 아이들을 사랑할 줄 모르는 나 자신을 위해 글을 쓰자.
>
> 1988년 류선열
>
> _ 류선열, 시인의 말, 《잠자리 시집 보내기》(문학동네, 2015)

온라인으로 등교하며 정서·사회적 발달이 불균형한 현재에 류선열의 문제의식을 소환할 수 있다. 어린이들이 집 안에선 일손으로, 학교에선 공부 기계로 억압되며 배움의 기쁨을 누리지 못하던 40년 전이나, 학습 노동의 과부하를 겪는 지금이나 어린이들이 내면의 고요와 용기를 기르기 힘겨운 시절이다. 어린이는 개성적인 내면을 기를 시간이 필요하다. 그러자면 자연의 풍요로움, 문학적 경험의 풍요로움, 함께 배우고 소통하는 경험이 필요하다.

동시 놀이에서 시 쓰기로

내가 근무하는 학교는 서울지역에서 전교생 300명대의 혁신학교인데 2020년에는 제한적 등교를 하다가 소규모 학교의 등교 조건 완화 조치로 2021년 4월부터는 전면등교를 해 왔다. 많은 어린이가 몸으로 겪고 감각하는 활동과 놀이의 특성이 포함된 예술적 활동(작업)을 좋아한다. 비대면의 시대 개인들이 접촉하지 않고 배운 2년 동안 잃은 것들은 무엇일까. 직접적인 체험(몸소 겪기), 소통하고 교감하기, 작업하기(함께 읽기, 함께 도전하기, 함께 만들어 표현하기)가 아닐까? 생태적 감수성을 기르고, 언어적·탐구적·예술적 형식을 통해 마음껏 표현하고, 또래와 함께 작업하며 무언가를 새로 만들어가는 프로젝트에 도전해 보기…. 표현하는 주체로서 어린이들에게 억압된 목록은 수없이 많다. 코로나 환경에서 학교는 어린이들에게 교육적 경험의 본질에 가까운 것들을 충분히 주지 못했다.

나는 쌀떡밀떡모임 선생님들과 동시를 공부하면서 '활동 중심의 동시 감상 수업'(동시 놀이)을 실천해 왔다. 교사는 동시 장르에 대한 깊은 이해를 바탕으로 수업에 대한 관점을 세우고 동시 놀이를 마련해야 한다. 동시 놀이를 할 때 어린이들은 언어 예술이 주는 재미와 의미, 표현하는 기쁨을 누린다. 시를 낭독하고 연극, 춤, 노래, 연주, 그림, 놀이로 표현하며 어린이들은 동시와 직접적인 만남을 가진다. 이런 수업 속에서 어린이들은 능동적인 언어 주체가 되어 동시를 즐길 수 있다.

시를 읽으며 어린이들은 세상을 보는 다양한 눈을 감각하고 말이 주는 묘미를 자각한다. 또, 시를 제대로 즐기는 어린이는 자신의 이야기를 시로 쓰고 싶어 한다. 자신의 삶을 담은 시를 친구와 나누며 자신의 목소리를 내게 된다. 이렇게 시 쓰기는 어린이가 내면이 단단해지는 말을 갖게 돕는다. 그래서 시를 읽는 일은 '동시가 왔다'을 갖는 일이고, 시를 쓰는 일은 '내 말'을 기르는 일이다.

자신의 삶을 시로 쓰려면

나는 2015년~2019년 다문화 중점학교·교육복지학교에서 근무하면서 국어 교육의 방법이 막막해서 동시에 몰두하여 적극적으로 길을 찾기 시작했다. 삶과 붙어 있는 말, 마음을 드러내는 말을 획득하지 못한 어린이들이 많았다. 자기표현의 수단을 익히지 못한 어린이들은 고학년이 될수록 정서적 문제가 더 심각해졌다. 5학년에 올라오면서 많은 어린이가 정서적 허기와 정체성의 혼란을 겪었다. 그러잖아도 혼자를 기르느라 마음에 심한 혼란을 겪는 5~6학년 시기가 아닌가!

반면 한국으로 일자리를 찾아온 부모님들은 다른 지역에서 일하시느라 주말에도 자녀와 함께 지내지 못하는 가정이 많았다. 이민 가정의 경우는 부모 세대와 자녀 세대 사이에 문화적 차이, 세대 차이 등으로 갈등이 깊은 경우도 많다. 동시가 이 어린이들의 말동무가 되니 동시가 구원군처럼 느껴졌다. 동시의 단순한 형식과 입말이 주는 실감 덕분에 배움이 느린 어린이, 정서적 결핍이나 불안이 높은 어린이들도 동시 수업에 곧잘 참여한다. 부모님도, 선생님도, 친구들도 아무도 자신의 말을 들어주지 않는다고 짜증 내던 5학년 어린이가 있었다. 저도 얼마나 답답했을까. 그 어린이가 동시를 접하고 표정이 스르르 풀리던 순간을 잊지 못한다.

나의 말을 얻지 못하고 자신을 찾지 못해 혼란스러워하는 어린이들이 자신의 말을 갖게 돕는 일, 학교가 할 일은 여기 있다는 확신이 든다. 자기 이야기를 들어 줄 대상이 없어 답답하고, 자기 이야기를 하는 방식을 알 수 없어 속상하던 아이들이 동시와 친해지면서 자기 삶을 시로 쓰기 시작했다. 학교는 어린이들이 한껏 시를 향유할 문화가 있는 곳이어야겠고, 교사는 자신의 삶을 가꾸는 어린이로 자랄 수 있도록 수업을 마련해야겠다.

어린이가 쓴 시에 담긴 이야기를 귀담아듣고 읽으려면 교사의 감식안과 정성스러운 교육 실천이 필요하다. 동시와 친해질 방법을 차근차근 안내하자. 함께 읽기 방식으로 동시를 감상하고 풍부하게 표현하게 하자. 어린이 마음의 세계에 귀 기울이고 어린이가 자신의 말과 글을 찾도록 돕자. 숨과 쉼이 있는 교육으로 전환을 위해서도 시를 함께 읽는 경험, 시를 쓰는 경험은 꼭 필요하다.

2. 언어 예술로서 동시

시의 가치

좋은 시를 맛보는 일은 시를 읽는 안목을 기르고 삶을 풍요롭게 할 것이다. 시가 가진 인식적 가치, 정서적 가치, 심미적 가치를 두루 살펴보자. "잃어버린 눈나라를/ 찾으러 온/ 하얀 독립군 눈사람을 보았어요"(〈눈사람〉, 송찬호), "팡팡 핀 파 대가리를/ 몽땅 꺾어 가면// 파는 다시 ㅇ을 갖고 싶어/ (…)// ㄱ ㄴ ㄷ ㄹ ㅁ ㅂ ㅅ ㅇ/ 처음부터 다시 시작할 거야"(〈파꽃〉, 이안)를 마주하면 독자는 눈사람과 파꽃에 대해 새로운 인식을 얻는다. 좋은 시는 단순한 형식으로 인간과 세계에 관해 새로운 인식을 얻게 한다. 시적 발견은 우리를 혼자서는 못 가 본 곳으로 이끈다.

좋은 시는 그 자체로 우리를 기쁘게도 하고 슬프게 하기도 한다. "난 지금부터 칸을 만들 거야"(〈칸 만들기〉, 김창완), "하느님은 아무것도 묻지 않으시고/ 입학생 하나하나를 꼬옥 안아 주셨다"(〈하느님 나라의 입학식〉, 이안)처럼 음미할수록 그렇다. 작품에 든 자유로움과 기쁨이 이쪽으로 넘어오고, 슬픔을 어루만지는 시선이 독자 곁에 머문다.

좋은 시는 아름답다. 시는 언어 예술이므로 모국어를 새롭게 사용하여 언어의 내용과 형식에서 긴밀하게 조화를 이룬다. 시어의 적확한 사용이 자아내는 아름다움은 과연 시를 읽는 즐거움이라 하겠다. "뾰뾰뾰, 뾰뾰뾰뾰뾰"(〈봄〉, 유강희)하고 한글로 봄을 그려 보여 주거나, "소녀를 만난 후 소년은 두근두근 마음이 몸을 업고 다닌다는 걸 알았습니다"(〈소금쟁이〉, 김륭)처럼 글자로 마음을 그리는 형식에 감탄한다.

시적 상상력을 향하는 시 교육

시 교육의 방향은 시적 상상력을 향하는 것이 마땅하다. "시적 정서는 삶을 바탕으로 하되, 생활 속의 상상력에 의해 형상화되는 것이 아니라 시적 상상력에 의해 형상화된다."[5]

그러므로 시 교육에서 "여럿이 함께 온몸의 감각을 활용하여 감상하는 방식이 바로 동시의 향유 방법"[6]이라는 지적은 우리 쌀밀 모임이 탐구해 온 동시

---

[5] 김대행 외,《문학교육원론》, 서울대학교출판문화원, 2017.

놀이와 나란히 놓고 볼 수 있겠다. 동시 감상 활동은 "함께"라는 방식이 중요하다. 동시 놀이를 지향하며 자아 탐색, 공감과 소통, 치유의 힘, 풍요로운 삶을 위해 정서적 충전력을 얻으려 한다.

> "학습자가 시를 예술작품으로 보고 그 속에 내재한 정서적 울림의 독특한 순간을 포착하도록 유도해야 한다.…… 학습자는 시 교육을 통해서 시적인 상상력과 창조성을 추체험해야 한다. 시적인 상상력과 창조성은 언어를 통한 서정적 이미지의 형상화에서 비롯된다.…… 시 교육에서 서정적 체험과 언어적 체험은 균형적으로 지도될 필요가 있다."
>
> _ 이향근, 《시 교육과 감성의 힘》, 청동거울.

한 편의 동시는 창작자가 새롭게 한 인식에서 출발하므로 읽기 과정에도 독자의 섬세한 눈과 통찰이 필요하다. 동시 읽기를 통해 독자는 시적 감성 즉, 느낄 수 있는 힘을 기르고 내면을 비추어 본다. 나는 아이들의 마음에 천진한 웃음과 세상에 대한 궁금증 같은 것이 있으면 좋겠다. 시가 주는 기쁨은 우리 생활을 한껏 풍요로운 결로 고양한다.

> "왜냐하면 생각에서 출발하는 건 산문이기 때문이다.(…) 시에서 언어는 가장 중요한 것이다. 시는 언어의 울림과 어떤 리듬에 실려 있는 언어의 고리이다.(…) 한 편의 시를 이해한다는 것은 시에서 솟아나는 영감에 휩싸인다는 것이다. 산문의 덕성이 명확성이라면, 시의 덕성은 감동과 암시적 환기력에 있다."
>
> _ 미셸 투르니에, 〈시와 산문〉, 《미셸 투르니에의 상상력을 자극하는 시간》

---

6) 이향근, 〈어린이시와 동시 사이 거리 좁히기〉, 《창비어린이》, 2020년 겨울호.

시의 언어는 시적 인식을 바탕으로 탄생한 말이고, 언어가 주는 울림의 효과와 말이 가진 리듬을 살리는 방식으로 연결되어 있다. 그래서 시를 읽는 이는 감동 받고, 시가 감싼 겹 너머로 인식과 감각을 떠올리게 된다. 작품을 향유하는 즐거움을 알면 어린이들은 자연스럽게 창작에 관심을 가진다. 둘레에서 일어나는 일을 관찰하고 시로 쓰면 내면을 비추는 효과가 생긴다.

시가 마음을 이야기할 때는 화자의 감정이나 생각을 바로 드러내지 않고 다른 대상이나 정황에 빗대어 표현하는데 이때 매개물을 '객관적 상관물'이라 한다. 독자는 객관적 상관물에 자연스럽게 감정을 이입하게 된다. 예컨대 〈모두들 처음엔〉(이안)을 읽을 때 독자는 자신이 겪은 '잘 안 되던 처음의 시간'을 떠올리고 정서적 울림을 얻는다. 시가 독자가 앉을 자리를 마련해 놓는 방식이다.

언어 예술로서 동시

학교에서는 개인으로서 내면을 발견하고 서로 공감할 도구로서 예술 교육이 필요하다. 자신을 온전히 읽어 내는 힘, 타인에 대한 상상력은 예술 경험을 통해 촉진될 수 있다. 언어 예술로서 동시 감상 활동, 시 쓰기 활동을 살펴보자. 시를 감상하고 시를 쓰는 작업은 어린이의 내면에 깊은 변화를 이끈다. 자신과 주변 세계를 이해하는 데에도 도움이 된다. 예술은 "작품을 만드는 예술가로부터 나오지만, 작품을 감상하는 수용자의 것"이기도 하다. 자기 성찰을 바탕으로 한 예술의 심미적 경험은 '좋은 삶'을 위해 꼭 필요하다.

그런데 어린이 독자가 자신만의 질문이 생겨나기 전에 교사가 주제를 제시하고 사고의 경계를 좁히는 것은 문제이다. 이런 경우 독자는 문학적 감수성과 사고력, 독서 문화를 향유하기보다 읽기 학습의 대상이 된다. 동시가 품은 여백과 리듬, 긴장과 형식미, 여운을 만끽할 수 없다.

어린이들에게 동시를 배우는 시간은 어떤 시간이어야 할까? 개별 독자로서 어린이가 '시적인 것'을 체험하는 시간이어야 한다. 어린이문학을 즐겁게 읽는 체험을 통해 적극적인 독자가 되는 시간이어야 한다. 예컨대 교사가 교육적인 가치 전달만을 목적으로 동시를 제시하면 독자는 수동적인 자리에 머물 수밖에 없다. 굳이 언어적 감각을 총동원하여 시의 말하기 방식을 체험하고, 그 뒤에 감싸인 이야기까지 궁금해하고, 적극적으로 읽어 내게 되지 않는다. 동시 한 편을 읽음으로써 자신을 향한 질문이 생겨나면 시 교육의 방향으로 더 바랄 게 없다.

문학 작품은 자신의 내면을 직시하는 힘을 길러 준다. 분석적으로만 읽으면 자기가 알고 있는 자신, 그 너머에 있는 내면 심층과 닿기 힘들다. 자신을 향한 시 읽기를 통해 미지의 나를 마주할 수 있다.

타인에 대한 상상력

동시는 어린이부터 모든 세대가 함께 읽을 수 있는 문학이며 언어 예술이다. 동시는 단순하게 다가와 오래 머무는 특성이 있다. 시가 가진 여백은 독자에게 자리를 내준다. 텍스트가 독자의 감흥이 드나들도록 열려 있다. 시는 그림이고 노래이며 이야기로 독자에게 다가간다. 어떤 노래 때문에 생각지도 않던 인물이 떠오르거나, 어떤 그림 때문에 평소에 감지 못했던 감각이 일깨워질 수 있다. 그런데 어린이가 처음부터 혼자 읽고 깊이 수용하는 데는 한계가 있다. 그렇기에 함께 읽기가 필요하다.

금 간 시멘트 사이에서
노란
민들레가 피어났다

민들레처럼 노란
시는
마음이 금 간 곳에서
피어났다

금 간 곳에 달아 주는
노란
단추

_ 이안, 〈금〉 전문, 《오리 돌멩이 오리》

    이안의 〈금〉은 독자가 자신의 삶만큼 읽을 수 있다. 저마다 읽은 〈금〉의 울림을 공유하는 동안 시에 대한 감상이 풍부해지고 타인을 이해하는 폭이 넓어진다. 타자를 공감하는 근육은 쓸수록 민감하게 발달하고 안 쓰면 둔해진다. 어린이들이 동시를 함께 읽으며 충만함을 얻는 것처럼 교사들도 작은 모임, 교사 동아리, 교원학습공동체, 동학년 선생님들과 함께 읽기를 체험하셨으면 한다.

3. 동시 놀이란 무엇인가

동시 놀이의 실제

 온작품 동시 읽기 활동은 삶을 더 풍부하게 하는 언어 예술의 효과와 문학 교육의 효과가 있다. 마음의 무늬를 읽어 내고 세계를 탐색하는 놀이로서의 가능성이 열려 있다. 그 가능성의 문은 어떻게 열어야 할까? 동시를 읽고 함께 표현하는 동시 놀이는 학생 중심 협력적 프로젝트(말놀이, 몸 놀이, 낭독 놀이)로 재구성한다. 동시 노래에 안무를 짜서 발표하고, 둘씩 짝을 이루어 동시 방송을 토크 식으로 진행한다. 친구들의 사연을 응모 받아서 추천하는 동시를 낭독하고 고민 상담을 해 주는 라디오 방송 디제이 활동을 하기도 한다. 표현할 말을 궁리해 보고 친구와 협력하여 춤, 노래, 즉흥극, 동시 방송, 라디오 디제이, 낭독회 등을 만들어 내는 과정은 무척 즐겁다.
 동시 놀이는 독자와 텍스트 사이에 교류를 활발하게 하고 시적 정서를 내면화하는 데 목적이 있다. 동시 놀이의 텍스트로는 백석, 윤동주, 권태응으로부터 현재에 이르는 작품들을 두루 적용하고 있다. 작품마다 리듬이 강점인 동시는 노래나 춤으로, 이미지가 강점인 동시는 대화식 진행으로 감상을 말하는 낭독 놀이로, 의미가 도드라진 동시는 비밀 찾기로 접근한다.

 - 리듬이 있는 동시 놀이

 교실에서 동시 감상 교육은 어떠해야 할까. 좋은 작품을 여럿이 동시 놀이로 즐길 때 어린이들은 시에 든 이미지와 노래를 읽어 내는 감각을 발휘한다. 동시 놀이에서 텍스트와 독자의 위치는 동등하다. 독자와 독자는 동등하다. 독자는 한 권의 동시집에서 감상할 작품을 고르고, 표현 방법을 창안할 때 감상은 입체적으로 나아간다. 작품 속에 든 비밀을 발견하면서 독자는 "무언가를 하거나 하지 않을 수 있는 스스로의 잠재력을 관조하면서 느끼는 기쁨인 자긍심"[7]과 예술적 자아 안에서 평화를 찾는다.

> 빨, 주, 노, 초, 파, 남, 보
> 일곱 가지 크레파스가
> 무지개를
> 찾아 나섰다
>
> 강물이 달려가는 머언 들판 끝
> 둥글게 걸린
> 다리를 건너서
>
> _ 송찬호, 〈무지개를 찾아서〉 전문, 《여우와 포도》

송찬호 동시집 《여우와 포도》(2019)로 동시 놀이를 할 때다. 〈무지개를 찾아서〉를 고른 창윤이(초3)가 "이 시는요, 노래가 제일 잘 어울려요. 그래서 내가 노래로 만들었어요." 하며 노래를 불렀다. 네 명의 친구가 발랄한 동작을 하며 부르는 노래는 교실에서 제법 불렸다. 안 가본 데로 서슴없이 가 보는 어린이들의 모험과 용기를 닮고 싶다.

---

7) 조르조 아감벤, 《불과 글》, 책세상, 2016.

- 이미지가 있는 동시 놀이

우리가 나고 자란 집을 떠나
오늘 이사 갑니다
장야 주공 아파트 3층
목련나무가 베란다를 들여다보는 집

우리가 나고 자란 집은
우리가 아기 때부터
벽에 그림을 그려 놓고
장판에 글씨를 써 놓아서 지저분합니다

우리가 나고 자란 집은
벽에 곰팡이가 피었고 욕조는 내려앉았습니다
이삿집 차에 우리 짐이 다 실리고
우리 집을 떠날 때
나는 나와 동생이 어릴 때
벽에 그려 놓은 그림들이 눈물 흘리며
잘 가라고 손 흔드는 걸 보았습니다

우리가 나고 자란 집
현관문이 닫힐 때 조금 눈물이 났습니다
우리가 나고 자란 집의
현관에 내가 붙여 놓은 공룡 스티커도
나를 보고 손을 흔들었습니다

_ 송진권, 〈우리가 나고 자란 집〉 전문, 《어떤 것》

송진권 동시집《어떤 것》(2019)에서〈우리가 나고 자란 집〉으로 동시 놀이를 했다. 자라면서 소중한 인연에 미처 작별 인사도 못 하고 떠나온 일을 떠올리고, 종이로 만든 여행 가방에 간직하는 놀이이다. 송진권은 우리가 지나온 어떤 순간을 그려서 허전한 마음을 어루만진다. 어릴 때 가졌던 소중한 물건과 관계를 잃어버렸지만, 그 순정과 온도만큼은 기억한다. 승혁이(초3)는 갑작스럽게 이사 오느라 친구 전화번호도 못 물어봤다며 친구 얼굴을 그려 넣었다. 시우(초3)는 병으로 먼저 떠나신 아버지를 까만 실루엣만 그렸다. 마음은 말로 하기보다 그리는 것이 자연스럽다. 글자로 그린《어떤 것》은 시적 순간들을 호명한다.

- 의미가 있는 동시 놀이

　　경숙이네 아줌마가
　　내게 붙인 것은
　　딱지.

　　– 여우 같은 계집애

　　그 옆에 나는
　　스티커를 붙였다.

　　―나는 경숙이보다 키가 크고 더 이쁘고 웃음이 많고
　　　내 동생 승훈이를 사랑하지요

　　　　_ 송선미,〈딱지 옆에 스티커〉전문,《옷장 위 배낭을 꺼낼 만큼 키가 크면》

송선미 동시집《옷장 위 배낭을 꺼낼 만큼 키가 크면》(2016)에는 〈딱지 옆에 스티커〉가 실려 있다. 타인에게 받은 딱지는 내가 애써 살아 낸 기록이다. 자아를 존중하고 감싸 줄 스티커는 내가 나에게 붙여 줄 수 있다. 자기 긍정의 응원과 칭찬은 딱지를 없는 척 숨기려는 게 아니다. 나를 다 모르는 타인보다 내가 붙이는 스티커에서 힘을 받는다. 나를 더 잘 아는 사람은 나니까.

이 작품으로 동시 놀이를 할 때 이○희(초5)가 "난 나한테 스티커를 줄 거고, 심지어 엄마한테도 스티커를 주겠다"라고 시를 썼다. 이 시가 발신하는 메시지는 좋은 '마음 치유 처방전'이고, 이 약은 독자가 스스로 수용치를 정할 것이다. 사람마다 가진 독자적인 세계를 이해하고 존중하는 바탕 위에서 문학 작품을 수용, 향유, 창작하는 것이 가능하다는 것을 깨우쳤다. 독자는 마음의 주인이어서 힘이 세다.

동시 속 보물찾기

어른 독자인 나에게 동시를 배우는 일은 신중하게 듣고 말하는 감각을 단련하는 과정이다. 무엇보다 현장에서 말과 글을 다루는 교사들이 동시는 어떤 형식이고 어떻게 작동하는지 알아야겠다. 혼자 궁리하기보다 작은 모임 단위로 선생님들이 두 학기 정도 진득하게 동시를 공부하고, 수업 형편에 맞게 온작품 함께 읽기를 재구성하면 좋다. 선생님들이 먼저 좋은 동시집을 함께 충분히 읽고 수업에 적용할 작품을 선별해야 한다. 어린이들이 작품에 다가갈 수 있게 시를 읽는 방법, 시를 보는 감각을 길러 줄 수 있다. 어린이들이 작품을 읽으며 창작자가 품은 고유한 말하기 형식을 발견하도록 교사의 발문도 적절해야겠다.

무엇보다 시를 읽고 쓰는 것은 언어 예술의 획득 과정이며 예술 교육이므로 어린이들 편에서 정답이 있다고 여길 요소를 배제해야 한다. 시의 비밀을 탐구

하는 것은 보물찾기의 과정이다. 찾을 때까지는 무슨 보물이 숨겨졌는지 모른 채 접근하면 좋다. 드러나지 않은 비밀 찾기 놀이는 둘이 해도 좋다. 교사는 좋은 작품집을 만날 환경을 너르게 제공하고, 어린이는 다른 독자와 마음 가는 대로 표현하는 과정에서 시를 읽고 쓰는 안목이 발달한다.

4. 어린이 시 쓰기, 교사 시 쓰기

어린이 시 쓰기

초록 토끼를 만났다
거짓말 아니다
너한테만 얘기하는 건데
전에 난 초록 호랑이도 만난 적 있다니까

난 늘 이상하고
신기한 세상을 기다렸어

'초록 토끼를 만났다'고
또박또박 써 본다
내 비밀을 기억해 둬야 하니까
그게 나에게 힘이 되니까

_ 송찬호, 〈초록 토끼를 만났다〉 전문, 《초록 토끼를 만났다》

나는 〈권태응 어린이 시인학교〉(2019) 도움 교사로 참여하면서 시인들은 어떻게 시를 발견하도록 가르치는지 지켜보았다. 어린이들은 사흘 동안 좋은 작품을 충분히 읽고, 자연 속에서 산책하고, 몸 놀이를 하며, 놀이 속에 자신을 풀어놓은 뒤 창작을 했다. 어린이는 무대에 올라 자신이 쓴 시를 낭독했다. 이 시는 《권태응 어린이 시인학교 어린이 시집》으로 묶인다. 자신만의 비밀을 가져서일까. 시인학교를 마치고 돌아가는 어린이들의 얼굴은 빛났다.

어린이는 시를 읽으며 주체적 독자로서 문학 경험을 풍부히 하고, 시와 놀아 보는 체험을 통해 시적 순간을 발견한다. 말놀이, 몸 놀이, 생태 놀이를 통해 동시와 노는 과정은 몸과 말과 씀을 긴밀하고 다정하게 연결 짓는다. 어린이들은 시를 읽는 데 그치지 않고 자신의 시를 쓰고 싶어 한다. 놀이에 흥이 오르면 놀이의 규칙을 바꿔가면서 자신이 만든 규칙으로 놀아 보고 싶은 마음과도 같다.

동시 감상 수업을 차근차근 진행하면 어린이들은 낭독하는 재미, 시를 향유하는 재미를 찾아 나간다. 자신의 생활과 마음을 시로 쓰고 싶어 하고, 시 쓰는 게 정말 재미있다고 한다. 한 번 써 보니 자꾸 쓰고 싶다고 한다. 시 수첩에는 창작 시가 쌓여 가고 친구들 앞에서 자신의 시를 낭독할 때 자부심이 가득하다. 시문집 《시가 내리는 날》에 작품들을 모아 묶었다.

> 그럼 아빠도 그럴 때가 있었어 그럼 그럼 그건 아무것도 아니야 그럼 힘내고 다 잊어버리자 그럼 잘할 수 있잖아 그럼 그럼 다 털어 버리면 돼 그럼 아빠랑 맛있는 거 먹으러 가자 그럼 그럼 이제 마음이 좀 풀렸지?
>
> 아니!
>
> _ 문현식, 〈그럼 그럼〉 전문, 《오늘도 학교로 로그인》

다음은 문현식 동시집 《오늘도 학교로 로그인》(2021)을 감상하고 우리 반 정륜이가 쓴 시다.

글쎄요
서울 선유초 4 이정륜

수학
서울 선유초 4 신연우

너는 꿈이 뭐니?
―글쎄요?

달력이 물에 젖고
종이는 찢어지고

지금 뭐 하니?
―글쎄요?

같이 가면 될 것을 굳이 따로 가고
그런 애가 있대

학원 안 가니?
―글쎄요?

바로
수학이야!

넌 너 자신을 모르는구나!

(2021.10.27.)

―아니요!
그저 미래를 모를 뿐이죠.

* 문현식의 〈그럼 그럼〉 함께 감상하고 자기 생각을 썼다. (2021.5.30.)

동시 놀이를 고안하고 실천하는 과정에서 어린이들에게 배운 것이 있다. 어린이들은 작품을 만나 여태껏 한 번도 도전해 보지 않은 방식으로 표현하길 즐긴다. 완결된 작품에서 정답을 찾는 수용자인 독자가 아니라 "작독자"(wreader)로서 작품과 능동적으로 교류한다. 작품을 창작한 시인과 동등한 위치에 자신을 놓고 동시를 만난다. 이렇게 동시 놀이에 능동적으로 참여하는 어린이 독자는 창조성을 체험한다.

　나는 세상에 없던 놀이, 동시 놀이를 궁리하며 독자의 개성을 소중하게 생각한다. 현장의 교사가 동시 장르를 너르게 이해하고 개성적인 독자를 존중하는 바탕에서 독자가 즐길 활동을 마련하면 좋겠다. 함께 읽기를 통해 어린이와 함께 주체적인 독자로 성장하며 동시의 형식과 시적 인식을 발견하는 감식안이 길러진다. 동시를 가운데 놓고 우리는 더 유연한 세계로 넘어가 자유롭게 표현할 수 있다. 어린이들은 좋은 동시를 발견하는 기쁨에 환호하고, 울림을 몸으로 표현하려 들며, 자기만의 시를 쓰겠다고 서슴없이 연필을 든다. "인간의 호흡과 체온과 심장 박동을 만들어내는 그 순간을, 우리는 시라고 부릅니다."[8] 라는 말처럼 벅찬 순간은 모두 시라고 부르고 싶다.

교사 시 쓰기

　쌀떡밀떡 선생님들과 함께 동시를 배우며 개별 독자로서 우리가 서로 얼마나 다른가 실감한다. 감상의 과정에서 개인으로서 독특한 내면이 반영된다. 살아온 서사가 다르고 독서 경험이 달라서 정서적 반응도, 작품을 인식하는 방향도 다르다. 함께 동시를 나누는 공동체가 되지 않았더라면 몰랐을 개성이다. 함께 읽기는 교사인 나에게 필요한 것이었다. 감상 과정에서 겪는 이 독특한 즐거움 때문에 창작에 관심이 생겼다. 한 어린이가 "시를 창작하면 상상력이 풍부해지고, 평화를 얻고, 꽤 재밌다"고 썼다. '평화를 얻는다'라는 말이 깊이 마음에 남았다. 2020년에는 동시 창작 강좌를 등록하여 배우기 시작했다.

---

8) 테드 휴즈, 《오늘부터, 詩作》, 비아북, 2019.

2020년부터 우리 모임 선생님 열 분이 동시 창작을 경험하며 말과 글과 삶을 제대로 보려 애쓰고 있다. 겪어 보니 "예술 활동에서 가장 중요한 것은 독특함이다. 그리고 이 활동들은 독특하게 만족감을 주고 좌절감을 안긴다.… 예술을 통해 인간성을 경험하는 것이다."[9] 말하자면 창작 과정에서 대상을 통해 자신을 인식하는 일이 가장 중요하다. "시라는 것은 사람을 통해 사람을 알고 대상을 통해 나를 아는 이야기들을 독특한 방식으로 그려내는 활동이다."[10]

아직 습작생이지만 둘레를 보는 눈, 특히 수업을 보는 눈, 말을 듣는 감각만큼은 달라진다. 시가 나오려면 어떻게 해야 할까. 주의를 조금 푼 상태에서 처음 흘러나온 말이 다른 말을 끌고 나온다. 포기하지 않고 붙들고 궁리하다 보면 시는 차츰 몸을 갖춘다. 나도 모르게 나온 말들은 나와 밀착된 말들이었다. 왜 "써 봐야 안다"라는 말을 하는지 조금 알겠다. 내 말도 씨니까 심어서 길러 볼밖에 도리가 없다.

시는 내가 홀로 있는 방식

시 쓰기는 좋은 삶과 쉼을 위해 필요하다. 포르투갈의 시인 페르난두 페소아의 말처럼 "시는 내가 홀로 있는 방식"[11]이다. 우리 교실에서는 창작 수첩에 시를 쓰면 수첩을 교실 뒤에 세워 둔다. 친구가 무슨 시를 써 왔는지 읽어 보고 좋으면 전에 쓴 시도 궁금해한다. 자신이 쓴 시를 친구들 앞에서 들려주고 질문도 받는다. 서로 창작 수첩을 바꿔 읽고 이야기를 주고받는다. 친구가 자신의 수첩을 알은체할 때 자신의 마음을 알아준 양 얼굴이 환하게 빛난다.

---

9) 제시카 호프만 데이비스,《왜 학교는 예술이 필요한가》, 열린책들, 2013.
10) 김대행 외,《문학교육원론》, 서울대학교출판문화원, 2017.
11) 페르난두 페소아,《시는 내가 홀로 있는 방식》, 민음사, 2018.

사람들이 시를 읽는 이유가 무엇일까? 시를 쓰는 이유가 무엇일까? 나도 모르던 나를 만나고, 나의 말을 찾는 기쁨이 있다. 그 기쁨을 간직하는 비밀은 내게 힘이 된다. 세상의 모든 선생님이 온작품 함께 읽기도 겪어 보고, 시 쓰기도 겪어 보시라고만 말씀드릴 순 없다. 다만 시 쓰기의 과정을 온전히 경험해 보면 어린이 시를 읽는 눈이 달라진다. 어린이가 시를 쓸 때나 내가 시를 쓸 때나, 나를 향하는 시 쓰기이며 나를 알아 가는 과정이니까. 올해는 선생님들이 어린이 마음의 세계에서 무엇을 지켜 줄지 함께 고민하면서 저마다 학교에서 희망을 길어 올리길 소망한다.

왜 동시로 온작품읽기를 하나요?

이정희

동시를 가지고 온작품읽기를 한다고 하면 사람들이 하는 질문은 두 가지이다. 하나는 아이들에게 동시를 꼭 읽혀야 하나요? 아이들에게는 어린이 시를 읽히면 되는 것이 아닐까요?라고 동시 읽기의 필요성에 의문을 제기하는 질문이다. 또 하나의 질문은 동시의 필요성은 느끼나 구태여 동시집 자체를 온작품으로 지도할 필요가 있을까요? 이 두 질문에 대한 우리 모임 선생님들의 생각을 들어 보고자 이야기를 나누었다.

질문 1 왜 동시를 읽혀야 하나요?

이정희   왜 선생님들은 아이들에게 동시를 읽하나요?

윤미경   아마 가장 기본적인 이유는 국어과 교육과정에 동시가 제시되어 있기 때문이겠죠. 그런데 동시를 교과서에 나온 대로 단편적으로 한 편, 두 편 다룰 때와 1년이라는 시간을 들여 꾸준히 다룰 때의 효과는 많이 다른 것 같아요. 저희는 그 효과를 느꼈기에 동시를 이렇게 1년 내내 꾸준히 지도하고 다루고 있는 것이 아닐까 생각해요.

유선민 맞아요. 동시를 지도하려고 교육과정을 재구성하다 보면 분명 번거롭고 힘든 것도 있는데, 동시의 힘을 느끼고 나면 그것을 저버릴 수 없더라고요. 제가 느낀 동시의 가장 큰 힘은 '치유와 공감'이라고 생각해요. 문학의 효용이 타인의 슬픔을 배우는 것이라고 하는데, 동시를 읽을 때는 그것이 더 잘 발현되는 것 같아요. 아이들이 동시를 읽으면서 자신과 비슷한 경험에서 위로를 받고, '나만 이렇게 느끼는 것이 아니구나' 하는 마음으로 치유되기도 하지요. 또한 타인에 대한 공감을 자연스럽게 끌어내요. 자신이 경험한 적이 없더라도 시적 화자의 입장이 되어서 감정을 이입하다 보면, 타인에 대한 이해와 공감 능력이 높아지는 걸 느껴요. 특히 동시로 역할극을 할 때 그런 모습이 더 잘 느껴지곤 해요.

이정희 공감이라는 것이 모든 문학의 보편적인 지향점일 텐데, 특히 동시를 지도할 때 더 효과적인 이유는 무엇일까요?

유선민 동시는 짧지만 한 편 한 편이 완성도 있는 문학 작품이잖아요. 동화는 40분이라는 시간 안에 그 작품을 읽기 어려울 때도 많고, 공감까지 끌어내는 데 시간이 부족할 때가 많아요. 그런데 동시는 짧으면서도 그 한 편에 품고 있는 이야기가 있고, 짧기에 쉽게 읽을 수 있어서, 그 여백에 자신의 이야기를 채워 넣고 풀어놓기도 좋아요. 자연스럽게 아이들의 삶과 이야기가 흘러나오고 서로에게 잘 전이되더라고요.

권선희 저도 선민 샘의 의견에 공감해요. 1학년의 경우는 몇 줄 안 되는 짧은 한 편의 시를 가지고도 한 시간을 이야기할 수 있잖아요. 예를 들어 〈공룡_공부〉(박성우)라는 시는 첫 행이 "공룡아, 공부 안 하고 왜 우니?"에요. "공룡이 울고 있어. 왜 울까?" 하고 물어보면 아이들은 이야기를 쏟아 내요. 그때 아이들이 하는 이야기는 지식적인 이야기가 아니에요. "엄마한테 혼났어요.", "깜깜한데 엄마를 잃어버렸어요."와 같이 자기 경험이 다 드러나거든요. 1학년의 경우 긴 글은 잘 못 읽어요. 이야기가 있는 긴 글을 주고 내용 파악하고, 공감하려고 하면 시간이 다 지나 버리고 아이들 머릿속에서 앞부분 이야기는 다 잊히고 말지요. 그러나 동시는 짧은 그 몇 줄에도 이야기가 들어 있어서 아이들하고 뭔가 나누기가 좋아요.

김명순　시인들은 동시를 쓸 때 필요 없는 말은 모두 싹 빼내면서 그 안에서 이야기를 구성하기 때문에, 동시를 읽어 보면 이야기가 탄탄하다는 것이 느껴져요. 이렇게 탄탄한 이야기가 아이들과 이야기 나눌 때 좋은 것 같아요.

황세원　저희 반 아이들은 6학년인데 지금 사춘기잖아요. 표정만 봐도 고민하고 있구나, 힘들구나! 하고 느껴지지만 그렇다고 물어보면 얘기를 잘 안 하잖아요. 그런데 박성우의 《난 빨강》 같은 동시집을 읽어 주면 읽어 주는 것만으로도 아이들에게는 나만 이렇게 생각하는 거 아니구나 하고 위로가 되는 것 같아요.

한우정　우리 반에 지독하게 사춘기를 앓는 여자아이가 있어요. 너무 심하게 방황해서 전문 상담 기관까지 찾아가서 상담을 받던 아이인데요, 하루는 그 아이에게 《미지의 아이》를 읽어 보라고 권했어요. 그런데 아이가 시를 읽고 오더니, 시집의 모든 시가 너무 좋았다면서 그중에서도 자신은 〈도마뱀은 도마뱀〉이란 시가 가장 마음에 닿았다고 하였어요. 이 동시는 자기 마음을 어찌지 못하는 아이에게 위로를 주는 것 같아요. 온전히 자기를 인정해 주고 믿어 주며 자기가 잘하고 좋아하는 것을 나누면 된다는 화자의 말에 위로받은 것은 아닐까요? 저는 동시를 읽으면서 6학년 아이들이 까불면서 저마다의 개성을 드러낼 수 있으면 좋겠어요. 그러면서도 타인을 존중하는 마음을 키워 가며, 있는 그대로 존중받고 배려하는 그런 아이들로 자랐으면 좋겠어요.

유선민 국어 교육과정에 보면 문학 작품을 읽고 자신의 경험과 연결 짓거나 경험이나 생각을 나누며 서로를 이해하고 존중하는 성취목표가 있어요. 동시를 읽고 감상을 나누다 보면 자신의 경험을 자연스럽게 이야기하고 저절로 그때의 마음과 감정을 나누게 되더라고요.

강연미 맞아요. 그러면서 자신의 정서를 되돌아보게 되는 기회를 얻게 되는 것 같아요. 전 아이들이 동시를 읽으면서 세상, 그러니까 자기 주변이나 어떤 대상들을 새롭게 보는 시각을 가질 수 있는 것이 좋았어요. 동시들이 대상을 낯설게 보게 만들고 새롭게 인식하게 만들잖아요. 글을 쓰라고 할 때 아이들이 "매일매일 똑같아요. 그래서 일기 쓸 게 없어요."라는 말을 가장 많이 해요. 그런데 사실은 매일 매일 똑같은 것이 아니라, 조금씩 다르나 다름을 내가 못 느끼는 것이겠지요. 우리 학교는 오늘이 전면 등교 첫 월요일이었어요. 그래서 전 우리 반 아이들과 《미지의 아이》에 나온 정유경의 〈월요일의 앵무새〉와 임복순의 〈월요일엔 거짓말 하나를〉이란 동시를 함께 나누었어요. 두 작가가 월요일을 어떻게 보는지 살펴보고, 아이들과 월요일을 앞둔 일요일 밤의 느낌과 월요일 아침의 느낌에 관해서도 이야기하고요. 서로가 월요일에 대해서 어떻게 느끼는지 이야기를 나누면서 공감하게 되고 위로도 받게 되는 시간이었어요. 동시는 이렇게 익숙했던 것을 낯선 시선으로 보기도 하고 공감하는 소통의 시간도 갖게 해 줘요. 이런 나눔이 있었던 후, 월요일에 관한 시 쓰기를 했는데 시들이 매우 재미있게 잘 나왔어요.

김명순 나도 봄에 이안 시인의 〈그림자 방석〉이란 동시를 아이들과 나누었어요. 그랬더니 아이들이 다음날 떨어진 벚꽃을 한 손 가득 들고 왔어요. 그래서 동그란 수조에 물을 넣고 아이들이 가져온 벚꽃을 넣어 주었어요. 그랬더니 애들이 매일 등교하면 벚꽃 주변에 모여 있고는 했어요. 물 위에 띄워 놓은 벚꽃잎은 일주일 정도 가더라고요. 그리고 꽃잎이 떨어지고 나니깐, 남은 꽃받침이 별이라고 애들이 완전 난리가 났거든요. 동시를 읽은 후부터 아이들은 "하늘이 오늘은 어쨌다. 오늘은 무슨무슨 구름이었다."라는 이야기를 하고, 산에 가면 회양목꽃, 민들레, 질경이를 찾아다니더라고요. 동시를 읽고 나면 아이들은 자연을 사랑하게 되는 것 같아요.

강연미 우리는 동화책을 읽으면서 책 속 등장인물을 통해서 우리가 경험하지 못한 세계를 만나잖아요. 동시도 마찬가지라고 생각해요. 《교사를 위한 온작품 읽기》에서 김제곤과 《시교육과 감성의 힘》에서 이향근은 '추체험'에 관해서 이야기해요. 직접 경험하지는 못 했지만, 추체험을 통해서 동시 속 시적 화자의 마음에 공감해 보는 것, 시적 상상력을 추체험해 보는 것은 중요하다고 생각해요. 동시를 통해서 몰랐던 경험을 추체험하고 보지 못했던 세계를 볼 수 있는 거죠. 이것은 우리가 직접 경험하지는 못 했지만, 동시를 읽고 세상에 대해서 새롭게 인식하게 되는 것이죠. 동시를 통해 타자에 대한 공감 능력을 기르는 일은 문학교육에서 중요한 일인 것 같아요. 어린이가 직접 겪거나 경험한 것을 소재로 쓴 시만을 맛보게 하는 것은 문제가 있다고 생각해요.

김명순   아이들이 어린이 시만 읽으면 어린이가 가진 경험의 세계에 한정되게 돼요. 그래서 생각할 수 있는 부분도 제한적인데 동시를 읽으면 시인들이 "얘들아, 세상에는 이런 길도 있고, 이런 삶도 있어."라고 세상을 바라보는 새로운 시선을 보여 주거든요. 그러면 시인이 새롭게 발견하여 열어 준 인식을 통해 아이들의 생각 문이 진짜 확 열리는 것이 느껴져요. 아이들은 스펀지처럼 이런 것들을 자신들만의 시선으로 받아들이고 세상을 새롭게 인식하는 힘을 얻어요. 이것이 아이들이 동시를 읽어야 하는 이유죠.

권선희   저도 명순 샘의 말에 공감해요. 1학년 저희 반 아이들과 《라면 맛있게 먹는 법》(권오삼)을 가지고 온작품 수업을 했거든요. 그런데 거기에서 구름에 관련된 흉내 내는 말이 나왔어요. 그래서 아이들과 동시를 나누면서 구름 이야기를 많이 했어요. 색깔, 모양, 크기 등등요. 그리고 나서 학교 뒷산으로 산책하러 나가니까 아이들이 자기들끼리 "저 구름은 어떤 모양이지?" 하면서 막 이야기를 하는 거예요. 또 흙놀이 수업한 느낌을 글로 쓰는데 한 아이가 "몽글몽글한 흙 구슬이 가슴에 쏙 들어왔다"라는 표현을 쓰더라고요. 아이 마음에 '몽글몽글'이란 말이 딱 들어 왔구나! 하고 느껴졌어요.

유선민   그러니깐 동시를 읽으면 아이들의 어휘력과 표현력을 키울 수 있고, 시적 감수성을 키우고 나아가 세계관도 넓힐 수 있다는 것이죠.

우경숙   요즘 어린이들이 대개 어릴 때부터 유튜브 같은 매체 환경에 노출되어 말에 관한 관심보다는 직관적으로 쉽게 즐길 만한 짧은 동영상에 익숙해져 있는데요. 동시 수업을 하면 말에 집중하게 되고, 말의 힘을 얻게 되고, 말의 미묘한 차이를 감각할 수 있게 돼요. 〈나 때문이 아니다〉(송선미)의 "나 때문이 아니다"라는 말이나, 〈멍구〉(김개미)에 나오는 "가슴의 생각을 존중한다"라는 말도 어린이들이 계속 쓰더라고요. 〈내 귤은 달라〉(이안)의 "내 귤은 달라"도 그렇고요. 아이들이 말의 묘미를 알게 되면 쉬는 시간에 놀 때도 말을 갖고 놀더라고요. 어린이들이 말의 차이를 느끼면서 말로 놀 수 있게 하는 것, 자신의 목소리를 갖는 것, 그것이 학교에서 동시를 가르쳐야 하는 이유라고 생각해요.

김명순 나도 경숙 샘 의견에 동감해요. 우리 반 아이들도 "나 때문이 아니야"라는 말을 시에서 만난 후 며칠이 지났는데, 어떤 애가 되게 속상해하니까 '너 때문이 아니야!'라고 애들이 말을 해 주는 거예요. 얘네들이 이런 말을 하다니, 아이들에게 이 말이 마음에 다가왔구나! 하는 생각이 들더라고요.

우경숙 그런 말을 어린이들에게 전해 주려고 우리가 이야기 읽어 주기를 많이 하는데요. 어떨 때는 동시 속 한마디가 어린이들에게 와서 탁 박히는 것 같아요. 저는 그게 되게 인상적이었어요.

윤미경 동시라는 것이 정제된 문장이라서 더 그런가 봐요. 이야기를 줄이고 가장 알맹이만 남긴 것이 시어잖아요. 그래서 그런 힘이 있는 것 같아요.

우경숙 동시를 놀이로 접근하면 학급에 또 다른 문화를 가져와요. 동시 놀이를 연극 놀이, 동시 방송을 할 때 그 활동을 준비하는 동안 긴장감이 있죠. 활동할 때 어린이들이 막 두근거린다고 하고, 활동 끝나고 나서도 또 했으면 좋겠다고 해요. 반 분위기 전체가 이렇게 뜨게 되는데 문학교육 책에서는 이걸 '고양감'이라고 하더라고요. 저는 교과 재구성을 통해 동시 놀이를 80분 정도로 구성하는데, 아이들은 이 시간을 너무 좋아했어요. 이번에 《미지의 아이》 동시 놀이가 끝났을 때도 아이들은 동시 놀이를 한 번만 더 했으면 좋겠다고들 하더라고요.

강연미 저희 반 아이들도 동시 토크 형식의 '동시 톡톡' 활동을 너무 좋아했는데요. 놀라웠던 것은 아주 내성적인 아이들 두 명이 짝이 되어 연습하면서 이야기를 많이 나누더니, 실전에서 정말 너무 멋지게 잘하는 거예요. 정말 깜짝 놀랐어요. 자신들의 이야기를 한다는 게 신나고 흥이 나는 일인가 봐요.

이혜림 요즘 세대 아이들의 특성과 맞는 것 같아요. 동시 방송이 주로 한 명이나 두 명이 나오다 보니 주목을 받게 되는데, 이런 주목이 떨리기도 하고 또 자신의 한계를 넘어섰다는 쾌감도 느끼는 것 같아요.

우경숙 동시를 활동 수업으로 열 때는 어린이들도 크게 만족하고 교사도 만족할 수 있어요. 단순한 이벤트가 아니라 굉장히 격조 있는 문화 속에서 배운다는 느낌을 받아요. "우리 반이 이렇게 했다."라고 다른 반 어린이들에게 자랑도 하며 다 같이 고양되는 느낌, 그게 좋았어요. 우리 반만의 학급 문화가 형성되는 느낌 말이에요.

김효진 맞아요. 우리 반에서만 누릴 수 있는 학급 문화라는 그 느낌이 아이들을 더욱 동시의 세계로 빠져들게 하는 것 같아요. 함께 동시집을 읽고 각자 좋아하는 동시를 뽑았을 때보다 우리 반 동시 BEST 10을 뽑았을 때 "너도 그 시가 마음에 들었어?" "나도 나도" 하면서 서로 공감하며 더 즐거워했어요. 그렇게 뽑힌 우리 반의 최고 동시는 아이들과 한 학기 내내 많은 사랑을 듬뿍 받았죠.

권선희 동시를 지도하다 보면 서로 같은 동시를 좋아한다는 것만으로도 아이들끼리 친밀감을 느끼는 것 같아요. 평소에는 서먹하던 아이가 같은 동시를 좋아한다는 것을 알고 함께 동시 낭송을 준비하면서 매우 친해지는

	것을 보았어요. 같은 동시를 좋아한다는 것이 아이들을 저절로 가깝게 만들어 줘요.
황세원	동시 낭송 얘기가 나왔는데 요즘은 문학 작품이 하나의 작품 형태에만 국한되는 것이 아니잖아요. 한 작품이 나오면 연극, 영화, 드라마, 노래, 뮤지컬로 이렇게 다양한 장르로 퍼져 나가는 것처럼 동시도 학교에서 감상하다 보면 그런 것 같아요. 처음에는 입말을 살려서 낭송하다가, 노래가 되고, 역할극으로 발전하게 되더라고요. 그것은 아마 동시가 예술의 한 부분이기에 그런 역할을 하는 것 같아요.
우경숙	국어 시간에 어린이들이 자신이 아는 것을 발표할 때는 다른 어린이에 대한 이해가 생기지 않잖아요. 동시를 갖고 함께 읽고 느낌을 나누고 활동할 때 보면 사람마다 꾸미지 않은 개성이 저절로 드러나게 되는데요. 저는 그래서 그 독특한 개인의 내면이 반영되는 것 때문에, 동시를 학교에서 함께 읽어야 하고, 함께 쓰기도 해야 한다고 생각해요.
황세원	동시를 읽기 전에는 아이들이 동시 하면 대개는 쉽고 짧게 쓴 글, 꾸미는 말 좀 쓰면 되는 글 정도로 생각하거든요. 그러나 동시집을 진지하게 읽고, 동시 속 비유의 특징을 공부하고 나니 동시를 대하는 태도가 바뀌어요. 시 창작 활동을 할 때, 아이들과 자신이 쓰려는 주제와 가장 먼 낱말부터 연결해 보면서 진지하게 탐색하는 창작의 과정을 함께 걸어 보았어요. 그러고 나니 아이들이 식상한 표현을 버리고 자신이 하고 싶은 말을 남과는 다른 나만의 방식으로 남다르게 말하는 방법을 고민하더라고요. 그리고 함께 시 쓰기 활동을 하면서 혼자서 쓰기 힘들어하는 아이들이 흥미를 보이며 참여하는 모습도 보이고요.
우경숙	고학년 어린이들은 약간 지적인 도전을 하는 것을 좋아해요. 그래서 세

원 샘이 지도한 것처럼 동시에 접근하고 감상하는 것에 흥미를 보일 거예요. 시인이 숨겨 놓은 나만의 보물을 찾는다고나 할까요?

이정희 지금까지 우리가 동시를 지도하는 이유를 이야기해 보았습니다. 지금까지 논의를 정리하면 아이들은 동시를 읽으면서 자신의 경험을 이야기하고, 함께 나누면서 위로와 치유 받으며, 타인을 공감하는 능력을 향상한다. 또 세상을 새롭게 보는 눈을 키울 수 있고, 이러한 시선은 아이들에게 자연을 사랑하게 하고, 시 쓰는 힘이 되기도 한다. 그리고 함께 낭송하는 활동을 통해 학급의 문화를 형성한다고 정리할 수 있겠습니다.

질문 2 동시집 한 권으로 온작품을 하는 이유는 무엇인가요?

이정희 '한 학기 한 권 읽기'를 동시집 함께 읽기로 해 보고자 할 때 동료 교사 중에서는 구태여 동시를 동시집으로 다루어야 할 이유가 있냐는 질문을 자주 합니다. 동시는 그저 수업 주제에 맞추어 동시 한 편씩 골라 읽으면 되지 않을까? 하는 질문입니다.

한우정 저도 예전에는 동시는 온작품읽기로 읽기보다는 온작품의 보조 역할이면 된다고 생각했어요. 동화책 한 권을 읽고 주인공의 삶 속에서 나의 경험과 삶을 돌아보는 감상 활동 단계에서 동시로 소감 나누기를 하고 시 쓰기를 통해 감상을 표현하는 방식이었지요. 하지만 동시를 공부하다 보니 동시집을 다룰 때 또 다른 힘이 있다는 것을 알게 되었어요.

이정희 우리 모임 선생님들은 동시집을 온작품읽기로 직접 지도해 보셨으니깐, 동시를 한 편씩 다루는 것과 동시집을 온작품으로 다룰 때 차이를 확연히 느끼셨겠지요. 선생님들의 생각을 이야기해 주세요.

권선희   동시를 단편적으로 뽑아서 지도하는 것과 달리 온작품으로 동시를 지도할 때는 아이들이 동시뿐만 아니라 동시 작가와도 만나게 된다고 생각돼요. 우리가 보통 동화책으로 온작품읽기를 한다고 해서 그 작가의 모든 것이 보인다고 할 수는 없잖아요. 그런데 동시집 한 권을 읽고 나면 그 작가가 어떤 사람인지, 어떤 생각을 하는지 알 수 있어요. 동시집 속에서 작가는 자신을 숨길 수가 없어요. 그래서 아이들도 한 동시집을 읽고 나면 자신과 작가가 연결되었다는 느낌을 받는 것 같아요.

윤미경   '한 학기 한 권 읽기'가 교육과정에 들어온 취지가 아이들이 평생 독자로 살아갈 힘을 주는 것이잖아요. 온작품 수업을 통해 그렇게 될 가능성이 가장 큰 장르는 아마 동시집일 거예요. 우리 반 아이들과 김개미 시인의 작품으로 온작품을 했는데, 김개미 시인에게 편지 쓰기를 할 때 "김개미 시인의 다른 작품도 사서 볼 것이다."라는 말을 쓴 아이들이 여러 명 나왔어요. 그리고 진짜 또 다른 작품을 사서 읽는 아이들도 보게 되었고요. 지금은 또 다른 동시집을 하고 있는데, 이런 식으로 동시를 동시집으로 다루다 보니, 아이들에게 시인은 스타예요. 저희는 며칠 있으면 방주현 시인을 만날 텐데 아이들이 엄청나게 기대하고 있어요.

이정희   네, 선생님의 이야기를 종합하면 한 편의 동시로 다룰 때는 단지 동시만 보인다면, 동시집으로 다룰 때는 고유한 작가 세계가 느껴져서 아이들이 작가와 더 잘 연결된다고 할 수 있겠네요. 또 아이들이 같은 작가의 다른 작품을 더 읽어 보고 싶어 한다고 할 수 있겠죠. 그럼 온작품읽기로 동시를 다루면서 느낀 생각을 더 이야기해 주셔요.

이혜림   먼저 국어 독서 단원에서 '한 학기 한 권 읽기'의 온작품을 정할 때 긴 분량의 작품은 그것을 처음 구성하는 교사도, 읽어 나가야 하는 학생들에게도 대단한 부담감으로 다가오잖아요. 그러나 동시집은 분량 면에서 짧기에 부담스럽지 않게 접근할 수 있어요.

김효진 그래서 저학년에서 동시집으로 온작품 하기가 좋은 것 같아요. 3학년 아이들과 동화책으로 온작품읽기를 했을 때 아이들이 함께 한 번 읽고 나서는 반복해서 읽는 모습은 보이지 않았는데, 동시집으로 했을 때는 아이들이 여러 번 반복해서 읽더라고요. 아침 시간에도 꺼내서 읽고 쉬는 시간에도 수시로 읽는 모습을 볼 수 있었어요.

황세원 작년 코로나 상황으로 온라인으로만 수업을 받다가 6학년에 올라오니, 아이들이 책을 끝까지 읽어 내는 것을 무척 어려워했어요. 그래서 저희 학년에서는 첫 온작품읽기로 동시집을 읽었는데, 아이들이 한 권을 끝까지 읽어 냈다는 성취감을 갖게 되었어요. 그 후 2학기에는 《80일간의 세계 일주》(쥘 베른)라는 긴 책도 온작품으로 다룰 수 있었어요. 그래서 전 온작품 수업을 도입할 때 동시집으로 해 보면 더 좋을 것 같아요.

우경숙 문학에서 사용하는 언어가 매우 이성적인 언어이잖아요. 동화도 그렇고, 비문학은 더 그렇고. 그런데 요즘 아이들은 하나의 문장을 잘 구성하지 못할 때가 많아요. 아이들의 입말이 잘 발달해야 글을 읽고 쓰는 데로 가기 쉬운데 말이에요. 그런데 동시는 말하기 방식이 구어 상황에 맞거든요. 글을 읽기 어려운 아이들이 시적 상황을 읽고, 자신이 그 상황에서 말하고 싶은 것을 이야기로 풀어 보고, 그것을 글쓰기로 옮겨 가는 것도 유익한 방식이라고 생각해요.

이혜림 전 같은 동시라도 그것을 동시집 안에서 읽을 때의 감동과 여러 동시가 모여 있는 모음집에서 읽을 때의 느낌이 매우 다르다고 생각해요. 예를 들어 박정섭의 작품 〈노총각 아저씨〉를 여러 시인의 작품 모음집에서 읽을 때는 그렇게 크게 다가오지 않는데 《똥시집》(박정섭) 속에서 만났을 때는 그 느낌과 감동이 달랐어요. 《똥시집》에서는 음악과 그림이 어우러져서 그 작품이 새롭게 저에게 다가왔어요. 그래서 저는 가능하면 동시를 한 편씩 가르치기보다는 동시집을 통해서 지도하는 것이 더 좋다고 생각해요.

윤미경 저희 학년은 모두 함께 2권의 동시집을 온작품 수업을 진행했거든요. 이렇게 온작품 수업을 하면서 동시 속에 나온 상황을 직접 체험해 보고, 시 쓰기 활동도 하고, 그렇게 동시 놀이를 하면서 동시집을 읽었어요. 동시 수업이 다 끝나고 옆 반 선생님이 동시 수업에 관한 소감을 말하는데, 아이들이 쓴 시를 보면서 자신이 힐링이 되었다는 거예요. 교사로서 수업을 이끌어 가고 아이들과 함께 수업을 짜 나가면서 행복할 수 있다면 그것이 가장 큰 힘이 아닐까요?

이혜림 저도 미경 샘과 비슷한 경험을 했는데요. 작년 저와 같은 학년이었을 때 동시집을 가지고 온작품 수업을 함께 하셨던 선생님이 계시는데요. 지금은 서로 다른 학년이거든요. 그런데, 그 선생님이 저보다도 더 열심히 다른 학년에서 동시집을 가지고 온작품 수업을 하세요. 오히려 지금은 본인이 동시에 쑥 빠지셔서 애들하고 힘들 때마다 그걸 꺼내어 보시고, 온라인 수업이 지루할 때도 동시를 한번 읽어 주면서 같이 얘기하고 이렇게 하신다는 거예요. 동시를 온작품 수업으로 아이들과 만나 보면 매력이 있어서, 한번 해 본 사람들은 지속해서 하게 돼요. 한번 해 보시면 그 마음을 아실 거예요.

우경숙 동시집으로 온작품 수업을 계획하면서 저는 교사로 첫 출근할 때의 마음이 되는 것 같아요. 어린이와 만남에 설레며 '어떡하지, 무슨 말을 건네면 좋을까?' 하던 마음이 돼요. 동시를 배우면 배울수록 '이 좋은 것을 배웠는데 어떤 방식으로 아이들과 함께 나눌까? 설레요. 이런 마음이 같은 학년 선생님께도 전달되어 함께 연구하고 동시 수업을 할 수 있어서 올해 참 기뻤어요.

유선민 또 동시집으로 온작품을 하다 보면 다른 수업과 연계해서 지도하기도 좋은 것 같아요. 과학의 식물의 한살이나 동물의 한살이, 동물의 생활 등도 동시집과 연계해서 지도할 때 더 풍부한 세계로 연결 지어 재미있게 지도할 수 있었어요. 과학의 '관찰'과 시인의 '관찰'이 비슷한 듯 다르지만 분명한 것은 오감으로 잘 만나야 한다는 점이죠.

김효진 맞아요. 식물의 한살이 단원이나 동물의 한살이 단원에서 식물과 동물을 오래 관찰하고, 동시집을 통해 그 시선을 문학적으로 바꾸는 방법을 배울 수도 있어요. 또 한 권의 동시집에 다양한 주제들이 담겨 있으니 어떤 교과에서든 하나씩 쏙쏙 뽑아서 함께 읽어 보고 나눌 수도 있어 좋아요.

권선희 아이들에게 동시집을 나누어 주면 보통 50편의 동시 중 자신이 좋아하는 동시가 아이마다 다른데, 교과서에 실린 한두 편이 우리 반 아이들이 모두 좋아하는 동시가 될 가능성은 희박한 것 같아요. 그러니깐 아이들이 동시를 재미없는 것으로 생각했던 건 아닐까요? 자신의 마음과 생각에 맞는 동시를 읽게 되었을 때 아이들이 너무 좋아하는 것이 보이거든요. 그래서 전 학교에서 동시를 지도할 때 교과서에 실린 동시로만 지도하기보다는 다양한 동시집을 활용해서 동시를 지도했으면 좋겠어요.

이혜림 온작품으로 동시집을 선정하여 '한 학기 한 권 읽기'에 도전하게 되면,

함께 읽기의 힘을 느낄 수 있어요. 학생들과 함께 읽기, 선생님들과 함께 읽기, 가족과 함께 읽기 등 함께 읽기를 통해 새롭거나 힘든 일의 경험을 공유하며 집단 지성을 발휘하고 공감대 형성과 치유의 감정까지 느낄 수 있어요.

한우정 동시집 온작품읽기는 시인의 남다른 말하기 방식을 체험하고 탐색하는 과정에서 문학적 체험과 인식의 확장을 가져올 수 있어요. 때에 따라 그 시인의 시가 제 스타일이 아니라며 손사래를 치는 아이들도 있을 수 있어요. 그런데도 함께 읽으며 친구들과 경험을 나누고 다양한 방식으로 여러 번 읽으면서 알게 모르게 시적 체험을 두루 가지게 되거든요. 기본적으로 동시는 일상 속에서 그냥 지나칠 수 있는 작고도 약한 세계를 건드려 그 존재감을 드러내고 나와 다르지 않음을 깨달아 가는 과정에서 서로 존중하고 사랑하는 마음을 갖도록 해 주는 게 아닌가 해요. 그래서 동시집 한 권을 깊이 읽고 함께 읽는 경험은 그 자체로 무척 소중하다고 생각해요.

권선희 같은 학년 선생님들과 김개미의 《커다란 빵 생각》으로 온작품읽기 수업을 했는데요. 6학년 지우가 가장 많이 했던 말이 "시인이 어떻게 내 마음을 이렇게 잘 알아요?"였어요. 지우는 그때 친구들과 사이가 좋지 않거든요. 예전과 달리 말을 잘 섞지 않는 지우를 친구들은 이해할 수 없고, 자기 그대로를 인정해 주지 않아서 지우도 친구들이 불편하고요. 말수가 줄어 가던 지우의 말문을 틔운 것이 바로 동시였어요. 살짝 설레기 시작하는 자기의 마음을 읽어 주는 〈그애 손을 잡은 다음 날〉, 요즘 들어 부쩍 힘들어하는 엄마 모습에 불안을 떨칠 수 없는 걱정을 담아낸 〈달밤〉이 지우 마음에 쏙 들어갔나 봐요. 〈달밤〉에 붙여진 포스트잇이

'나 아파요. 내 이야기를 들어주세요.'라고 소리 지르는 것 같아서 수업 마치고 교실을 나가는 지우를 붙들고 잠깐 이야기를 나누었어요. 그 후 '요즘은 좀 어때서?'라고 구체적인 내용을 묻지 않았어요. 왜냐하면 우리 사이에 끈이 하나 생겼다고 느껴졌기 때문이죠. 지우는 여전히 말수가 적었지만 교실 공간에서 자기 자리를 찾은 것처럼 매우 편안해졌어요.

강연미 동시 온작품 활동을 하게 되면 짝이나 모둠과 감상 나누기, 동시 토크, 역할극 등 활동 중심 감상 수업을 구성하게 돼요. 그런데 그런 수업 자체가 학생 중심 수업이잖아요. 아이들이 나누는 감상 모두가 정답이기에 아이들이 적극적으로 되더라고요. 이런 활동 속에서 내성적이던 여자아이가 자신을 드러내면서 발표하는 모습도 보이고요. 아마 단편적인 동시 수업이었다면 아이들의 반응이 이렇지는 않겠죠.

이정희 동시집을 온작품으로 수업할 때 우리는 아이와 작가를 만나게 하여, 아이가 평생 독자로 자라날 가능성을 열어 준다, 또 교사가 동시집을 가지고 온작품 수업을 기획해 봄으로써 교사의 수업 재구성 능력을 향상하면서, 다시 한번 도전하고 싶은 마음을 불러일으킨다, 또 동시집 한 권을 가지고 수업을 하다 보면, 동시집마다 맞춤하여 어울리는 동시 놀이를 통해 아이들의 발표력이나 학습자 중심 수업을 구성하기가 좋다로 정리해 볼 수 있겠습니다.

나가며

이정희 지금까지 왜 우리는 동시로 온작품 수업을 하는가에 관해 이야기 나누었는데요. 선생님들이 덧붙여서 하고 싶은 말이 있으면 한마디씩 해 주면 좋겠어요.

우경숙 온작품은 어린이와 함께 읽어서 가치 있는 장르, 모두가 다 대상이 될 수 있죠. 저는 주로 동화와 동시 온작품을 고루 다루고 있어요. 동화를 통해서 이야기 세계의 즐거움을 느끼게 하고, 동시를 통해 언어의 감각, 상상, 감성을 키우려고 노력해요.

권선희 동화로 온작품을 정할 때도 어떤 작품이 우리 아이들에게 맞을지 고민하며 정하잖아요. 작년에는 아이들과 잘 맞고 좋았던 작품도 올해 아이들과 그렇지 않을 수도 있고요. 동시 온작품 정하는 것도 그렇더라고요. 우리 반 아이들의 특성에 맞는 동시집을 선정하는 것도 중요한 것 같아요.

유선민 그래서 저는 선생님들이 동시집을 꼭 읽어 보셨으면 좋겠어요. 다양한 동시집을 읽으면 우리 반 아이들과 나누고 싶은 동시집을 발견하실 수 있을 거예요. 또, 동시를 읽으면서 저 자신도 변한 것을 느껴요. 예전에는 좀 일사불란함과 협동심을 중요시했다면, 동시를 읽고 나니 아이들 한 명 한 명을 시의 주인공처럼 바라보게 되고, 조금은 더 기다려 주게 되더라고요. 그리고 좀 더 솔직하고 온화한 선생님이 된 것도 같아요.(웃음) 동시를 읽으면서 좋은 어른이고 싶다는 생각도 많이 했고요.

황세원 저도 동시를 읽으면서 모든 사물을 조금 더 세밀히 관찰하는 습관이 생겼어요. 아이들의 모습도 자세히 보고, 아이의 생각과 마음도 좀 더 깊이 생각해 보게 되더라고요. 그래서 저도 선생님들이 동시를 읽었으면 좋겠어요.

이혜림 동학년과 함께하는 동시 읽기는 교사에게 서로의 마음을 이해할 수 있는 힐링의 시간이 될 거예요. 동료 선생님들과 함께 동시를 읽어 보세요.

한우정 저도 동학년 선생님들과 동시 읽기를 했는데, 동시를 읽으면서 선생님들이 마음이 참 편해졌다, 위로받았다고 했어요. 일반적으로 동시를 어린이들만 읽는 시라고 생각할 수 있는데, 그것이 아니라 동시는 어린이부터 어른까지 모두가 읽을 수 있는 시라는 생각이 들어요. 같은 시라도 자신의 경험에 따라 서로 다르게 읽을 수 있거든요.

강연미 전 동시를 읽으면서 저도 그렇고 아이들이 세상을 새롭게 볼 수 있게 된 것이 너무 좋았어요. 선생님들도 아이들과 동시를 읽고 나눈다면 그 변화를 느낄 수 있을 것으로 생각해요. 삶이 좀 더 풍요로워진 느낌이에요. 교사들이 동시집을 많이 읽으면서 동시를 보는 눈을 갖는 것이 필요한 거 같아요.

우경숙 저한테 시를 읽는 시간은 내 마음을 들여다보는 시간, 시의 여백에 기대어 쉼을 얻는 시간이었어요. 우리가 만나는 어린이들에게도 그런 시간이 될 수 있게 시 수업을 마련하고 싶어요. 제대로 읽으면 자기 이야기를 시로 쓰고 싶어지는 건 어린이도, 어른도 마찬가지이겠지요. 우리 반 어린이들도 어린이 시집, 동시집 그리고 친구가 쓴 시를 읽는 것도 즐거워하더라고요. 동시에도, 어린이 시에도 삶의 이야기가 있잖아요.

김효진 저는 쌀밀 선생님들과 함께 동시를 읽고 공부하길 잘한 것 같아요. 혼자 했다면 이렇게 깊이 동시를 공부할 수 있었을까 싶어요.

이정희 이상으로 쌀떡밀떡 선생님들과 동시 온작품읽기 수업의 목적과 그 효과에 관해 자신의 실천 경험을 바탕으로 이야기 나누기를 마치겠습니다.

시 읽기, 삶 읽기
— 노란 단추[12]

권선희

용이 아저씨네 집에 켜진 불빛

오늘 밤엔
용이 아저씨네 집에 켜진 불빛이
세상의 한가운데 같아요.

- 중략 -

환한 그 속에선 지금
갓 태어난 새끼를
어미 소가 핥아 주고 있어요.

_ 성명진, 〈불빛〉 부분, 《축구부에 들고 싶다》

---

12) 이안, 〈금〉, 《오리 돌멩이 오리》, 문학동네, 2020.

"세상 한가운데 같은 용이 아저씨네 집"에 불이 켜지면서 전깃줄을 타고 깜깜한 어둠에 싸여 존재조차 잊혀 있던 마을의 한 공간에도 깜빡깜빡 불이 들어왔다.

"아이, 머 허냐, 빨리빨리 안 나오고!"
아이는 잠결에 들려오는 소리도 아랑곳하지 않고 찬바람과 형광등 빛을 피해 꼬물꼬물 이불 속으로 기어들어 갔다.
"저리 비켜!"
날 선 언니의 목소리와 함께 덮고 있던 이불이 순식간에 치워졌다. 아랫목에 목욕통으로 쓰이던 커다란 붉은 고무 대야가 들어왔다. 오늘이 그날이다. 눈을 번쩍 뜬 아이는 겉옷을 걸칠 겨를도 없이 돼지막으로 달려갔다. 먼저 나온 언니들이 막 안을 들여다보고 있었다. 담요가 사방으로 둘러쳐진 돼지막, 불그스름한 백열등 불빛 아래서 어미돼지는 산처럼 부른 배를 철퍼덕 바닥에 널브러뜨리고 색색거렸다.
아버지는 돼지를 들여다보며 하염없이 읊조렸다.
"잘 헌다. 이이 잘 헌다."
어미돼지는 산고로 콧김을 거칠게 내뿜었다. 내복을 뚫고 들어오는 새벽바람에 오들오들 떨며 발이라도 동동거릴라치면 어김없이 조용히 하라는 아버지의 호령이 떨어졌다.
"왜 니까지 나와서 시끄럽게 허냐?"
아버지는 덜덜 떨고 있는 나를 찌를 듯이 앵그라보았다. 마침내 분홍빛 토실토실한 새끼돼지가 나왔다. 탯줄을 자른 돼지를 건네받자 셋째 언니는 수건으로 새끼를 감싸 안고 잽싸게 집으로 뛰었다. 넷째도 뛰고 나도 따라 뛰었다.

새끼돼지를 방에 들여놓고 나서야 훤히 열어두었던 방문을 닫아 찬 바람을 막았다. 언니들은 마른 수건으로 새끼돼지의 허물을 살살 벗겨 주고, 무명실로 탯줄을 묶었다. 손톱깎이로 톡톡 송곳니까지 잘라 주고서야 담요를 깔아 놓은 고무 대야에 새끼돼지를 넣어 주었다. 드디어 갓 태어난 새끼돼지를 만난 것이다. 이불 밑에 쑤셔 넣은 발끝부터 찌르르르 전기가 올랐다. 허리를 타고 팔꿈치를 타고 움찔움찔 얼었던 몸이 풀리자 스르르 잠이 왔다. 언니들이 두 번째 새끼돼지를 받으러 간 사이 새끼돼지를 고무 대야에서 꺼냈다. 새끼돼지는 생각보다 묵직했고 분홍빛 짧은 털은 생각보다 뻐셌다. 방바닥에 내려놓은 새끼돼지는 장판이 미끄러워 잘 걷지를 못하고 쫘악 쫘악 미끄러졌다.

새벽녘, 두세 시간 이어지는 분만을 다 기다리지 못하고 아이는 잠이 들었다. 아침에 일어나니 언제나처럼 방 안의 고무 대야는 텅 비어 있었다. 잽싸게 돼지막으로 달려갔다. 바닥에는 깨끗한 짚이 깔려 있고 분홍빛 새끼돼지들은 주렁주렁 매달려 어미젖을 먹고 있었다. 더 자라서 언니들의 나이가 되었을 때는, 새끼 받는 일이나 허물 벗기고 송곳니 따 주는 일이 추위를 견디며 해 보고 싶을 만큼 신기하지 않았다.

성명진의 동시 〈불빛〉은 이렇게 깜깜한 공간을 찾아 불을 밝히고 오랜 시간이 지나도 언제나 그대로인 첫 만남의 경이로움과 그 순간을 함께한 사람들을 불러냈다.

쩌르렁하는 솥뚜껑 여는 소리

노루꼬리 해가 쇠물재를 꼴딱 넘어가면 산그늘이 못골 저수지를 건

너와 우리 집에 내립니다 마당 가운데 마른풀을 걷어다 여물 섞어 쇠죽을 끓이고 불땀 없는 왱기를 태우느라 불무는 삐걱삐걱 소리를 내며 돌아가고 쩌르렁하니 쇠죽솥은 큰 소리를 내며 뚜껑을 엽니다 (……) 수수깡 자리 위에 누워서 잠이 들면 차르르 올뱅이 껍질을 사립짝에 붓는 소리에 잠이 깨기도 하며 얼렁 일어나서 쇠죽솥에 불 좀 봐라 쩌르렁하는 솥뚜껑 여는 소리 솥에 물 붓는 소리에 간신히 일어나서 쇠죽솥에 불무질을 하면 닭들이 푸드덕대며 횃대 위에서 내리기도 하고 송아지가 기웃이 장지문을 열고 부엌 안을 들여다보기도 하면 산그늘이 저만치 걷히기도 합니다

_ 송진권,〈산그늘 1〉부분,《새 그리는 방법》

"노루꼬리 해가 쇠물재를 꼴딱 넘어가면 산그늘이 못골 저수지를 건너와 우리 집에 내리는" 마을은 〈산그늘 1〉에서 그려지는 송진권 시인의 마을, 옥천군 지탄이다. 옥천군 지탄은 겨울에도 해가 오래도록 잘 드는 따뜻한 마을인가 보다.

남도 끝이지만 조계산 자락의 산들로 둘러싸인 순천시 승주는 서면, 낙안, 주암 등 다른 지역보다 지대가 높아서 겨울도 일찍 찾아오고, 오래 머물렀다. 더구나 우리 동네는 주변에 비해 낮은 데다 동네 초입의 큰 시내와 동네를 가로지르는 작은 개울로 인해 마을 전체가 늘 습했다. 가파른 산비탈과 평지가 급하게 만나는 곳에 마을이 놓이고 바로 그 뒷산으로 해가 넘어가다 보니, 산이 높지 않은데도 주변의 어느 마을보다 산그늘이 먼저 내렸다. 산그늘은 겨울의 짧은 낮을 재촉하고 마을을 음습한 추위로 가두었다. 송진권 시인의 《새 그리는 방법》을 읽으며 가장 먼저 쇠죽을 끓이던 뒤안의 아궁이가 떠오른 것은 아마도 그곳이 추위에 몸서리쳤던 기억에서 유일하게 따뜻한 공간이었기 때문일 것이다.

쇠죽솥은 수매 못 한 누에고치에서 꺼낸 번데기, 누런 메주콩, 시래기, 삼 등

별의별 것을 다 끓여 냈고, 겨우내 쉼 없이 쇠죽도 끓여 냈다. 아랫집이고 윗집이고 쇠죽 끓이는 일은 아들들이 도맡아 했다. 하지만 오빠가 외지로 가고 막냇동생은 아직 불을 넣기에 어린 터라 우리 집 쇠죽솥은 내 담당이 될 수 있었다. 처음에 쇠죽솥 근처를 알짱거리는 내가 마뜩잖아 핀잔을 주던 아버지도 작두질이며, 도끼질이며, 어깨너머로 배운 것들을 쓸 만하게 해내는 것을 보고서야 쇠죽솥을 나한테 전부 내주었다. 아버지는 적당한 물의 양, 솥뚜껑 열어야 할 때, 연기 나지 않게 장작불 피우는 법과 장작 넣기를 멈춰야 할 때 등, 쇠죽 끓이기의 비법을 오며 가며 한마디씩 툭툭 던져 주었다.

쇠죽솥까지 접수했지만, 톱질은 여전히 어려운 고난도의 작업이었다. 내 몸에 비해 너무 커 보였던 톱, 얇고 날카로운 날들은 금방 살이라도 파고들 것처럼 무시무시했다. 톱질해 본답시고 시도했다가 날이 길을 열지 못하고 몇 번 튕기다 보면 잘 벼려 놓은 톱날들이 망가지기 일쑤였다. 유난히 톱을 애지중지 아끼던 아버지는 미숙한 애들의 손길을 금방 눈치챘고 어김없이 "누구냐, 톱에 손댄 놈이!" 하며 역정을 내셨다. 어느 날, 군불을 넣고 있는 내게 "저것 좀 썰어 봐라." 하고 처음으로 톱을 잡게 해 주었다. 통나무에 모탕을 야무지게 괴었다. 나무 한 쪽을 밟고 있는 발도, 톱을 잡은 두 손도 달달 떨며 아버지 앞에서 처음이 아닌 첫 톱질을 했다. 그 후로 나는 집안에서 공식적으로 톱을 쓸 수 있는 사람이 되었다.

한번은 마당 끝에 삼태기를 막대로 괴고, 다리에 쥐가 나도록 눈꼽재기창으로 내다보며 기다린 끝에, 눈먼 참새 두 마리를 잡았다. 저녁 무렵, 참새를 받아든 아버지는 쇠죽솥 알불에 손질한 참새를 구웠다. 그러고는 거침없이 한 마리를 통째로 입에 털어 넣었다. 나머지 한 마리마저 당신 입으로 가져가다 넋 놓고 쳐다보고 있는 나와 눈이 마주치자 다리 하나를 쭉 찢어 내밀며 말했다.

"참새고기 한 점은 쇠고기하고도 안 바꾼다."

참새고기 먹어 보겠다고 종일 놀지도 못 하고 눈이며 다리며 쥐가 나게 기다린 대가는 물에 불은 강낭콩만큼 살이 붙은 가느다란 참새 다리 한 쪽. 맛도 기억나지 않는 참새 다리 하나로 세상의 비정함을 배운 날이었다. 그날 이후 김개미 시인의 〈선생님이 덜 무서워졌다〉처럼 아무리 눈을 부라려도 아버지가 더 이상 무섭지 않게 되었다.

아버지는 항상 엄했고 가슴을 헤집는 말로 가족들을 힘들게 했다. 생각과 판단이 워낙 빨라서 자식들이 머뭇거리는 찰나 질타와 비난으로 비수를 꽂았다. 그러다 보니 가족들은 아버지한테 하고 싶은 말이 있어도 하지 못했고, 꼭 해야 할 때는 여섯째인 나를 통하곤 했다. 나는 아버지와 맞서면 더 차분해지고 냉철해졌다. 큰 소리로 시작한 대화도 마침내는 "이이, 그러냐? 그렇게 됐던 것이냐?" 하며 화기애애하게 마무리가 되었다. 자라면서 다른 자식들과는 결이 다른 아버지와 나의 관계에 대해 깊이 생각해 본 적은 없다. 그러나 동시의 문이 열어 준 쇠죽솥 앞에 이르러 보니 그곳에 뜻하지 않은 답이 있었다. 가느다란 참새 다리 하나가 아버지에 대한 어려움을 참새 다리만큼이나 가볍게 해 주었던 것이 아닐까. 아니다. 쇠죽솥 앞에서 오랜 시간 동안 쌓아 온 이야기들이 우리의 관계를 남다르게 했을 것이다. 이제 아흔을 앞둔 아버지는 귀도 마음도 순해져서 참새 다리 없이도 보들보들하게 말이 잘 통한다.

해거름마다 뒤안을 가득 채운 쇠죽 내음, 진한 갈색 국물을 찔끔찔끔 토해 내며 떨던 솥뚜껑, 푹 끓여진 쇠죽솥 뚜껑을 열자마자 솥만큼이나 허옇게 올라 오던 뜨거운 김, 그리고 참새 다리 하나의 비정함까지. 〈산그늘 1〉의 "쩌르렁 솥뚜껑이 열리는 소리"와 〈아름다운 정지〉의 "따르르르 솥뚜껑이 우는 소리"를 듣기 전까지 어떻게 나는 그 따뜻했던 공간을 완전히 망각하고 있었을까.

가둬 버린 기억들

송장메뚜기 뜨는 강변에
아이가 섰습니다.

개미귀신 망을 보는 샛강에
아이가 우뚝 서 있습니다.

수백 살 버텨 온 바위 벼랑에
억새꽃이 깃발처럼 나부낍니다.
발밑에 깔린 바람이
옷자락을 붙들고 바둥거립니다.

─새벽에 황톳물에 휩쓸려 가던 누야의 울부짖음 같은 바람, 바람 소리
─아부지이, 아부지이, 아부지이……

강물은 은종이처럼 부서지는데
물속에서 누야가 하얗게 웃는데

아프면서 크는 샛강 아이는
돌아설 줄 모릅니다.

_ 류선열, 〈샛강 아이〉 부분, 《잠자리 시집보내기》

동시 공부를 시작한 것은 시를 좀 더 잘 가르치고 싶어서였다. 아이들과 시를 읽고 시로 놀고 함께 쓰고 싶었다. 그런데 동시와 만나는 시간이 길어질수록, 동시에 깊이 들어갈수록 동시는 자꾸 잊었던 기억을 되찾아 온다.

권태응의 〈또랑물〉은 비 온 뒤, 흙탕물이 빠져나간 맑은 또랑물에 신발을 띄워놓고 하염없이 쫓아가던 웃음 가득한 아이를 소환했다. 꽃 당번이 있던 시절, 새벽일을 다녀오는 아버지 풀 짐에 매달려 온 히어리, 진달래, 철쭉, 병꽃 같은 산꽃들과 여자아이는 들 수 없다는 만장을 기어이 우겨서 들고 상여를 쫓아간 끝에 받아낸, 노란 봉투 속의 오백원짜리 지폐 한 장도 찾아냈다. 하지만 동시가 찾아낸 것이 모두 이렇게 반짝반짝 빛나는 것들만은 아니었다.

가네코 미스즈의 〈자운영〉은 그 겨울의 몸서리치게 싫었던 추위와 손이 부르트도록 캐냈던 자운영 뿌리, 가짓대 삶은 물에 수차례를 담그고도 쉬 아물지 않던 터진 손등을 기억해 냈고, 류선열의 〈샛강 아이〉는 황톳물에 가족을 놓쳐 버린 사람들의 손을 나 역시 잡아 주지 못했다는 때늦은 자책을 불러일으켰다. 자치기 알에 맞아 눈이 터진 딸의 사고 소식을 듣고, 목발을 짚지도 못 하고 기어 오던 정미 아버지. 그 후, 아이들의 노는 소리가 사라져 버린 마을의 적막함. 그리고 아버지를 잃고, 어머니를 잃고, 마을을 떠난 친구들. 동시는 그 안에 무엇이 들어 있는지 불문하고 닥치는 대로 기억의 문을 열어젖혔다.

돌이켜 보면 나는 세 번쯤에 걸쳐 나고 자란 마을과 결별한 것 같다.

첫 번째는 고등학교 시험을 보러 가는 날, 대문 앞 다리에서 내 손을 꼭 잡아 주던 엄마.

"니는 지금까지 원 없이 공부 했응께, 니가 아는 것만 싹 틀려 부러라. 엄마 소원이다. 엄마 좀 살려 도라."

지금 생각하면 힘들었던 엄마 삶의 굴곡이나 시험 보러 가는 딸한테 이런 말밖에 할 수 없었던 엄마의 절망이 백 번 이해된다. 하지만 그 나이의 나는 엄마의 마음을 품을 만큼 곰삭지 못했다. 그냥 서운했고, 처음 잡아 본 엄마 손이 나무껍질처럼 거칠어서, 서운함에 그 느낌이 배가되어 오래도록 나를 할퀴었다. 신작로로 걸어가는 걸음걸음, 바지에 손을 문지르며 그곳과 멀어지고 싶었다.

두 번째는 대학에 들어가 근현대사를 공부하면서다. 서울살이를 정리한 아버지는 고향이었던 열두 가구의 작은 마을에 올망졸망한 자식들을 데리고, 밭 한 뙈기 없이 셋방살이를 시작했다. 나에게는 나고 자란 고향이었지만 그들에게 우리는 오랫동안 이방인이었다. 더구나 빨갱이니, 좌익이니 하는 현대사의 망령이 드리운 곳에서 대부분 같은 집안사람들임에도 불구하고 남보다 못한 관계가 되기도 했다. 어렸을 때는 작은 마을 안에서 이따금 섬처럼 고립되는 상황을 이해할 수 없었다. 때로는 한 식구보다 절절하다가도, 때로는 일면식도 없는 사람처럼 냉랭하게 대하는 어른들의 이중성이 보이기 시작하면서 웬만하면 집 밖을 나가지 않았다. 근현대사를 공부하고서야 내내 익숙해지지 않았던 고립감과 늘 기죽어 살던 엄마, 이유도 없이 쏟아지던 악다구니들을 이해할 수 있었다. 결정적인 순간에 무관심으로 공범이 되곤 했던 그들의 근원에 깔린 두려움도 보였다. 그러나 머리로 이해하는 순간 마음은 식어 버렸고 더 멀어졌다.

세 번째는 주암댐 청정지구로 집터를 내주고 시내로 이사 나오던 때다. 큰 소리로 웃지도 않고, 마을 사람들과 잘 섞이지 못했던 엄마는 젊은 나이에 뇌출혈로 몸의 일부를 못 쓰게 되었다. 불편한 몸으로 끝까지 농사일을 놓지 않으려는 엄마를 말릴 수 없어 강제로라도 일에서 벗어나게 하고 싶었다. 이사를 결정했다는 소식을 들으며 오랫동안 짓눌러 온 돌덩이 하나를 벗어던진 것처럼 후련했다. 열세 가구 작은 마을에서 우리는 일곱 번째로 마을을 떠났다.

그렇게 여러 차례에 걸쳐 결별하고도 길을 가다, 설거지하다, 수도꼭지를 틀다 대중없이 불쑥불쑥 치받쳐 오르는 응어리를 해결하지 못하고 나이를 먹었다. 이해는 되지만 용서할 수 없는 일도 있다. 답을 모르지도 않는다. 그래도 내면 아이는 계속 물었다. 왜, 왜, 왜. 그것들과의 싸움에서 선택한 것이 망각이다. 망각과 공존해 온 삶도 나쁘지 않았다. 그런데 동시를 만나고부터 그 망각에 균열이 갔다. 그 균열에서 뜻하지 않게 반짝이는 순간들을 발견하며 동시집을 가슴에 얹고 행복에 겨워할 때도 있었다. 하지만 무차별적으로 망각의 문을 열어젖히는 동시가 더 이상 달갑지만은 않다. 시끄럽고 불안하다.

'고통의 민주주의'라는 말처럼 누구나 고통스러운 기억은 있기 마련이다. 그렇기에 문학이나 음악이나 심리학이나 모든 영역에서 치유가 상품화되고 치유라는 말이 일반화되었다. 저마다의 고통을 달고 사는 사람들은 언제나 치유를 간절히 원한다. 독자에게 위안을 주고 힘을 주는 동시도 치유의 역할을 톡톡히 해내고 있다. 동시는 잘 달래서 망각에 묻어 두었던 내면 아이를 깨웠다. 하지만 만남의 시간이 길어질수록 더 이상 그 아이를 깨우고 싶지 않다는 생각에 자꾸 가슴이 버글거린다. 치유의 동시가 나에게는 위안보다 고통에 더 가깝다. 직면하기를 꺼리는 것이 비겁함에서 비롯된 걸까. 앨리스 밀러는 아이들은 참을 수 없는 고통을 피하고 살아남기 위해 그 경험을 의식의 외부에 저장하는 억압의 재능을 작동시킬 수 있다고 말한다. 더 이상 내면 아이를 깨우고 싶지 않은 나의 마음도 밀러의 생각에 얹어 본다.

동시의 길

동시의 길을 걸어가다 보니 자연스럽게 어린 시절을 돌아보게 되고 나를 만들었던 고향과 사람들을 찾게 되었다. 동시는 우연히 발견한 오래된 사진처럼 행복을 주기도 하지만, 잘 벼려진 날처럼 닿는 곳마다 생채기를 내기도 했다.

이 상태로는 동시의 길을 계속 가지 못할 수도 있겠다는 안타까운 마음에 생각하고 또 생각하며 끄적였다.

오랜만에 아버지와 여러 날에 걸쳐 긴 통화를 했다. 내가 고통이라고 명명한 것들을 덤덤하게 이야기하는 목소리를 들으며 버글거렸던 마음이 조금씩 가라앉았다. 아버지는 갑작스러운 잦은 전화에도 왜냐고 묻지 않고, 오히려 놓친 이야기를 해 주기 위해 직접 전화를 걸어 오기도 했다. 요즘 우리는 동시 덕분에 가장 친하게 지내는 중이다.

물이 되고 싶다던 유언을 들어주지 못하고 마을이 내려다보이는 뒷산에 엄마를 모셨다. 무덤 앞에 서면 누가 먼저라고 할 것 없이 매번 묻는다.

"좋은가? 이렇게 다 들여다보고 있으니까 좋은가?"

산소에 갈 때마다 가로질러야 하는 마을 길에 접어들면 행여 뭐라도 눈에 담길까 봐 창밖으로는 곁눈질도 하지 않았다. 하지만 이안 시인의 〈금〉을 읽고, 요 며칠 자꾸 화를 내는 엄마의 마음에 "노란 단추"를 달아 주고 싶다는 1학년 아이처럼 나도 이제 노란 단추를 넉넉히 준비해 두어야겠다. 이렇게 동시의 길을 좀 더 가다 보면 필요한 날이 올지도 모르니까.

시 쓰는 교실, 시 쓰는 삶
― 고학년 시 쓰기 수업 이야기, 교사 동시 쓰기

황세원

동시와 친해지기

책 바구니 돌려 읽기, 동시로 놀기

올해는 6학년을 맡았고, 등교일은 코로나19로 인해 일주일에 3일 정도 되었다. 국어 첫 단원은 비유하는 표현을 담은 동시로 구성되어 있다. 일단 아이들에게 좋은 작품을 많이 읽히기 위해 그동안 모아 놓은 동시집을 보따리장수처럼 풀어놓았다. 도서관에서 선별해 온 동시집을 보태니, 두 반이 돌려 읽을 양이 나왔다. 책 바구니를 만들어 6학년 다섯 반이 순서를 정해 돌려 읽었다. 동시집에서 좋아하는 시 찾아서 읽기도 하고, 비유하는 표현도 찾아보고, 시 바꿔 쓰기도 하고, 제목 맞히기 퀴즈도 하고, 뒷이야기 생각해서 이어 써 보기도 하는 등 다양한 동시 활동을 했다.

함께 시 쓰기

시란 무엇인가

아이들은 동시라고 하면, 글 밥이 적은 문장들을 연결해 놓은 글, 연과 행으로 이루어진 글, 어린이다운 (순수하고 착하고 유치한) 내용이 담겨 있는 글, 일기로 산문글 쓰기 싫을 때 쓰는 글 등으로 생각하는 경우가 많았다. 시 쓰기에 앞서 그동안 읽은 책 바구니 속 동시집들에서 읽은 동시를 다시 환기해 주며, 동시는 시인이 하고 싶은 말을 다듬고 정제해서 만든 형식의 글이라는 것을, 쉽게 쓰는 글이 아니라는 것을 짚어 주었다.

공통의 경험 만들기 (아침 달리기)

시를 쓰기 전에 아이들과 할 수 있는 공통의 경험을 마련했다. 지금보다는 코로나 확진자가 많지 않았던 학기 초에 아이들과 10분 일찍 등교해서 강당에서 아침 달리기를 했다. 간단히 체조하고 강당을 8~10바퀴 정도 뛰었는데 아이들의 참여율이 높았다. 코로나로 인해 실내 생활을 많이 한 터라 아침 달리기 덕분에 신체 건강에도 도움이 되었고, 수업도 활기차게 시작할 수 있었다. 나도 운동복으로 갈아입고, 함께 달리니, 아이들과의 관계도 금방 가까워졌다. 무엇보다 3월의 피로감을 올해는 느끼지 못하고 지나갔다. 무척 추천할 만한 활동이다.

함께 시 쓰기

한 달 정도 꾸준히 달린 후 아이들과 달리기를 소재로 함께 시를 쓰기로 했다. 일단 '달리기'하면 떠오르는 낱말을 아이들에게 말하게 하고, 칠판 가득 받아 적었다. 비슷한 낱말을 정리하여, 30개 정도의 낱말들만 남긴 후 '달리기'하면 누구나 떠올리는 평범한 낱말들(예를 들어 다리 아프다, 숨 찬다, 힘들다 등)을 지워 나갔다. 10개 정도 남기고, 남은 낱말 중 엮을 수 있는 것을 묶어 보았다. 가령, 느리다는 특징을 가진 '앞에 뛰는 사람'과 '지렁이'를 묶고, 돌아다니는 모습이 비슷한 '좀비'와 '바이러스'를 묶고, 강당의 관점에서 '당황하다', '아프다'라고 적은 낱말을 묶는 식이다. 그리고 맘에 드는 낱말 묶음을 선택해서 시를 쓰게 했다. 이 과정을 거치면서 무엇을 쓰면 좋을지 무슨 이야기를 하고 싶은지 미리 생각하게 해서 좋았다.

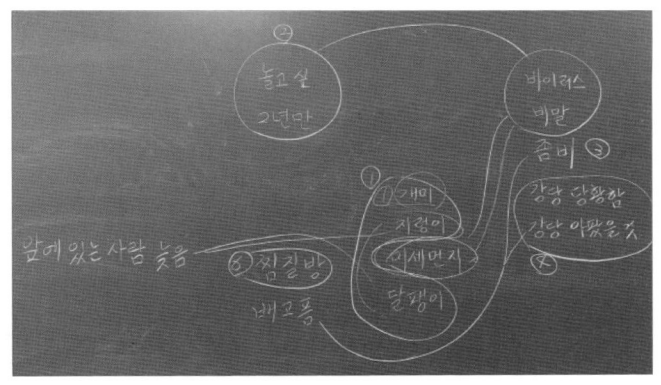

이제 생각을 나누었으니 본격적인 시 쓰기를 한다. 혼자 쓰기 어려우면 2~3명씩 모여 하나의 동시를 쓸 수 있게 했다. 그리고 어떤 내용으로 써도 다 괜찮다고 이야기해 주었다. 심지어 달리기 내용이 아니어도 괜찮다고 했다. 대신 교과서에서 배운 비유적인 표현을 꼭 넣어서 써 보라고 했다. 시의 형식을 어느 정도 인지하고 있는 고학년이라 하나의 이야기는 하나의 연에 담아 쓰라는 정도로 설명해 주었다. 충분히 이야기를 나누었기 때문에 아이들은 어떻게 써야 할지 묻거나, 난감해하지는 않았다. 그리고 친구와 함께 쓸 수 있게 하니 아이들은 부담이 덜했는지 편하게 시를 썼다. 그렇게 쓴 어린이 시 한 편이다.

강당
> 서울 금나래초 6 이태을

나는 도화지
아이들의 실내화 자국 물감

매일 매일
시커먼 자국들이 생겨

조금 쉬다가
하이에나처럼 화가들이 달려와 그림을 그린다.

나도 달려 보고 싶은데
나도 실내화 자국 찍고 싶은데

나는 항상 도화지

아이들과 이 과정을 통해서 하고 싶은 이야기를 같이 생각하고 그것을 정확하게 표현하는 말을 고르는 데 많은 시간을 보냈다. 이 점이 작품의 질을 높이고, 본인의 만족도도 더 높였다고 생각한다. 매일 등교했더라면 아이들과 더 많은 시를 썼을 텐데 하는 아쉬움이 남는다.

교사의 동시 쓰기

아이 삶 속으로 들어 가기

동시집을 읽다 보면 작가의 직업이 초등학교 교사인 경우가 있다. 그 동시집에서는 아이들의 삶이 잘 표현되어 있다. 《팝콘 교실》의 문현식, 《몸무게는 설탕 두 순갈》의 임복순,《까불고 싶은 날》의 정유경,《내가 왔다》의 방주현 선생님의 책들이 그렇다. 나도 아이들의 삶의 이야기를 동시로 쓰기 위해 우리 반 아이들을 유심히 관찰하기 시작했다. 처음에는 숙제해야 한다는 압박감과 의무감으로 아이들이 하는 말을 주워 담고, 행동을 눈으로 담고, 아이들의 관계도를 그려 보았다.

그러다 보니, 정말 동시를 쓸 만한 이야기들을 찾기도 했거니와 무엇보다 아이들을 한 명, 한 명 이해하게 되었다. 왜 숙제하지 않는지, 왜 친구들과 어울리지 못하는지, 왜 자꾸 큰 소리를 내는지, 왜 수업 시간에 딴짓하는지 조금 이해하게 되었다. 아이가 일부러 잘못하는 것이 아니라 못하는 거라는 걸 알면 밉지 않게 된다. 그러자 나의 말이 지적보다는 도와주는 말로 바뀌고, 아이와 나의 관계가 좋아지기 시작했다. 그리고 자꾸 자세히 들여다보고 말을 거니 생각보다 빨리 아이들과 친해졌다.

학부모 상담을 마치고, 아이들과의 개인 상담은 좀 더 아이들이 나와 편하게 이야기할 수 있게 되었을 때 본격적으로 시작했다. 등교하는 날은 하교 후에 한 명, 온라인 수업하는 날은 오전에 두 명씩, 한 달에 걸쳐서 개인 상담을 했다. 상담을 통해 아이들에 대해 좀 더 이해할 수 있었고, 질풍노도의 6학년 아이들과의 생활도 원활하게 지나가고 있었다.

창작의 과정

작년부터 동시 창작 강좌를 통해 동시 쓰기를 배우고 있다. 관찰한 내용 중 흥미 있는 말이나 상황을 핸드폰이나 공책에 메모한다. 동시를 제출하기 전 일주일 동안은 이 작업을 틈나는 대로 계속해 나간다. 아이디어가 갑자기 나타났다 사라지기도 하고, 적당한 낱말이 떠오르지 않아 고민하기도 한다. 사전을 찾아보기도 하고, 다른 시를 읽어 보며 영감이 떠오르기를 기다리기도 한다. 그리고 마지막 작업으로 쓴 내용을 하나의 동시로 정리해서 다듬는다. 불필요한 말을 삭제하거나 줄이고, 맞춤법 확인을 하고, 마지막 연에 어떤 말로 정리할까 어떤 반전을 줄까 생각하고, 매력적인 제목을 붙이기 위해 끝까지 고심한다. 그리고 동시의 내용이 아이들에게 어떤 영향을 줄까도 생각해 본다.

창작의 어려움

창작은 정말 어려운 일이다. 특히 어떤 대상에 대해 내가 하고 싶은 이야기를 남다른 '시어'로 구성하는 것이 어렵다. 이안 시인의 〈시옷〉이라는 시에 이러한 고민이 담겨 있다.

시옷

이안

동동동동
오리가 헤엄쳐 가면
오리 뒤로
길다란 시옷이 만들어진다

물살을 열고
앞으로 나가는 오리를 따라
줄지어 생기는
긴
시옷

연못을 좋아하는 오리가

날마다 연못에 입혀 주는
시의 옷 같은
시옷

한참을 쓰고 나서 돌아다보면
멀리서부터 지워져 와서
금세 오리 눈앞에서 사라지고 마는
시옷

오리가 가끔
연못 한가운데 멈춰
생각하는 건

지금까지 쓴 그 많은 시옷은
다 어디로 사라졌을까

_《오리 돌멩이 오리》(문학동네, 2020)

오리가 연못을 헤엄치면서 만들어 놓은 자취 '시옷'을 '시의 옷'이라고 생각하는 시인의 표현도 남다르지만, 한참을 썼지만 돌아서면 지워져 눈앞에서 사라진 시의 옷들, 시의 말들이 와닿았다. 오리는 시옷이 사라진 연못을 원망하지 않고, 그것을 건지려고 연못을 헤집지도 않는다. 연못 한가운데서 그저 가만히 생각한다. 사라진 많은 시옷들, 시가 될 뻔한 말들, 생각들, 장면들, 그리고 이야기들. 시를 쓰는 것은 이런 것이구나 하는 생각이 든다. 사라지는 시어들, 붙잡지 못해 시가 되지 못한 말들이 참 많지만, 그럼에도 열심히 물갈퀴질을 하는 것이 시를 쓰는 것이구나 라고 말해 주는 것 같다.

시어가 나에게 다가올 때는 갑자기 뇌리를 스치며 찾아올 때도 있고, 유심히 관찰하면서 이런저런 말들을 떠올리면서 만들어질 때도 있고, 평소 관심이 많고 애정을 담았던 것에 대한 나의 속마음을 알아보게 될 때도 있다. 그러나 그런 때는 매우 가끔이고, 찾아오더라도 오리의 '시옷'처럼 떠올랐다가 사라진다. 그렇게 시가 되는 말을 낚기 위해 몇 시간을 찌를 드리우고 기다리는 강태공처럼 예민하게 떠오르는 생각에 주시하고 있어야 한다. 언제든 쓸 수 있도록 손 닿는 곳에 공책을 두거나, 핸드폰 메모장을 이용하기도 하지만, 물고기가 거저 내 손에 들어오지 않는 것처럼, 허탕 치는 날이 많다. 건진 말들도 멋진 말이라 생각했지만, 막상 시로 옮기고 나면 어딘가에서 본 것 같고 나의 생각이 아닌 것 같을 때가 있다.

그리고 내가 하고 싶은 말을 시로 핵심만을 전하는, 정돈된 글쓰기 과정도 어렵다. 줄여 쓰면 설득력이 떨어지고, 많이 쓰면 너무 장황하다. 이렇게 시 쓰기 과정은 험난하다. 그렇지만, 글을 잘 쓰지 못하는 나를 직면하면서 한없이 겸손해진다.

별다른 생각이 떠오르지 않는 날들을 보내며 좌절하는 시간이 나를 조금씩 돌아보고 성장하게 한다. 동시를 쓰기 위해 나의 내면과 끊임없이 대화하게 된다. 그리고 빈 종이에 글을 써야 한다는 부담감을 충분히 알기에 아이들을 기다려 주는 인내심이 생겼다. 무엇을 쓸지 막막한 아이들을 위해 함께 글감에 관한 이야기를 충분히 나누게 되었다.

지금도 다음 주 어떤 동시를 쓸지 막막하지만 나에게 동시는 나의 삶과 내 주변을 들여다볼 수 있는 좋은 거울이 되고 있다. 내가 좋아하고 즐기는 분야는 가르치는 데 수월하듯 동시 공부를 하며 내가 먼저 좋아해야 아이들과 하는 수업이 만족스럽다는 것을 새삼 알았다. 그리고 동시를 쓰면서 세상을 바라보는 눈이 트이고 마음도 더 동글동글해지는 것을 느꼈다.

동시 공부를 혼자 하기는 어렵다. 같은 학년 단위로 함께 동시집을 읽거나 필사하고 후기를 나누거나, 주변에 동시를 좋아하는 선생님들과 공부해도 좋겠다. 아이들만 배우는 것이 아니라, 교육하는 교사도 계속 배우고 성장해야 한다. 교사 동시 쓰기는 교사로 성장하는 데 도움이 되는 작업이다. 아침 달리기처럼 선생님과 아이들이 함께 뛰면, 그 속에서 우리도 모르게 배움이 일어난다. 신발 끈을 매고 나서야 달릴 수 있는 것처럼, 지금 바로 도서관에 가서 동시집을 찾아 읽어 보는 것은 어떨까.

내가 쓴 시

⊙ㅏ⊙ㅣ들

황세원

게슴츠레한
꿈벅거리는
눈물이 맺힌
때꾼한
또렷한
말끄러미 보는
말똥말똥한
멀뚱멀뚱한
멍한
무덤덤한
반짝반짝한
반쯤 감긴

생기 있는
생글거리는
졸린
째려보는
차가운
초롱초롱한
치켜뜨는
호기심 어린

마스크로 가려도
다 보이는
아이들

달리기 2

황세원

인생은 달고, 달리기는 써
쓴 숨을 뱉고, 다시 숨을 삼켜
침을 삼키고, 땀을 닦아
갈고 닦은 실력으로
오늘도 달리기

숨은 고르게, 허리는 꼿꼿하게
시선은 멀리, 팔은 힘차게

다리를 ㄱ자로 꺾고, 팔을 ㄴ자로 굽혀
ㄹ자 엔진을 만들어
다리에 붙이면
달리기

1바퀴 돌고 나면
2바퀴를 돌 수 있고
계속 돌다 보면
어느새
10바퀴를 뛸 수 있어

나보다 더 빠르게 뛰는 사람들
신경 쓰지 마

각자의 속도대로 가는 거야
어제보다 더 나은 나를 향해

어린이와 동시 잇기

1~2 학년

올망졸망 열어 가는 동시 세상 **김명순**

함께 만난 동시의 세계 **황세원**

매일매일 낭독해요 **이정희**

3~4 학년

새로운 눈, 감각을 깨우는 동시 세계 **강연미**

네 손에 쥔 돌멩이가 말을 걸 거야 **우경숙**

온·오프라인으로 함께 한 〈온작품 동시 놀이 프로젝트〉 **이혜림**

詩끌詩끌 동시 생활 **유선민**

필사의 힘으로 시 창작까지 **윤미경**

마음을 이어 주는 시 쓰기 **김효진**

5~6 학년

동시 속 숨은그림찾기 **한우정**

마음 놓고 진지하기 **권선희**

올망졸망 열어 가는 동시 세상
— 1학년들과 동시로 꿈꾸는 '한해살이'

김명순

특별한 경험으로 동시에 퐁당!

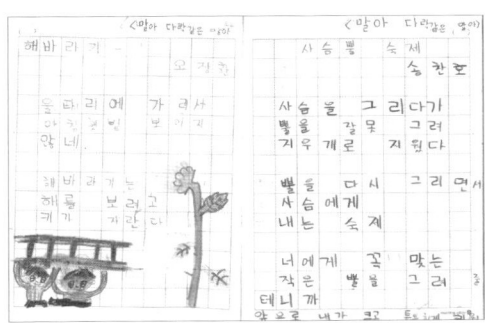

〈해바라기〉(오장환), 〈사슴뿔 숙제〉(송찬호)
《말아 다락 같은 말아》 필사 공책

"쌤쌤, 선물로 받은 《말아 다락 같은 말아》(고두미, 2021) 시집에서 매일 한 편씩 골라서 필사하고 있어요."

"선생님, 잠자기 전에 《말아 다락 같은 말아》 시집에서 매일 한 편씩 엄마랑 함께 낭송하고 자요."

"매일 예쁜 낙엽을 주워서 《말아 다락 같은 말아》 시집에 꽂아두고 있어요."

'제28회 충북민족예술제 "동시 충주" 충북의 동요 부르기 UCC 공모전' 공고를 보고, 아이들과 의논했다. 공모전에서 지정한 충북의 동요 7곡 중 1곡 부르는 모습을 동영상으로 제출하는 것이었다. 올해 아이들은 동시 암송, 노래 부르기, 춤추는 것을 좋아해서 흔쾌히 하고 싶다고 했다.

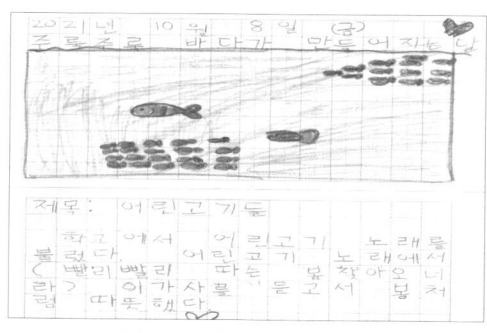

권태응 시인님의 〈어린 고기들〉을 하면 어떨까 하고 읽어 줬다. 아이들은 '권태응'이라는 이름을 듣자마자 "감자꽃", "나도 알아, 나도 알아." 웅성웅성. 한 아이가 "자주 꽃 핀 건 자주감자" 하자 함께 낭송하며 까르르 웃음

〈어린 고기들〉 동시 놀이를 하고

보따리가 터졌다. "파 보나 마나 자주감자.// 하얀 꽃 핀 건 하얀 감자,/ 파 보나 마나 하얀 감자." 그렇게 우리는 권태응 시인님의 〈어린 고기들〉을 선택했다.

동시를 여러 번 낭송하고, 노래를 들으며 동작을 만들었다. 아침마다 노래와 함께 배우니 동시 암송도 빨랐다. 학교 행사가 많고, 주어진 시간이 짧아 연습할 시간이 많지 않았지만, 아이들은 동시와 노래를 외우며 즐거

〈어린 고기들〉 영상 촬영 장면

워했다.

참가 선물로《말아 다락 같은 말아》시집이 왔다. 아이들이 어떤 선물보다

좋아하며, 〈어린 고기들〉 노래와 춤으로 축하하자고 해서 두 번이나 반복했다. 행복한 마음을 노래와 흥으로 뿜어냈다. 그리고 《말아 다락 같은 말아》 시집에서 한 편씩 골라 낭송하고 느낌도 나눴다. 느낌을 나누고 난 후에도 아이들의 감흥은 쉽게 사그라지지 않아 계속 책을 들고 나왔다.

"선생님, 권태응 시인님의 사진을 봤어요. 선생님도 보셨어요? 너무 좋아요."
"선생님, 권태응 시인님께서 왜 감옥에 가셨어요?"
"선생님, ○○○ 시인님의 시도 있어요."
"○○○ 시인님의 다른 시도 찾았어요."
"선생님, ○○○ 시인님의 시는 왜 없어요?"

올망졸망 동시로 꿈꾸는 '한해살이'

입학(개학) 날, 동시 한 편과 동시 노래로 환영을!

올해는 코로나로 인해 입학식을 교실에서 간략하게 했다. 교문에서 부모님의 배웅을 받고, 다른 학년 선생님들의 안내를 받아 교실에 들어선 아이들은 호기심이 가득한 눈빛으로 교실을 둘러보았다. 한글을 깨우치고 온 아이들은 긴장한 목소리로 교실 앞에 걸린 동시를 읽기도 하였다.

만남의 시작으로 아이들에게 동시를 낭송해 주었다. 축하의 의미를 담고 있는, 내가 아이들에게 해 주고 싶은 마음을 담은 동시를 낭송해 주었다. 한글이 서툰 아이들을 위해서 내가 먼저 낭송하고 따라 읽기를 하며 아이들에게 축하의 마음을 전했다. 그리고 내 소개를 한 후 그림책을 함께 보며 입학 날의 수업을 마무리했다.

입학식이나 새 학기 첫날, 아이들 대부분은 설렘과 두려움으로 떨릴 것이다. 그것은 교사들도 마찬가지다. 그래서 첫날은 유난히 일찍 출근하게 된다. 그러니 새로운 환경에 놓이게 되는 아이들이 긴장하는 것은 당연하다. '누가 같은 반일까, 선생님은 어떤 분이실까, 내가 일 년 동안 잘 지낼 수 있을까, 자기소개는 어떡하지?' 등등으로 무척이나 머릿속이 바쁜 아침일 것이다.

몇 년 전, 6학년 아이가 새 학년 등교 첫날 소감을 썼던 것이 생각난다. 6학년에게 동시 따라 읽기와 그림책이라니 하면서 어이없어 했던 자신의 마음을 썼다. 그리고는 '이렇게 누군가가 읽어 주는 책을 들었던 것이 언제였는지' 까마득한 기억을 더듬게 된 이야기, 동시를 새롭게 생각하게 되었다는 이야기였다.

특히 1학년 아이들은 '학교'라는 새로운 세상에 첫발을 디딘 것이며, 삶 속에서 꾸준히 익혀갈 그 무엇을 시작하는 해이므로 동시와 그림책으로 첫발을 가벼우면서도 단단하게 딛게 해 주고 싶었다.

일주일에 한 번씩 찾아오는 동시!

교실 앞쪽에 게시한 '일주일에 한 번씩 찾아오는 동시!'는 해마다 꾸준히 해오는 활동이다. 일주일에 한 편씩 동시를 골라 게시하고 아이들과 매일 함께 읽는다. 매일의 시작을 동시 낭송으로 하니 아이들에게 동시를 좋아하는 마음결이 자연스럽게 형성된다.

게시할 동시를 고르는 기준은 '내 마음에 드는 동시인가'이다. 동시집에서 마음에 들어오는 동시를 뽑거나, 최근의 동시를 소개해 주는 사이트('동시 배달', '동시 마중', '책과 노니는 교실'의 동시 한 알)를 통해 고른다. 좋아하는 동시를 읽어 줄 때의 내 표정이 달라지고, 동시를 좋아하는 내 마음이 아이들에게도 그대로 전달되어 아이들이 동시를 좋아하게 되는 첫 단추가 될 것이다. 선생님과 함께 동시를 읽으며 열어 가는 아침 시간 5분으로 이미 교실은 동시 세상으로 채워지기 시작한다.

몇 주가 지나면 동시 게시판은 아이들 마음에 살며시 자리 잡기 시작한다. 월요일 아침 일찍 등교한 아이가 지나가듯 한마디 한다. "선생님, 동시가 새롭게 바뀌었어요." "이번에 걸린 동시는 3월 동시 작가님과 같아요." 아이들은 관심과 호기심으로 모든 것을 눈여겨보고, 호기심이 생긴 것은 마음을 활짝 열고 받아들인다. 그래서 동시를 함께 읽는 것만으로도 동시 세계에 한발 쑥 들여놓은 것이다.

아침마다 동시를 읽고, 노래로 배우고, 동작을 만들기도 하고, 연극 놀이를 하기도 하며 다양하게 즐기고, 금요일에는 글씨 쓰기를 겸한 필사를 한다. 10칸 공책에 글씨 쓰기용으로 동시 내용을 프린트해서 따라 쓰게 하는 필사 방법이다. 이런 필사는 1학년이기에 특별히 하는 활동이다. 글자 익히기와 읽기, 글씨 쓰기를 겸한 다양한 목적을 담은 필사인 셈이다. 선생님도 같이 필사하면 아이들은 선생님이 정성스럽게 쓰는 모습 속에서 필사 태도와 방법을 자연스럽게 배우게 된다. 사실 그 시간은 나에게 더 힐링 되는 시간이기도 하다.

우리 반만의 동시 도서관!

2학기가 되면서 1학년 윤독 도서로 《말놀이 동시집 1, 2》, '동시야 놀자 시리즈' 동시집을 1학년 각 교실에 비치하였다. 《말놀이 동시집》은 1학기에 한글 학습을 위해 많이 읽고, 노래로도 익혔다. 익숙한 동시지만 동시집으로 읽는 맛은 다를 것 같아 이번 기회에 아이들과 함께 읽으려고 준비했다.

우리 반은 복도에 동시집을 쭈욱 세워 둔다. 그렇게 복도에 세워 두면, 복도에 우리 반만의 특별한 '작소 도서관'이 생긴다. 어디에서도 보기 쉽지 않은 '동시집 도서관'. 쉬는 시간이면 아이들이 나가서 동시집을 읽고, 암송하고, 서로 외운 동시를 자랑하며 이야기를 나누느라 가장 인기 있는 장소다.

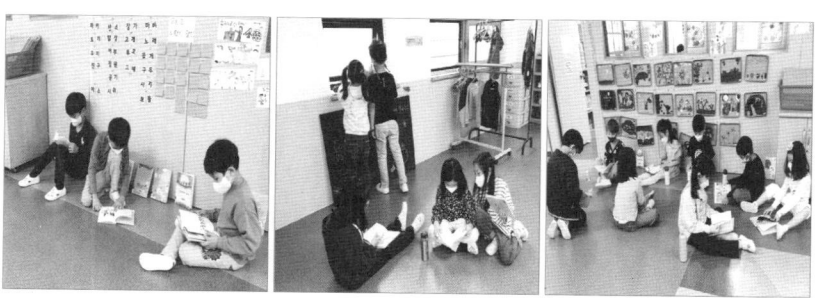

꼬물꼬물 작소 도서관
* **작소** 학급 이름인 '작은 소망'을 줄여서 부르는 말

암송하면서 가장 달라진 것은 부정확했던 아이들의 발음이 좋아졌다. 호흡이 긴 글에 비해 동시는 발음을 정확하게 익히기 좋다. 암송하러 오면 어색한 부분을 나와 함께 해 보게 되니 개인 지도가 되었다. 또한, 암송하기 위해 여러 번 읽으면서 반복적으로 발음하게 되고, 동시의 리듬과 반복적인 표현, 자신이 좋아하는 동시를 암송하는 것을 즐거워해서 효과가 컸다.

"쌘쌤, 동시 외웠어요." 동시 자랑을 하는 아이들의 얼굴에는 미소가 가득하다. 앞에서 외우고 있는 동안 뒤에 서 있는 아이가 "나도 그 동시 알아." 이미 외웠던 아이들이 함께 외우면서, 서로서로 같은 웃음을 나눈다. 나도 함께!

서로 다른 동시집은 다양한 작가의 동시를 접하면서 좋아하는 작가를 만나게 되고, 그 작가님의 다른 동시를 찾아 읽으며 새롭게 동시를 좋아하는 계기가 된다.

"내가 잘하는 것은 동시 필사이며, 좋아하는 것은 동시 암송입니다."라고 발표하던 아이, "쑨쌤, 나는 《펭귄》(최승호) 시집이 좋아요." 하면서 필사는 《펭귄》 시리즈인 아이, "난 ○○○ 시인님!" 하며 매번 그 시인님의 동시집을 가져가는 아이.

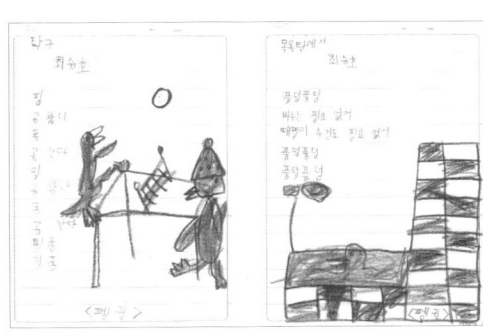

최승호, 〈탁구〉, 〈목욕탕에서〉 《펭귄》 (비룡소, 2007)
동시 필사 공책

자기가 좋아하는 동시집이나 좋아하는 작가의 동시를 외우면서 행복한 그 아이들은 이미 시인이다.

동시 필사를 통해 성장하는 아이들!

다양한 동시 읽기 활동을 통해 동시와 친근해진 아이들은 자기가 좋아하는 동시집에서 동시를 골라 필사하는 것을 무척 기뻐하며 정성을 다한다. 동시 필사를 시작하는 그 순간, 무척 차분해진다. 필사 시작과 동시에 교실은 필사만을 위한 시간, 동시만의 시간이 된다. 필사하는 내내 동시 쓰기에 집중하던 아이들은 다른 활동 시간에도 필사 때처럼 집중해서 활동하게 되었다. 그리고 어휘력과 표현력이 빠르게 향상되었다. 수치로 입증할 수 있는 것은 아니지만, 우리 반에 수업을 들어오시는 선생님들께서 그렇게 말씀하는 것으로 보아 좋은 영향을 미쳤음이 틀림없다.

필사하면서 차분하게 쓰는 습관이 길러지고, 글씨체가 좋아졌다. 동시집에 있는 그림을 따라 그리거나 동시를 읽은 느낌을 그림으로 표현하면서 그림이나 색 감각도 향상되었다. 아이들은 필사 공책을 들고 환하게 웃으며 나온다.

자랑하고 싶은 마음에 입은 이미 함박웃음을 머금고 몸이 즐거움에 달떠 있다. 필사를 통해 아이들은 스스로 성장하고 있었다.

가족과 함께 동시 읽기!

1학년에게 동시는 동시의 맛을 통해 소리 내어 읽기를 통해 문해력, 표현력, 어휘력, 감수성까지 교과와 인성을 포함한 다양한 영역을 키울 수 있는 멋진 장르이다. 동시는 아이들에게 쉽게 안착할 수 있는 장르이기도 하다. 그래서 가정과 연계하여 교육한다면 효과가 배가된다. 3학년과 4학년에게도 좋은 효과를 보았었다. 긴 책을 읽는 것은 부담이 될 수도 있지만, 동시 2, 3편을 골라 읽는 건 크게 부담되지 않으면서 효과는 매우 좋기 때문이다. 그래서 가족과 함께하는 주말 과제를 낸다.

도서실에서 아이들의 인원수만큼 동시집을 빌려 온다. 매주 목요일에 집으로 동시집을 한 권씩 골라서 가져간다. 가족 앞에서 동시 2편을 골라 읽는 과제를 낸다. 부모님께는 미리 알림과 주간학습 안내를 통해 아이들이 가족 앞에서 동시 읽는 시간을 가질 수 있게 해 달라고 부탁한다. 그리고 아이들에게도 충분히 설명한다.

알림장을 장만하여 자기가 가족에게 낭송해 준 동시의 동시 제목, 작가, 동시집 제목을 쓰게 한다. 이렇게 쓰는 것을 기본으로 한다. 낭송하며 특별한 느낌이나 생각, 가족의 반응이 있는 경우 함께 써 오라고 한다. 처음에는 대부분 기본적인 것만 해 오다가 필사의 영향인지 낭송한 시를 필사해 오거나, 느낌과 그림을 그려 오는 아이들이 많아진다.

"쑨쌤, 저희 할머니께서 제가 읽어 준 동시를 들으시고 할머니의 어린 시절 이야기를 해 주셨어요. 그리고 선생님이 정말 좋으시대요."

동시집을 읽고 표현한 예시 작품

"저희 할아버지께서 시를 쓰시는데, 제가 동시집 읽어 드렸더니 너무 좋아하시면서 선생님께 감사하다고 전해 드리래요."

"엄마랑 동시를 외웠는데 내가 더 잘 외웠어요."

"동생에게 동시를 읽어 주고 노래도 찾아서 같이 불렀어요."

가족과 함께 동시 읽기는 가족과 새로운 추억을 만들고, 가족의 서사를 들을 수 있고, 대화의 물꼬가 되어 준다. 가족 앞에서 읽는 활동을 통해 소리 내어 읽는 능력이 향상되는 것은 덤이다. 가족의 따뜻한 지지가 아이들에게 세상을 살아가는 큰 힘을 갖게 할 것이다. 나도 너희를 응원해!

동시 사랑꾼이 되다!

"쑨쌤, 제가 쓴 시예요."

"이 시 친구들에게 보여 주세요."

"시 써 왔는데 밖에 붙여 주세요."

"주말에 할머니 댁에 다녀왔어요. 할머니께 시 읽어 드렸더니 정말 기뻐하셨어요. 제가 쓴 시도 보여 드렸어요."

어린이 시 모음 전시실이 된 복도

동시를 사랑하게 된 아이들은 어느 순간부터 시를 써 오기 시작한다. 아이들은 시를 즐기며 쓴다. 그래서 자기 생활 속에서 시적인 순간을 만나면 바로 시로 써서 들고 온다. 그렇게 한 명, 두 명 써 오기 시작한 시가 복도 한쪽을 가득 채운다. 시를 써 와서 보여 주며 행복해하는 모습이 해맑다.

이행시로 시작해요!

시 쓰기를 이행시로 가볍게 시작한다. 1, 2학년의 낱말 익히기, 글자 익히기와 겸할 수 있고, 놀이처럼 다가갈 수 있어 좋다.

이행시를 아이들과 함께 즐기는 방법은

첫째, 이행시 지을 두 글자를 정한 후, 아이들과 함께 그 두 글자가 들어가는 낱말을 찾아본다. 이렇게 함으로써 자연스럽게 다양한 낱말을 알게 된다. 아이들이 생각해 낸 낱말을 위주로 쓰지만 어려운 글자일 경우는 국어사전을 찾아보며 아이들에게 새로운 낱말을 뜻과 쓰임을 알려 주며 적는다. 국어사전의 필요성도 알고, 새로운 낱말도 배우게 되어 좋다. 가끔 자기들이 막히면 "국어사전, 국어사전"을 외치는 아이들과 "잠깐요"를 외치는 아이들로 나뉘곤 한다.

둘째, 친구들과 함께 찾은 낱말을 넣어서 이행시를 적는다.

"선생님, 꼭 거기에 있는 낱말을 사용해야 하나요?"라고 묻곤 한다. 당연히 그렇지 않다. 낱말을 함께 찾아보는 것은 아이디어를 떠올리기 쉽게 하자는 목적과 다양한 낱말을 익히는 효과를 보기 위한 것이다.

아이들은 자기가 지어 놓은 이행시를 자랑하려는 마음과 친구들의 이행시의 기발함을 읽기 위해 옹기종기 모여 이행시를 읽으며 즐거워한다. 세상에서 자기가 지은 이행시가 제일 멋진 듯 자랑하는 아이들의 거만한 미소가 한껏 즐거움으로 피어나는 순간이다. 우리는 모두 그렇게 이행시의 달인이 된다.

 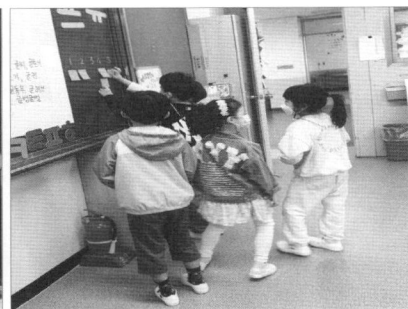

이행시 활동 모습

산이 품은 아이들, 산을 품은 아이들!

"저는 금요일이 제일 좋아요."

매주 금요일은 '작소 탐사대'의 날이다. 학교가 산자락과 연결되어 있어 뒷문만 열고 나가면 바로 산과 연결된다. 산자락으로 연결된 나무 계단을 삐걱삐걱 올라가면 마치 다른 차원의 세상이 열리는 느낌이다. 뒷문을 열고 나가는 금요일 오전은 아이들에겐 특별한 날이 된다. 산에서 만나는 모든 것이 신기한 세상이다. 특히 아파트에 사는 아이들에게 작은 생물들과 커다란 나무들, 날씨에 따라 달라지는 공기들, 나뭇잎들의 변화 모두가 신비로움으로 가득한 세상이다.

"쌤쌤, 사계절을 어떻게 써요? 우리가 신정산의 봄, 여름, 가을을 보았잖아요. 그래서 사계절이라는 말을 써 보고 싶어요."

아이들과 만난 3월 첫 주부터 매주 산에 나왔다. 항상 뒷문을 열고 우리만의 세상이 되는 그곳에. 가끔은 조금 더 올라가기도 하고, 다른 길로 넘어가 보기도 한다. 대부분은 학교 뒷문을 열고 나무 계단을 오르면 있는 그곳에서 산에서 할 수 있는 놀이를 자유롭게 한다.

아이들과 산에 가면 매번 하는 일이 있다. 중간의 넓은 곳에 서서 팔을 벌리고 산의 공기와 만나기, 양손을 올리며 나무 올려다보기, 고개를 한껏 젖혀서 하늘 보기, 그리고 산님에게 '우리 왔어요. 산을 사랑하는 마음으로 잘 놀고 갈게요.'라는 마음을 담아 산의 정상을 향해 신고식 한다. 아주 커다랗게 "야호, 야호, 야호"를 외치면 자신들만의 산 놀이가 시작된다. 어느 때는 내가 특별히 주는 과제를 해결하기도 하고 혼자 또는 여럿이 매번 다른 놀이를 하며 자유롭게 논다.

아기 나무
  서울 신기초1 민세영

나무를 찾았다.

아기 단풍에게 다가가
물을 주며 말했지.

행복해!

흔들흔들
  서울 신기초1 김연우

바람이 흔들흔들
그네도 흔들흔들
나뭇잎도 흔들흔들

처음에는 살금살금 다니던 아이들이 쿵쾅거리며 뛰어다니게 되고, 혼자 어슬렁거리던 아이들이 친구들과 아지트를 짓겠다며 나뭇가지를 찾아다녔다. 작은 벌레나 나뭇잎에도 예민했던 아이들이 벌레를 손바닥에 올려 생김새를 관찰하고, 잎의 다른 모습을 관찰하고, 질경이 싸움 놀이를 하려 풀 속을 찾아다니게 되었다. 무조건 뛰던 아이들은 새로운 것을 발견했다며 차분하게 앉아 관찰하기도 했다. 어디선가 날아든 씨앗이 싹을 틔운 어린 단풍나무를 정성껏 보살피기도 하며 자연 속에서 자유롭게 자기만의 방식으로 자연과 친해지며 자라고 있었다.

얼마 전 비가 내리고 기온이 뚝 떨어져서 산자락에 낙엽이 가득했다. 국어 시간 '국어 협력 강사님'과 함께 아이들을 데리고 산에 갔다. 뒷문을 열면서부터 아이들의 재잘거림은 새소리처럼 경쾌하였다.

낙엽
　　　　서울 신기초1 김하린

낙엽들이 땅을 감싼다.
춥겠다고.

나무에 귀를 댔다.
요술처럼 소리가 났다.

나무가 말한다.
친구야, 힘내!

낙엽 놀이터
　　　　서울 신기초1 김현호

낙엽 놀이터엔
바스락바스락 낙엽 소리

산한테 야호~

바람은 살랑살랑
시원한 바람

친구들의 웃음소리 들리네

나뭇잎
서울 신기초1 한유진

산에 갔다.
눈을 감고 내 볼에 스치는 바람
붉게 물들은 나뭇잎

나뭇잎 한 잎 주워 만져본다.
까끌까끌한 느낌과 향긋한 향기

잘 있어 산아

작소 탐사대
서울 신기초1 신동헌

우리 반이 작소 탐사대를 가면
새로운 걸 많이 본다.

도깨비 풀을 오늘 발견했다.

"쏜쌤, 낙엽 나라예요."
"낙엽 놀이터가 되었어요."
"카펫이 깔린 것 같아요."
"낙엽 놀이공원 같아요."

일상에서 찾는 시적 순간

매주 금요일에 시 쓰는 시간을 갖는다. 특히 1학년 아이들은 일정한 흐름이 있어야 안정적으로 생각하는 것 같다. 특별한 경험을 함께 나누고 시를 쓰게 하면 시적 순간을 더 잘 포착할 수 있다. 특별한 일이 있는 날에는 시 쓰기를 바로 한다. 생생함이 살아 있는 시 쓰기를 위해! 그러나 특별한 경험을 매번 만들어 주는 것이 교사에게 부담될 수 있어서 일상에서 시적 순간을 낚는 것을 기본으로 한다. 일주일 동안 있었던 일을 아이들과 이야기 나누며 칠판에 적는다. 이야기 나누는 동안 아이들은 '아하' 하는 순간을 포착하곤 한다.

우산 집
          서울 신기초1 조우빈

비가 온다
뚝뚝뚝
우산으로 집을 만들자

비가 그쳤다
집이 없어졌다

집은 어디로 간 걸까?

작소 도서관
          서울 신기초1 정한결

동시집

재밌어

엄청 많아!

버스 놀이
          서울 신기초1 박재찬

"지금 버스가 도착했습니다."
안내 방송이 들리고 버스를 타고
앞뒤로 움직였다.
엄청 재미있었다.

"쑨쌤 버스로 타 주세요!"
쑨쌤이 말했다.

고구마
          서울 신기초1 펙 에반 영

맛있는 고구마
안에가 노란 맛있는 고구마
밖은 보라고 안이 노란 맛있는 고구마

길쭉한 고구마
맛있게 냠냠

교실 뒤판에 아이들의 작품을 게시한다. 작품은 글씨를 읽을 수 있도록 아이들의 눈높이에 맞춰 게시한다. 아이들은 작품을 건 후에 자기 작품과 친구들의 작품을 읽는다. 그것만으로도 배움이 일어난다고 생각한다. 어떤 아이들은 친구를 불러, 작품 배경이나 얽힌 이야기를 해 준다. 이야기를 들은 친구의 긍정적인 반응이 아이들에게 좋음의 씨앗이 되어 준다. 작품을 친구들과 함께 공유하면서 나누는 친근함은 '우리라는 울타리를 만들어 준다. 이것은 시가 주는 또 다른 기쁨이다.

A4 파일에 매주 쓴 시를 모아 놓는다. 그렇게 일 년 동안 모은 시를 12월 초에 작업하여 시집을 엮는다. 학급 시집을 받고, 아이들은 무척 행복해한다. 친구들의 작품을 보고 그 친구에게 이야기 나누러 가고, 자기 작품을 들고 이야기 나누러 가고, 나에게 낭송해 주러 온다. 아이들의 그 걸음에는 미래의 꿈이 가득 담긴다.

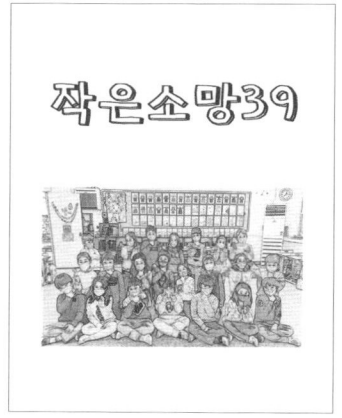

학급 시집 표지

새로운 일상으로!

동시집을 읽기 시작하면서, 아이들의 개구쟁이 같은 모습들이 달라 보였다. 아이들의 반응이 기발함으로 다가오고 아이들의 표현이 바로 '동시구나' 싶었다. 아이들의 말과 행동에 담긴 마음을, 표현하지 못한 생각들을 읽어 보게 되었다.

내가 가장 좋아하는 동시 즐기기는 필사다. 필사하는 그 시간은 세상이 조용해진 느낌이다. '숲 소리'와 동시 속에 앉아 있는 것 같다. 가끔은 동시 속을 거닐다 나오는 느낌이다. 물론 '뭐지? 뭐지?' 하며 고민하거나 흘려 넘기다 나중에야 새롭게 느끼는 동시도 있다. 바쁠 때는 필사를 못 할 때도 많다. 그래도 마음이 심란하거나 조급해지면 동시집을 펼치고 연필을 고른다. 연필을 가득 깎아 두고 뾰족하게 깎여진 연필을 고르면서 벌써 행복해진다.

 아이들과 함께 동시를 읽고 필사하며 힐링을 넘어 나를 좋아하게 되고, 내면의 아이가 갖고 있던 상처를 치유하고, 그렇게 나를 마주하며 나를 사랑하게 되는 경험을 하게 되었다. 이것이 동시의 진정한 힘인 것 같다.

 아이들, 친구들, 동료 교사들과 동시를 함께 읽는 것을 출발점으로 버럭 뛰어들어 보면 어떨까? 갸우뚱, 갸웃갸웃, 아- 어떻게 시작하지 등 동시를 자꾸 보고 있다면 이미 출발한 것이다. 딱 한 발만 내딛어 보자. 딱 한 발! 그 한 발이 읽기라고 생각한다. 동시를 읽기 시작하면서 세상을 보는 눈이, 나를 들여다보는 눈이, 주변을 느끼는 마음이 달라진다. 김륭 시인은 "나의 모든 순간은 시적 순간"이라고 했다. 동시는 읽는 순간부터 늘 같은 일상을 새로운 일상으로 꿈꾸게 할 것이다.

함께 만난 "동시"의 세계
— 저학년 동시 수업 사례

황세원

함께 읽는 동시의 힘

기존에 내가 알고 있는 동시들은, 국어 교과서 속에서, 음악 교과서 동요 속의 가사에서 접한 것이 전부였다. 그동안 내가 알고 있던 동시의 특징은 순수한 내용을 담고 있으며, 표현이 깊지 않고 어린이를 대상으로 한다는 것이었다. 그러나 동시 공부를 하면서, 그러한 선입견이 완전히 바뀌었다. 일단 동시는 어린이만이 아니라, 어린이부터 어른까지를 대상으로 훨씬 폭넓은 독자를 위해 쓰였다는 것이다. 따라서 동시는 이해하기 어렵지 않으면서도, 읽는 사람에 따라 다양하게 읽히기도 한다.

현재 동시의 흐름은 매우 역동적이다. 예전의 동시가 아름다운 자연과 착한 어린이를 노래하는 내용이 주를 이루었다면, 요즘 나오는 동시들의 소재나 주제는 다채로운 아이들의 마음만큼이나 다양해졌다. 동시에서 사용되는 어휘들도 기존의 딱딱한 문법을 탈피하여, 글자를 분해하고, 거꾸로 쓰고, 그림을 그리는 등 글자를 가지고 재밌게 노는 수준에 이르렀다. 이렇게 동시에 대해서 새롭게 알게 된 것은 좋은 동시집을 추천 해주고, 함께 읽는 벗들이 있었기 때문이다. 혼자 읽었을 때는 무심결에 지나치고 읽어 내지 못하는 것이 있는데, 함께 읽으면 하나의 시도 읽는 사람들 수만큼 다양하게 해석된다.

동시를 공부하고 있는 쌀떡밀떡 선생님들을 만나 동시의 첫걸음을 시작하게 되었다. 동시 수업은 학기 중에 진행되었다. 퇴근하고 나서 동시집도 읽어야 하고, 정해진 시간까지 감상문 쓰는 숙제도 제출해야 했다. 수업을 마치고 나면 혼자 읽을 때는 눈에 들어오지 않았던 동시들이 함께 읽고 나누며 눈에 들어오고 새롭게 보이기 시작했다. 보석 하나를 발견한 기분이었다. 이 보석을 아이들에게 얼른 보여 주고 싶었다. 그러다 보니 자연스럽게 아이들과의 동시 수업을 즐기게 되었다.

아이들과 동시로 놀기

"선생님이 오늘 재미있는 시 들려줄게."라고 하며 매일 첫 수업의 시작을 열었다. 그 당시 아이들이 2학년이어서 내가 전하는 것을 스펀지처럼 쭉쭉 주는 대로 잘 받아들였기 때문에 나 또한 신나서 시 수업을 했던 것 같다. 그리고 저학년 수업 특성상 국어 수업뿐 아니라, 통합 수업에서 동시를 활용하기 좋았다. 처음에는 동시 한 편 가지고 아이들하고 놀다가, 아이들이 더 읽어 달라고 요청하는 일이 많아지면서, 동시집 한 권을 다 읽게 되는 경우가 생기기 시작했다. 자연스럽게 온작품읽기 수업을 한 셈이다. 그런 시간이 쌓이면서, 아이들은 자연스럽게 "오늘은 무슨 시 들려줄 거예요?", "오늘 들려준 시는 책 제목이 뭐예요?" 하면서 부모님을 졸라 동시집을 구입해서 읽었다. 도서관에 가면 그림책, 만화책만 찾던 일부 아이들이 동시집 코너를 물어보고 찾아 읽기 시작했다.

그때 아이들과 함께 놀았던 '동시하고 놀기' 활동을 아이들과 동시로 논다는 마음으로 여러 가지 활동을 하였다.

시에 따라 그 내용과 어울리는 방법을 찾아서 해 보았다.

수업 사례 소개

브이를 찾습니다
김성민

사진 속 나는
웃고 있지요

손엔 늘
승리의 브이도 쥐고 있어요

사진 밖 나는
별로 웃을 일이 없지요

손에 들고 있던
승리의 브이는 온데간데 없어요

혹시 보셨나요?

사진 속 내 웃음과
손에 꼭 쥐고 있던 브이 말이에요

_《브이를 찾습니다》(창비, 2017)

김성민의 〈브이를 찾습니다〉를 읽고 동시 속의 문제를 함께 생각해 보는 시간을 가졌다.

아이들이 집중을 잘 할 수 있도록 모여 앉히고 먼저 동시집 제목을 들려준다. 그리고 동시집 표지 그림 보고 이야기 나누기를 해 보는데, 이때 보이는 것을 다 말해 보라고 한다. 아이들의 호기심을 불러일으키기 위해, 동시를 들려주기 전 "왜 브이를 찾는다고 할까?" 질문을 하고 대답을 들어 본다. 동시의 내용을 궁금하게 한 후 본문을 천천히 읽어 준다. 이해를 위해 한 번 더 읽는다.

그리고 "왜 브이를 찾는다고 할까?"라고 질문하고 표지를 다시 보게 하면, 아이들이 표지 속 아이의 손가락 브이가 없는 것을 발견한다. 이 동시에서 '브이'의 뜻이 무엇일까 생각해 보게 한다. 아이들은 행복, 즐거움, 추억 등으로 대답했다. 브이를 잃어버린 동시 주인공에게 '우리가 브이를 찾아 주자'라고 한다.

저학년 아이들은 누군가를 도와주는 것을 좋아해서 우리가 시인을 위해 문제 해결 방법을 찾아 보자고 하면 적극적으로 참여한다. 브이를 찾는 방법(예 놀이동산을 가 봐, 노래를 불러 봐, 친구와 함께 춤을 춰 봐 등)에 관해 이야기를 나눈 후, 메모지를 나눠 주고 각자 해결책을 적어 교실 뒤 게시판에 붙인다. 친구들과 적은 내용을 공유하고 우리도 실천해 보기로 하고 마친다.

 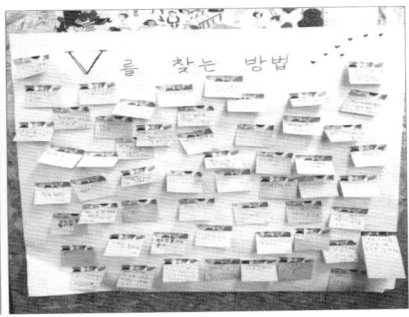

김성민의 〈안녕, 똥〉을 실감 나게 읽어 보고 암송하는 시간을 가졌다.

안녕, 똥

김성민

응
그래, 가

내가, 지금 이래서, 멀리 못 나가

응
가

잘 가

_《브이를 찾습니다》(창비, 2017)

칠판에 제목은 적지 않고 동시 본문을 적은 후, 교사가 "응"을 화장실에서 볼일 보는 소리처럼 힘줘서 읽는다. 이때 아주 실감 나게 읽는 것이 중요하다. 저학년 아이들은 화장실 이야기를 유난히 좋아해서 바로 아이들이 따라 읽고 재미있어하는 반응이 나온다. 흥미를 충분히 유도한 후 동시의 제목을 맞춰 보자고 한다.

시의 내용을 바탕으로 만드는 것이 제목이라고 알려 주면서 생각해 보게 한다. 대부분 '응가'라고 대답하는데 '응=똥, 가=안녕'의 낱말 연결을 유도해서 제목을 맞추도록 한다. 제목과 시인 이름을 소개한 후 다 같이 실감 나게 읽어보기를 한다. 아이들이 혼자서 읽어 보고 싶어 해서 개별 발표도 해 보았다. 남자아이들이 적극적으로 읽었고 짧아서 금방 외웠다. 쉬는 시간, 다음 날도 함께 합창하듯 외우며 즐거워했다.

김금래의 〈틈〉을 함께 읽고, 동시 속의 내용을 따라 해 보았다.

틈

김금래

주먹 쥔 손을
펴면

손가락과
손가락 사이에

따듯한
틈이 있다

친구랑
깍지 끼라고

_《꽃피는 보푸라기》(한겨레아이들, 2016)

동시를 읽어 주기 전 '틈'이 뭘까? 질문한다. 아이들은 바위틈, 벽 틈, 겨드랑이 틈 등을 이야기한다. 아이들에게 겨드랑이처럼 몸에서 찾을 수 있는 틈을 말해 보라고 해서 좀 더 이야기를 나눈 후, 동시를 읽어 준다. 다시 읽어 줄 때는 옆 친구와 마지막 연 '친구랑 깍지 끼라고'를 행동으로 해 보게 한다. 한 아이가 손이 두 개니까 두 명까지 잡을 수 있다고 말해서 두 명도 잡을 수 있다고 한 후 읽어 주었다.

활동 중에 깍지 끼는 친구를 찾지 못하는 소극적인 아이가 있었는데, 아이들에게 "선생님이 동시를 뒤돌아서 읽는 동안 한 명도 빠짐없이 모두 깍지 낄 수 있을까? 대신, 말하지 말고 해 보자. 선생님이 다 읽고 돌았을 때 성공하면 좋겠다"고 말하고 동시를 읽어 준다. 뒤돌아 읽는 동안 부산스러운 아이들의 움직임을 느낄 수 있는데 처음이라 성공하지 못했다. 이번에는 다른 친구가 나와서 읽고 다 같이 해보자고 한다. 익숙해져서 성공하면, 다른 친구가 나와서 읽을 때는 반대로 깍지를 풀고 자기 자리로 돌아가게 한다. 몇 번 읽으면 즐거우면서도 자연스럽게 동시가 외워진다.

성명진의 〈가 보자〉 동시 속의 내용으로 놀아 보고, 함께 동시를 읽어 보았다.

가 보자

성명진

서로 뒤서면서
살금살금 다가간다.

"절대 손대지 마라."
이르고선 웬 아저씨가 놓고 간
저 상자에 든 건 뭘까.
어쩌면 폭탄일지도 몰라.
아냐, 신기한 것일 거야.

서로를 앞세우면서 가다가
가만가만 뒷걸음친다.

정말이지 뭘까.
큰일 날지도 모르지만

재미난 것일 수도 있어서
또 다가간다.

- 《축구부에 들고 싶다》(창비, 2011)

미리 종이 상자 하나를 준비해서 안에는 "사랑해" 겉에는 "절대 손대지 마시오"라고 적고 상자를 밀봉해 둔다. 쉬는 시간에 상자를 교실 앞에 올려놓고, 다양한 아이들의 반응을 살피며 아이들이 하는 말을 귀담아듣는다. 호기심을 가지며 하나둘씩 아이들이 모이기 시작한다. 처음에는 뭐냐고 교사에게 물어보더니 대답을 해주지 않자 자기들끼리 이야기를 나눈다. 아이들의 반응은 다양했다. 테이프 붙여 놓은 틈 사이로 보는 아이, 상자를 툭툭 치는 아이, 자기들끼리 뭐가 들어 있을지 이야기하는 아이들도 있다. (한 아이가 폭탄이 들어 있다고 말하면, 째깍째깍 소리가 안 나니 폭탄은 아니라고 다른 아이가 말하는 식이다.) 쉬는 시간에 자유롭게 탐색하게 놓아 두고, 수업을 시작하자마자 상자 속에 무엇이 들어 있을지 이야기를 나눈다.

아이들은 상상의 나래를 펼치며 다양한 이야기를 한다. (예: 시한폭탄, 사람, 고양이 털, 햄스터, 코브라, 꽃, 거미, 핵폭탄, 토마토, 장난감, 케이크, 공책, 닌텐도, 병아리, 공룡알, 금, 롯데월드, 절대 만지지 마시오 책 등)

아이들의 자유로운 대답을 들은 후 상자 안에는 선생님의 마음이 들어 있다고 말해 주고 보고 싶은 사람은 한 줄로 서서 한

명씩 보게 했다. 보고 나서 친구들에게 내용을 말하지 말라고 한다. 아이들은 상자 속을 본 후 웃었고, 다 보고 난 후 상자 속 선생님 마음에 대한 답장을 보내라고 한다. 아이들이 각자 손으로 하트를 만들어 보내 주며 즐거워한다. 활동 후 아이들을 다시 모여 앉히고 똑같이 비밀 상자에 관한 시가 있다고 하고 동시를 소개한다.

동시 공부하기

처음 재미있는 동시를 접했을 때는 당장 수업의 소재로 쓰고 싶은 생각이 든 반면 이제는 동시를 읽으며 작가나 다른 작품이 궁금해지고, 좋아하는 작가가 생기기 시작했다. 동시 수업을 통해 몰랐던 가네코 미스즈

작가의 간결하면서도 마음을 울리는 감동적인 작품을 읽고 본격적으로 동시가 좋아졌다. 등교를 거의 하지 못하던 때라, 아이들에게 가네코 미스즈 작품을 소개할 수 있는 시간도 많지 않았다. 시인의 작품이 참 좋아서 교실 한쪽 작은 칠판에 시화를 그려 두고 아이들이 계속 볼 수 있도록 하였다.

코로나로 생소한 온라인 수업을 준비하느라 수업 영상 제작에 엄청난 노력이 필요했다. 좀 더 등교 수업이 많았다면 아이들과 동시로 많이 놀았을 텐데 하는 아쉬움이 많이 남는다. 비록 2년 정도의 짧은 기간 공부지만, 나보다 더

오래 공부하신 모임 선생님들과 함께 나누며 어깨너머로 배운 것이 도움이 많이 되었다. 나의 동시 세계는 추천 동시집 읽기를 포함하여 동시 필사하기, 동시 팟캐스트[13] 듣기, 동시 전문지 《동시마중》 읽기 등을 통해 넓어져 갔다. 동시 공부는 계속되고 있다.

올해는 '동시 창작'이라는 새로운 길을 걷게 되었다. 만만치 않은 작업이지만 다시 학생이 된 기분이다. 매주 2편씩 동시를 숙제처럼 쓰고, 합평하고, 다른 선생님들의 동시를 나누고 있다. 이제야 아이들에게 시를 어떻게 쓰라고 할지 어렴풋이 머릿속에 그려지기 시작했다. 동시의 달콤하면서도 쓴맛을 알게 된 지금, 별일이 없다면 동시 공부를 계속하게 될 것이다. 내년에 만날 아이들과는 어떤 동시를 나누게 될지 나는 어떤 이야기를 써 나갈지 기대된다.

---

13) 동시 관련 팟캐스트 이안의 동시 이야기 _ 다 같이 돌자 동시 한 바퀴

'매일매일 낭독해요'
— 1학년 1학기 한글 익히기 연계 지도

이정희

  몇 년 만에 하는 1학년 담임이다. 1학년 교육과정에 한글 책임교육이 들어오고, 교사로서 한글을 체계적으로 가르쳐 볼 수 있다는 매력에 1학년 담임을 덜컥 지원했다. 그러나 막상 1학년 담임이 된다고 생각하니 두려움이 커 갔다. 고학년을 주로 가르쳤기에 1학년 아이들과 만나는 것은 10년 만이었다. 9년 전, 1학년을 지도하면서 너무 힘들고 어려워서 '내 인생에 1학년은 절대로 없다'라고 단언을 하고 1학년과 관련된 자료와 그림책조차 동료 교사께 모두 나누어 주었다.

  이렇게 나와는 전혀 관련 없을 것 같던 1학년을 다시 하고 싶었던 것은 작년 1년 동안 기초학력 부진과 관련된 업무를 하게 되면서 아이들의 한글 익히는 과정에 호기심이 생겼기 때문이다. 또 하나의 이유는 동시를 배우다 보니 아이들이 동시를 통해 우리말의 아름다움을 느끼면서 한글을 배우게 하고 싶다는 생각이 들었기 때문이다.

  3월 학부모 상담을 통해 알아보니, 우리 반에 아직 한글을 전혀 모르는 아이가 18명 중 3명이 있었다. 그리고 나머지 아이들은 받침 없는 글자는 읽을 수 있으나 한글 쓰는 것을 어려워한다고 하였다. 학부모들에게 한 학기 동안 아이들은 한글을 차근차근 배워 나갈 것이고, 그 과정에서 충분히 배워 나갈 수 있다고 이야기하였다. 그러나 내심 '내가 우리 반 아이들에게 어떤 도움을 줄 수 있을까? 하는 생각에 한 편으로 두렵고 걱정이 되었다.

최소한의 문식성 환경 꾸리기

한글을 제대로 가르쳐 보고 싶다는 열망에서 1학년을 지원했지만, 어떻게 가르치는 것이 한글을 제대로 가르치는 것일까에 대해서는 확신이 없었다. 그래서 1학년 한글 교육과 관련된 다양한 자료를 찾아보게 되었고, 박지희 선생님의 '기초학력의 첫걸음 한글 교육 연수'와 엄훈 교수의 '읽기 따라잡기 연수'를 들었다. 박지희의 《1학년 첫 배움 책》, 홍인재의 《읽고 쓰지 못하는 아이들》, 발도르프 교육 철학을 기반으로 한 《하늘에서 온 한글》 등 다양한 자료도 찾아 읽었다.

이렇게 한글 교육을 공부하면서 9년 전 가르쳤던 한 아이에게 미안했다. 당시 예은이(가명)는 한글을 전혀 모르고 입학했다. 한글을 전혀 모르는 아이를 지도해야 한다는 사실이 나에게는 막막하기만 했다. 그 당시 나는 우리나라에서 자란 아이들은 한글 음절표만 익히면 당연히 한글을 읽고 쓸 수 있으려니 생각했다. 그래서 글자를 읽고 쓰지 못하는 아이를 어떻게 지도해야 하고, 어떤 도움을 주어야 하는지 알 수 없었다. 결국 난 그 아이에게 아무런 도움도 주지 못했다. 그런 경험은 오랫동안 마음의 짐으로 남아 있기에, 올해는 조금이라도 더 나은 교사로 아이들을 만나고 싶었다.

이런 연수를 들으면서 내가 세운 첫 원칙은 아이들이 한글을 배워 나갈 때

최소한의 언어환경을 구성해 보자는 것이었다. 아이 중에는 가정에서 다양한 책을 읽어주고 풍부한 언어를 활용하여 이야기해 주는, 질 좋은 언어환경에서 지내는 아이도 있다. 하지만 거의 글을 읽지 않고 단순히 컴퓨터와 TV에만 노출되어 지내는 아이들도 있다. 김영숙은《읽기&쓰기 교육》에서 언어 능력은 타고난 인지 능력뿐 아니라 언어환경에 의해 많이 좌우된다고 하였다. 여기서 환경이란 건물이나 가정의 부유함 등의 물리적 환경이 아니라 언어환경이다. "아동의 주변 언어환경, 즉 가정, 학교, 지역사회에서 사용하는 언어가 얼마나 다양하고 풍부한가를 의미한다. 그래서 아동의 언어가 발달하기 위해서는 다양한 어휘를 사용하는 환경에 반복적으로 노출되어야 한다."(Mutrray, Horst & Samuelson, 2012)고 하였다

3월 말 한글을 배우기 시작할 때부터 우리 반 아이들에게 매일 가정에서 읽을 낭독 과제를 제시하였다. 낭독 과제는 학교에서 배운 글자와 관련된 동시 읽기 자료였다. 동시 읽기 자료는 학교에서 선생님과 함께 먼저 읽어 보았다. 그리고 집에 가서 읽을 때 모르는 글자는 엄마의 도움을 받아 가면서 읽도록 하였다. 또 낭독 과제는 내가 배워서 알게 된 글자에 집중하면서 읽도록 하였다. 이러한 과제 활동을 통해 나는 우리 반 아이들에게 최소한의 공통된 언어환경을 제공하였다.

학부모와 공감대 형성하기

'매일매일 낭독해요'라는 활동이 잘 이루어지기 위해서는 학부모와의 협력이 필수적이다. 한글 교육뿐 아니라 교육이라는 것이 학교와 가정이 분리되어서

이루어질 수 없다. 교사에게 아이 언어 발달의 협력자로 학부모가 함께 나아갈 수 있도록 이끄는 것은 매우 중요하다. 학부모와 협력을 이끌 때 도움이 되는 두 가지 열쇠가 있다.

첫째 열쇠는 공감이다. 학부모에게 교사가 생각하는 '매일매일 낭독해요'의 효과에 관해서 공감할 수 있도록 설명하는 것이다. 읽기 발달에 있어서 8세는 음독의 시기이다. 이는 소리 내어 글을 읽을 때 읽기 이해도가 높아진다는 것이다. 아이들은 소리 내어 글을 읽으면서 각각의 낱말의 소리 음가를 기억할 수 있다. 또한 교사나 부모의 시범을 통한 따라 읽기는 아이가 바르게 띄어 읽기를 이해하는 데 도움이 되고, 이는 바르게 띄어쓰기와도 연관된다. 또한 매일 매일 글을 읽음으로써 글 읽기의 유창성을 신장시킬 수 있다. 글 읽기의 유창성은 아이들의 읽기 이해력과 매우 높은 상관계수를 보인다(김영숙,《읽기&쓰기 교육》)는 연구 결과가 있다. 이처럼 소리 내어 읽기의 중요성을 학부모가 공감할 수 있도록 설명하는 것이다. 이 과제 활동은 가정에서 진행되는 부분이 크기 때문에 학부모에게 '매일매일 낭독해요' 활동의 중요성을 알려 주어야 한다. 부모가 음독의 중요성을 알아야 아이들이 가정에서 활동을 성실히 참여하도록 도울 수 있다.

두 번째 열쇠는 교사의 꾸준한 개인적 피드백이다. 아무리 중요하다고 이야기하였어도 교사가 개별적으로 점검을 하지 않으면 그 활동은 흐지부지되어 버린다. 그래서 교사는 아이들이 집에서 읽어 온 활동에 관한 피드백을 해 주어야 한다. 매주 월요일에는 '매일매일 낭독해요' 자료를 배부하였다. 그리고 아이들이 그날 읽어야 할 것은 꼭 학교에서 먼저 한 번 이상 읽어 본다. 가정에서 부모님이 읽어 주는 것이 어려울 때 아이들이 혼자서 읽을 수 있도록 교사가 교실에서 읽기 과제를 함께 읽는 활동이다.

그리고 다음 날 아이가 학교에 오면 아침 시간을 활용하여 교사 앞에서 개별적으로 자신이 '매일매일 낭독해요'에서 읽은 동시를 읽어 보게 하였다. 주로 개별적으로 해 보게 한 이유는 1학년의 경우 읽는 속도가 다르고, 아이들이 잘못 읽거나 어려워하는 곳을 바로 피드백해 줄 수 있기 때문이다. 읽기가 안정된 시기에는 2~3명씩 짝지어 읽어 보도록 하는 것도 효과적이었다. 이러한 아침 활동을 통해 읽기가 서투른 아이에게는 2~3번 더 읽도록 권하였다. 이러한 활동은 아이들에게 집에서 '매일매일 낭독해요'를 읽어 오도록 장려하는 데 도움이 되었다. 아이들의 등교 시간이 약간씩 차이가 있고, 읽기 자료가 짧기에 아이들의 읽기를 개별적으로 확인하는 데 생각보다 시간이 그리 오래 걸리지는 않았다.

낭독 자료를 동시로 구성한 이유

'매일 매일 낭독해요'의 자료는 학교에서 배우는 한글 교육과 같이 나갈 수 있도록 구성하였다. 우리 학교는 1학년 1학기 한글 교육을 교과서 순서대로 진행하기보다는 단원을 재구성했다. 1학기 국어 교육과정을 홀소리 익히기 → 닿소리 익히기 → 이중모음 익히기 → 받침 글자 익히기 → 문장 익히기로 지도하였다. 그래서 그 순서에 맞게 '매일매일 낭독해요'의 글도 각각 배우는 글자에 집중할 수 있는 다양한 동시로 구성하였다.

왜 동시를 낭독 자료로 선택하였는가? 여기에 대해서는 몇 가지 이유가 있다.

첫 번째 이유는 글의 분량 부분이었다. 한글의 모음과 자음을 처음 배우는 아이들에게 호흡이 긴 산문보다는 조금 더 호흡이 짧은 동시가 읽기에 관한 부담감을 줄여 준다.

우리 반 교실에는 다양한 그림책과 도서가 책꽂이의 여러 면을 차지하고 있다. 그런데 아이들이 3~4월이 되어도 책을 가져가서 보지 않았다. 중학년이나 고학년을 할 때는 아이들이 아침 시간에 책을 잘 보았고, 교사가 요구하지 않아도 혼자서 책 읽기를 즐기는 아이들을 종종 볼 수 있었는데 1학년 우리 반 아이들은 그림책을 뽑아 칠판에 전시해 두어도 책에 손을 대지 않았다. 처음에는 그 이유를 알지 못했다. 1학년을 여러 해 맡은 동료 교사는 당연하다고 하였다. 아직 한글을 익히지 못한 시기에 아이들에게 책을 읽으라는 것은 학습적 부담으로 다가올 수 있다는 이야기였다. 이 시기에는 교사가 읽어 주는 책은 좋아하지만 '혼자 읽는다는 것'을 부담스러워하는 아이들이 꽤 있다는 것이다. 그래서 '매일매일 낭독해요'를 구성할 때 글의 분량에 꽤 신경 썼다. 아이들이 혼자 읽어도 부담을 느끼지 않을 수 있는 분량의 글이어야 한다고 생각했기 때문이다.

두 번째 이유는 동시는 음악적인 리듬감을 지니고 있기 때문이다. 그래서 아이들이 낭독할 때 언어의 즐거움을 느낄 수 있다. 동시 속의 어휘 반복은 한글을 아직 덜 깨친 아이들에게 읽기에 대한 부담감을 줄여 줄 수 있다. 그리고 언어의 리듬감은 아이들이 낭독할 때 글을 읽는 즐거움과 재미를 준다. 실제로 아이들은 〈오리〉(권태응)처럼 우리말 어휘의 느낌을 살리면서 음악적 리듬감을 지닌 동시를 좋아했다.

오리

권태응

둥둥 엄마 오리,
못물 위에 둥둥.

동동 아기 오리,
엄마 따라 동동.

풍덩 엄마 오리,
못물 속에 풍덩.

퐁당 아기 오리,
엄마 따라 퐁당.

_《감자꽃》(창비, 1995)

세 번째 이유는 한글 자음, 모음과 관련된 말놀이 동요가 많다는 것이다. 예를 들어 〈나〉(최승호)는 'ㄴ' 자음자를 배울 때 읽은 동시인데 "나무는 나무/ 나비는 나비/ 나는 나예요// 달은 달/ 새는 새/ 나는 나예요// 나는 딸꾹/ 뻐꾸기는 뻐꾹"으로 되어 있다. 이 짧은 동시에는 'ㄴ' 음가를 느낄 수 있는 낱말이 자주 나온다. 이 짧은 동시를 읽는 동안 아이들은 지속해서 'ㄴ' 소리를 인식할 수 있다. 말놀이 동요로 되어 있어 노래를 부르면서 동시를 낭독할 수 있다. 이와 같은 동시 낭독 자료는 단지 'ㄴ' 음가의 낱말을 기계적으로 맥락 없이 외우는 활동보다 더 흥미를 갖고 아이들이 자발적으로 참여하며 글자를 익히는 데 도움을 준다.

'매일 매일 낭독해요'의 동시 자료 소개

'매일 매일 낭독해요'라는 1주일에 4편씩 총 70편의 동시를 제공했다. 아이들이 새롭게 배우는 글자와 연계된 낱말이 들어 있는 동시를 선정하였다.

매일 매일 큰 소리로 낭독해요 (6.28~7.2)

동시 1	동시 2
동시3	동시4

	요일	큰 소리로 읽고 표시하세요	확인란
1	월	① ① ① ① ① ①	
2	화	① ① ② ② ② ② ②	
3	수	① ② ② ③ ③ ③ ③	
4	목	① ② ③ ③ ④ ④ ④	
5	금	① ② ③ ③ ③ ④ ④ ④	

'매일매일 낭독해요'의 동시 자료의 형식을 설명하면 다음과 같다.

첫째, 제목 옆에는 날짜를 기록하였다. 그래서 아이들이 동시를 읽어야 하는 기간을 알 수 있게 하였고, 이것이 아이들이 나중에 동시를 순서대로 읽어볼 수 있게 하였다.

둘째, 동시를 기록할 때는 이 동시에서 중점적으로 관심 갖고 읽어야 하는 요소를 표시하여주었다. 또 동시를 적을 때는 동시의 본문과 저자를 그리고 아랫쪽에는 동시의 출처를 기록해주었다. 그래서 아이들이 나중이라도 스스로 동시집에 동시를 찾아 읽어볼 수 있게 하였다.

셋째 동시 낭독 방법은 월~목요일까지는 새로운 동시를 한 편씩 추가로 읽으면서 앞에 읽었던 동시를 반복하여 읽도록 하였고, 금요일에는 이번 주에 읽었던 동시를 총 복습하여 읽도록 하였다.

(ㄴ받침 낱말에 주의하면서 읽어보세요)

번데기

정유경

뻔하지 않아 우린
뻔뻔하지도 않아 우린
번듯한 이름이 있어 우린
번데기란 이름이 있어 우린
뻔 뻔 뻔 뻔데기가 아닌
번 번 번 번데기
번데기야 우린
번데기.

_ 《까만 밤》(창비, 2013)

(ㄴ받침 낱말에 주의하면서 읽어보세요)

은

이안

나는 은이 좋아
은하수
은빛
은근
은은하다

고양이처럼,

은솔이
뒷자리가

가만가만
나는
좋아

_ 《오리 돌멩이 오리》(문학동네, 2020)

예를 들어, ㄴ 받침 글자를 배우는 시기에는 〈번데기〉(정유경)로 ㄴ 받침의 소리 느낌을 알 수 있는 동시, 〈은〉(이안)을 통해 ㄴ 받침이 들어간 다양한 낱말을 익힐 수 있는 동시를 함께 제시하였다.

한 학기 동안 아이들과 한글 공부와 함께 나누었던 동시를 소개하면 다음과 같다. 홀소리와 닿소리를 익히는 단계에서는 최승호의 《말놀이 동시집》 시리즈를 많이 참고하였고, 받침 글자를 익힐 때는 그 받침의 음가가 잘 나타나는 다양한 시인의 동시를 활용하였다.

	동시집 목록	홀소리	닿소리	이중모음	받침글자	말의 재미
1	최승호, 《말놀이 동시집 1》	6	9			
2	최승호, 《말놀이 동시집 2》		1		3	
3	최승호, 《말놀이 동시집 3》	1	2	1	1	
4	최승호, 《말놀이 동시집 4》				1	1
5	최승호, 《말놀이 동시집 5》		4		1	
6	박성우, 《첫말 잇기 동시집》			1	1	1
7	박성우, 《끝말잇기 동시집》					1
8	박성우, 《우리 동네 한 바퀴》		1			
9	안도현, 《냠냠》		4		1	
10	이안, 《오리 돌멩이 오리》		1		2	
11	권태응, 《감자꽃》		2			
12	전래동요	2		1	1	
13	정유경, 《까만 밤》				3	
14	권오삼, 《라면 맛있게 먹는 법》					4
15	유강희, 《오리 발에 불났다》				1	
16	유강희, 《손바닥 동시》				1	
17	송찬호, 《초록 토끼를 만났다》				2	
18	윤석중, 동요				1	
19	방주현, 《내가 왔다》				1	
20	김환영, 《깜장 꽃》				1	
21	김개미, 《어이없는 놈》				1	
22	기타	3		2		
	총 계	12	24	6	21	7

'매일 매일 낭독해요'를 구성한 동시 제재를 각각 소개하면 다음과 같다. 홀소리 동시 제재와 이중모음 제재 일부는 《1학년 첫 배움 책》(박지희)에 실린

동시 제재를 활용하였다.

지도 시기별 동시 목록

순	분류		출처	동시 제목	시기
1	홀소리	도입	발도르프	〈홀소리〉	3월4주
2		ㅏ	최승호, 《말놀이 동시집 1》	〈아지랑이〉	
3		ㅓ	최승호, 《말놀이 동시집 1》	〈어부〉	
4		ㅑ	전래동요	〈ㅑ, ㅑ, 모두 나와라〉	
5		ㅕ	전래동요	〈여우야 여우야〉	4월 1주
6		ㅗ	최승호, 《말놀이 동시집 1》	〈오솔길〉	
7		ㅜ	최승호, 《말놀이 동시집 1》	〈우산〉	
8		ㅛ	자체 제작시	〈요정 요리사〉	
9		ㅠ	플래시 동요	〈우유송〉	
10		ㅡ	최승호, 《말놀이 동시집 1》	〈으스름〉	4월2주
11		ㅣ	최승호, 《말놀이 동시집 1》	〈이야기〉	
12		종합	최승호, 《말놀이 동시집 3》	〈원숭이〉	
13	닿소리	ㄱ, ㄲ	권태응, 《감자꽃》	〈감자꽃〉	
14		ㅋ	최승호, 《말놀이 동시집 1》	〈커다란〉	4월3주
15		ㄴ	최승호, 《말놀이 동시집 1》	〈나〉	
16		ㄱ,ㄲ,ㅋ 종합	최승호, 《말놀이 동시집 2》	〈코끼리〉	
17		ㄷ	최승호, 《말놀이 동시집 5》	〈달팽이〉	
18		ㄸ	최승호, 《말놀이 동시집 5》	〈따오기〉	4월4주
19		ㄷ,ㄸ 복습	최승호, 《말놀이 동시집 3》	〈떼〉	
20		ㅋ 복습	최승호, 《말놀이 동시집 3》	〈콩노래〉	
21		ㅌ	최승호, 《말놀이 동시집 1》	〈타조〉	
22		ㄷ	안도현, 《냠냠》	〈단무지〉	4월 5주
23		ㄷ,ㅌ	최승호, 《말놀이 동시집 1》	〈도토리〉	
24		ㅌ	최승호, 《말놀이 동시집 1》	〈터져라〉	
25		ㄹ	최승호, 《말놀이 동시집 1》	〈귀뚜라미〉	5월 2주
26		ㄹ	윤석중 동요	〈리리리 자로 끝나는 말은〉	
27		ㅁ	최승호, 《말놀이 동시집 1》	〈미꾸라지 미끄럼틀〉	
28		ㅂ	최승호, 《말놀이 동시집 5》	〈번데기〉	5월 3주
29		ㅍ	안도현, 《냠냠》	〈파래무침〉	
30		ㅅ, ㅆ	안도현, 《냠냠》	〈엄마 손〉	
31		ㅈ	이안, 《오리 돌멩이 오리》	〈조금〉	
32		ㅊ	최승호, 《말놀이 동시집 1》	〈날치〉	5월 4주
33		ㅇ	권태응, 《감자꽃》	〈오리〉	
34		ㅇ	안도현, 《냠냠》	〈알쏭달쏭〉	
35		닿소리 종합	최승호, 《말놀이 동시집 5》	〈파랑 도깨비〉	5월 5주
36			최승호, 《말놀이 동시집 1》	〈사자〉	

번호	분류	글자	작품	제목	주차
37	이중모음	ㅐ와 ㅔ	전래동요	〈개똥벌레〉	5월 5주
38		ㅔ	박성우, 《첫말 잇기 동시집》	〈계속-계단〉	
39		ㅝ	이태수, 《나도 태워 줘》_그림책	〈나도 태워 줘〉	6월 1주
40		ㅝ	플래쉬 동요	〈쥐와 고양이〉	
41		ㅐ와 ㅙ	최승호, 《말놀이 동시집 3》	〈돼지〉	
42		ㅐ와 ㅚ	최승호, 《말놀이 동시집 4》	〈구두쇠〉	
43	받침글자	ㅁ 받침	박성우, 《우리 집 한 바퀴》	〈저녁과 밤〉	6월 2주
44		ㅁ 받침	이안, 《오리 돌멩이 오리》	〈사월 꽃말〉	
45		ㅂ 받침	안도현, 《남남》	〈밥도 가지가지〉	
46		ㅂ 받침	방주현, 《내가 왔다》	〈짜장 요일〉	
47		ㅇ 받침	정유경, 《까만 밤》	〈_랑〉	6월 3주
48		ㅇ 받침	최승호, 《말놀이 동시집 2》	〈공룡〉	
49		ㄱ 받침	정유경, 《까만 밤》	〈더덕〉	
50		ㄱ 받침	최승호, 《말놀이 동시집 3》	〈사막〉	
51		ㄴ 받침	정유경, 《까만 밤》	〈번데기〉	6월 4주
52		ㄴ 받침	이안, 《오리 돌멩이 오리》	〈은〉	
53		ㄹ 받침	최승호, 《말놀이 동시집 2》	〈올챙이〉	
54		ㄷ 받침	김환영, 《깜장 꽃》	〈숟가락〉	
55		ㅍ 받침	김개미, 《어이없는 놈》	〈학교 앞 비둘기〉	7월 1주
56		ㅋ 받침	박성우, 《첫말 잇기 동시집》	〈다람쥐_다락방〉	
57		ㅋ 받침	유강희, 《손바닥 동시》	〈왜가리〉	
58		ㅅ,ㅊ 받침	송찬호, 《초록 토끼를 만났다》	〈도라지꽃〉	
59		ㅌ 받침	전래동요	〈별나라 별나라〉	7월 2주
60		ㅅ 받침	최승호, 《말놀이 동시집 5》	〈쳇바퀴〉	
61		ㅎ 받침	최승호, 《말놀이 동시집 2》	〈쇠똥구리〉	
62		ㅅ,ㅊ 종합	송찬호, 《초록 토끼를 만났다》	〈도라지꽃〉	
63	말의 재미	어휘 확장	박성우, 《첫말 잇기 동시집》	〈꿀떡_꿀떡꿀떡〉	7월 3주
64		시의 재미	박성우, 《끝말잇기 동시집》	〈호랑이_이야기〉	
65		시의 감각	유강희, 《오리 발에 불났다》	〈노을〉	
66		시의 감각	최승호, 《말놀이 동시집 4》	〈속삭인다〉	
67		어휘 확장	권오삼, 《라면 맛있게 먹는 법》	〈짝짓기〉	7월 4주
68		어휘 확장	권오삼, 《라면 맛있게 먹는 법》	〈쟁이〉	
69		어휘 확장	권오삼, 《라면 맛있게 먹는 법》	〈고렇게 우니깐〉	
70		시의 재미	권오삼, 《라면 맛있게 먹는 법》	〈한 번에 쭈우욱〉	

* 음영 표시된 동시는 박지희《1학년 첫 배움책》에서 선정된 동시 자료를 활용함.

'매일 매일 낭독해요'의 동시 수업 이야기

'매일 매일 낭독해요'의 동시는 항상 월요일 날 아이들에게 배부되었다. 동시는 항상 한글 공부의 마지막 부분에 아이들과 함께 나누었다. 예를 들어, 아이들이 ㄱ 글자를 배우는 날에는 ㄱ의 음가 익히기부터 시작하여 ㄱ이 들어간 낱말 익히기를 거친 후 마지막에는 ㄱ의 낱말이 들어 있는 동시 읽기를 하였다. 동시 수업의 순서는 보통 다음과 같다.

- ▶ 1단계 교사가 동시 읽어 주고 아이들이 따라 읽기
- ▶ 2단계 오늘 배운 글자와 관련된 낱말 찾아서 표시하며 읽기
- ▶ 3단계 오늘 배운 글자가 나오면 손뼉 치면서 동시 읽기
- ▶ 4단계 동시에 어울리는 그림 그리기

이렇게 배운 동시들은 한 번 읽고 사라지는 것이 아니라, 교실 앞쪽에 게시되었다. 시간 날 때마다 지금까지 배운 동시를 함께 읽어 보는 시간을 가졌다.

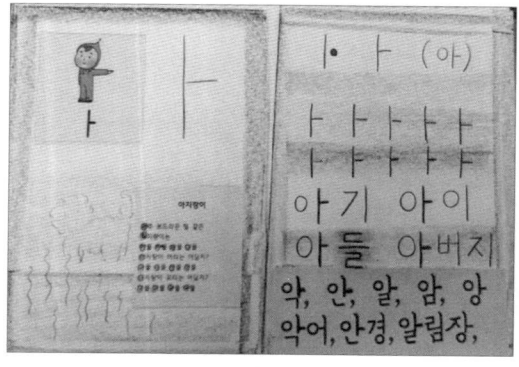

아이들 공책 예시

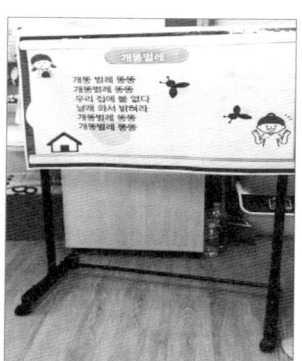

동시 게시판

최승호의 《말놀이 동시집》

최승호의 말놀이 동시는 한글을 처음 배우는 아이들에게 매우 인기가 많았다. 경쾌한 리듬과 코믹한 상황, 반복적인 언어 등이 아이들이 동시와 친숙해지는 데 도움이 되었다. 특히 최승호의 말놀이 동시는 방시혁 작곡가가 노래로 만들었고, 그중 많은 동시가 유튜브에도 올려져 있다. 그래서 교실에서 익힌 동시를 학부모에게 유튜브 주소와 함께 안내하였을 때 아이들은 집에서도 계속 즐겨 듣고 노래를 불렀다. 우리 반 아이들이 가장 좋아했던 동시는 〈오솔길〉과 〈나〉였다.

오솔길

최승호

오소리가 다닌
오솔길을
오늘은 내가 걸어가네
오솔길 옆
오리나무
오솔길 옆
오갈피나무

누구시오?
오솔길 옆 다람쥐가
나를 빤히 쳐다본다

_《말놀이 동시집 1》(비룡소, 2006)

〈오솔길〉 동시는 한글 모음 ㅗ를 배울 때 읽은 동시이다. 이 동시에는 모음

그가 들어간 낱말로 오솔길, 오소리, 오늘, 오리나무, 오갈피나무, 누구시오 등 짧은 동시 속에 6개의 낱말이 나온다. 또 오솔길이란 낱말이 반복적으로 나오면서 재미있는 리듬감을 느끼며 동시를 낭독할 수 있다. 또한 말놀이 동시가 유튜브에 있어서 집에서도 아이들이 동시를 즐겨 들을 수 있다. 아이들이 이 동시에서 반복적으로 낱말의 첫 글자에 '오'가 나오면서 리듬감을 가져오다가, 마지막 연에 '오'가 뒤로 가면서 묻는 형식을 가장 재미있어했다.

박성우의 《첫말 잇기 동시집》

박성우의 동시집에는 말놀이를 할 수 있는 동시가 많이 있다. 《첫말 잇기 동시집》의 〈계속_계단〉은 그 내용이 유쾌해서 아이들이 좋아했다. 이때가 아이들이 열, 스물, 서른, 마흔, 쉰이란 숫자 단위를 배울 때여서 더 흥미롭게 읽은 동시였다.

계속_계단

박성우

열 계단을 올라가도 계속 계단만 나와
스무 계단을 올라가도 계속 계단만 나와
서른 계단을 올라가도 계속 계단만 나와
이백 계단을 올라가도 계속 계단만 나와
육백 계단을 올라가도 계속 계단만 나와

어, 거기가 아닌가 봐?
얼른 내려와!

_《첫말 잇기 동시집》(비룡소, 2019)

아이들은 마지막 연에서 잘못 올라온 것을 알고 내려가자는 부분을 가장 좋아했다. 아이들과 이중모음을 배우면서 여러 번 모음 ㅖ를 써 보기 위해 이 동시를 필사하고 동시에 어울리는 그림 그리기 활동을 했다. 아이들 그림 속에는 계단이 많은 집에 관한 아이들의 다양한 생각들이 담겨 있다. 단순히 ㅖ 글자를 반복적으로 쓰기보다 시의 내용 속에서 쓰면서 자연스럽게 그 낱말을 익힐 수도 있었다.

서울금나래초1 고수현

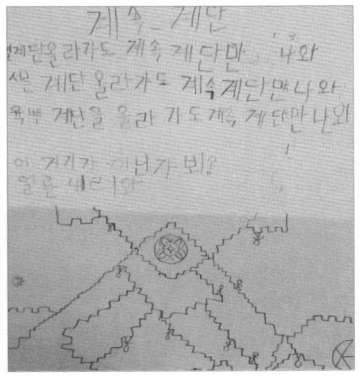
서울금나래초1 김시오

권오삼의《라면 맛있게 먹는 법》

권오삼의《라면 맛있게 먹는 법》에 나온 동시들은 아이들과 한글 글자 공부를 끝내고 문장으로 넘어가는 7월에 함께 읽은 동시이다. 이 동시집에는 아이들이 우리말 어휘의 재미를 느낄 수 있는 동시들이 많다. 아이들은 권오삼 시인의 동시 중에서도〈짝짓기〉와〈쟁이〉를 특히 좋아했다.

쟁이

권오삼

넌 거짓말쟁이
넌 겁쟁이
넌 고자질쟁이
넌 고집쟁이
넌 깍쟁이
넌 무식쟁이
넌 변덕쟁이
넌 수다쟁이
넌 욕쟁이
넌 쌈쟁이

그렇게 말하는 넌 뭐야!

나? 멋쟁이

짝짓기

권오삼

할아버지 하면 할머니
아빠 하면 엄마
숟가락 하면 젓가락
책상 하면 걸상
오른쪽 하면 왼쪽
팔 하면 다리
하늘 하면 땅
해 하면 달
빛 하면 그늘
너 하면 나!

와! 짝짓기 끝났다.

-《라면 맛있게 먹는 법》(문학동네. 2015)

아이들은 〈짝짓기〉 동시를 만나고 어휘마다 짝 찾는 것에 대해 흥미로워했고, 특히 몇 아이들은 "너 하면 나!"라는 짝을 가장 좋아하였는데, 이는 아이들이 자신만의 짝꿍 친구를 가지고 싶은 마음이 담겨 있다고 느껴졌다.

〈쟁이〉라는 동시에서는 아이들에게 생소한 낱말들이 많이 있어서 아이들이 흥미로워하였다. 아이들은 '쌈쟁이'가 쌈을 많이 먹는 아이인 줄 알았고, '무식쟁이'를 무작정 걷는 사람이라고 생각한 아이도 있었다. 교사인 나에게는 친숙한 낱말들이 아이들에게는 낯선 낱말들이었다. '~쟁이'라는 표현이 반복적으로 나오는 것에 흥미를 보이며 낭송할 때 재미있어했다. 또 시적 화자가 다른 사람에게는 놀리는 듯한 말로 '쟁이'의 표현을 쓰다가 자신을 향해서만 '멋쟁이'라고 긍정적으로 표현하는 부분을 가장 즐거워했다. 아이들은 이 동시를 통해 우리말에서의 말놀이 재미를 듬뿍 느낄 수 있었다.

낭독은 힘이 세다

한 학기 동안 한글 교육과 연계하여 '매일 매일 낭독해요'로 아이들을 만났다. 처음 동시를 읽을 때 아이 중에는 글자 한 음 한 음에만 치우쳐서 읽는 아이도 있었다. 그러나 점점 진행해 가면서 아이들이 낭독하는 능력은 향상되었다. 학기 초에 한글을 전혀 모르고 들어왔던 친구 3명 중 2명은 한글을 깨치는 데 어려움을 보이지 않고 잘 따라와 주었다. 그리고 1명은 한글을 완전히 깨우치지는 못 하였다. 그러나 3명 아이 모두 동시 낭독을 매우 신나게 잘하였다.

7월, 처음으로 교과서를 아이들과 소리 내어 읽어 보았다. 아이들이 글 읽는 것을 어려워하지 않고 생각보다 더 유창하게 읽었다. 그 모습을 보면서 매일 매일 낭독하기를 한 보람을 느꼈다.

'매일 매일 낭독해요'라는 활동을 마치고 학부모들에게 이 활동에 관한 아이들의 변화를 클래스팅 개인 메시지로 보내 달라고 하였다. 18명 중 15명 정도의 학부모에게 답변을 받았는데 대체로 아이들의 언어 학습과 관련하여 긍정적인 변화를 느꼈다는 내용이었다. 학부모에게 받은 메시지 중 몇 편을 소개하면 다음과 같다.

'매일매일 낭독해요'를 통해 한글 읽기를 재미있어하고 읽는 즐거움을 알게 되었습니다. 동요를 통한 동시 읽기는 매우 즐거워했으며 다른 동시들도 노래하듯이 읽었습니다. 시의 함축적 의미를 이해하고 재밌다 표현하고 즐거워했습니다. 동시를 통해 정서적으로 풍요로움을 얻고 율리의 상상력의 재료가 되었습니다. 또한 아이가 시를 읽을 때 같이 박자를 넣어주고 따라 읽으며 부모들도 같이 즐거웠습니다.

- 김율리 어머니

'매일매일 낭독해요'를 통해서 다양한 시를 접할 수 있어서 좋았습니다. 평소에 잘 알지 못하던 낱말들도 알게 되었고 그 뜻을 찾아보면서 지식의 폭이 넓어졌습니다. 워낙 공룡에 관심이 많다 보니 특히 〈공룡〉이라는 시가 가장 재미있었고, 무식쟁이는 씩씩대며 걸어가는 사람으로 생각했고, 쌈쟁이는 쌈장을 싸 먹는 사람인 줄 알았다고 합니다. 여러 가지 상황에 맞는 새로운 낱말을 많이 알게 되어서 즐거웠습니다. 소리 내어 읽다 보니, 불분명했던 발음도 정확해졌고, 글을 자연스럽고 매끄럽게 읽을 수 있었습니다.

- 권유빈 어머니

시오는 동시 중 〈오리〉가 가장 좋다고 합니다. 이유는 시 자체가 귀엽고, 동요가 신나고, 운율이 입에 잘 붙나 봅니다. 그리고 '동동 둥둥'이나 '퐁당 풍덩'처럼 크고 작은 느낌, 가볍고 무거운 느낌의 낱말 비교가 재미있다고 합니다. 교육과정에서의 변화는 동시에 관심이 없었던 시오가 어느 날 본인 동시집을 만들겠다고 새 노트 한 권이 필요하다더라구요. 노트 표지에는 낭독지에 쓰여 있던 '최승호 동시집에서'라는 문구를 가져와서 본인 이름으로 적었어요. 맞춤법이 엉망이지만 지켜보고 있습니다. 글자를 쓰기를 안 좋아했던 아이라서 글자를 쓴다는 자체가 시오에겐 너무 놀라운 변화라서 우선은 즐길 수 있게 두고 있습니다.

- 김시오 어머니

학부모들의 메시지를 보면서 1학기 동안 한글 공부와 함께한 매일 동시 읽기 활동이 의미 있게 아이들에게 다가간 것 같아 뿌듯하였다. 학기 초에는 동시를 띄엄띄엄 읽어나가던 아이들 모습이 점차 자연스럽게 낭독하는 모습으로 바뀌는 것을 지켜보는 것도 교사로서의 즐거움이었다.

낭독에서 시 쓰기로 나아가기

1학년 아이들을 만나면 '1학기는 어떻게 하면 우리말의 재미를 느끼면서 한글을 깨칠 수 있을까?'가 가장 큰 화두이고, '2학기는 아이들이 어떻게 자기 생각을 표현하게 할까?'가 가장 큰 화두이다. 그런데 이 두 가지 문제에 있어서 동시 낭독하기 활동은 내가 반 아이들을 지도하는데, 큰 도움을 주었다.

2학기에는 우리 말 어휘의 다양함이 나타난 동시, 세상을 세심하게 관찰한 동시, 세상을 창의적으로 바라본 동시, 아이들 마음을 대변해 주는 동시 등 다양한 동시를 준비해 보았다. 1학기와 다른 점이 있다면 한 주에 한 동시집에서 동시 4편을 골라서 낭독 자료를 만들었다는 것이다. 이는 낭독 자료에 소개된 동시가 재미있을 때 아이들이 직접 동시집을 찾아서 다른 작품들도 더 만나 볼 수 있기를 바라기 때문이다.

2학기 때 우리 반 아이들은 낭독 자료로 제시된 동시 중 특히 문현식의 〈그럼 그럼〉(《오늘도 학교로 로그인》)을 아주 좋아했다. 아이들은 아빠가 아이의 문제를 가볍게 생각하고 쉽게 풀릴 것을 바라면서 말하는 시 속 상황에서 마지막에 아이가 단호하게 "아니!"라고 말하는 부분을 가장 큰 소리로 낭송하며 좋아했다. 아마 자신들의 마음을 시인이 잘 읽어 주고 있다고 생각했나 보다.

그리고 2학기에는 조금씩 아이들과 시 쓰기 활동도 해 보았다. 처음 아이들과 시를 쓰던 날이었다. 《슈퍼 거북》(유설화)으로 온작품읽기 수업을 하면서 아이들과 빨리빨리 해야 했던 경험에 관해 이야기 나누기를 하였다.

"엄마가 숙제를 빨리 빨리하라고 해요."
"아이스크림을 사면 녹기 전에 빨리빨리 먹어야 해요."
"엄마가 아침 학교 준비도 빨리하라고 해요."

이런 이야기를 나눈 후 처음으로 자신의 경험을 시로 표현해 보면 어떨까? 할 수 있을까? 하고 물었다. 그러자 아이들은

"저, 시 쓸 줄 알아요."
"전 여름방학 때 혼자서 시 쓴 적 있거든요."
"저희 매일 동시 읽었잖아요."

라고 하면서 너무나도 쉽게 자신의 경험을 시로 써 내려갔다. 아이들에게 시를 쓰는 방법에 관한 설명은 필요 없었다. 동학년 선생님들과 첫 시 쓰기 수업을 한 후 학년 협의회를 했다. 그런데 다른 반 선생님들도 아이들이 어려워하지 않고 너무 쉽게 시를 쓰는 것에 놀랍다고 했다. 1학년을 여러 해 지도했던 선생님들도 올해 아이들의 시가 참 좋다고 이야기하셨다. 그러면서 아이들이 다양한 동시를 꾸준히 읽은 효과 같다고 이야기하셨다.

- 9월에 쓴 첫 시

빨리빨리
　　　서울 금나래초1 김서윤

숙제 빨리 해 !
엄마가 말한다.
빨리빨리 하기 싫어!
싫으면 시집가라
그 소리 지겨워
난 시집 안 갈 거야.
지금 당장 시집 가
으아앙
울음을 터뜨린다.

아이스크림
　　　서울 금나래초1 송지원

아이스크림을 빨리빨리
아이스크림 물방울
졸졸 내려간다.
바닥에 흘리면
끝장이다
바로 먹어버려야 한다.
확! 독수리처럼
확 했다.

2학기에는 《슈퍼 거북》 때 시를 처음 쓴 이후 아이들과 수업 시간 중 활동을 한 후에는 글쓰기 활동에 일기 글과 더불어 시 쓰기 활동도 해 보았다. 가을 산책을 하고 나서, 얼음을 관찰하고 소금을 뿌려보고 나서, 또 다양한 겨울 전통 놀이를 하고 나서도 아이들의 경험을 시로 표현해 보았다. 또 자신들이 가장 맛있게 먹었던 음식을 가지고도 시를 써 보았다. 그리고 아이들이 2학기 동안 쓴 시와 일기 글을 모아서 학급문집으로 묶었다. 한글도 잘 모르던 아이들은 어느덧 자신의 경험을 시로 표현하고, 공책 1쪽 정도의 일기 글로도 표현할 정도로 성장했다.

아이들의 이러한 모습을 보면서 올해는 교사로서 조금은 행복한 한 해인 것 같다. 그리고 아이들이 언제까지나 우리말의 아름다움과 재미를 느끼면서 언어적 감수성이 풍부한 아이들로 자라길 기원해본다.

- 우리 반 아이들의 시 몇 편

수박 가위
    서울 금나래초1 이지유

쓱쓱싹싹
수박 수박
한 입 깨물면
쓱쓱싹싹 두 입
두 입 물면 싹싹
가위소리가 난다
가위소리가 어디서 나니
가위 소리가
아니야

꽁꽁꽁
    서울 금나래초1 이해인

얼음은
꽁
꽁
꽁

소금을 뿌리면
쏙
쏙
쏙

이젠 꽁꽁꽁 얼음이
아니다

* 겨울 수업 시간 중 얼음 관찰을 하고 나서 쓴 시

새로운 눈, 감각을 깨우는 동시 세계

강연미

동시 지도가 어렵다?

어느 봄날, 출근하다 우연히 보게 된 사철나무 앞에서 핸드폰을 갖다 대고 사진을 찍고 있는 나. 사철나무 꽃봉오리를 개구리 발가락에 비유한 동시 〈사철나무 꽃봉오리〉(유강희)를 만나지 않았다면 그냥 지나쳤을지도 모를 일이다. 우리 반 아이들과 함께 심었던 토란을 매일 들여다보며 한참을 기다리다 싹이 나왔던 순간! 카메라를 갖다 대고 그 순간의 기쁨을 동시로 쓰게 된 나. 이것 또한 동시를 만나지 않았으면 하지 않았을지도 모르는 일이다. 몇 년째 집에서 기르고 있는 꽃기린에 물을 줄 때마다 이안의 〈사월 꽃말〉 속 "고난의 깊이를 간직하다"라는 구절을 떠올리게 되는 것도 마찬가지다.

동시를 만나면서 주변의 것들을 쉽게 지나치지 않게 되었다. 동시 속 대상을 만나면 그 동시가 생각나고 내 주변의 것들을 좀 더 세심히 보고 잘 듣고자 하게 되었다. 동시를 읽으면 어떤 대상에 대한 낯선 시선과 새로운 인식이 생긴다. 동시를 읽기 전과 읽은 후의 내가 달라지는 경험을 자주 한다. 동시가 가진 매력 중 하나라고 생각한다.

  이러한 동시의 매력을 알지 못했을 때 나에게 동시는 어려운 그 무엇이었다. 그래서 동시 지도에 어려움을 느꼈다. 그 이유가 뭘까? 그것은 동시의 말하기 방식이 독특하기 때문이 아닐까. 동시는 감추어 말하고, 바꾸어 말하고, 빗대어 말한다. 이것은 동시 지도를 어렵게 하는 것일 수 있지만, 동시를 읽는 재미일 수도 있다. 동시는 노골적인 드러냄보다 은근한 감춤을 본질로 한다. 설명하지 않으며 그대로 드러내 보이지 않고 다 말하지 않는다. 감추고, 바꾸고, 빗대어 말하면서 살짝살짝 보여 준다. 그래서 그 실체에 접근하기가 쉽지 않다. 어렵다. 하지만 그래서 재미있고 매력적이다. 동시는 말하고자 하는 것을 시어에 꽁꽁 숨겨 둔다. 《말놀이 동시집》을 쓴 시인 최승호는 시인이 말하고자 하는 것을 '뼈'에 비유하며 '뼈는 절대 드러내서는 안 되는 것'이라고 하였다. 동시의 특징인 감추어 말하기를 잘 나타내는 말이라 생각된다. 이런 시의 특성 때문에 동시 지도가 어렵게 느껴지는 것이다.

  그래서 우리는 말하기 방식이 독특한 동시를 자주 읽고 많이 접하면서 좋은 동시를 볼 줄 아는 눈을 길러야 한다. 무엇을 감추어서 말하고 있는지, 내용과 형식이 잘 조화를 이루고 있는지, 어떤 겹을 가지고 있나를 읽어 낼 수 있어야 한다. 또한 시의 중심을 파악하려면 시의 핵심이 되는 '시의 눈'이 무엇인지를 정확히 포착해야 한다. 그래서 동시를 많이 읽고, 함께 읽고, 공부해야 한다. 그럴 때 동시 지도의 어려움과 막막함에서 조금씩 벗어날 수 있을 것이다.

  동시는 언어 예술로서 짧은 문학 작품이지만 어린이들에게 다양한 세상을 만나고 느낄 수 있도록 해 준다. 친구들과 함께 읽고 자기들의 삶을 나누고 가꾸기에도 좋다. 하지만 아이들이 동시집을 읽어 본 경험은 흔치 않다. 올해 새

학교로 옮겨 맡은 4학년 아이들도 동시집을 교실에서 읽어 본 경험이 거의 없었다. 동시집을 수업 시간에 함께 읽는 것 자체가 낯선 일이어서 신기해하고 호기심을 보였다.

　동시는 작은 일상을 지나치지 않고 세심하게 들여다보게 하고, 어떤 대상을 지금까지 보던 눈이 아닌 다른 눈으로 낯설게 보도록 해 준다. 그래서 평소 아이들이 다양한 동시들을 접할 수 있도록 동시집을 교실에 마련해 두고 쉽게 찾아 읽을 수 있도록 해 주면 좋다. 그리고 하나의 대상을 다양한 시선으로 표현한 동시들을 많이 접하게 해 주면 좋다. 여기서 교사는 아이들이 자기 안에 있는 것들을 말과 글로 표현할 수 있도록 적절한 질문을 던져 주어야 한다. 아이들의 마음은 항상 움직이고 반응한다. 아이들이 동시를 만나 반응하며 자기 마음에 써 두었던 것들을 드러내고 함께 나누도록 해야 한다. 사물과 사람에 대해 자기 감각이 민감해지도록 해주는 것이 필요하다. 감각도 훈련을 통해서 키울 수 있고 확장시킬 수 있다. 훈련된 감각과 시적 감성은 시 쓰기로도 자연스럽게 이어질 것이다.

감각을 깨워 일상을 낯설게 만나고 느끼기

　봄기운이 찾아오기 시작할 즈음 아이들에게 들려주는 시가 있다. 김창완의 〈봄〉이다. 이 시로 아이들과 나눌 이야기가 많다. 아이들에게 "너희들은 어디에서 봄이 오는 것을 느끼니?"라고 물었다. 이 시를 읽고 시적 화자에게 "쉿! 아직은 비밀이야"라고 한 것은 누구일지, 왜 이런 말을 했을지 이야기를 나누었다. 아이들은 나비, 봄바람, 민들레꽃, 벚꽃, 작은 싹, 따스한 햇빛 등을 이야기했다. 봄이 오고 있다는 것을 느끼게 해 주는 것들을 떠올려 보며 학교 오가는 길에 감각을 깨워 그냥 지나쳐 버리는 일상을 세심하게 들여다보게 만든다. 여러 가지를 만나게 해 주는 힘을 가진 시라고 생각한다. 그리고 나서 시를 읽고 떠오르는 장면을 그림으로 나타내어 보았다. 하굣길이나 등굣길에서 "쉿, 아직은 비밀이야."라고 말할 것 같은 대상을 찾아보라고 했다. 이제 아이들에게 늘 똑같았던 등하굣길이 그 전과는 같지 않게 느껴질 것이다. 동시는 이렇게 우리의 감각을 깨우고 예민하게 하여 주변의 사물과 대상을 새롭게 보게 한다.

봄

김창완

오늘도 무지 추운데
오다가 학교 담벼락에서
봄을 만났어요
반가워서 인사를 했더니
"쉿, 아직은 비밀이야." 그랬어요

_ 《무지개가 핀 방이봉방방》(문학동네, 2019)

시 소풍

날씨가 좋은 날은 시 소풍 가자며 교실 밖으로 나갔다. 우리 학교 바로 옆에는 용마산과 근린공원이 자리 잡고 있다. 학교 뒤뜰은 여러 가지 식물들이 있는 데다 보도블록으로 되어 시 소풍을 하기에 좋은 곳이다. 따스한 봄날 밖으로 나와 봄의 모습을 관찰했다. 봄에 볼 수 있는 식물들과 곤충들을 자세히 살펴보았다. 아이들은 민들레, 냉이꽃, 수수꽃다리, 애기똥풀, 박태기나무꽃 등을 만났다. 따스한 봄 햇살 아래 모둠별로 돗자리를 깔고 앉아 온작품읽기 동시집을 소리 내어 번갈아 읽고 감상 나누기를 하였다. 새소리가 들리고, 살랑살랑

봄바람도 불고, 따사로운 봄볕이 내리면 긴장이 풀리고 감각이 활짝 열린다. 이런 가운데 동시를 함께 읽고 나누니 아이들의 즐거움이 더 큰 것 같았다. 어느 날에는 '동시 퐁당' 동시 공책을 들고나와 봄을 소재로 시를 썼다.

동시 공책 〈동시 퐁당〉

학년 초 동시 공책을 마련하였다. 동시 공책 이름을 〈동시 퐁당〉이라 정하였다. 주로 창체 시간에 동시를 읽고 〈동시 퐁당〉에 같은 제목으로 시 바꿔 써 보기, 함께 읽은 동시를 필사하고 떠오르는 장면 그리고 자신의 감상을 간단히 적기, 내 창작시 쓰기 등을 하였다.

아이들이 쉽게 공감하고 재미있어하는 동시는 따라 해 보고 싶게 만든다. 방주현의 〈자기소개〉, 정유경의 〈다 그래〉, 성명진의 〈오늘은 다 잘했다〉, 김개미의 〈내일이 개학이다〉와 같은 동시가 그렇다. 학년 초에 새로운 친구들을 만나면 자기 소개하기가 필수다. 아이들과 만난 둘째 날, 〈자기소개〉(방주현)라는 동시를 읽어 주었다. 동시 속에서의 나가 드러나는 맨 마지막 행은 감추고 읽었다. 그리고 시 속의 내가 누군지 알아맞혀 보라고 했다. 시 속의 나를 찾으며 상상하는 아이들 표정에서 학년 초 긴장은 풀리고 명랑한 분위기가 돌기 시작했다. 아이들에게 제목은 그대로 두고 자신을 소개하는 시로 바꾸어 써 보자고 했다. 그리고 나서 자기를 소개하는 시간을 가졌다. 이렇게 했더니 어색하고 긴장된 분위기의 자기소개가 아닌 웃음으로 자기를 소개하는 시간이 되었다.

자기소개
　　　　　　　서울 신길초4 김민준

뻥뻥뻥뻥 차기
다 다 다 다 뛰기
모두 자신 있습니다

좋아하는 스포츠
모두 다 용감하게 할 수 있습니다

취미는 축구
특기도 축구

좋아하는 먹을 거
다 잘 먹을 수 있습니다

저는 신길초등학교 4학년 2반
김민준입니다.
　　　　　　　(2021.3.3.)

자기소개
　　　　　　　서울 신길초4 박채연

살금살금 걷기
또박또박 글쓰기
모두 자신 있습니다.

아무도 하지 않는 발표도
용감하게 할 수 있습니다.

1주일쯤 안경 안 닦고
이불 안 개기 문제없습니다.

취미는 피아노 치기
특기는 놀기입니다.

저는 4학년
박채연입니다.
　　　　　　　(2021.3.3.)

　　　　　　　_ 방주현의 〈자기소개〉를 읽고 시 바꿔 쓰기

세상을 좀 더 깊고 새로운 눈으로 만나기

같은 소재, 다른 동시

시 소풍에서 자연을 관찰하고 교실로 돌아오면 관련 동시를 찾아 아이들에게 나누어 주었다. 제목이 같거나 소재가 같은 다른 시인의 동시들을 모아 프린트해서 나누어 주고 함께 읽었다. 같은 소재의 동시들을 함께 모아 읽는 활동은 똑같은 사물을 보고도 사람마다 떠오르는 생각과 시선이 다를 수 있다는 시적 경험을 하게 한다. 동시를 함께 읽고 나서 '시적 화자'의 입장에서 느낌을 이야기하고 시인인 '창작자'의 시선에서 감상 나누기도 했다. 이런 활동은 시적 상상력을 자극한다.

봄에 '민들레'를 소재로 쓴 여러 편의 동시를 프린트해서 나누어 주었다. 곽해룡의 〈민들레 꽃씨〉, 안진영의 〈민들레꽃의 하루〉, 송찬호의 〈민들레 꽃씨〉, 박정섭의 〈대머리 민들레〉, 이안의 〈금〉이란 동시를 함께 읽고 가장 마음에 드는 시를 고르고 그 이유를 말해 보았다. 시인은 어떤 장면을 보고 이 시를 썼을지, 민들레를 보고 어떤 생각을 했을지 등을 이야기 나누었다. 가장 마음에 들었던 시를 동시 공책에 필사하고 떠오르는 장면을 그림으로도 표현해 보았다.

며칠 뒤 학교 뒤뜰에 피어 있는 민들레꽃을 보러 나갔다. 이날 본 민들레는 아이들에게 예전과 다른 민들레로 다가올 것이다. 그날 교실로 돌아와 민들레를 소재로 시도 써 보았다. 민들레 꽃씨를 보자마자 후후 불다가 친구 코와 입에 붙은 것을 보며 깔깔대던 아이는 그 일을 시로 썼다. 지렁이, 비, 해바라기, 거미, 눈사람 등 제목이나 소재는 같지만, 시인에 따라 다르게 쓴 동시들이 많다. 이런 동시들을 모아서 함께 읽으면 한 대상에 대한 시적 인식의 확장을, 그리고 시적 상상력을 불러일으키는 시적 경험을 할 수 있어 좋다.

아이들의 감상 이야기

▶ 〈민들레 꽃씨〉(곽해룡)를 읽고
"민들레 꽃씨는 후후 부는 거라고만 생각했는데 '후우 불지 마세요'라고 한 부분이 새로웠고 엄마가 젖을 물고 있고, 동무들과 작별 인사를 나눈다는 생각이 재미있었어요." (정민아)

▶ 〈대머리 민들레〉(박정섭)를 읽고
"민들레꽃이 다 날아가 버린 것을 보고 '대머리 민들레'라고 표현한 것이 재미있고 새로웠어요." (이호인)

▶ 〈민들레꽃의 하루〉(안진영)를 읽고
"아침과 저녁 시간에 따라 민들레꽃이 달라진다는 것을 알게 되었고 아침과 저녁에 민들레꽃을 찾아서 보고 싶다고 생각했어요." (박채연)

▶ 〈민들레 꽃씨〉(송찬호)를 읽고
"민들레 꽃씨를 볼 때 날아가는 모습을 글자로 표현한 것이 재미있고 신기했어요." (송예인)

▶ 〈금〉(이안)을 읽고
"저도 보도블록 틈에서 나온 민들레를 본 적이 있는데 그걸 떠올리게 했어요. 민들레처럼 동시가 마음이 금 간 곳에서 꽃처럼 피어난다고 하는 표현이 마음에 들었어요." (김지우)

또 주제가 같은 동시, '봄'과 관련된 동시를 골라 함께 읽고 나누었다. 〈누가 더 섭섭했을까〉(윤제림), 〈봄눈이 오면〉(이안), 〈봄에 관한 시시한 수수께끼〉(정유경), 〈외계로 보내는 메시지〉(김개미), 〈할미꽃과 짜장면〉(송찬호), 〈영치기 영차〉(박소농)를 읽고 가장 마음에 드는 시와 그것을 고른 이유에 관한 이야기를 나누었다. 계절마다 그 계절을 담은 동시를 찾아 읽고 나눈다면 앞으로 아이들에게 그 계절은 동시를 만나기 전과는 다른 계절이 될 것이다. 다르게 보고, 다르게 듣고, 다르게 느끼게 될 것이다. 감각이 달라진 나를 만나게 된다. 동시를 읽고 나누면서 아이들도 이전과는 '다른 나'가 될 것이다.

'갖고 싶은 말' - 동시 필사

학년 초에 반 아이들에게 필사 수첩을 하나씩 준비하여 선물로 주었다. '갖고 싶은 말'이라는 이름으로 수첩의 표지를 각자 개성에 맞게 꾸몄다. 교실에 있는 동시집을 읽다가 마음에 드는 시를 옮겨 적거나 온작품읽기로 읽는 동시집에서 마음에 드는 시를 필사했다. 내 동시 필사 수첩을 보여 주었더니 쉬는 시간마다 와서 보고 가는 아이들이 있었다. 그중 한 남자아이는 1학기 온작품읽기로 했던 동시집 두 권을 모두 필사하겠다는 다짐을 하더니 결국 해내었고 무척 뿌듯해하면서 자신을 대견해하였다.

아이들은 필사하면서 다시 한번 동시를 천천히 읽게 되고, 옮겨 적으면서 시인이 고민하고 선택하고 썼을 시어 하나하나, 문장 부호 하나, 행과 행 사이, 행과 연 사이의 틈을 읽게 된다. 쓰면서 동시의 리듬감도 새삼 느끼게 된다.

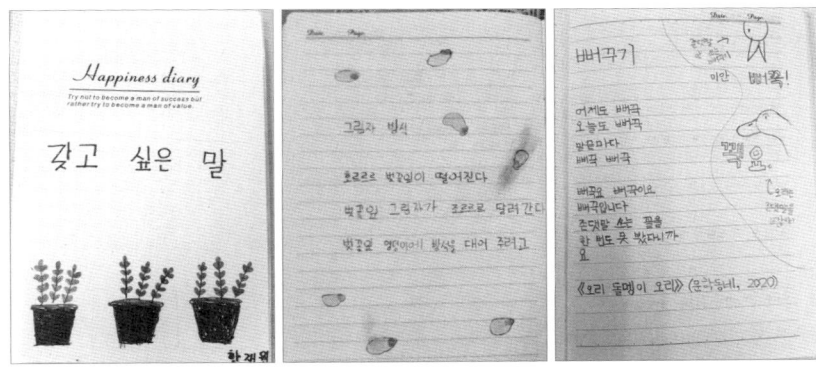

동시 필사 수첩 〈갖고 싶은 말〉

동시집으로 온작품읽기

올해는 동화책 온작품읽기로 창작동화 《엄마 사용법》(김성진), 《기호 3번 안석뽕》(진형민)을 함께 읽고 나누었다. 동시집 온작품읽기로는 《오리 돌멩이 오리》(이안)와 《오늘도 학교로 로그인》(문현식)으로 하려고 두 권을 우리 반 아이들 수만큼 준비했다. 동화책 온작품읽기는 같은 시간에 함께 읽으며 이야기 세계에 푹 빠진 후 주제를 정해 토론하는 시간이 즐거웠다. 동시집 온작품 읽기는 동시만이 가진 언어 예술성과 말하기 방식의 독특성, 동시 여백으로 인해 만들어질 아이들의 다양한 이야기가 궁금해진다.

1. 《오리 돌멩이 오리》(이안, 문학동네)

> 읽기 전 활동

읽기 전에 표지를 보며 이야기를 나누었다. 동시집 제목과 그림을 보며 이야기를 나누었는데 아이들은 제목이 왜 '오리 돌멩이 오리'인지, 돌멩이와 오리의 관계는 무엇인지 궁금해했다. 이 동시집 작가가 쓴 다른 동시집을 교실 책꽂이에서 꺼내 보여주고 작가에 관한 이야기를 들려주었다. 그리고 동시집의 그림은 며칠 전에 함께 읽었던 《위를 봐요!》 그림책의 작가가 그렸다고 이야기해 주었다.

동시집을 본격적으로 읽기 전에 시인의 말 '천천히 오는 기쁨'을 함께 읽었다. "1은 나무, 2는 오리야."로 시작하는데 아이들에게 "이게 무슨 말일까?" 하

며 물어보고 이야기를 나누었다. 숫자와 사물의 유사성을 찾아 말놀이를 할 수 있다는 것이 인상적이고 재미있다. "숫자와 사물의 비슷한 점을 찾아 숫자를 사물로 상상하면 재미있는 일이 벌어질 수 있겠네."라고 이야기해 주었다. 글의 끝에 날짜를 "오리돌멩이오리돌멩이해 돌멩이오리달"로 표현한 부분을 숫자로 바꿔 보자고 했더니 아이들은 무척 흥미로워했다.

[읽는 중 활동]

이 동시집은 4부로 이루어져 있어서 4차시에 걸쳐 나누어 함께 읽었다. 읽는 방법은 교사가 읽어 주기, 돌아가며 읽기, 모둠별로 모여 함께 돌아가며 읽기, 시 소풍으로 밖에서 모둠별 모여 읽기 등 다양한 방법으로 읽었다. 1부를 다 읽고 나면 아이들에게 포스트잇을 주었다. 포스트잇에 자기가 마음에 들었던 동시에 짧은 감상을 적고 포스트잇은 해당 동시 면에 붙였다. 각 모둠원이 돌아가며 가장 마음에 들었던 동시를 소개하고 왜 마음에 들었는지를 이야기 나누었다. 같은 동시집을 읽더라도 친구들이 좋아하는 시가 각자 다르고 같은 동시라도 친구들의 생각과 느낌이 다르다는 것을 알게 되는 시간이었다. 함께 읽고 나누면 대상에 대한 깊이가 생기고 감상이 풍부해지면서 '함께 읽기의 힘'을 느끼게 된다.

<빗방울 펜던트>라는 동시를 읽을 때 아이들은 펜던트가 뭐냐고 물었다. 내가 하고 있던 목걸이를 보여주며 펜던트에 관해 설명해 주었다. 봄에 아이들과 함께 심었던 토란이 여름이 되자 잎이 많이 커지고 키도 많

이 자랐다. 하루는 밖으로 나가 토란에 물을 주며 빗방울 펜던트가 어떤 것인지 직접 눈으로 확인하였다. 아이들이 "정말 똥그랗고 딴딴해 보여요"라며 여기저기서 '와와' 하는 탄성과 함께 참 신기해하고 재미있어했다. 이날 아이들은 시 공책에 시를 썼다. 새로운 발견이 주는 놀라움이란 이런 것인가 보다.

토란잎
　　　　서울 신길초4 박하은

토란잎에 물을 주니
물방울이 하나둘 똥글똥글
똥그란 구슬을 만들면서 떼굴떼굴
톡
떼구르르르

그러다가
틱! 하고 자유 낙하를 한다

다시
떼굴떼굴
톡
떼구르르르
탁

토란
　　　　서울 신길초4 송예인

토란 잎 위에 물을 뿌리면
똥글똥글한 물방울들이

통
　통
　　통
　통
　　통

튕기다가 톡 떨어지고

　통통
　통통통
　통통통통
　통통

놀다가 함께 하나로 뭉치기도 한다

읽은 후 활동

　동시집을 다 읽고 난 다음에는 여러 가지 동시 놀이를 했다. 교사가 보여 주는 사진과 시의 한 구절을 보며 동시 제목을 알아맞히는 퀴즈 놀이를 했다. 또 동시 전문을 제시하고 어느 한 부분을 빈칸으로 넣어 빈칸에 들어갈 낱말을 찾는 퀴즈 놀이도 해 보았다. 4학년 1학기 국어 9단원〈자랑스러운 한글〉과 연계하여 부채에 마음에 들었던 시나 아름다운 우리말의 느낌을 잘 나타내는 동시를 골라 필사하고 어울리는 그림을 그려 넣어 멋있는 동시 부채도 만들었다. 1학기 말에는 미술과 연계하여 시화를 꾸며 교실 뒤 게시판에 전시했다.

동시 퀴즈 놀이

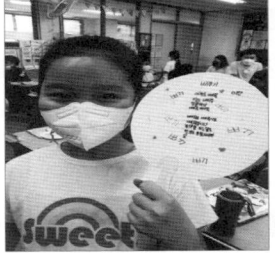
동시 부채 만들기

시화전

동시 톡톡

　아이들이 재미있어하고 가장 기억에 남는 활동으로 뽑은 것은 '동시 톡톡'이라는 동시 토크 놀이였다. 두 명의 친구가 짝을 이루어 동시집에서 가장 마음에 들었던 동시나 동시 토크를 하고 싶은 동시를 골라 짝과 이야기를 나누는 방식으로 진행한다. 자신이 고른 동시를 짝꿍 친구에게 낭송하고 고른 이유를 말한다. 친구는 듣고 난 후 동시와 비슷한 경험이 있는지, 떠오르는 장면이 있는지를 물어본다. 만약 시를 바꾸고 싶다면 어느 부분을 어떻게 바꾸고 싶은지도 물어본다. 읽어 주고 싶거나 선물하고 싶은 사람과 그 이유, 작가에게 하고 싶은 말과 궁금한 점도 물어본다. 둘의 동시 토크를 듣고 있던 친구들이 질문을 할 수도 있다.

아이들은 동시 토크를 준비하는 과정에서 친구들의 마음을 알게 되고 동시에 대해 좀 더 깊은 이야기를 나눌 수 있어서 좋았다고 했다. 친구와 더 친해진 것 같아 좋은 시간이었다고 했다. 동시를 가지고 삶을 나누고 소통하는 시간이 아이들에게는 참 좋았나 보다. 무엇보다 평소 조용하던 여자아이 둘이 가장 활발하게 동시 토크를 진행해서 놀랐다. 동시는 마법이 아닐까. 자기의 마음을 열게 하고 마음을 나누게 하고 이야기가 터져 나오게 만드는!

나의 동시 베스트 3, 우리 반의 동시 베스트 3

동시집을 다 읽고 나서 동시집에서 가장 마음에 드는 동시 세 편을 뽑아 보았다. 아이들은 진지하게 다시 동시집을 뒤적이며 고민에 빠지는 모습이었다. 고른 세 편 중에서 가장 마음에 드는 동시 한 편을 골라 보고 우리 반의 베스트 3을 가려 보았다. 이것을 비밀로 했다가 수업 시간에 퀴즈로 내었다. 같은 동시집을 읽고도 각자 개성 있는 독자로서 감상도 다 달랐던 만큼 친구들은 어떤 동시를 가장 좋다고 생각했을지, 과연 우리 반의 베스트 동시는 무엇일지 무척 궁금해했다. 우리 반의 베스트 동시는 〈로드 킬〉이 차지했다. "길 죽음"이라는 시어가 인상적이었다고 했다. 길에서 죽은 고양이를 '이제까지 걸어온 고양이의 길이 죽은 거고 앞으로 걸어갈 고양이의 길이 죽은 것'이라고 표현한 부분을 아이들이 인상적이고 마음에 든다고 했다. 아이들도 동시에서 자기 인식의 확장을 열어 주는 부분에 오래 머물면서 곱씹어 보고 인상적인 동시로 고른다는 것을 알게 되었다. 아이들은 자기가 고른 동시가 베스트 3에 들어가면 무척 좋아했다.

동시 동요 부르기 UCC 만들기

이 동시집 속에 수록된 〈1은 나무 2는 오리〉는 노래로 만들어졌다. 이 동요를 갖고 UCC를 만들어 보기도 했다. 동시 속 이야기를 역할극으로 표현하고 이 동시 동요를 부르며 중간에 우리 반 아이들이 1년 가까이 동시를 함께 읽고 나누며 느꼈던 동시에 관한 생각을 담아 표현하였다. '2021 충북 동시동요 부르기 UCC 공모전'에 참가하여 감자꽃 상을 수상하였다. 아이들은 감자꽃상을 수상하게 되어 무지 기뻐했다. 그 상금으로 작가와의 만남을 진행하였다.

작가와의 만남

《오리 돌멩이 오리》 온작품읽기를 하면서 아이들은 작가를 직접 만나고 싶어 했다. 작품에 대한 자신들의 감상과 궁금한 점을 직접 물어보고 싶어 했다. 작가와의 만남을 추진할 예산이 없어서 아쉬워하고 있던 찰나 '동시 동요 부르기 UCC 공모전'에 참가하여 상금이 생겼다. 상금을 좀 더 뜻있게 쓰면 좋겠다는 생각으로 바로 작가와의 만남을 추진하였다. 코로나 시기인데다 계획에 없던 일이라 작가와의 만남은 대면이 아닌 비대면 원격으로 진행하게 되었다.

이안 시인은 작가의 삶과 씀의 자세에 관한 이야기, 동시집 작품을 사진과 곁들어 가며 이야기를 풀어 주셨다. 작가와의 만남 전에 작가님께 아이들의 사전 질문과 동시집 온작품읽기를 하면서 했던 활동 내용과 활동 사진을 이메일로 보내 드렸다. 작가님은 아이들의 질문에 정성껏 답해 주시고 우리 반의 온작품읽기 활동에 대한 소감도 말씀해 주셨다. 아이들 이름을 불러 주시며 질문에 대한 답을 해 주자 아이들은 자기 이름이 불릴 때 으쓱하며 얼굴이 상기되었다.

작가와의 만남을 통해 동시집 작품이 달리 보이고 다시 읽고 싶다는 생각이 드는데 우리 반 아이들도 그러지 않았을까 싶다. 이날 아이들은 일기장에 시인을 만나서 신기했다, 작가가 닭을 기르는 이야기가 인상 깊었다, 직접 키운 모과를 잘라 모과 씨를 세어 보셨다는 이야기가 재미있었다,《오리 돌멩이 오리》동시집의 여러 작품의 모델이 된 작품 이야기를 듣고 나니 동시가 새롭게 보였다, 특히〈도라지꽃의 올해도 하는 절망〉의 절망의 뜻을 다시 생각하게 되었다 등의 소감을 썼다. 온작품읽기의 마무리는 작가와의 만남을 통해 완성된 느낌이었다.

2. 《오늘도 학교로 로그인》(문현식, 창비)

2015년 《팝콘 교실》 동시집을 냈던 문현식 시인의 두 번째 동시집이다. 이 동시집에는 다정다감한 시선으로 교실 속 아이들을 관찰하고 표현한 생활 동시들이 많다. 성장의 길목에 선 아이들에게 위로와 응원의 메시지를 담은 시들도 있어 아이들이 공감을 많이 했던 동시집이었다.

> 읽기 전 활동

읽기 전에 제목과 표지 그림을 보며 이야기를 나누었다. 그런 다음 문현식 시인의 모습을 사진으로 보여 주고 2015년에 출간된 《팝콘 교실》(문현식) 동시집도 소개하였다. 동시집의 머리말을 함께 읽고 나서 차례를 함께 살펴보았다. 시인들은 1부~4부까지 각 부에 어떤 동시들로 묶을지, 시작하는 시와 끝나는 시를 배치하는데도 고민하면서 배치한다는 것을 이야기해 주었다.

> 읽는 중 활동

동시집 읽기는 4차시에 나누어 각 1부씩 읽었다. 읽는 방법으로는 교사가 읽어주기, 반 아이가 읽기, 모둠별로 함께 읽기 등 다양한 방법으로 읽으면서 지루하지 않도록 했다. 1부 읽기가 끝나면 포스트잇을 나눠 주고 가장 마음에 드는 동시 한 편을 고르고 고른 이유를 써서 해당 동시 면에 붙이도록 했다. 그렇게 한 후 모둠 친구들과 돌아가며 이야기를 나누었다. 함께 읽은 동시여도 각자 마음에 드는 동시가 다르고 설사 같은 동시를 고르더라도 고른 이유가 다르다는 것을 느끼면서 '함께 읽기'가 동시를 더 깊고 넓게 만날 수 있도록 해 준다는 것을 알게 된다.

동시 읽고 질문하기

동시를 감상하는 방법을 알려 주고 시적 감성을 길러 주기 위해 동시를 읽고 나서 질문을 했다. 동시에서 말하는 이(시적 화자)는 누구일까요? 시인은 무엇을 보고 썼을까요? 이 동시에서 말하는 이의 마음 상태는 어떠한가요? 시적 대상의 마음은 어떨까요? 시인은 어떤 마음을 표현하고 싶었을까요? 이 동시에서 동시가 되게 하는 부분, 시의 눈은 어디라고 생각하나요? 이 동시의 포인트는 어디라고 생각하나요? 왜 그렇게 생각했나요? 이 동시를 읽고 난 느낌은 어떠한가요? 마음에 드는 부분, 인상적인 부분, 재미있는 부분 등이 있었다면 어느 부분인가요? 이 동시와 비슷한 경험이 있나요? 나라면 어떻게 표현하고 싶은가요? 등의 질문을 던졌다. 단순한 동시 감상이 아니라 시적 화자 입장에서 시를 읽고 시적 화자가 되어 본다. 이는 시적 화자의 정서를 체험함으로써 시를 좀 더 적극적이고 능동적으로 읽게 만든다.

아이들과 만나는 동시

아이들이 마음에 드는 동시를 골라 이야기를 나눌 때 아이들이 고른 동시는 대부분 크게 두 가지로 나뉜다. 평소 자기가 가지고 있지 않았던 새롭거나 낯선 시선을 가진 작품이거나 내 경험과 비슷하여 '아! 나도 이런 적 있는데'라고 공감을 하게 되는 동시다. 〈5교시〉를 고른 아이는 "나도 5교시에 기운이 빠지고 졸리면서 배터리가 방전된 느낌인데!", 〈톡쪽뷋〉을 고른 친구는 "포도를 먹는 모습을 세 글자로 이렇게 표현할 수 있다니! 참 재밌어요. 제가 포도 먹었던 일이 떠올라요."

아이들이 스스로 동시집을 즐겨 찾아 읽고 교감하는 감성을 기르기 위해서는 아이들에게 매력을 끄는 동시를 만나게 해 주는 것이 중요하다. 동시가 좋아서 반복적으로 찾아 읽을 수 있도록 자기의 정서를 낯설고 새롭게 만나게 해 주는 다양한 시를 제공해 줘야 한다. 그리고 시적 감성을 기를 수 있도록 시를 읽는 방법을 안내하고 지도해 줘야 한다.

동시집 온작품읽기 시간은 교과서에 나오는 동시를 가지고 수업을 할 때와 분위기가 사뭇 달랐다. 오고 가는 감상 이야기도 풍성해졌다. 교과서 동시 수업은 동시를 읽고 교과서에 제시된 질문에 답하는 어쩌면 정해진 답을 찾는 과정으로 진행되어 재미가 없었다면, 동시집 온작품읽기에서는 각자 마음에 드는 시가 있고 친구들의 다양한 감상 이야기를 들을 수 있다. 어쩌면 모두가 정답인, 각자의 다른 감상 이야기들이 오고 갔다. 자기 경험 이야기가 더해져서 분위기는 한껏 고조되었다. 동시를 통해서 각자 삶 속에서 직접 경험한 것, 자신만의 느낌을 쏟아 냈다.

시를 읽고 난 후 서로의 감상과 느낌을 나누는 활동은 작품에 관한 생각이나 느낌을 풍부하게 하고 삶을 더 풍요롭게 한다. 이런 과정을 통해서 시에 대한 해석을 새롭게 하거나 더 깊고 풍부하게 시를 읽어 내는 근육을 기르게 된다. 시적 정황을 좀 더 구체적으로 구성하기도 한다. 서로의 생각과 느낌을 주고받으며 자신의 정서와 친구와의 정서를 교류하는 과정에서 자신의 체험이 구체화되는 것이다. 이향근은 '시 텍스트와 타인의 정서적 반응을 바탕으로 내적 정서가 조직된다'고 하였다. 이러한 내적 정서가 조직된다는 것은 시적 감성이 길러지는 거라고도 볼 수 있겠다.

동시를 읽고 떠오르는 그림 그리기

그리스의 시인 시모니데스는 '시는 말하는 그림이다'라고 했다. 시는 설명하지 않고 그리듯이 보여 준다. 동시가 그려 내는 장면을 그림으로 표현하고 그린 그림을 짝이나 모둠에게 설명하고 이야기를 나누었다. 이러한 과정은 나중에 아이들이 창작자로서 시를 쓰는 데 도움이 될 것이다. 그 이유는 동시를 읽으며 아이들은 끊임없이 이미지를 그려 내기 때문이다.

읽은 후 활동

역할극으로 나타내기

시 텍스트의 소통은 독자가 자기중심적인 사고에서 벗어나 시적 화자의 정서를 체험함으로써 가능하다. 시적 화자와 같은 위치에서 내가 시 속에서의 '말하는 이'가 되었다고 가정하고 생각과 느낌을 말과 몸으로 표현해 볼 수 있도록 한다.

《오늘도 학교로 로그인》에는 생활 동시가 많아서 역할극으로 표현하기에 좋다. 모둠별로 동시 한 편을 골라 간단한 역할극으로 표현하고 나머지 모둠은 역할극의 동시 제목을 알아맞히는 놀이를 했다.

〈5교시〉 역할극

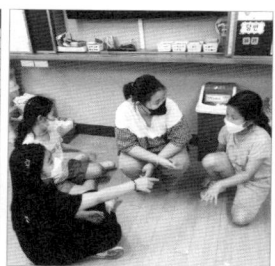
〈공기놀이〉 역할극

〈제기차기〉 역할극

동시를 일기로 나타내기

생활 동시로 시적 화자의 마음을 잘 나타낼 수 있으면서 반 아이들도 경험했을 법한 동시 〈상장〉, 〈제기차기〉, 〈5교시〉, 〈공기놀이〉, 〈배드민턴〉, 〈자신감〉, 〈행복한 날〉 7편을 골랐다. 이 중에서 한 편을 골라 일기로 바꿔 써 보았다. 이 활동을 통해 시적 화자의 마음에 공감하고 시적 장면을 상상하면서 시적 상상력을 가져 보는 체험을 하게 된다. 이뿐만이 아니라 '내 일기 한 편도 시로 바꿔 쓸 수 있겠구나'라는 것을 느낄 수 있다.

〈자신감〉을 일기로 바꿔쓰기

4학년 박유현   2021년 7월 22일
　　　　　　　날씨   아침부터 뜨끈뜨근한 찜질방에 온 것 같은 날

〈자신감〉

　　오늘 할아버지, 할머니께서 우리 집에 오셨다. 내가 회장 선거 얘기를 하자 할아버지, 할머니께서는 회장 선거에 나가 보라고 하셨다. 나는 고민이 되었다. '나갈까? 말까? 나갔다 떨어지면 어떡하지?'
　　그래! 나는 결심했다.
　　"할아버지, 할머니, 제가 회장 선거에 나갔다 떨어지면 어떡해요?"
　　"그래도 큰 경험이고 배우는 게 있겠지."
　　나는 자신이 없었다. 그래서 나 자신에게 말을 건다.
　　'나가면 될 게 뻔해. 재미없어.'
　　올해는 나가지 않기로 한다. 아니다. 여름방학 동안 다시 생각해 봐야겠다.
　　'나갈까? 말까?'

동시 톡톡

이향근 교수는 《시 교육과 감성의 힘》(2015)이라는 책에서 독자가 글을 읽을 때 한 낱말씩 눈을 이동하면서 즉각적인 해석을 하려는 경향을 '정원길 현상'이라고 하는데, 동시를 여러 번 반복하여 읽고 소리 내어 낭송하거나 음미해 봄으로써 정원길 현상을 지양해야 한다고 했다. 소리 내어 낭송할 때 리듬감과 운율을 느끼며 동시 속 언어의 맛을 느끼며 언어유희를 즐길 수 있다.

언어유희를 즐기면서 좀 더 동시를 깊이 감상하는 방법으로, 동시집을 친구들과 함께 읽고 느낀 감상을 토크쇼 형식으로 진행해 보았다. 두 명이 짝이 되어 동시집에서 동시 한 편을 고른다. 둘이서 어떤 이야기를 나눌지를 서로 의논하여 준비하도록 하였다. 칠판 앞에 테이블을 준비하고 두 친구가 나와서 '동시 톡톡'을 진행하였다. 먼저 한 친구가 동시집에서 고른 동시 한 편을 낭송하고 왜 이 시가 마음에 들었는지 간단히 이야기한다. 짝 친구는 동시 낭송을 듣고 동시에 대해 궁금한 것을 질문하면서 이야기 나누는 방식으로 진행한다. 적극적, 능동적 읽기, 작가 입장에서 읽는 방법으로 '작가는 왜 이런 표현을 했다고 생각하나요?', '내가 시인이라면 다른 방법으로 표현하거나 바꾸고 싶은 부분이 있나요?'라는 질문도 서로 해 보았다.

〈동시 톡톡〉의 일부

〈마법 사탕〉을 낭송하고 난 뒤

이소리 왜 이 동시가 마음에 들었나요?

송예인 각 사탕마다 특별한 능력이 있다는 것이 재미있었습니다.

이소리 이 동시를 누군가에게 읽어 주고 싶거나 선물해 주고 싶은 사람이 있나요? 있다면 왜 그런가요?

송예인 소리에게 선물해 주고 싶은데요. 소리는 같은 유치원을 다닌 친구이고 친하기 때문입니다. 만약 이런 사탕이 있다면 소리와 나눠 먹으면서 이야기를 하고 싶습니다.

이소리 이 동시를 쓴 시인에게 궁금한 것이나 질문하고 싶은 것이 있나요?

송예인 어떻게 이렇게 다양한 사탕을 생각해 내고 이런 동시를 쓰게 되었는지 궁금합니다.

이소리 이 동시를 읽고 떠오르는 장면이나 생각나는 것이 있나요?

송예인 어떤 한 아이가 사탕을 먹고 그 사탕의 능력을 시험해 보는 장면이 떠오릅니다.

이소리 이 동시와 비슷한 경험이 있다면 이야기해 주세요.

송예인 사탕 여러 개를 샀는데 맛이 다 달라서 어떤 것을 먼저 먹을까 고민했던 적이 있는데 그것이 생각납니다. 만약 소리 어린이는 이 동시에 나온 사탕을 먹고 싶다면 어떤 사탕을 먹고 싶나요?

이소리 저는 딸기 사탕을 먹고 싶습니다. 왜냐하면 우주에서 본 지구의 모습이 너무너무 궁금하기 때문입니다.

송예인 소리 어린이도 저랑 똑같은 동시를 마음에 든다고 골랐는데 왜 이 동시가 마음에 들었나요?

이소리 저도 어릴 때 '이런 사탕이 있었으면 좋겠다'라고 상상한 적이 있었는데 이 동시가 비슷했기 때문입니다. 하지만 이 동시는 제가 생각하지도 못한 여러 가지로 상상한 점이 재미있었습니다.

송예인 혹시 이 동시에서 특히 마음에 드는 부분이 있나요?

이소리 "그만 입에 사탕 하나씩 넣고 숙제하자" 이 부분이 제일 마음에 들었습니다.

우리 반의 베스트 3

이렇게 4차시 동안 동시집을 다 읽고 나서는 동시집 전체에서 가장 마음에 들었던 나의 베스트 동시 세 편을 골랐다. 세 편의 동시 중에서 가장 마음에 들었던 동시 한 편을 고르고 그 이유를 적어 보게 하였다. 포스트잇에 쓴 나의 베스트 3를 모아 칠판에 붙여서 다른 친구들은 어떤 동시를 골랐는지 볼 수 있도록 한다. 그리고 나서 그것을 통계 내어 우리 반의 베스트 동시 세 편을 뽑아 보는 활동을 한다. 우리 반의 베스트 1위는 〈마법 사탕〉, 2위는 《(거) (리) (두) (기)》, 3위는 〈푸라면〉과 〈학원에서 나오며〉가 차지했다.

이외에도 동시 전문을 제시하고 동시에 들어갈 낱말을 빈칸으로 만들어 빈칸에 들어갈 낱말을 알아맞히는 놀이, 동시 전문을 제시하고 동시 제목을 알아맞히는 놀이도 해 보았다. 작가에게 편지 쓰기 활동도 해 보았다.

동시집으로 온작품읽기를 하고 나서

동시집 두 권으로 온작품읽기를 마치며 아이들이 느낀 소감들이다.

김지우 내가 동시집 온작품읽기를 마치고 기억에 남는 활동은 '시 소풍'과 '동시 톡톡'이다 '시 소풍'은 그냥 생각을 나누는 것보다는 밖에 나가 자연 속에서 생각을 나누니 바람도 쐬고 좋았기 때문이다. '동시 톡톡'은 앞에 나와 친구들에게 동시 감상을 토크식으로 해서 재미있었기 때문이다. 이안 시인님은 소리와 모양을 나타내는 말을 참 잘 쓰는 시인 같다. 필사를 하고 있으면 동시가 새롭게 느껴진다. 동시에 대해 더 깊숙이 빠지고 싶다.

유건율 두 권의 동시집을 읽고 기억에 남는 활동은 모둠 친구들과 동시 이야기를 한 것이다. 왜냐하면 내가 마음에 든 동시를 이야기하면서 공유하는 것이 좋았고 내가 왜 이 동시를 골랐는지 이유를 말하고 알려 주는 것도 재미있었다. 또 이렇게 다양하고 많은 동시를 계속 읽어서 재미있었다. '동시 톡톡'도 기억에 많이 남는다. 짝꿍과 동시 하나를 가지고 오래 이야기하는 것이 재미있고 동시와 가깝게 된 것 같다.

박채연 '동시 톡톡'과 '모둠 동시 감상 나누기'가 기억에 많이 남는다. 그 이유는 친구들과 재미있게 동시 이야기를 나누었기 때문이다. 이안 시인과 문현식 시인께 재미있는 동시집을 더 써 주시라고 부탁드리고 싶다. 더 하고 싶은 활동은 '동시 톡톡'이다. 이것을 준비하고 발표하는 동안 재미있고 신났기 때문이다. 동시를 읽고 내가 달라진 점은 무슨 일을 하거나 무엇을 볼 때 동시 속 장면이 생각난다는 것이다. 신기하다.

아이들은 자신이 마음에 드는 동시를 골라 자유롭게 생각과 느낌을 이야기하는 활동을 재미있어 한다. 이런 활동을 자주 하고 익숙해지면 동시를 좀 더 재미있고 깊게 들여다볼 수 있는 시간이 된다. '동시 톡톡' 활동을 통하여 동시 한 편에 대하여 깊게 친구와 이야기를 나누고 그것을 친구들과 공유하는 시간이 재미있고 의미 있게 받아들인다는 것을 알 수 있다. 코로나 시기에 동시로 친구들과 마음을 나누고 정서를 교감하는 시간은 정말 소중한 시간이었다.

오사다 히로시의 《첫 번째 질문》(천개의바람)이라는 그림책이 있다. 이 그림책을 읽어 준다. "오늘 하늘을 보았나요? 하늘은 멀었나요, 가까웠나요? 구름은 어떤 모양이던가요? 바람은 어떤 냄새였나요?"로 시작한다. 아이들에게 "자신에게 질문해라, 그리고 상상해라"라고 자주 이야기해 준다. 아이들은 "선생님, 매일매일 같아서 일기 쓸 게 없어요"라고 말할 때가 있다. 매일매일 같은 것 같고 반복되는 것 같지만 자세히 들여다보면 예민한 차이가 늘 존재하고 매일매일 다르다. 이 그림책은 질문을 통해 나의 주변을 좀 더 세심하게 보도록 한다.

동시를 자주 접하다 보면 동시가 좋아지고 동시가 내 삶으로 어느 순간 들어오면 보이지 않던 것들이 보이기 시작한다. 들리지 않던 소리가 들리며 예민하게 감각을 깨우고 상상하게 만든다. 이 그림책은 평범한 삶에 질문을 던지며 '감각을 깨워라'라고 이야기해 주는 것만 같다. 무심히 지나쳤던 것을 '자세히 보자'라고 이야기한다. 자꾸 자기에게 질문을 던지게 해 준다. 이런 자세가 시를 쓰기 위한 자세가 아닐까? 일상의 사소한 순간을 낯설고 새롭게 보면서 그걸 붙잡아서 민감하게 오감을 깨우고 그런 근육을 키우는 일은 좋은 시를 쓰기 위한 기본 준비를 갖추는 것이다.

아이들은 동시를 자주 만나고 온작품읽기로 동시집을 읽으면서 스스로 일기장과 시 공책에 시를 쓰기 시작했다. 비 오던 날 친구들과 미끄럼틀을 타며 워터슬라이드가 개방되었다며 신나게 놀고는, 젖어 있는 옷을 걱정하며 엄마가 "잘 놀았네"라고 해 주길 바라는 마음을 시로 쓴 아이, 야구장에 갔다가 운 좋게 선수의 공을 받아 들고 집에 올 때까지 싱글벙글 계속 웃음이 났다는 시를 쓴 아이, 상장을 받은 날 문현식의 〈상장〉이 생각났는지 "종이 쪼가리 그까짓 거" 진짜 받고 싶었는데 그걸 받았다고 쓴 아이. 자신이 겪은 일들을 시로 풀어내고 그동안 읽었던 동시들 속 구절들을 일상생활에서 툭툭 내뱉는다.

아이들이 쓴 시를 틈틈이 모으고 있다. 학년말에 아이들이 그린 그림으로 표지를 만들고 우리 반 시문집 출간을 준비 중이다. 뿌듯하게 환한 웃음으로 시문집을 받아들 우리 반 아이들을 생각하니 마냥 좋다.

워터슬라이드
　　　　　서울 신길초4 이정원

비 오는 날 놀이터엔
워터슬라이드 두 개가 개방되었다

비가 오는 날
미끄럼틀 위에 올라

네가 먼저 타
아니야 네가 먼저 타

친구들과 순서 정하고
떨리는 마음으로
용기 내어
줄바아아알~

아뿔사
수영복을 입지 못 했네
젖은 옷을 쳐다보며
걱정 가득 안고 집으로 가는 길

"잘 놀았구나"라고
해주면 좋겠다
　　　　　(2021.7.20.)

상장
　　　　　서울 신길초4 김지우

"종이 쪼가리
그까짓 거
너무 받고 싶다"

이런 시*가 있는데

종이 쪼가리
그까짓 거
너무 받고 싶었는데

그걸 오늘 받았다

반듯하고
가볍지만 무거운
상! 장!
　　　　　(2021.8.31)

*문현식〈상장〉(창비)

새로운 눈, 감각을 깨우는 동시 세계

네 손에 쥔 돌멩이가 말을 걸 거야
─《오리 돌멩이 오리》이야기

우경숙

온작품은 동시집으로

　최근 4년간 동시 놀이를 구안하여 활동적으로 표현하는 온작품 동시 수업을 실천해 오고 있다. 온작품 프로젝트 수업에 동시집 읽기를 적용했을 때 어린이들의 반향이 무척 크다. 흔히 온작품 수업의 설계는 윤독 도서를 마련하여 읽고, 독서 전- 독서- 독서 후 활동을 하고, 작가를 초청하며 마무리하는 경우가 많다. 온작품 수업에서 문학 작품을 읽는 것은 독자가 온전하게 자신과 대면하려고 읽는다고 생각한다. 무엇보다도 주체적인 독자의 자리를 자리매김해 보자.
　온작품 수업의 주인공은 작품과 독자이다. 교과서 중심의 문학 수업은 한계가 많다. 교과서에는 시 한 편, 혹은 작품 일부만 실려 있어 문학 작품을 얕고 분절적으로 접하게 된다. 또 문학 작품을 읽는 과정에 독자가 개입할 여지도 없다. 온작품 수업은 이런 한계를 뛰어넘어 독자가 온전한 작품을 만나게 하고 독자를 읽는 과정의 주체로서 서게 한다. 온작품 수업 과정에서 독자와 텍스트가 대등하게 만나 주체적인 독자로 문학 체험을 하고 영향을 주고받았는가. 독자 스스로 찾아 읽을 수 있는 관심과 토대를 마련했는가. 평생의 독자로 성장하였는가. 이러한 것들은 온작품 수업을 하는 내내 놓지 말아야 할 수업의 방향이다.

동시 온작품 수업만이 가진 특징이 있다. 한 편의 동시는 독자에 따라 다르게 감각된다. 동시를 읽고 다른 독자와 감상을 공유하면 작품 감상이 훨씬 풍부해진다. 온작품 수업의 방향성을 유념하며 소통하고 공감하기, 언어적 감각을 기르고 표현의 욕구 발산하기, 동시와 친해지기 등 동시 온작품읽기의 특징을 핵심 요소로 하여 학생 중심의 활동적 수업으로 구안했다.

동시의 형식, 동시의 놀이 방식을 익히자

올해 4학년 국어 수업을 계획할 때 핵심 목적은 활달한 말하기 경험을 통해 언어 능력과 사고력을 길러 주자는 것이다. 올해 4학년 어린이들은 코로나19로 인해 3학년 과정을 온라인 수업으로 겪으며 진급해서 자기 생각을 말하기를 어려워하는 경향이 컸다. 배움의 과정에서는 다양한 방향의 도전과 적극적인 의사소통이 필요하다. 이를 위해 정서적 반응을 주로 끌어내는 동시집보다는 새롭고 낯설어서 함께 궁리하고 싶은 작품집이 좋겠다.

천천히 그리고 온전하게 작품과 만나면서 주체적인 감상과 해석을 통해 저마다 자신을 작품에 비추어 보아야겠다. 언어 예술인 동시의 형식을 단순하고 효과적으로 배울 수 있는 작품이면 좋겠다. 자신의 생활 안에 시 읽기, 시 쓰기를 들여놓는 계기가 될 수 있으면 좋겠다. 그래서 4학년 1학기 온작품 함께 읽기 도서를 이안 동시집《오리 돌멩이 오리》(2020)로 정했다.

4학년 주간학습 안내문을 통해 동시집을 개인적으로 준비하라고 2주 전에 안내했다. 수업은 1학기 독서 단원을 재구성해서 총 8차시로 구안하되, 두 차시씩 묶어서 목요일마다 배치했다. 문학 수업은 수용자가 작품을 여러 번 깊이 읽고 성숙하는 데 필요한 말미도 중요해서 일부러 한 주 건너뛰고 배치하기도 했다. 온작품 수업이 처음인 어린이들은 호기심 속에서 자신의 동시집에 이름 스티커를 붙여서는 매일 갖고 다니기 시작했다. 온작품 수업이 언제 오느냐며 동시 수업이 오는 날을 기다렸다.

4학년 세 개 학급이 동시에 진행하기 때문에 학교 예산에서 학년 단위 교원 학습공동체 지원금 20만 원으로 필요한 물품을 갖추었다. 어린이 인원만큼 창작 시 수첩을 준비하고, 이안 동시집 《고양이와 통한 날》, 《고양이의 탄생》, 《글자동물원》을 학급마다 갖추고, 동시 필사에 사용할 책 모양의 활동지, 한글 큰 글씨 자석, 다양한 크기의 포스트잇 플래그도 마련했다. 하나씩 준비하는 과정에서 같은 학년 선생님들이 동시 프로젝트 수업에 관심이 뜨거워졌다. 요일을 고정해 놓고 《오리 돌멩이 오리》 읽은 이야기도 함께 나누고, 다음 수업의 발문과 진행 방향을 공유했다.

동시 가까이 여덟 걸음 걸어가 보자

1블록 동시의 형식 탐구

수업은 모두 8차시, 네 블록으로 재구성했다. 먼저 시의 형식을 탐구하는 비밀 찾기와 필사하기를 안내하고 낭독하는 법을 배웠다. 시인에 대한 궁금증, 표지 탐색하기, 서지사항 읽는 법, 차례에서 부 별로 시의 제목들만 읽어 보았다. '시인의 말'을 한 사람이 한 행씩 이어 가면서 낭독했다. 그렇게 한 바퀴 돌고 온 시인의 말이 점점 궁금해진다. 그래서 동시 장르는 어떤 세계인지 만나 보고 싶은 마음이 든다. 시는 산문과 다른 형식적 특성이 있다. 글자로 그린 그림이라는 특성, 연과 행의 구분 등 형식미, 말이 지닌 리듬, 비유와 상징을 활용하여 겹을 싸고 드러내기, 감추어 말하기 등을 들 수 있다. 시어의 배치와 생략, 절제를 통해 말의 재미와 새로운 의미를 감각할 수 있다.

시는 글자로 그린 그림이어서 독자가 잘 읽어야 한다. 이렇게 저렇게 들여다 보고 안 보이면 요리조리 돌려도 보면서 찾다 보면 은근히 재미가 솟아난다. 시인마다 대상을 인식하고 해석하는 방법이 다르다. 한 예술가의 독창적인 스타일을 발견하는 것도 동시 읽기가 주는 깊은 재미다. 우리는 앞으로 동시집이 숨기고 있는 비밀을 찾는 놀이를 할 건데 내가 찾은 비밀을 다른 친구들에게 알려 주는 게 규칙이라고 운을 떠웠다. 먼저 난센스로 가볍게 하나!

"《오리 돌멩이 오리》 차례 면을 펼치면 동시 제목이 모두 52개가 있는데 이중에는 우리도 볼 수 있는 것들이 많아요."

- 맞아요, 〈삼색제비꽃〉 우리 학교에도 있어요.

"이 중에서 우리 학교에 가장 많은 것은 무엇일까요?"

- 〈먼지 공부〉에 나오는 '먼지'가 제일 많습니다.

"도현이 말이 맞네요."(웃음)

내 마음에 들어온 세 편을 골라 포스트잇 플래그를 붙이고 다른 친구와 만나 그중 한 편을 펼치고 왜 이 작품을 꼽았는지 말하기 활동을 했다. 〈내 귤은 달라〉와 〈안경원숭이〉가 공감된다는 친구들이 많았다. 감상에서 좋은 부분을 말하는 것은 무척 중요하다. 작품의 어떤 측면이 독자의 내면을 건드렸는지 스스로 돌아보게 되기 때문이다.

한 편의 동시를 친구가 낭독하고 다른 친구의 낭독으로 들어 보면서 그 차이를 느껴 보았다. 호흡과 리듬을 통해 시가 그린 그림을 더 잘 살리는 일이다. 〈내 귤은 달라〉는 둘이서 나누어 낭독했고 〈뻐꾸기〉는 다 같이 합창 독을 해 보았다. 필사와 낭독을 통해 시를 만져 보면서 시인이 어떤 시어를 선택했는지 어떤 호흡으로 읽히는지 리듬을 느껴 보았다. 낭독을 통해 한 편의 시가 가진 몸, 시의 얼개를 짐작할 수 있다.

필사는 창작자의 작품 한 편을 꼼꼼하게 만져 보면서 언어적 감각을 익히는 활동이다. 시에서는 자신의 메시지를 은유, 비유, 상징하는 매개물을 통해 표현하기도 한다는 걸 익힌다. 〈코스모스〉가 지우한테 관심 있는 마음을 드러내는 데 쓰이고, 〈안경원숭이〉에서 안경은 사람들이 나의 겉모습만 본다고 말하는 데 쓰인다는 걸 하나씩 깨우치는 재미가 있다. 이쯤 되면 놀이의 규칙은 든든히 익힌 듯하다. 이제 열린 틈으로 들어가 보자.

2블록 동시의 비밀 찾기

> 아직,
> 잃어버린 비밀번호를 찾지 못했다
>
> 1.8.0.4. 2.0.6.7. 0.5.0.1. ……
> 아무리 숫자를 바꿔 써 보아도

물속 나라로 들어가는 비밀번호가,

뭐였더라?
뭐였더라?

_ 이안, 〈소금쟁이〉, 《오리 돌멩이 오리》

본격적으로 비밀 찾기 활동을 해 보자. 〈소금쟁이〉엔 이안 시인과 관련된 비밀번호가 있다.

"〈소금쟁이〉 작품에는 비밀이 있는데요, 다섯 고개 놀이처럼 질문해 보세요."

- 숫자와 관련된 비밀인가요, 숫자는 주민등록번호처럼 생년월일과 관련 있나요?

"왜 생년월일과 관련 있다고 짐작한 건가요?"

- 1998년 시인이 되셨다는 작가 약력을 함께 읽을 때 시인님은 지금 몇 살일까 하고 짐작했어요.

"절반은 이안 시인님의 생년월일이 맞고, 반은 이안 시인님이 무척 존경하는 시인님의 생년월일이거든요"

- 그분은 혹시 1900년 이후에 태어난 시인인가요?

"그렇습니다. 1900년과 1960년 사이에 생존해 계셨어요."

- 그럼 독립운동을 하셨겠네요, 윤동주 시인인가요?

"글쎄요."

- 《감자꽃》! 틀림없어요, 권태응입니다.

"아… 그럴까요? 왜 그렇게 확신하지요?"

- 올해 독서록 4학년 추천 도서 목록에 《감자꽃》(창비, 1995) 동시집이 있어서 제가 3월에 읽었는데요. 권태응 시인이 독립운동가인 걸 새로 알게 되었어요.

놀라운 추리력을 발휘한 수현이 때문에 비밀 하나가 너무 쉽게 풀려 버렸다. 그날 이후에 《감자꽃》을 빌려 오거나 사서 읽는 친구들을 볼 수 있었다. 소소하나 하나씩 알아 가는 비밀 찾기는 계속된다. 살짝 힌트를 줄 듯 말 듯 하면서 독자들의 궁금증을 건드려 본다.

- '시인의 말'에 실린 말 "땅감처럼"을 보고 시인이 〈땅감나무〉(권태응)의 마음을 닮고 싶어 한다고 짐작이 된다.
- 〈안경원숭이〉에서 '안경'은 대상의 한 가지 특성만 보고 판단하는 경우를 빗댄다.
- 〈파꽃〉에서 "팡팡 핀 파 대가리"를 소리 내어 읽을 때 'ㅍ' 음운이 만져지듯 감각된다.
- 〈의자〉에서 낡은 "으자"가 될 정도로 할아버지가 등이 다 빠져나갈 만큼 오랜 시간을 애쓰며 살아온 것을 표현했다.
- 〈조금〉에서는 금처럼 귀한 '금' 글자를 '조금', '소금'에 두어서 귀함을 살렸다.
- 〈1은 나무 2는 오리〉는 숫자를 통해 연못가 그림을 그려 보인다.
- 〈코스모스〉에서 코스모스가 저렇게 예뻤나 말하면서 실은 지우를 좋아하는 마음을 드러낸다.
- 〈덩굴〉에서 비워 둔 네 칸 띄어쓰기는 '이쪽에서' '저쪽으로' 건너뛴 거리감을 글자의 여백으로 그렸다.
- 〈도라지꽃의 올해도 하는 절망〉처럼 시인은 의도를 갖고 한 행 한 연으로 쓸 수도 있다.
- 〈뻐꾸기〉에서 "존댓말 쓰는 꼴을 한 번도 못 봤다니까/ 요"에서 '요'라는 한 글자를 다른 행으로 내려서 읽을 때 경쾌한 재미가 들도록 한다.
- 〈소금쟁이〉는 왜 물속 나라에 들어가려고 할까? 소금쟁이에게 물속 나라는 어른들이 잊고 사는 어린 시절, 자신의 동심이다. 잊고 살기 쉽다.
- 〈금붕어 길들이기〉는 선생님이 가진 동시집 1쇄 본에는 〈살랑살랑〉으로 실렸다. 왜 다

른 걸까? 시의 본문이나 행 가르기, 문장부호 하나까지도 시인은 끝까지 고민하여 '퇴고'하는데 동시집이 나온 후에도 퇴고하기도 한다. 이안의 《고양이의 탄생》에도 그런 작품이 있으니 찾아보길 바란다.

"좋은 동시 작품은 좋은 질문이기도 하니까요. 우리는 이렇게 비밀 찾기 놀이를 하면서 시에 한 발짝 다가갈 수 있어요. 정답이 있는 비밀을 찾는 것도 좋지만 정답이 없는 비밀을 찾는 것도 좋아요. 좋은 작품에는 비밀이 수두룩하게 숨어 있대요. 우리 독자들은 시에 어떤 비밀이 숨겨져 있는지 모르는 상태로 찾고 있으니 보물찾기나 마찬가지입니다. 이 동시집은 여러분 책이니까 온작품 수업이 끝난 다음에라도 보물을 더 발견하면 좋겠어요."

이렇게 온작품 동시 수업 2블록을 맺고 나니 "온작품! 처음 해 봐요. 그게 뭔지 궁금했어요", "이런 거 너무 하고 싶었어요", "수현이가 비밀을 많이 찾아서 부러워요", "빨리 오돌오(오리 돌멩이 오리) 수업을 또 하고 싶어요"라는 반응이 많았다.

우리 동시 방송 해 볼까?

3블록 창작의 발견, 낭독의 발견

창작과 퇴고하기, 동시 방송 익히기를 했다. 4월에 〈안드로메다 수첩〉(56절)을 한 권씩 어린이들에게 선물했는데, 나는 한 권은 동시 필사하는 수첩, 한 권은 창작 수첩으로 쓴다고 보여 주었다. 어린이들은 영감이 떠오른다며 자신의 시를 썼다. 창작 수첩 내지 첫 장에 자신의 캐릭터 그림과 서명을 써 넣는 게 한동안 유행했다. 그림을 잘 그리는 지원이한테 내 수첩에도 캐릭터를 그려 달라고 졸랐다. 창작한 작품은 수첩을 펼쳐 책장 위에 나란히 세워 두었다. 시를 쓴 수첩을 들고 다른 친구를 만나서 직접 읽어 주고 어떻게 읽히는지 묻기도 했다. 하교할 시간이 되자 어린이들이 너도나도 창작 수첩을 먼저 챙겨서 가방에 넣는 것이다. 집에 가져가서 부모님께 자랑한다고. 지금 바로 도서실에 가서 사서 선생님께 보여 드리겠다는 친구도 있었다.

    기다림   혀루라기
      서울 선유초4 이정륜   서울 선유초4 신연우

너는 부끄럼이 많아서   신연우가 혀루라기를 분다
내가
기다려 주어야지   아
             르르
그래서 난   르르르
기다려   르르르르
기다리고 또 기다려   르르르르르

니가 먼저   껄껄 재밌다
머리를   바람이 불면
쏙   혀루라기를 분다
내밀 때까지

               아
    (2021.5.13.)   르르

             (2021.4.29.)

낭독은 차근차근 연습하기

동시 방송이라는 표현 방법이 있다. 동시는 그 자체가 리듬이 있는 말하기이고, 언어로 그린 그림이다. 독자들은 작품 한 편을 리듬감 살려 낭독하고 개성 있게 해설하며 즐길 수 있다. 다른 독자의 말하기를 듣고 서로에게 촉진 효과가 일어날 것을 기대하며 실천하고 있다. 동시를 읽은 적극적 독자의 표현력 덕분에 유쾌해지고 활발한 소통이 일어난다. 낭독할 때 친구들 사이의 피드백이 일어나 생기가 더해진다.

온작품 3블록에서는 동시 방송 놀이를 익히기 위해 먼저 다른 동시집에 실린 작품으로 낭독 연습을 했다. 즉흥 낭독이기 때문에 시어나 시적 상황이 재미난 작품을 미리 골라 두었다. 둘씩 혹은 혼자 나와 선생님이 제시하는 동시를 낭독했다. 〈엄마 생일을 까먹자〉(김개미), 〈그럼 그럼〉(문현식)도 말맛을 살려 읽기 편하다. 〈내가 만든 어른들〉(윤제림)에서는 "나 상혁이"라는 대목이 나오는데 우리 반 '상혁이'를 쳐다보면서 다들 유쾌해졌다. 〈전학〉(방주현)에 나오는 '연우'를 불러 앞혀놓고 연우가 전학 간 후를 낭독하는 지원이는 애절하게 연기했다. 〈기쁨의 비밀〉(이안)을 낭독하는 민경이는 "기이이이이이이이

이이이이이이이이뻐" 소리를 극대화하여 발랄하게 낭독했다. 낭독하면서 시가 품은 이야기가 우리 앞에 공연되는데 지켜보는 친구들이 다들 솔깃해했다.

그러면 이제 우리는 《오리 돌멩이 오리》 속 작품을 골라 동시 방송을 해 볼까? 동시 방송은 한 편의 동시를 둘이서 낭독하고 작품 속에서 찾은 비밀을 말해주는 것이다. 그러자면 우선 비밀을 찾아야겠다. 동시집 한 편마다 자신이 찾은 비밀을 포스트잇에 써서 붙여 둔다. 일대일로 만나서 자신이 찾은 비밀 하나를 들려주고, 친구가 찾은 비밀을 듣는다. 이런 식으로 만나서 짝 활동을 하면 아, 친구들은 이런 식으로 비밀을 찾는구나 감을 잡는다. "이 시에는 ㅇ 글자가 몇 번 나올까요?" 같은 비밀은 친구로부터 "그 비밀은 너무 싱거울 거 같은데" 같은 반응을 받는다. 도현이와 현석이는 〈오리 돌멩이 오리〉 작품을 낭독하고 둘이서 〈그것이 알고 싶다〉 프로그램 진행자 억양을 흉내 내면서 "오리인지 돌멩이인지 도무지 알 수 없다"라는 대화를 한다.

 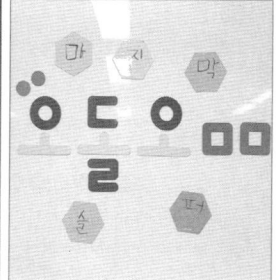 

낭독의 발견

학습자 중심 협력적 프로젝트 〈동시 방송 □□〉를 실천하면 시인이 시에 감추어둔 그림, 음악성(긴장과 호흡, 리듬, 말맛), 의미를 독자가 제 손으로 찾는 과정에서 적극성과 기쁨을 얻을 수 있다. 잘 보이지 않게 실려 있는데 아이들은 잘도 찾아낸다. 한 독자의 발견은 자신에게는 기쁨이고 지켜보는 이들에게도 풍부한 자극이 된다. 낭독 놀이를 하려면 먼저 두 친구가 무대로 나와서 한 편의 동시를 낭독하고 작품 이야기를 주고받는다. 둘씩 짝지어 낭독하면 자연스럽게 주고받는 호흡이 생기고 무대에 둘이 함께 서면 덜 떨린다. 한글 큰 글씨 자석 제목〈동시 방송 □□〉이 그럴싸하게 붙은 칠판을 등지고 둘이 나란히 앉아 동시 토크를 한다. 준비하면서 독자는 텍스트를 주체적으로 읽고 신선한 해석과 창조적인 감상으로 나아가기도 한다.

　동시는 한 편이 온전한 작품이다. 그런데 그 한 편을 온전히 읽기 위해서는 동시집 전체를 살펴 가면서 창작자가 열어 낸 세계에 귀 기울여 보면 좋다. 독자가 한 편의 동시를 깊이 접하는 경험은 동시 장르와 온전하게 만날 틈을 낸다. 스스로 발견한 기쁨이 있어야 독자는 작품 깊숙이 들어갈 수 있다. 낭독 놀이 준비 단계에서 독자는 자신의 감상을 일단 친구에게 표현해 볼 수 있다. 거기에다 동시 토크의 준비 단계, 동시 한 편과 나와 연결하기, 공감하기, 표현하기만으로도 언어적 즐거움과 유익함, 협업을 통한 시너지를 얻는다.

　낭독 놀이는 언어적 방식의 감상이기 때문에 감각이 언어가 주는 묘미에 초집중된다. 섬세하고 민감한 독자가 되게끔 촉진한다. 동시 방송을 동영상 찍어서 보여주면 어린이들은 깔깔거리다가 궁리가 바쁘다. 작품을 오래 들여다보고 발견한 것을 어떻게 남과 다르게 개성적으로 표현할까 점점 궁리가 선다. 뜻한 대로 표현한 어린이들은 자신의 기획이 통했다며 통쾌해한다.

감상의 발견

　감상을 토크 식으로 나눌 때 어린이들이 구성한 대화를 들어 보면 제각각 특색 있다. 진선희·이향근이《초등 시 교육론》(2021)에서 제시한〈초등 학습자의 시 읽기에서 심리적 체험 유형〉으로 '재진술, 분석, 평가, 구체화, 주제화, 자기화, 메타소통적 진술'이 있다. 동시 방송에서 들은 대화 중에는 시 읽기에서 심리적 체험 유형이 다양하고 '메타소통적 진술'(시 텍스트를 읽으면서 시를 생산해 낸 작가와 자신, 그리고 다른 독자와의 관계 등을 생각하는 경험)로 들리는 말도 여럿이다.

시는 독자의 인식과 언어적 감각을 자꾸 건드리니까 독자는 좋은 작품을 읽으면 자꾸만 말을 걸고 싶어진다. 다음은 어린이 독자들의 반응이다.

- 〈내 귤은 달라〉, 〈안경원숭이〉는 어떻게 정말 딱 내 마음을 말해 주지요?
- 마음에 들어온 시를 한 편씩 골랐을 때 우리가 다 다른 시를 고르는 것도 신기하고, 다른 반에서도 그렇다고 하니까 더 신기해요.
- 돌멩이인지 오리인지 알 수가 없고 정말 미스테리해요. 제가 만약 그걸 봤어도 알 수 없었을 거예요.
- 해바라기를 창문으로 표현한 것이 재미있고요, 나도 그런 표현을 꼭 해 보고 싶어요.
- 저는 표지에 있는 오리에게 자꾸 말을 걸어 보고 싶어져요.
- 이안 님은 우리도 흔히 볼 수 있는 것들로 시를 썼는데요, 우리한테도 시를 써 보라고 말하는 것 같아요.

[4블록] 동시 방송 □□, 오돌오 □□

1학기 교사 대상 공개수업으로 국어/ 독서 단원/ 동시 방송 수업을 했다. 5~6차시에 한 활동보다 더 적극적이면서 자신감이 넘치는 낭독 놀이였다. 동료 선생님, 수석님, 교감님, 교장님이 참관하시는 가운데 어린이들은 미리 준비한 것 이외에 즉흥적인 애드립을 더했다. 동시 무대를 즐기며 어엿하게 대화식 진행을 하여 몰입감이 최고였다. 대면 수업에서 한 동시 방송 영상은 한 편이 3분 정도여서 우리 반 온라인클래스에 영상 9편을 모두 올렸다. 부모님들이 보시고 한참을 웃으셨다고 한다. 우리 반에서 누가 제일 잘한 거 같냐고 엄마가 물어서 "그야 물론 나지!" 했다는 어린이의 당당함이 눈부시다. 나도 닮아보고 싶은 산뜻함이다. 온작품 수업을 마친 느낌을 나누었다.

- 시의 주인공이 되어 표현하는 게 재미있었다.
- 시를 재밌게 읽는 법을 알았고, 뭘 낭독할지 고르는 것도 재밌었다. 웃긴 시, 재밌는 시, 슬픈 시를 읽으면서 시가 좀 더 재미있어졌다.
- 그동안 독서는 '독서록'을 쓰기 위해 하는 것인 줄 알았다. (…) 재미있고 생기 있고, 감정을 살리면 좋다. 연기를 하면 더더욱 좋고 소품까지 준비하면 매우 좋다. 친구들의 관심을 받을 수 있어 재미있게 읽으면 굿! (…) 지금은 시를 쓰고 싶은 마음이 퐁퐁퐁 솟아오른다. 동시 수업이 계속되었으면 좋겠다.
- 모여서 비밀을 찾을 때 관찰력과 추리력이 늘어난 것 같다. 친구들 앞에서 처음 발표할 때 떨리긴 했지만 그걸 많이 경험해 보니 이제 재미있어졌다. 발표력도 는 것 같다. 퀴즈를 찾을 때 이렇게 저렇게 생각해서 창의력도 는 것 같다. 조금 성장하는 느낌을 받았다.

성장이라는 걸 느낀 순간

낭독 놀이를 위해서는 교실에 동시집을 다양하게 갖추면 좋다. 동시 장르 속에는 고유한 개성을 가진 집이 존재한다. 집마다 다른 차원의 인식과 발견, 서정성과 미감, 이미지와 리듬, 표현과 울림이 산다. 어린이들이 동시의 여백에 자신을 들여놓고 쉴 수 있게 한 학기에 한 권 정도 속도로 온작품 동시 수업에 접속하면 어떨까 추천한다. 기대하며 설레고, 여백에 앉아 음미할 모든 순간을 위해.

1학기와 2학기 낭독 놀이에서 만날 동시집도 창작 세계가 뚜렷이 다른 것일수록 좋다. 동시 온작품은 1학기는 《오리 돌멩이 오리》, 2학기는 《미지의 아이》(김개미, 송선미, 임복순, 임수현, 정유경 5인 동시집)로 진행하고 있다. 어린이들은 개인용 동시집을 늘 가까이 두고 시 수첩을 보물처럼 아낀다. 동시 수업 시간에 하나씩 읽어 가며 이야기 나누는 시간을 즐긴다. 동화 온작품은 1학기에 《수상한 아이가 전학 왔다!》(제니 롭슨), 2학기에 《여름이 반짝》(김수빈)을 나누고 있다.

어린이 마음 밭을 풍요롭게 하기 위해서는 동화 속 이야기가 주는 세계, 시속의 이미지와 노래와 영감이 불러오는 세계가 각기 소중하다. 학교에서 어린이 책을 함께 읽으며 성장하는 독자를 지켜보니 무척 보람 있다. 온작품이 살릴 온기를 위해서 뜸 들이며 열어 가야겠다. 작품이 독자들 마음에 스며들어서 온작품 시간이 끝나는 게 아쉬울 정도로 착 붙으면 좋겠다.

어린이 시랑 동시랑 뭐가 달라?

언어 예술인 동시가 하는 일이 무엇일까? 소금쟁이를 볼 때 드는 생각은 '소금쟁이가 물 위에 떠 있네'처럼 겉모습 혹은 양태에 머문다. 시적 상상력은 질문하고 상상하고 그려 낸다. 그래서 독자가 대상이나 세계를 풍부하게 인식하게끔 촉진한다. 어린 시절 살던 물속 나라로 돌아갈 비밀번호를 꾹꾹 누르고 있는 〈소금쟁이〉(이안), 물스키 타는 긴 다리 〈소금쟁이〉(유강희), "너 좋아해" 고백하고서 물 위에 간신히 떠 있는 마음을 가진 〈소금쟁이〉(김륭)처럼 다르게 인식된다.

　세 창작자가 그려 낸 소금쟁이 작품이다. 작품마다 시적 주체가 누구인지, 어떤 상태인지도 다 다르다. 시적 인식, 시적인 상상력을 읽고 쓰면서 단련하여 내 몸에 딱 붙이면 눈이 더 밝아질 것이다. 내가 동시를 쓰는 시인을 깊이 좋아하는 까닭도 그렇다. 내가 들어주지 못하는 이야기를 어린이 곁에서 들어주는 동시, 혼자 있는 시간에 어린이에게 다정한 말동무가 되어 주는 동시를 통해 나와 어린이들, 독자와 언어 예술인 동시를 잇기 때문이다.

　시를 읽는 시간, 시를 쓰는 시간은 우리 교실에 많은 이야기를 끌고 들어왔다. 《오리 돌멩이 오리》로 동시에 입문했다는 이야기, 엊그제도 영감을 받아 수첩에 시를 몇 편이나 썼다는 이야기, 시 수첩을 잃어버렸다가 찾아서 얼마나 기쁜지 모르겠다는 이야기, 선생님이 시 수첩을 가져가서 수첩마다 이안 시인 사인을 받아왔을 때 선물 받은 기분이었다는 이야기, 동시 놀이를 할 때 뜻밖의 순간 친구들 웃음이 터져 나온 이야기, 시 쓰는 게 제일 재미있다는 이야기 그리고 우리 반 시문집에 실린 자신의 시를 나중에도 읽을 생각에 꿈만 같다는 이야기.

　어린이들은 올해 처음 동시라는 형식의 새로운 놀이를 만났고 이 놀이 덕분에 말과 부쩍 친해졌다. 동시를 함께 읽는 즐거움, 하고 싶었던 말을 시로 쓰는 기쁨, 자신을 좋아하는 마음을 지켜볼 수 있어 감사한 시간이었다.

온·오프라인으로 함께 한 〈온작품 동시 놀이 프로젝트〉

이혜림

변비 엄마

송선미

엄마는 커피는 식으면 맛이 없다면서
커피를 들고 화장실로 갔다

모든 게 다 때가 있는 거다
그 때가 온 거다
이때를 놓치면 안 된다

_《옷장 위 배낭을 꺼낼 만큼 키가 크면》(문학동네, 2016)

지금 우리는 무엇을 할 때일까? 바로 동시를 만나 볼 시간이다.

학교 현장에서는 국어 교과에서 '한 학기 한 권 읽기' 독서 단원과 창의적 체험활동 영역 중 자율활동 독서를 통해 온작품읽기가 어느 정도 자리를 잡았다. 학급 전체가 독서의 모든 과정을 온작품읽기를 통해 경험했다면 이제는 다양한 온작품에 대해 생각할 때다.

　온작품 하면 먼저 책이 떠오르지만, 영상이나 그림 등 다양한 매체를 포함한다. 일반적으로 교사들은 이야기책을 많이 선택해 왔다. 온작품읽기로 이야기책을 경험했다면 이제는 동시집을 추천하고 싶다. 동시집은 여백이 있어서 학생들과 공감하기 쉽고, 학생들이 긴 글보다 쉽게 다가선다는 장점이 있다.

　그러나 온작품 도서로 동시집을 선뜻 선택하기가 쉽지 않다. 왜 그럴까? 교사들이 '시'나 '동시'에 대해 머뭇거리는 이유는 무엇일까? 학생이던 시절 처음 '시'를 교과서에서 만났을 때 많은 경우 문제를 풀기 위해 분석부터 했던 경험 때문에 어른이 되어서도 '시집'에 손이 가지 않았던 것은 아닐까? 온작품읽기 시간에는 동시집 한 권 안에서 작가의 세계를 이해하고, 나의 경험을 바탕으로 친구들과 공감하고 '함께'를 생각해 보면 어떨까? 함께 읽기를 통해 경험을 공유하고 집단 지성을 발휘하여 공감대 형성과 치유의 감정까지 느낄 수 있다면 얼마나 좋을까?

　이런 기대를 갖고 2020년 4학년 담임을 맡으며 동시집으로 한 학기 한 권 읽기를 시작했다. 동시집 한 권을 가지고 국어과를 중심으로 교육과정을 재구성하고 프로젝트 활동으로 연계할 수 있는 방법을 찾았다.

　2020년부터 2년간 진행했던 동학년 선생님들과 함께한 〈온작품 동시 놀이 프로젝트〉는 동학년 교사, 학생, 가정과 함께 한 온·오프를 넘나드는 동시 온작품읽기였다. 이 프로젝트를 통해 동학년 교사들의 관계가 탄탄해졌고 교사와 학생 간의 거리도 가까워졌다. 또 훨씬 수월하게 한해살이를 했을 뿐 아니라 나의 삶에도 변화가 찾아왔다.

시작! 교육과정 재구성으로 기반 다지기

3월 초 학생들의 실태조사를 통해 국어과의 흥미 정도와 선호하는 국어 수업의 방식, 국어 교과 영역, 국어 수업의 방법 등의 조사를 마쳤다. 학생들은 국어 교과의 흥미가 높은 편이었으며 등교 수업을 좋아하고 체험 위주의 활동과 프로젝트 활동처럼 친구들과 협력하는 활동을 선호하였다. 그리고 국어과와 연계 수업을 위한 과목 선호도에서는 체육, 미술, 과학, 창의적 체험활동이 높게 나타났다. 이와 같은 설문 결과를 바탕으로 국어과를 다른 교과 및 창의적 체험활동과 연계하여 프로젝트 수업을 계획했다. 국어과의 독서 단원 시수를 온작품읽기 시간으로 할애했다. 또 창의적 체험활동의 독서 시간과 다른 교과에서 시수를 추출해 관련 활동을 할 수 있는 시수를 뽑아냈다. 이렇게 학기별로 20차시의 동시 온작품읽기 수업 시수가 확보되었다.

온작품읽기 수업 중 독서 단원의 차시는 온라인 수업을 통해 학년 전체가 같은 내용을 공유하였다. 4학년 학생들 전체가 동시집을 공유하고 등교 수업일 때 학교에서 프로젝트 활동을 학급별로 계획하여 실시하였다. 그리고 창의적 체험활동의 독서 시간을 확보하여 온라인 작가와의 만남으로 한 학기 활동을 마무리할 수 있도록 계획하였다.

온라인을 통한 '독서 단원' 온작품읽기 수업

2020년 처음 겪는 코로나라는 팬데믹 사태에 직면하면서 수업에 많은 변화가 생겼다. 학생들과 만날 수 없는 상황이 길어지자 콘텐츠 활용 및 실시간 쌍

방향 수업 시수는 증가하였다. 처음에는 컴퓨터와 관련 프로그램 사용이 쉽지 않았지만, 요즘은 교사와 학생들의 온라인 수업과 소통은 일상이 되었다.

온작품 수업에도 변화는 찾아왔다. 그것은 바로 국어과 독서 단원과 창의적 체험활동 자율활동 중 하나인 독서 영역을 통해 온라인으로 함께할 수 있는 활동에 대한 고민이었다. 온라인 수업은 등교 수업보다 학생들의 주의집중 시간이 짧고, 수업 중에도 학생들이 개인적인 활동을 하기 쉽다. 게다가 한 학급의 수업이 아닌 학년이 함께하는 수업이기에 동학년과 소통과 협력이 절실했다.

일반적인 등교 수업이 이루어지던 때와는 달리 다양한 책을 통한 온작품읽기에 대해 욕심을 부릴 수는 없었다. 그래서 한 학기에 이야기책 한 권과 동시집 한 권으로 일 년간 4권의 읽기를 목표로 정했다. 이야기책의 경우는 학급마다 교사와 학생이 함께 정하여 읽고, 동시집의 경우에는 온라인 전체 수업을 고려하여 같은 동시집으로 정했다. 그리고 최종 결과물로 완성의 기쁨을 느낄 수 있는 학년 시집으로 묶어 내는 프로젝트 활동을 구상하였다.

온작품읽기의 최종 목표는 평생 독자를 기르는 것인 만큼 거부감 없이 부드럽게 이야기 속으로 몰입할 수 있도록 송언 작가의 《마법사 똥맨》으로 시작했다. 학생들이 온라인 콘텐츠 수업에 적응하고 지루하지 않도록 1장부터 2장까지만 천천히 그림도 음미할 시간을 주며 읽어 주었다. 송언 작가의 《마법사 똥맨》 책과 연결하여 4학년 국어 교과서에 수록된 김개미 시인의 《쉬는 시간에 똥 싸기 싫어》 동시집을 함께 읽어 주었다. 여기에는 모두 아이들의 관심이 대단한 '똥'이 나온다. 아이들이 경험을 떠올리고 책 속으로 들어와 자신만의 이야기를 펼칠 수 있을 것이라 여기고 수업을 준비했다. 온작품읽기 도서로 준비된 한 반 분량의 책을 8개 반이 2~3주 단위로 순환하며 읽었다. 온라인 수업의 마지막에는 과제 제시를 통해 오늘 함께 나눈 온작품읽기에 대해 학생들이 패들렛에 올리고, 서로 피드백해 주었다.

수업 준비를 마치고 동시집을 활용한 온작품읽기 학기별 프로젝트가 시작되었다. 1학기에는 이안 시인의 《오리 돌멩이 오리》, 2학기에는 송선미 시인의 《옷장 위 배낭을 꺼낼 만큼 키가 크면》을 프로젝트 수업안에서 학생들의 삶과 함께 녹여 내고자 하였다. 동시 나눔과 필사, 창작 그리고 작가와의 만남까지 이어지는 2회에 걸친 프로젝트 수업은 1학기에는 깊이 있게 시를 이해하고 즐기기, 2학기에는 나도 시인이 되어 시집을 함께 만들기를 목표로 하였다.

학기별 프로젝트 마무리 즈음에는 작가와의 만남을 온라인으로 진행하였다. 온라인 작가와의 만남은 약 160명의 4학년 아이들이 실시간으로 만나는 것이 어려워 작가에게 사전 질문을 보내 드리고 영상으로 화답하는 형식으로 이루어졌다. 프로젝트 수업을 통해 작가의 동시집에 익숙해진 아이들의 질문과 동시에 관한 생각을 모아 전달했다. 아이들의 질문과 생각은 작가에게 전달되어 다시 작가의 영상으로 제작되었다. 그리고 이 영상을 e학습터에 탑재했다. 수업에서 작가의 영상은 이전 차시에 아이들의 질문과 답변을 모은 내용과 작가가 아이들에게 직접 들려주는 동시 이야기가 주가 되었다.

온라인 수업이지만 단방향 콘텐츠 탑재의 형식으로 이루어지는 수업으로도 작가와의 만남이 가능했다. 먼저 아이들은 면대면 작가와의 만남의 준비 그대로 작가의 작품을 음미하는 시간을 갖고 시와 시인에 대한 궁금증을 표현했다. 그리고 시인은 아이들의 질문과 생각에 대해 답변하고, 영상을 통해 소통하는 활동 이후에, 소감을 정리하는 과정으로 마무리하였다.

동학년 선생님들과 함께한 동시 나눔

마음을 맞춰 한 해의 학년 교육과정을 운영하고 교원학습공동체를 통해 주제를 정해 함께 탐구하는 일은 구성원이 가진 특성에 의해 해마다 다른 양상을 보인다. 학년 초 교원학습공동체를 꾸릴 때 특정 분야에 전문성을 가진 선생님이 계실 때는 주제를 정하기가 쉽다. 하지만 그렇지 않을 때는 주제를 정하기도 어렵고 업무처럼 한 선생님에게 맡겨지기도 한다.

온작품읽기를 교원학습공동체의 주제로 추천하고 싶다. 온작품읽기는 국어과 및 창의적 체험활동과 연계할 수 있어 자연스럽게 수업안과 밖에서 자료들을 가지고 소통하기 쉽다. 이번에도 4학년 선생님들과 함께 온작품읽기를 수업 주제로 교원학습공동체를 조직하고 활동하기 시작했다.

어떻게 하면 동학년 선생님들과 동시의 매력을 함께 나눌 수 있을까 하고 고민하였다. 그러던 차에, 학생들이 동시로 온작품 수업하면서 소감을 나누는 모습을 보고, 흐뭇해하는 동학년 선생님에게 "우리도 한 번 해 볼까요?" 하고 동시 나눔을 제안하였다. 아이들과 함께 읽었던 《쉬는 시간에 똥 싸기 싫어》, 《오리 돌멩이 오리》, 《옷장 위 배낭을 꺼낼 만큼 키가 크면》 세 권의 동시집을 선생님들과 함께 나누게 되었다. 우리는 수업을 위해 동시를 배우는 것이 아니라, 동시를 통해 경험과 생각을 나누며 서로에게 공감하고 격려했다. 교사와 동시집을 함께 읽어 보니 동시 온작품읽기의 시작은 거창한 무엇이 아니라 내 맘에 와닿은 동시를 낭송하고, 느끼는 것을 말하고, 공감하고 소통하는 과정이라는 것을 깨닫는 시간이 되었다.

이것은 또 동시가 수업이나 학급의 틈새 시간에 활용될 수 있는 계기가 되었다. 동학년 선생님들은 온라인 조·종례 때도 함께 동시를 읽었고, 해가 바

뛰어도 다른 학년이 되어서도 생활 속에서 동시를 활용하며 생각을 나누는 등 더욱 확장된 모습으로 동시 수업을 해 나갔다. 동시에 대해 어렵지 않나?라는 막연한 두려움을 가지고 있던 옆 반 선생님은 동시를 온작품읽기뿐 아니라 생활지도에까지 활용하면서 소통하고 공감하는 학급 분위기를 만들었다.

동시 온작품읽기를 할 때 첫 시작은 '동시를 함께 읽는 것', 그리고 마지막 단계는 '시를 써 보는 것'이다. 그 중간 과정으로 '필사'를 추천한다. 2021년에는 한 학기에 한 권씩 두 권의 동시집을 일 년 동안 동학년 선생님들과 함께 필사했다. 필사를 마치는 날 함께 모여 내 맘에 온 동시에 관해 이야기 나누었다. 교원학습공동체 예산을 통해 시인을 직접 만나 시인의 이야기도 들었다. 이 과정은 학생들의 수업 과정과 흐름이 같다. 나에게 온 시를 찾아 이야기하고, 써 보고 나서 공유하며 마지막으로 작가와 함께 시간을 갖는 것이다. 삶 속에서 일어나는 진정한 배움은 학생들을 가르치기 위한 배움으로 한정되기보다는 교사도 배움을 통해 자연스럽게 촉촉하게 적셔지는 과정일 것이다. 그리고 그 촉촉함은 몸에 배어 학생들을 가르칠 때 자연스럽게 묻어날 것이다.

동학년 선생님들과 함께 동시 나눔, 필사하기, 시인 만나기

〈온작품 동시 놀이 프로젝트〉의 실제

2020년에 운영했던 〈온작품 동시 놀이 프로젝트〉 경험을 바탕으로 2021년에는 좀 더 체계적으로 학년과 함께 진행하였다. 〈온작품 동시 놀이 프로젝트〉를 처음 시작하는 교사들에게 도움을 주고자 수업의 실제를 보여 드리고자 한다.

온작품 프로젝트 수업을 진행할 때 동시집을 활용하면 효과적이다. 온작품 읽기를 처음부터 이야기책으로 시작하는 것은 학급 상황에 따라 때로는 부담이 되기도 한다. 동시집은 온작품 도서로 정하면 학생들은 읽기에 대한 부담감이 줄어든다. 학생들은 한 학기 동안 동시집 한 권을 꾸준히 맛보고 씹고 음미해서 다양한 활동으로 확장하는 경험을 통해 독서를 즐길 수 있다.

또 놀이 활동을 포함하는 학생 중심 프로젝트 학습 방법을 활용하면 학생들이 협력하며 보다 능동적인 학습이 가능하다. 학생들은 이를 통해 국어과의 의사소통역량도 키우고 바람직한 독서 습관을 형성하는 데 도움을 받을 수 있다. 이러한 내용을 고려하여 다양한 수준의 학급 학생들이 함께 즐길 수 있는 온작품 동시집을 선정하여 프로젝트 학습과 연계하는 〈온작품 동시 놀이 프로젝트〉 수업을 구상하게 되었다.

학년 초에 교육과정을 재구성하며 시수를 확보하고, 프로젝트의 개별 내용은 학급별로 학급 실정에 맞게 정하였다. 그중 공통이 되는 활동은 온라인으로 이루어지는 온작품 동시집을 통한 국어과 독서 단원의 수업과 학기 말 마무리 활동인 작가와의 만남이었다.

동시집이 중심이 되는 학기별 프로젝트 활동은 계획하기, 배경지식 탐구하기, 실행하기, 평가하기 4단계로 진행된다. 계획하기의 단계에서는 학생들 스스로 학급의 탐구 질문을 만든다. 배경지식 탐구하기의 단계에서는 온작품읽기와 활동들을 통해 탐구 문제를 해결하기 위한 기본 밑바탕을 다진다. 실행하기 단계에서는 탐구 문제로 정한 물음에 답이 될 수 있는 최종 결과물을 완성하기 위한 활동을 실행한다. 마지막 평가하기 단계에서는 발표나 전시 등을 통해 프로젝트 활동 결과물을 모두가 함께 충분히 즐기고 활동을 되돌아본다. 이 과정에서 서로 격려하고 탐구 질문을 해결한 결과물에 대한 축하, 그리고 앞으로의 계획들을 소감과 함께 나누는 시간을 갖는다.

프로젝트 활동은 탐구 질문이 가장 중요한데 학생들이 탐구 질문을 직접 만들고 해결해 나가는 활동을 구성하여 실행하며 탐구 질문에 대한 답을 찾는 과정을 거친다.

예를 들어 '우리 반이 함께 시를 이해하고 공감할 수 있을까?'라는 탐구 질문은 학급이 함께 키운 강낭콩의 한살이가 담긴 모둠 시집의 결과물로 해답을 찾을 수 있다. 또 다른 예로 '우리 반이 함께 시를 이해하고 시를 쓸 수 있을까?'라는 탐구 질문은 시를 감상하고 바꿔 쓰고 다시 쓴 경험을 통해 나의 시를 써서 학년 또는 학급이 모아 시집을 만드는 결과물로 나타날 수도 있다.

이런 계획을 바탕으로 다음과 같은 프로젝트 안을 만들었다.

1학기에는 '동시 퐁당 프로젝트'로 동시와 즐겁고 새로운 경험을 나누며 동시와 친해지는 시간을 가졌다. 20차시의 수업 흐름은 아래와 같다.

활동흐름	차시	활동주제	프로젝트 활동 주요 내용	산출물	형성평가/피드백
계획하기 ↓	1/20	'동시 퐁당' 프로젝트 출발	■ 문제상황 제시 및 탐구 질문 만들기 · 탐구 질문 우리 반이 함께 시를 이해하고 공감할 수 있을까? · 학습 목표 온작품 동시집을 함께 읽고 공감하며, 우리 반 시화집을 만들 수 있다. ■ 프로젝트 안내 및 학생 계획 세우기	- 생각 나눔 붙임 딱지	

	차시	주제	활동 내용	결과물	평가
배경 지식 탐구 하기 ↓ 실행 하기 ↓ 평가 하기	2~5 /20	동시집 나눔 《쉬는 시간에 똥 싸기 싫어》	□ 동시집과 함께 우리들의 경험 나누기 - 동시집 맛보기(재미, 감동 / 교과서 시와 비교) - 동시 함께 읽기(시에 대한 주제 찾기, 감상 나누기) - 우리가 함께 만들어 볼 시집의 주제와 내용 생각해 보기	- 패러디 시 - 자작 시	나의 경험을 시로 표현할 수 있는가?
	6~10 /20	동시집 나눔 《오리 돌멩이 오리》	□ 동시집과 함께 우리들의 경험 나누기 - 동시 내용 함께 나누기(재미, 감동 / 경험과 비교) - 시인의 이야기를 나의 시로 바꾸어 써 보기 - 동시 부채 함께 만들기, 동시 사전 만들기 - 우리가 함께 만들어 볼 시집의 주제와 내용 생각해 보기	- 바꿔 쓰기 시	이야기를 압축하여 시로 나타낼 수 있는가?
	11~12 /20	'동시 퐁당' 동시와 놀기 자연과 함께하는 일상①	□ 강낭콩의 성장 관찰하기, 마음 나누기 - 강낭콩의 성장 관찰하기, 성장 과정 중 1컷 그리기 - 강낭콩에게 이름 지어 주기, 노래 불러 주기	- 강낭콩 성장 그림	강낭콩을 자세히 관찰할 수 있는가?
	13~14 /20	'동시 퐁당' 동시와 놀기 자연과 함께하는 일상②	□ 나의 나무 정하기, 노래 함께 부르기 - 교정의 나무 중에 나의 나무 정하기, 사진 찍기 - 〈모두 다 꽃이다〉 노래 부르며 새로 시 지어 보기	- 나의 나무와 찍은 사진	
	15~19 /20	'동시 퐁당' 동시와 함께 놀기 (모둠과 함께 우리가 만들어 보기)	■ 프로젝트 안내 및 학생 계획 정리하기 - 우리 반 시화집의 주제와 구성 정하기 ☞ 강낭콩을 키운 경험을 살려 우리 반 시화집 만들기	- 구상도 - 역할 분담표	
			■ 학생 계획 □ 팀별 책 구상하기(시집 구상하기) - 시에 담을 주제, 내용 정하기 □ 시집 만들기① - 시집의 종류와 크기, 분량 정하기, 역할 분담하기		주제에 맞게 시집을 구상하는가? 적극적으로 역할 분담에 참여하는가?
			□ 시집 만들기② - 시집에 들어갈 개인의 시와 그림 내용 표현하기 - 앞·뒤표지 만들기, 작가의 말, 추천사 쓰기 - 함께 묶어 내기, 정리하기	- 우리반 강낭콩 시집	의도한 디자인, 의도한 주제를 잘 표현하는가?
	20 /20	발표하기	■ 발표 연습 및 발표 - 모두 함께 경청하고, 낭송(시 발표)하기	- 개인별 평가지	팀별 작품에 관한 생각이나 느낌을 서로 비교할 수 있는가?
			■ 돌아보기 및 축하 - 돌아가며 활동 소감 나누기, 잘한 점 칭찬해 주기, 더 해 보고 싶은 것 나누기, 실천 다짐하기 등	- 붙임딱지 소감 나눔판	

강낭콩 시집을 만들 때는 책의 다양한 형태를 보여 주면 좋다. 예를 들어 책의 형태는 일반적인 제본 책뿐만 아니라 팝업 책, 원이나 다양한 모양의 책이 있음을 알려 준다. 그리고 아이들은 완성된 시집을 직접 마이크를 활용하여 발표하거나 동영상 발표 자료를 활용하여 발표한다.

2학기에는 '시인되기 프로젝트'로 동시를 읽고, 나누고, 스스로 시를 써 보는 시간을 가졌다. 20차시의 수업 흐름은 아래와 같다.

활동 흐름	차시	활동주제	프로젝트 활동 주요 내용	산출물	형성평가/피드백
계획 하기 ↓	1/20	'시인되기' 프로젝트 출발	■ 문제 상황 제시 및 탐구 질문 만들기 · 탐구 질문 우리 반이 함께 시를 이해하고 시를 쓸 수 있을까? · 학습 목표 ★온작품 동시집을 함께 읽고 공감하며, 나만의 시를 써서 학급 시집을 만들 수 있다. ■ 프로젝트 안내 및 학생 계획 세우기	- 생각나눔 - 붙임딱지	
배경 지식 탐구 하기 ↓	2~5 /20	동시집 나눔 《옷장 위 배낭을 꺼낼 만큼 키가 크면》	□ 동시집과 함께 우리들의 경험 나누기 - 동시집 맛보기(재미, 감동/교과서 시와 비교) - 동시 함께 읽기(시에 대한 주제 찾기, 감상 나누기) - 우리가 함께 쓸 시의 주제와 내용 생각해 보기	- 패러디 시 - 자작 시	나의 경험을 시로 표현할 수 있는가?
	6~7 /20	동시 노래 부르기, 만들기	□ 동시 노래 따라 부르기, 만들어 부르기 - 동시 노래 배워 부르기, 가사 바꾸어 부르기 - 우리가 함께 쓸 시의 주제와 내용 생각해 보기	- 우리가 만든 동시 노래	동시 노래를 바꾸어 부를 수 있는가?
	8~9 /20	그림책 함께 읽기	□ 그림책, 시 그림책 함께 읽고 생각 나누기 - 시가 되는 그림책 찾아보기, 함께 읽고 나의 경험과 생각 나누기	- 생각나눔 - 붙임딱지	나의 경험과 생각을 친구들과 함께 나눌 수 있는가?
	10~12 /20	'시인되기' 동시와 함께 놀기 자연과 함께하는 일상①	□ 단풍놀이, 시인의 눈으로 관찰하기, 마음 나누기 - 가을의 느낌이 짙게 나는 곳 찾아보기 - 단풍 관찰하기, 산책하기, 마음 나누기	- 나의 가을 사진 찍기	가을이 보이는 곳을 찾을 수 있는가?

실행하기 ↓	13/20	'시인되기' 동시와 함께 놀기 자연과 함께 하는 일상②	□ 낙엽작품 만들기, 시인의 눈으로 표현하기 - 교정의 화단에서 낙엽 줍기 - 낙엽작품 만들기, 발표하기	- 낙엽작품 만들기	주제를 표현할 수 있는가?
	14~19/20	'시인되기' 동시와 함께 놀기 (우리가 만들어 보기)	■ 프로젝트 점검 및 학생 계획 정리하기 - 나의 시 주제와 구성 정하기 ☞ 우리의 시를 모아 학급 시집 만들기		
			■ 학생 계획 □ 나의 시 구상하기 - 시에 담을 주제, 내용 정하기 □ 시 만들기① - 마음대로 표현해 보기, 연을 나눠 정리하기 - 따라 써 보기, 녹음해서 들어 보기, 퇴고하기	- 나의 시 구상도	주제에 맞게 시집을 구상하는가? 시간을 효율적으로 사용하는가?
			□ 시 만들기② - 학급 시집에 들어갈 개인의 시와 그림 내용 표현하기 - 앞·뒤 표지 만들기, 작가의 말, 추천사 쓰기 - 함께 묶어 내기, 정리하기	- 우리 반 시집	의도한 디자인, 의도한 주제를 잘 표현하는가?
평가하기	20/20	발표하기	■ 발표 연습 및 발표 - 모두 함께 경청하고, 낭송(시 발표)하기	- 개인별 평가지	개인별 작품에 관한 생각이나 느낌을 서로 비교할 수 있는가?
			■ 돌아보기 및 축하 - 돌아가며 활동 소감 나누기, 잘한 점 칭찬해 주기, 더 해 보고 싶은 것 나누기, 실천 다짐하기 등	- 붙임딱지 소감 나눔판	

    1학기에 강낭콩 시화집을 만든 경험을 바탕으로 자신감 있게 2학기를 시작했다. 창작에 어려움을 느끼지 않도록 자연스럽게 따라 쓰기, 바꿔 쓰기, 스스로 쓰기의 순서로 반복하여 활동을 진행한다. 체험 후에 학생들은 다양한 감성을 드러내고 발산하기 때문에 시 쓰기 활동으로 이어지면 좋다.

    일 년간의 〈온작품 동시 놀이 프로젝트〉를 통해 학생들이 얻은 것은 무엇일까? 자기 자신도 모르는 사이 문학이란 장르에 발을 담그고, 생활 일부가 되는 경험을 한 것이 아닐까? 예를 들면, 비 오는 날을 싫어하던 아이들도 비가 오면 우산 쓰고 나가 비를 보고, 맞고, 냄새도 맡고, 물을 튀겨 보기도 하며 시 쓰기를 통해 일상을 새롭게 느끼는 시도를 한 것이다. 프로젝트의 최종 결과물인 학년(학급) 시집을 묶어 내는 과정은 학생들에게 2020년과 2021년의 코로나로 답답하고 안개 같은 시간을 보낸 가운데 틈틈이 추억을 시로 채우는 시간이 되기도 했다. 동시집을 활용한 온작품읽기 활동을 학년 전체가 공유하면 교사는 학급의 학생들과 다양하게 확장하며 새로운 시도를 할 수 있을 것이다. 나아가 온작품의 작가까지 만나서 직접 이야기로 소통하는 시간을 가진 경우 학생들은 그 '동시집' 한 권이 씨앗 도서가 되어 삶에서의 동반자처럼 힘을 주는 존재가 될 것이라 믿는다.

〈온작품 동시 놀이 프로젝트〉 참여하기, 동시랑 놀며 배우며 성장하기, 학년 시집 만들기

앞으로 나아가는 우리 이야기

현재까지 독서 활동을 학급 세우기의 기본으로 하여 학생들과 생활한 결과 온작품읽기와 학급 운영을 연계할 수 있는 세 가지 기본 요소를 찾았다.

그것은 온작품 그 자체에 대한 이해, 함께 읽기와 활동 공유, 그리고 담임과 학생을 넘어 동학년 교사들 간의 소통이었다. 이 세 가지를 기억하고 학교생활에 임한다면 안정된 학급 운영을 기본으로 동학년 교사들 그리고 학생들과 함께 마음을 나누며 위로와 용기를 주고받는 일 년이 될 것이다.

우리에게 다가온 4차 산업혁명과 코로나19라는 팬데믹, 달라진 수업환경 속에서도 시간은 흘러가고 그 시간 안에서 우리는 우리가 가야 할 길을 마주하고 있다. 온라인이든 등교든 시간을 채워 나가는 수업을 준비해야 할 것이며 학생들과 교사는 함께 소통하며 보다 나은 수업을 위해 노력할 것이다. 앞으로 나의 계획 또한 꾸준히 작가와의 만남을 포함한 온작품읽기 수업을 진행하고, 내가 맡은 학년의 활동 중에서 좋았던 점들을 수업과 학급, 학년에 반영하며 천천히 새로운 시도를 하나씩 해 보는 것이다. 코로나19가 우리에게 준 하나의 선물이 있다면 '멈춤'과 '진화'의 시간을 준 것이 아닐까? 멈추어 생각하는 시간, 가장 소중한 것은 우리 자신이라는 것, 그리고 멈추었다가 다시 시작할 수 있는 용기와 기회를 준 것 말이다. 각자의 자리에서 모두 용기를 내어 새로운 학년, 학기를 준비하고 실행하기를 바란다.

詩끌詩끌 동시 생활
— 3학년 온작품읽기 활동을 중심으로

유선민

동시로 열어요 _ 동시 노래 및 동시 필사 생활

    ♪ 저수지 얼음판 위로
    기우뚱 뛰어내리는 물오리들
    엉덩방아 찧는 오리
    주둥이로 못을 박는 오리
    앞가슴으로 걸레질하는 오리 ♪

  9시 줌으로 하는 원격수업이 시작되기 15분 전, 줌 회의실을 열면서 백창우의 《동시노래상자 1·2》(왈왈, 2017)를 재생시켜 둔다. 교실이라면 아침 자습에 해당할 시간이다. 어떤 아이들은 노래를 흥얼흥얼 따라 부르기도 하고, 동시 〈오리 발에 불났다〉(유강희)의 오리가 되어 침대에서 엉덩방아를 찧고 미끄러지는 흉내를 내기도 한다.

♩ "넌 어째 애가 맨날 그러니?"
하며 엄마는 누굴 보고 있나요
"넌 니 생각만 하냐?"
하며 아빠는 누굴 보고 있나요 ♩

그러다가 어김없이 중간에 동시 〈누굴 보고 있나요〉(송선미)의 내레이션이 나올 때면 갑자기 조용해지며 누군가 한마디 한다. "아, 나 이 말 들으면 떨려."라고. 또 누군가 한마디를 더 거든다. "야, 꼭 우리 선생님 목소리랑 똑같지 않냐? 깜짝 놀랐어."라고. 열 살 아이들의 그 한두 마디 말이 지나쳐지지 않고 얼마나 섭섭한지 "아니야, 달라!"라고 제 발 저린 듯 꼭 끼어들지 않을 수 없다. 이렇게 우리 반은 동시 노래로 아침을 연다. 그리고 쉬는 시간에도 동시 노래를 틀어 둔다. 동시 노래를 따라 부르다 보면 동시를 좀 더 쉽고 익숙하게 받아들인다. 시가 노래가 되고, 노래가 시가 됨을 은연중 알게 된다. 그리고 장면과 상황, 주인공이나 인물의 마음에 자연스럽게 이입하여 더 잘 감상한다.

또, 동시 필사로도 아침을 연다. 우리 학교 3학년은 월·화·수 등교수업, 목·금 원격수업이 병행되었다. 칠판과 e학습터를 활용하여 동시 노래도 필사하며 따라 부르고, 우리 학년의 한 학기 한 권 읽기 도서였던 동시집 《어이없는 놈》(김개미), 《손바닥 동시》(유강희)도 하루 한 동시씩 필사하며 감상했다. 주로 '동시와 노니는 교실'이라고 이름 붙인 종합장에 필사하고, 어울리는 그림을 그리고 생각이나 느낌을 간단히 적는 활동을 했다.

동시로 놀아요 _ 동시집 온작품읽기 생활

2018년도부터 국어 교과서에 독서 단원이 도입되면서 내가 근무하는 학교는 학교 도서관 예산이나 교육청의 '우리가 꿈꾸는 교실' 사업 예산으로 학년별로 읽을 수 있는 좋은 온작품 도서를 많이 구입했다. 특히 3학년 온작품 도서로 동시집 《글자동물원》(이안),《브이를 찾습니다》(김성민),《손바닥 동시》(유강희),《어이없는 놈》(김개미)을 한 학급 학생 수만큼인 30권씩 도서관에 비치하고 있다. 나는 두 해 동안 3학년을 하며, 이 도서를 바탕으로 동시집 온작품 읽기 수업을 해 오고 있다. 《브이를 찾습니다》와 《어이없는 놈》은 이야기 중심의 생활 동시라는 특징이 있고,《글자동물원》과《손바닥 동시》는 언어의 감각적인 사용과 이미지가 잘 보이는 동시집이다. 그중《어이없는 놈》과《손바닥 동시》로 우리 반 아이들과 어떻게 동시 수업을 했는지 담아 보고자 한다.

《어이없는 놈》

3학년 국어 독서 단원의 '자신의 경험과 관련지어 읽기', 1학기 문학 단원 '글을 읽고 글쓴이의 마음 짐작하기', 2학기 '인물의 표정, 몸짓, 말투를 생각하여 이야기 극장 만들기', '인물의 마음을 헤아리며 글 읽기', '글을 읽고 인물에 대해 이야기하기' 등의 학습주제와 연계하여 온작품 동시집 읽기를 하였다. 특히《어이없는 놈》에 등장하는 시적 화자는 우리 주변에서 만날 수 있는 다양한 아이의 모습을 잘 보여 주고 있어서 인물의 마음이나 감정 읽기에 효과적이었다. 때론 천진하고 맹랑한 아이로, 때론 속상하고 외로운 아이로, 때론 설레는 마음과 정이 가득한 아이로, 때론 겁

많고 평범한 아이로 우리 앞에 나타난다. 딱 우리 3학년 아이들의 생활 속 모습을 보여 주고 있기에 흥미진진한 감상 활동이 이루어졌다.

#1 동시 노래 놀이(1차시)

> ♪ 고슴도치야 고슴도치야
> 고슴도치야 고슴도치야
> 할머니가 아무리
> 너를 예뻐해도
> 바느질할 때는
> 얼쩡대지 마 ♪

주로 동시 수업은 국어와 창체 시간을 이용하여 이루어졌다. 《어이없는 놈》은 《동시노래상자 2》에서 들었던 〈고슴도치야 고슴도치야〉가 실린 동시집이라고 소개하니 아이들이 재미있는 동시가 많을 것 같단다. 먼저 우리는 동시 노래로 〈고슴도치야 고슴도치야〉를 부르며 수업을 시작했다. 각자 양쪽 검지를 세워 찌르는 흉내를 내며 노래를 부른다. 코로나19 이후 교실에서도 거리를 두고 있긴 하지만 가까이 다가가는 흉내만으로도 깔깔거리며 시끌벅적해진다. 마지막 행인 "바늘로 너를 쿡/ 찌를지 몰라"가 클라이맥스다. 노래가 끝나는 이 부분에서 딱 멈추고 자신의 짝과 "수리수리 마수리 가위바위보"를 외치며 가위바위보 놀이를 한다. 진 사람이 고개를 숙이면 이긴 사람은 동시 속 할머니가 되어, 손가락 하나로만 진 사람의 목을 살짝 찌르고, 진 사람은 고개를 들어 찌른 손가락을 알아맞히는 놀이이다. 옛 손유희인 '아침 바람'을 변형하였는데 아이들은 모두 눈이 침침한 할머니가 되어 익살스럽고 재미있게 동시로 잘 논다.

동시 노래는 이렇게 동시로 들어가는 문을 자연스럽게 열어 주는 매개가 된다.

#2 표지, 시인의 말 읽기(2차시)

노래와 놀이로 시작하니 아이들은 《어이없는 놈》을 더 흥미로워한다. 제목부터 아주 강하게 흥미롭다. '어이없다'라니……. 도대체 무슨 뜻일까 함께 이야기해 본다. 표지 그림도 귀엽고 사랑스럽다. 102호라고 쓰인 빨간 헬멧에 빨간 머플러를 한 꼬마 아이의 당당한 표정과 자세가 예사롭지 않다. 더욱이 팬티만 입었다고 교실은 한바탕 난리가 났다. 뒤표지도 꼼꼼하게 읽어 본다. 재미있고 상상력이 풍부한 동시로 예상된단다. 속지에 있는 김개미 시인에 대해서도 함께 읽어 본다. 작년 교사 연수에서 만났던 김개미 시인의 이야기를 살짝 들려주며, '개미'라는 이름이 본명이 아닌 필명임을 알려 주자, 아이들은 나도 알지 못하는 답을 요구하며 질문 공세를 펼친다. 동시집은 올해로 몇 살이 되었는지 출판연도를 살펴보고, '책머리에'라는 시인의 말도 함께 읽는다. 시인이 글을 쓰는 사람이 된 것은 어린 시절 할아버지의 덕분임을 이야기하며, 우리는 각자 무엇을 좋아하고 잘하는지 자신에 대해서도 생각해 본다. 동시집을 읽을 때, 표지나 시인의 말 등도 주의 깊게 함께 읽는 이유는 작가와 편집자가 책을 만들며 그 작품의 전반적인 분위기와 세계관을 고스란히 담아내는 부분이기 때문이다.

#3 동시 연극 놀이(3차시)

동시집 차례를 보면 총 3부로 구성되어 있고 동시집 제목인, 동시 〈어이없는 놈〉이 가장 앞에 나온다. 가장 앞에 실린 동시는 어떤 의미가 있을까 함께 생각해 본다. '어이없다'라는 말이 무슨 뜻인지, 그러한 경험을 해 보았는지 이야기 나눈다. 〈어이없는 놈〉은 2명이 문답식으로 연극을 꾸미면 더 현실처럼 생생해진다. 아이들에게 동시에는 나오지 않지만, 우리가 흔히 이웃과 마주치는 공간인 '아파트 엘리베이터'를 장소로 정하고, 짝과 이 내용으로 연극을 하자고 했다. 그런데 예준이가 "102호 사는데 어떻게 엘리베이터를 타느냐"고 이상한 것 같다고 지적한다. 내가 "아뿔싸" 하는 찰나, 태찬이가 "친구네 집에 가려고 엘리베이터 탈 수도 있지"라고 그럴듯한 상상력을 발휘하여 엘리베이터에서 만난 것으로 상황을 정리한다. 이후, 동시의 내용에 상상력을 덧붙여 짝과 말을 주고받는 대화극을 하는데 아이들이 제목의 '어이없음'과 '귀여움'을 동시에 느끼며 정말 실감 나게 표현을 잘한다. 원격수업 날이라 줌으로 2명씩 소회의실에서 대화극을 한 뒤, 몇 팀이 발표하는 방식으로 운영했다. 연극 놀이로 아이들은 시의 함축된 부분을 채워 넣으며 더 깊이 감상할 수 있다.

〈상장〉은 아버지가 굉장히 기뻐서 하는 행동을 1인극으로 표현해 보았다. 교사의 낭독에 맞춰 자신이 시 속의 아빠가 되어 껴안고, 코에 침을 바르고, 끽끽거리는 소리를 내는 등 기쁨의 표현을 해 보는 것이다. 덧붙여, 줌 수업이라 각자 인형을 바로 준비해 와서 그 인형이 상장 받은 아이라 생각하고, 낭독에 맞춰 인형에게 기쁨을 표현하게 했다. 그 후, 우리 부모님은 어떨 때 기뻐하시는지, 그 기분을 어떻게 표현하시는지도 이야기 나누었다. 이섭이는 동시 속 아빠가 너무 과격하다고도 했고, 민아는 자신은 상장을 받아도 아빠가 축하한다는 말만 해 주고 끝인데 부럽다고도 했다. 이런 날에 우리 집은 무조건 외식하거나 치킨을 먹는다는 도현이의 말에 아이들이 크게 공감하기도 했다. 이 외에도 《어이없는 놈》은 전반적으로 시적 화자의 캐릭터가 분명하고 행동 묘사가 구체적인 동시가 많아서 핫시팅 등 다양한 연극 놀이로 감정을 읽고 나누기에 참 좋다. 동시 연극 놀이는 동시가 우리 생활에서 멀리 있지 않음을, 다양한 감정을 표현하고 수용할 수 있음을, 자신의 마음에 공감해 주고 위로가 될 수 있음을 보여 준다. 그리고 이러한 감상 활동을 통해 아이들은 자신의 이야기가 시가 될 수 있음을 알고, 시로 표현하고 싶은 욕구도 슬슬 생기게 된다.

#4 줌 수업 놀이(4차시)

동시집 온작품읽기를 할 때, 차례의 부별로 함께 읽어 나가는 편이다. 〈옛날 사진〉도 줌 수업으로 운영하였다. 〈옛날 사진〉을 함께 읽으며, 마지막 행 "아이쿠야, 그게 나라니"라는 반전에 모두 함께 웃었다. 동생이 셋이나 되는 태찬이가 자신도 비슷한 경험이 있다며 이야기를 시작한다. 동생이 자기를 놀려서 세 살이 되도록 대머리인 동생 사진을 보여 주었는데 동생이 "그거 형아 사진이야"라고 해서 할 말이 없어졌단다. 돌발상황이다. 갑자기 아이들이 하나둘, 줌 화면에 사진을 들이밀기 시작한다. 어떤 아이는 노트북을 들고 벽으로 가서 가족사진을 비춘다.

아이들이 어쩌면 삶이 시라는 것을, 사진이 시라는 것을 알고 있었던 것은 아니었을까. 옛날 사진을 보여 주고 싶은 친구들은 사진을 소개해 보기로 했다. 태찬이는 정말 머리카락이 없었고, 자기도 없었다며 위로를 건네는 친구도 생긴다. 예쁜 드레스를 입은 유치원 졸업식 사진, 괌의 바닷가에서 수영하며 찍었다는 여행 사진이, 과거로 가는 타임머신이 되어 줌 화면을 가득 채운다. 동시 속에서는 동생이 오빠의 약점을 찾았다며 낄낄거리지만 우리는 아주 귀엽고 예쁘다는 칭찬으로 서로의 마음을 채우고 자신의 기억을 따뜻하게 채운다.

3부의 〈외계로 보내는 메시지〉도 줌 수업 마무리 인사 놀이로 하면 재미있다. 〈외계로 보내는 메시지〉는 이 동시집을 닫는 시로, 이 동시집의 유쾌하고 기발한 상상력이 마지막 동시까지 이어진다. 〈외계로 보내는 메시지〉는 조팝

나무, 민들레, 새싹, 꿀벌, 개나리 등 계절감이 잘 느껴지는 동시이다. 봄에 아이들과 나누었으면 더욱 생생하게 봄을 느꼈겠지만, 우리가 이 동시를 만난 것은 가을의 시작이다. 그래도 괜찮다. 우리는 동시를 읽으며 시간과 공간을 넘나드는 능력이 생겼으니까. 지난봄으로 떠날 수도 있고, 봄의 감각을 가을의 감각으로 유연하게 바꿀 수도 있으니까. 동시가 가르쳐 준 것은 세상을 유연하게 다른 시각으로 만나게 해 준다는 걸 이제는 아니까. 우리도 외계로 보내는 메시지를 보내기로 했다. 보통 줌 수업 끝나는 인사 놀이로 '선생님을 이겨라, 가위바위보', '선생님과의 텔레파시 게임'을 하여 먼저 퇴장하곤 하였다. 이번에는 외계에 간 선생님께 무전을 보내고 선생님께 응답을 받으면 먼저 회의에서 나갈 수 있도록 변형하였다. 〈외계로 보내는 메시지〉의 마지막 5행에 해당하는 "안드로메다, 안드로메다/ 여기는 지구별 꼬레아/ 여기는 봄!/ 여기는 봄!/ 들리는가, 오버"의 일부를 바꾸어 선생님께 무전을 보내면 된다. 아이들은 계절을, 장소를 창의적으로 바꾸어 가며 나에게 무전을 보낸다. 나는 "아주 잘 들린다. 오버/ 잘 가라, 오버"라고 답을 해 준다. 한 명 한 명 모두와 눈을 맞추며 즐겁게 무전을 주고받다 보니 어느새 시끌시끌하던 줌 공간에는 덩그러니 나만 남았지만, 동시로 통하는 법을 또 하나 얻어서 기뻤다.

동시 연극놀이 〈상장〉

줌 수업놀이 〈옛날 사진〉

#5 동시의 일부분 바꾸어 쓰는 창작 놀이(5차시)

〈나의 꿈〉은 아이들이 참 좋아하는 동시이다. 이 동시를 읽으며 아이들은 자연스럽게 자신의 꿈을 생각해 보게 된다. 그리고 자신이 좋아하는 일이라면 시 속 화자처럼 어렵거나 무서운 일도 겁내지 않는 용기와 열정적인 태도가 필요함을 느낀다. 또 자신이 생각한 장래 희망이 구체적으로 어떤 일을 하고, 어떤 의미를 갖는 일인지도 깊게 고민하기도 한다. 창체 진로 수업으로 계획하여 동시의 일부분을 나의 이야기로 바꾸어 쓰면, 꿈이나 미래 직업에 대해 아이들과 이야기를 나누기에도 좋다.

나의 꿈

김개미

나의 꿈은 사육사
포악한 사자를
여러 마리 기르는 것
전봇대만 한 기린과
눈 맞추고 얘기하는 것
사과 같은 원숭이 똥꼬를
수박같이 키워 주는 것
토끼 여섯 마리쯤 뚝딱 먹어 치우는
비단구렁이를 목에 감고 노는 것
나의 꿈은 사육사
얼룩말 똥 정도는 맨손으로 집는 것

_《어이없는 놈》(문학동네, 2013)

〈나의 꿈〉을 읽고 시 바꿔 쓰기

#6 동시 톡톡 - 발표 및 감상 놀이(6차시)

아침 시간이나 짬짬이 시간에는 '동시와 노니는 교실'(종합장)에 인상 깊은 동시를 필사한 후, 생각이나 느낌을 쓰고 어울리는 그림을 그렸다. 같은 작품을 읽어도 사람마다 경험이 다르고, 생각이나 느낌이 다를 수 있기에 혼자 감상한 내용을 친구들과 서로 나누는 시간을 꼭 가진다. 줌 수업 시간에도 이 공책을 꺼내 놓는다. 줌 소회의실에 4명씩 배정하고, 오늘 이야기하기로 한 2부에서 인상 깊은 동시를 낭독한다. 공책에 기록해 놓은 짧은 감상도 발표하며 시화도 보여 주는 시간이다. 친구가 낭독한 동시를 자신도 필사한 경우, 자신의 감상과 그림도 소개하도록 미리 안내한다. 모둠별 발표가 끝나면 전체 회의실로 돌아와 각 모둠의 추천을 받은 친구가 동시를 낭독하고 또 함께 이야기 나눈다. 친구들의 감상을 듣고 나누면 혼자만의 감상보다 더 넓은 세계, 깊은 세계를 만날 수 있다.

등교수업 날에도 실린 순서대로 하나하나 함께 읽어 보는데, 인상 깊은 동시로 필사한 아이가 있으면 실물화상기를 이용해 발표했다. 같은 동시여도 자신의 감상에 따라 조금씩 다른 그림으로 펼쳐 내는 것이 시화의 묘미인 것 같다. 때론 짝 활동으로 두 명의 친구가 서로에게 낭독해 주고, 질문을 주고받은 후에 친구들 앞에 나와서 발표하는 시간으로 운영하기도 했다. 이때는 마치 동시 인터뷰 시간처럼 해당 동시에 대한 짝의 질문에 자신만의 답변을 하면서 좀 더 깊이 동시를 감상하는 기회가 되기도 한다. '동시 톡톡' 시간은 동시집 온작품읽기를 하며 여러 번 해본 방법이라 쉽고 익숙하게 잘 진행되곤 한다.

#7 동물 동시 빙고 놀이와 창작 놀이(7~8차시)

《어이없는 놈》에는 '동물'을 소재로 쓴 시가 유난히 많다. 2년 전, 3학년 아이들과 이 동시집에서 찾은 동물은 무려 45종이다. 물론 다른 동시집에도 '동물'을 소재로 한 동시들이 참 많다. 이야기를 나누다 보니, 주변에서 만나는 대상을 아이들이 자신의 말로 들려줄 수 있을 것 같아서 체계적인 수업 계획을 세우고 동료 장학 수업으로 공개하였다. 특히 3학년 2학기 과학 '동물의 생활'과 연계하여 동시 감상 및 창작 수업을 했더니 매우 효과적이었다. 과학 수업에서는 동물을 관찰하고 특징을 조사한다면, 국어 시 창작 수업은 이를 확장하여 좀 더 자세하게 관찰하고 온 감각을 열어 대상을 만난다. 나만의 새로운 시선과 상상력으로 바라본다. 그리고 어떤 마음으로 대상을 바라보아야 할지 좀 더 생각한다면 아이들도 나도 좋은 시를 쓸 수 있을 것 같다.

이에 동물을 주제로 한 '동시 노래'를 동기 유발로, '동시 톡톡'과 '동물 찾기 및 빙고 놀이'를 주요 활동으로 계획하고, 다음 차시로는 '동물을 소재로 한 시 창작하기' 활동까지 연계해 보았다. 아이들은 동물이 동시의 주요 소재가 되는 이유를 정말 다양하게 잘 찾는다. '아이들이 동물을 좋아해서요, 우리 주변에서 동물을 많이 볼 수 있어서요, 동물들이 아이들처럼 귀엽고 재미있으니까요, 아이들이 동물과 닮은 점이 있어서요. 동물은 모두 다르고 멋져서요.' 등 다양한 이유를 들어 나를 설득시켰고 순조롭게 진행되어 내가 흥이 났다. 3부의 동시를 만나는 날이라 3부에 등장하는 동물만 찾아보니 총 21종이다. 해당하는 동시의 구절을 함께 읽고 이야기 나눈 뒤, 찾은 동물 중에 16개만 골라서 빙고 칸을 작성하고, 4×4 빙고 놀이를 하며 수업을 즐겁게 마무리한다. 이 수업은 시인들이 동물의 어떤 특징을 살려 시로 가져왔는지 읽으며 느끼는 것이 가장 큰 공부였다. 동물에 관한 흥미가 높아지자 아이들은 동물에 관한 시를 쓰고 싶어 했다.

이번 주에는 동물시 창작하기를 과제로 주면서, 관찰과 상상력에 관해 이야기 나눴다. 일주일 후에 발표한 내용을 패들렛 '詩끌時끌 시 모음집'에 각자 입력하기로 했다. 이렇게 모은 시들은 학년말에 우리 반 시문집으로 묶을 예정이다. 또, 소금쟁이를 소재로 한 동시 〈소금쟁이와 웅덩이〉(김개미), 〈소금쟁이〉(이안), 〈소금쟁이〉(유강희)를 비교하며 읽었더니 아이들이 시인들의 서로 다른 시각과 표현에 무척 흥미로워한다. 동물시 창작은 아이들이 좋아하는 소재라서 전보다 특징을 살려 잘 썼다.

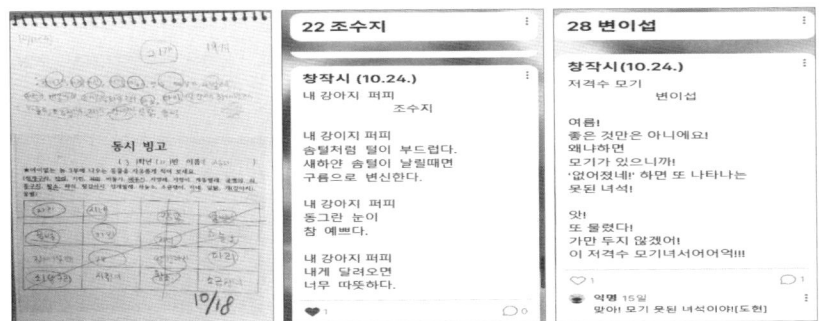

동물 빙고 학습지   동물 시 창작하기

#8 온작품읽기 마무리 활동(9차시)

《어이없는 놈》에서 자신이 가장 인상 깊었던 동시 한 편을 골라 D.I.Y 독서대에 시화로 꾸몄다. 나만의 '동시 독서대'는 일회성이 아닌 소중한 작품으로 남으며 생활에 활용하고 오래 기억할 수 있다. 아이들이 좋아하는 시를 곁에 두고 읽어 마음이 풍요로워지길 바라는 마음이다. 시화는 자신만의 감상이 가장 잘 드러나는 방법이다. 독서대 꾸미기, 텀블러 꾸미기, 연필꽂이 꾸미기, 동시 달력 만들기 등으로 다양하게 시화 작품을 만들 수 있다.

마무리 활동으로 우리 반 아이들이 가장 좋아한 동시를 알아보았다. 올해는 띵커벨의 워드클라우드 기능을 활용하여 각자 세 편의 동시를 추천하여 집계하였다. 신기하게도 아이들은 수업 활동으로 가져와 오랫동안 이야기를 나눈 동시나 재미있는 활동을 했던 동시를 많이 추천했다. 동시는 한 편 한 편이 하나의 작품으로, 새로운 세상과 시각을 안겨 주어 특별하다. 아무래도 아이들은 자신의 경험이나 감정에 닿으면서도, 꼭꼭 씹어 깊이 있게, 재미있게 감상한 동시가 마음에도 남는 것 같다. 동시 감상 수업의 활동을 충분히 고민해야 하는 이유이다.

동시 독서대

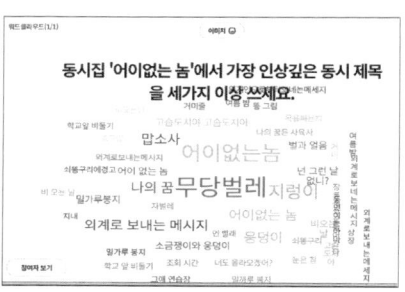
《어이없는 놈》 동시 베스트3

《손바닥 동시》

국어 교과서에 동시와 관련된 단원이 학기별로 있다. 3학년 1학기에는 '느낌을 살려 사물 표현하기', '시에 나타난 감각적 표현 알기', '느낌을 살려 시 낭송하기', 2학기에는 '감각적 표현을 사용해 느낌 나타내기', '시를 읽고 여러 가지 감각적 표현 말하기', '시를 읽고 재미와 감동 나누기', '느낌을 살려 시 쓰기'로 학습주제가 제시되고 있다. 1학기가 감각적 표현을 알고, 시를 감상하는 활동 위주라면, 2학기는 감각적 표현을 사용하여 말하고 쓰는 창작 활동으로 나아간다. 감각적 표현이란 어떤 대상을 눈으로 보고, 귀로 듣고, 입으로 맛보고, 코로 냄새 맡고, 손으로 만지듯이 생생하게 나타낸 것이다.

  3학년 아이들에게 생소한 용어이지만 문학 작품에서 감각적 표현은 글과 이미지를 풍부하게 살려 주는 중요한 장치이다. 감각적인 표현 관련 수업을 위해 우리 반은 온작품읽기로 독서 단원과 연계하여 유강희 시인의《손바닥 동시》를 함께 읽었다.《손바닥 동시》는 짧은 시이지만 의성어, 의태어, 비유가 잘 담겨 있다. 특히 시의 여백이 많아 자신만의 감각적인 이미지와 이야기로 감상하기 좋았다.《손바닥 동시》로 감각적 표현을 알아 가고, 느낌을 살려 창작 활동까지 전개한 이야기를 기록해 본다.

#1 책 표지 디자인 놀이(1차시)

  온작품읽기의 시작으로 표지를 살펴본다. 먼저 동시집 이름인 '손바닥 동시'가 무엇일지 이야기 나누어 본다. 한 아이가 손바닥에 쓸 수 있는 시인 것 같다고 이야기하기에 왜 그렇게 생각했는지 묻자, 뒤표지를 보았단다. 뒤표지 "손바닥에 쓸 수 있을 만큼 간결하고 맑은 100편의 동시를 만나다"라고 쓰여 있다. 아이들은 이제 뒤표지도 볼 만큼 책을 꼼꼼하게 살핀다. 표지의 그림을 읽기 전에 책날개를 열어 시인 사진과 어떤 작품을 썼는지 알아본다. 아는 작품이 있는지 묻자,《오리 발에 불났다》(문학동네, 2010) 제목을 보고 우리가 함께 부른 동시 노래〈오리 발에 불났다〉를 쓴 시인이시냐고 묻는다. 그렇다고 하니, 예준이는《지렁이 일기 예보》가 집에 있다고 한다. 그 동시집에 있는 동시가 3학년 2학기 국어 교과서에도 실려 있다고 하자, 아이들이 더욱 흥미를 갖는다.

  다음으로 시인의 말을 함께 읽어 본다.《손바닥 동시》에는 시인의 말이 해설과 함께 동시집 뒤쪽에 배치되어 있다. 손바닥 동시는 시인이 바닷가를 거닐다 메모지가 없어서 손바닥에 시를 쓰기 시작했는데, 그렇게 쓴 짧은 시를 '손바다 동시'라고 이름 붙였다는 탄생 배경을 함께 읽는다. 아울러 손바닥 동시는 글자 수가 정해진 3행의 짧은 시이지만 보물찾기하듯 놀아 보라는 글에 우리도 앞으로 《손바닥 동시》로 잘 놀아 보자고 했다.

오늘은 표지로 놀아 보기로 했다. 표지에 그려진 커다란 손바닥에 각자의 손바닥을 맞대어 본다. 왼손일지, 오른손일지도 이야기해 본다. 표지의 손바닥 안에 어떤 그림이 그려져 있는지 살펴본다. 나무, 새싹, 오리와 꽃 등이 보인단다. 또 다른 특징을 찾았는지 묻자, 그림이 세 줄로 된 땅 위에 그려져 있단다. 그리고 손바닥 동시라는 글자의 자음 'ㅂ'과 'ㅇ' 안에 작은 손바닥이 그려져 있다고 답한다. 우리가 발견한 표지의 특징에 이 동시집의 세계가 담겼을지도 모른다고 했더니, 시인이 자연에 관한 동시를 많이 썼을 것 같고, 손바닥에 쓴 세 줄짜리 동시를 나타내는 것 같단다. 표지를 그린 사람의 의도를 아이들도 잘 찾아낸다.

이후 우리가 《손바닥 동시》의 표지를 디자인해 보기로 제안했다. 먼저 동시 노트에 자신의 손바닥을 대고 본뜬다. 그리고 손바닥 안에 무엇을 담을지 생각해 보라고 했다. 바람, 하늘, 장미, 토끼 등 아이들은 자신이 좋아하는 풍경을 담기 시작한다. 지아는 손가락에 반지도 끼워 주고 손톱에 색도 칠하며 아기자기하게 나만의 손바닥 동시 표지 그림을 그려 본다. 그리고 '손바닥 동시'라는 제목도 동시집처럼 덧붙이니 근사한 나만의 표지가 완성된다. 나만의 표지를 그려 보며 아이들은 시인이 이 동시집 안에 어떤 풍경을 어떤 짧은 말로 담아냈을지 생각해 보며, 시인의 동시 세계로 가는 비밀의 문을 열고 한 발짝 들어선다.

#2 시화를 그리며 시인이 숨겨 놓은 보물찾기 놀이(2차시)

《손바닥 동시》는 의성어, 의태어가 많이 나오고, 제목을 3행의 짧은 시로 담아야 하기에 비유적 표현이 풍부하게 사용되어 여러 가지 감각적 심상을 나누기에 좋다. 3학년 국어 교과서의 감각적 표현 관련 단원과 연계하여 수업을 진행하면 효율적이다. 특히 시가 짧고, 독자가 상상할 수 있는 여백이 많기에 감상 활동으로 시에 어울리는 그림을 그리는 활동을 하면 좋다. 아이들이 장면을 머릿속에 그려 본 대로 이야기를 만들어 함께 채워 가는 재미가 있다. 신기하게도 아이들은 3행으로 짧은 손바닥 동시를 읽고, 그보다 더 긴 문장으로 감상글을 남긴다. 아이들도 시의 여백이 주는 울림을 잘 받아들인다.

  등교 수업에는 동시 노트를 이용하여 필사하며 어울리는 그림을 그렸다면, 줌 수업 시간에는 공유화면의 '화이트보드와 주석 작성' 기능을 이용하여 협동 시화를 그리며 재미있게 작품을 감상하는 시간을 가졌다. 손바닥 동시는 짧은 시이기에 화이트보드를 이용해도 그림을 덧붙일 여백이 많아 효과적이었다. 남녀별로 또는 출석 번호순으로 4팀으로 나누어서 시간 제한을 두고 순차적으로 진행하니 아이들이 더 의욕적이다. 의논 없이 화면에 제시된 손바닥 동시만 보고, 함께 어울리는 그림을 그려 내는 일은 생각보다 멋진 일이다. 서로가 그려 내는 그림을 보고 보완하며 한마음이 되어야 제법 근사한 시화가 나오는 것을 알아가기 때문이다. 물론 지나치게 욕심을 부리다 서로 속상해져도 그 속에서 배움은 일어나기 마련이다.

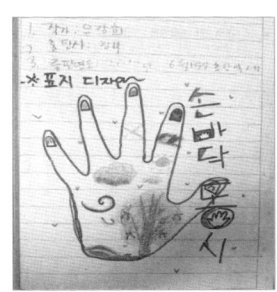 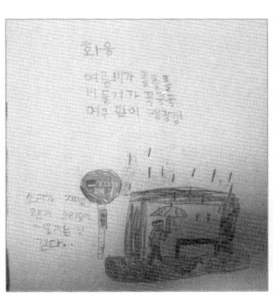 

손바닥 동시 표지 디자인　　종합장 시화 〈화음〉　　화이트보드 협동 시화〈나비야〉

#3 동시 낭독 - 감각적 표현 찾기 놀이(3차시)

《손바닥 동시》는 총 5부로 구성되어 있고, 부마다 20편의 동시가 실려 있다. 오늘은 2부까지 읽은 시 중에서 낭독해 보기로 했다. 특히 감각적인 표현이 잘 드러나는 손바닥 동시를 골라서 낭독하며 소개하기로 했더니, 모양이나 소리를 흉내 내는 말에서는 주로 시각적이거나 청각적인 표현임을 잘 찾아낸다. 해련이는 '뽀'라는 한 글자로만 이루어진 〈봄〉에서 "뽀가 새싹이 올라오는 모양 같다"라고 하고, 승민이는 "병아리가 뽀뽀뽀 소리 내는 것 같다"라고 얘기한다. 선민이는 〈화음〉에서 "출출출", "꾹꾹꾹", "캥캥캥"이 제목처럼 화음이 잘 맞는 노래처럼 들린다고 한다. 또 종윤이는 〈초승달〉에서 "잉어 입술이 초승달하고 닮아서 이렇게 시를 쓴 것 같다"라는 말로 비유나 은유를 직접적으로 알지 못해도 언어적 감각으로 잘 받아들인다. 《손바닥 동시》 낭독은 주로 실물화상기를 이용하여 시와 그림이 그려진 동시 노트를 보여 주며 발표했다. 저마다 자신이 느낀 분위기와 호흡으로 낭독하는 동시를 듣는 시간은 또 새로운 즐거움으로 동시를 만나게 한다.

#4 동시 소품 만들고 꾸미기 놀이(4차시)

내가 재미있게 읽고, 감동한 시가 동시집 안에 갇혀 있다고 생각하면 얼마나 슬픈 일인가. 아이들도 자신이 인상 깊게 읽은 동시를 생활 소품으로 꾸미고 만들어 곁에 두는 활동을 아주 좋아한다. 항상 좋은 문장이나 좋은 시를 가까이하여 품고 읽으면 글과 친해지고 마음도 좋아지니 일거양득이다. 특히 손바닥 동시는 짧고 여백이 많은 시이기에 아이들이 부담 없이 만들기와 꾸미기 활동으로 연결하기에 좋다. 2019년에는 마음에 드는 손바닥 동시를 골라 미니 병풍을 만들어 전시하였고, 2021년에는 미술 과목의 '쓸모 있고 아름답게' 단원과 연계하여 전등을 만들어 생활 소품으로 활용하였다.

미니 병풍 만들기　　　　　미니 전등 꾸미기　　　　　아크릴 전등 만들기

#5 동시 제목 골든벨 퀴즈(5차시)

손바닥 동시는 짧은 정형시라서 시의 제목이 무척 중요하다. 〈오늘 낮 206호 문 앞〉, 〈만일 하느님도 오늘 방학을 한다면〉, 〈숲에 달아 준 새집처럼〉, 〈차가 지나갔다〉, 〈만일 하느님이 있다면〉 등은 제목이 시의 내용을 한 행 보태어 짧은 시의 완결을 돕는다. 대부분 시의 제목이 짧은 시의 내용을 은유로써 표상하는 경우가 많아 시의 내용을 퀴즈로 하여 제목을 알아맞히는 놀이를 하면 감각적 표현을 쉽고 자연스럽게 알게 된다. 무엇보다 동시 제목으로 하는 골든벨 퀴즈는 아이들이 무척 즐겁고 흥미진진하게 참여한 활동이었다.

3학년 2학기 과학 '동물의 생활' 단원에 다섯 고개로 동물 퀴즈를 내는 활동이 있다. 이는 동물의 특징을 사실대로 설명한다면, 손바닥 동시에서는 감각적 표현을 활용하여 비유적으로 느낌을 표현한다는 차이가 있다. 설명은 직선이고 시는 곡선이라는 말이 있듯이 이미 우리가 알고 있는 대상을 시인은 어떠한 시선과 태도로 바라보았는지를 비교해 준다면, 아이들도 섬세한 관찰, 풍부한 상상력, 세련된 언어 감각을 기를 수 있다.

#6 손바닥 동시로 마음 전하기 - 동시 부채, 동시 엽서(6차시)

 2학기 사회 시간에는 다가올 여름을 시원하게 보내라는 뜻으로 단오선을 주고받는 세시풍속이 소개되어 있고, 체험하는 놀이가 나온다. 단오부채를 손바닥 동시 부채로 꾸며 서로에게 선물했다. 또, 국어 시간에는 마음을 담아 편지를 쓰는 학습주제와 연계하여 특별한 동시 엽서를 썼다. 친구에게 전하고 싶은 마음이 담긴 편지와 함께 어울리는 동시를 필사해서 함께 선물하니 마음이 더욱 풍부하고 효과적으로 전달되어 아이들이 무척 좋아했다. 선생님은 옛날에 연애편지를 쓸 때마다 좋은 시를 필사하여 직접 하지 못한 말을 시로 대신 전달했다고 하니 아이들이 더욱 흥미로워했다. 아이들의 동시 엽서는 좋아하는 마음을 담은 연서가 되기도 하고, 싸우고 난 뒤에 화해를 청하는 사과 엽서가 되기도 하고, 우정을 더욱 돈독히 하는 우정 엽서가 되기도 했다.

 우리 반은 마침《손바닥 동시》를 온작품읽기로 만나는 중이었지만 어떤 동시집을 활용하든 서로의 마음을 나누고 전하기 좋은 감상 활동으로 추천한다. 어버이날이라면 부모님께 편지글과 함께 선물하고 싶은 동시를 함께 전달하면 멋진 효도엽서가 될 수도 있겠다.

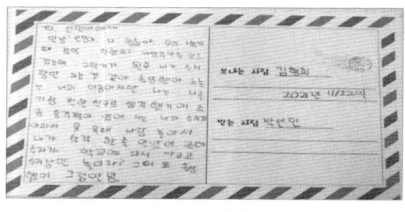
동시 엽서(앞)

동시 엽서(뒤)

#7 손바닥 동시 창작 놀이(7차시)

 손바닥 동시로 보물찾기하듯 시인이 숨겨 놓은 마음이나 진실을 잘 찾고 놀았다면 이제는 자신이 하고 싶은 말을 잘 숨기는 놀이를 할 차례이다. 손바닥 동시를 자꾸 읽다 보면 아이들도 그 형식이 주는 재미에 빠져 이번에는 스스로 알쏭달쏭 퀴즈를 내듯 나만의 손바닥 동시를 창작하고 싶어 한다. 손바닥 동시를 가르쳤던 두 해 모두 시키지 않았음에도 아이들이 손바닥 동시처럼 짧은 시를 쓰기 시작했다. 여기에서 꼭 주의해야 할 점은 짧은 시가 무조건 손바닥 동시는 아니라는 것이다. 처음《손바닥 동시》를 감상할 때부터 해설과 시인의 말을 함께 읽어 보면서, 손바닥 동시의 기본 형식을 미리 안내하면 좋다. 3·4(1행)/ 3·4(2행)/ 3·5(3행)로, 3행 3구(6음보) 22자 내외의 글자 수가 정해져 있다는 점, 매우 짧기에 제목이나 주(注), 문장부호 등을 효과적으로 사용하여 작품의 완성도가 높아졌다는 점 등을 감상할 때부터 이해하면 아이들이 손바닥 동시를 제대로 즐기고 만날 수 있다. 우리 반은 각자 손바닥 동시를 창작하고 D.I.Y 자석 병따개로 꾸며서 생활 속에서도 시를 만날 수 있도록 소품으로 만드는 활동을 하였다.

놀이에 규칙이 있어 재미있는 것처럼 손바닥 동시도 정해진 규칙을 적용하여 시를 써 보는 활동이 아이들에게 색다른 창작의 재미를 주었다. 다양한 길이의 동시를 감상한 뒤에 손바닥 동시를 만나고 창작하면, 손바닥 동시만이 가진 여백의 미를 아이들은 더 잘 즐길 수 있을 것이다.

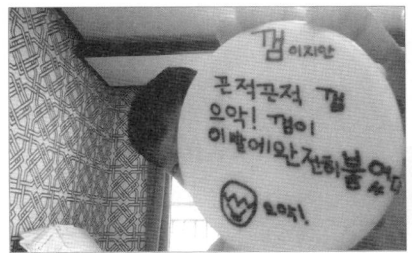 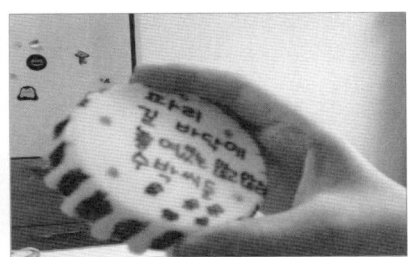

손바닥 동시 창작 놀이

#8 시인의 다른 작품 감상하기(8차시)

아이들은 함께 읽었던 동시집의 시인을 교과서에서 만나면 마치 아는 사람을 만난 것처럼 매우 반가워한다. 국어 3학년 2학기 4단원에 〈천둥소리〉의 시인 이름을 보자마자, 아이들은 '유강희 시인'의 작품이라며 너도나도 짐짓 친한 척을 하는데 그 모습이 무척 귀엽다. 이 작품은 날씨 동시 40편이 담긴 《지렁이 일기 예보》에 수록된 동시로, 천둥소리를 하늘에 사는 아이들의 체육 시간으로 기발하게 표현하고 있다. 2단원 읽기 제재인 '날씨를 나타내는 토박이말'에서 '꽃샘추위', '열대야', '진눈깨비' 등의 뜻이 소개된다. 이때 같은 제재의 동시들을 소개해 주면 아이들이 날씨를 지식으로만이 아닌 감각으로 받아들일 수 있어 효과적이다. 우리가 자주 부른 동시 노래 〈오리 발에 불났다〉가 수록된 《오리 발에 불났다》, 시인의 다른 동시집인 《뒤로 가는 개미》, 《무지개 파라솔》 등을 교실에 전시해 두면, 아이들은 손바닥 동시 외에 시인의 다양한 동시 세계를 흥미롭게 만날 수 있다.

#9 시인에게 편지 쓰기(9차시)

시인의 여러 동시를 읽을수록 아이들은 시인에게 궁금한 점이 생기고, 시인을 만나고 싶어 한다. 마침 모임의 선생님들과 '유강희 시인 인터뷰'를 진행하게 되어 아이들에게 이야기했더니, 자신들도 데려가 달라며 아우성친다. 아쉽지만 선생님이 대표로 마음을 전하겠다고 달래며 시인에게 편지를 써서 전달하자고 했다. 아이들은 인상 깊게 읽었던 동시에 관한 이야기와 시인에게 궁금한 점을 담아 편지를 썼다. 자신이 쓴 손바닥 동시가 어떤지 봐 달라는 아이도 있고, 동시집에 나오는 시인의 모습을 열심히 스케치하여 그려 넣은 아이도 있었다. 편지를 모아 정성스럽게 제본했다.

동시를 좋아하는 우리 반 아이들의 모습을 시인에게 보여 주고 싶어서, 줌 수업 시간을 활용하여 영상 편지도 만들었다. 먼저 질문이나 소감을 발표하고 싶은 친구들의 순서를 정했다. 줌 영상녹화 기능과 비디오 추천 기능을 이용해 '전체 첫인사', '질문 및 소감', '전체 끝인사'로 진행하였다. 아이들의 높은 호응과 집중력으로 한 번에 영상 편지가 만들어졌다. 자신의 편지가 좋아하는 시인에게 전해진다는 설렘과 기대감이 지금껏 동시로 즐겁고 재미있게 놀았던 모습 중 최고였다.

나는 우리 반 대표로 유강희 시인에게 편지를 전달하고 아이들이 궁금했던 점의 답변도 듣고, 반 아이들에게 주는 사인도 받았다. 학급 게시판에는 우리 반 동시 생활의 최고의 훈장처럼 시인의 사인이 걸려 있다. 시인에게 편지 쓰기는 일방적인 만남으로 비춰질 수도 있지만, 편지를 쓰는 과정에 저마다의 감상이 집약된 총체이므로 동시 감상 생활의 마무리로 가장 좋은 활동이었다.

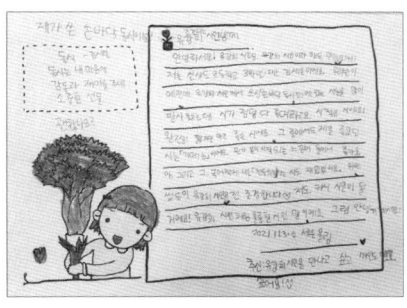

시인에게 편지 쓰기

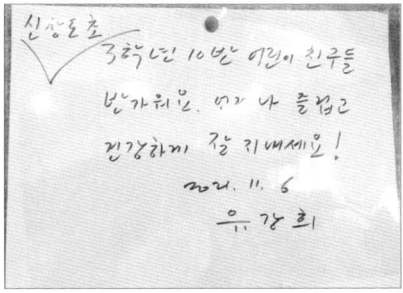

유강희 시인의 사인

시로 표현해요 _ 시 쓰기 생활

동시 놀이를 하면서 아이들은 자연스럽게 시를 쓰고 싶어 했다. 일기장에 시를 쓰는 아이들이 계속 늘어났다. 때론 짧은 글이 과제의 부담감을 덜어 주는 목적일 수도 있지만, 일기와는 다른 '시'라는 형식을 빌려 자신의 이야기를 들려주고 싶은 욕구가 생긴 것이다. 동시집을 함께 읽고 시적 화자를 이해하고 공감하면서 자신의 경험과 삶을 연결 지을 수밖에 없기 때문이다. 동시집 온작품읽기 생활의 구석구석에는 시 창작활동이 저절로 끼어들었다. 아이들은 시의 일부분을 바꾸어 쓰는 것을 넘어 시인처럼 생활 주변의 대상을 관찰하고 시로 쓰고 싶어 했다. 자신의 기분과 감정을 시로 표현하고자 했다.

패들렛 '詩끌詩끌 시 모음집'에 아이들이 시시때때로 쓴 시를 차곡차곡 모았다. 학년말에 우리 반 시 모음집을 만들면 우리 반의 시끌시끌한 동시 생활이 비로소 멋지게 완성될 수 있을 것 같았기 때문이다. 시가 쓰고 싶은 날에는 각자 자유롭게 패들렛에 접속하여 자기 이름 아래에 시를 썼다. 일기장에 쓴 시도, 학교에서 국어 시간에 함께 쓴 시도 옮겨 적도록 하였다. 패들렛의 장점은 고유의 링크 주소를 아는 사람은 누구든 볼 수 있는 열린 공간이라는 점이다. 서로서로 친구들의 시를 읽고 댓글로 서로의 감상도 나누고, 학부모들은 응원과 격려로 아이들의 시와 시에 담긴 마음을 읽어 주었다.

박성우 동시집 《삼행시의 달인》처럼 내 이름이나 어떤 대상으로 삼행시도 쓰고, 《첫말 잇기 동시집》처럼 첫말이 같은 두 개의 낱말을 연결한 재미있는 시도 썼다. 과학 시간에 '동물의 생활' 단원을 배우고 나서는 관심 있는 동물에 관한 시도 쓰고, 계절의 변화가 흠뻑 느껴지는 날에는 돗자리를 준비하여 교정으로 시 소풍을 나가 자신이 오감으로 만나고 느낀 것을 시로 썼다. 때론 가장 마음에 드는 시는 캔버스에 그림을 같이 꾸며서 전시도 하고 낭송하는 시간도 가졌다. 패들렛에 시가 주렁주렁 달릴 때마다 우리 아이들 마음도 따뜻하고 풍요로워졌다. 겨울방학이 끝나면 우리의 시끌시끌한 동시 생활은 시문집으로 엮어 오래오래 간직될 것이다.

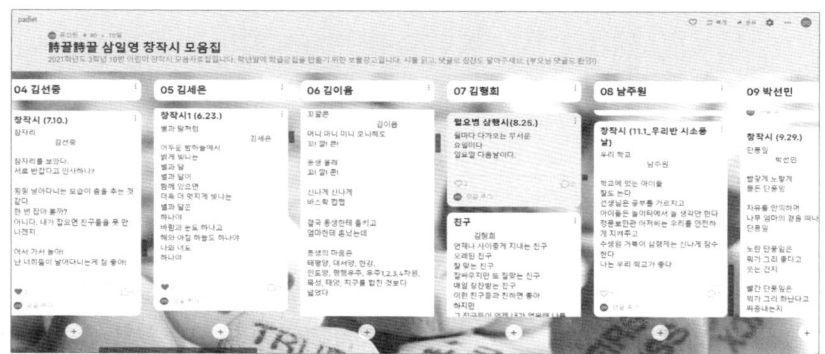

패들렛-시끌시끌 시 모음집

동시로 자라요 _ 삶을 가꾸는 동시 생활

"선생님, 시 써도 돼요?",
"저 동시집 샀어요.",
"저 동시집 한 권 다 필사했어요.",
"이 동시는 제 마음 같아요.",
"선생님, 동시가 재미있어요."

우리 반의 동시 생활을 이렇게 다채롭고 시끌시끌했다. 한 가지 분명한 점은 아이들이 동시와 몹시 친해졌다는 점이다. 시끌시끌했던 우리 반의 동시 생활을 되돌아보며 나는 동시의 힘을 느낀다. 그것이 내가 아이들과 동시로 놀고 이야기하며 웃고 떠든 이유이다. 그 동시의 힘은 나와 아이들의 변화를 이끌고 함께 성장하는 교실을 만들었다.

동시로 놀면 재미있고 즐겁고 감동이 있다. 한 편 한 편이 하나의 작품이라서 한정된 시간 속에서도 감상하기에 좋다. 또한 시가 주는 형식으로 인하여 생활의 노래가 되어 부를 수 있고, 이야기보다 짧기에 적절한 언어의 선택과 배치를 이해하는 등 언어적 감각도 기를 수 있다. 더욱이 다양한 방법으로 동시를 깊이 감상하는 활동을 통해 자신을 좀 더 들여다보고 자신의 감정을 이해하고 건강하게 표현할 수 있었다. 그뿐만 아니라 타인을 이해하고 공감하는 태도도 좋아졌다. 좋은 동시를 읽으면서 세심한 관찰력과 풍부한 상상력을 키우고, 세상을 보는 눈이 더욱 넓고 깊어진 기회가 되기도 했다. 자신의 이야기를 시로 쓰면서는 마음이 더욱 단단해지고 여물어 가는 모습도 보였다.

아이들을 위해 쓴 시, 그 동시를 읽으며 사실 교사인 내가 가장 많이 변화하였다. 좀 더 느긋하고 여유 있게, 좀 더 다정하고 따뜻하게, 좀 더 유머 있고 재치 있는 시선과 태도로 나의 삶을 살아가게 된 듯하다. 그곳에 우리 아이들이 있음을, 행복하지만 때론 슬픔에도 단단해질 수 있음을, 서로 함께 어울려 살 수 있음을, 보이지 않는 것도 꿈꿀 수 있음을 교사로서 내가 선 자리에서 돌아보았다.

동시로 아이들과 함께 놀고 생활하고 배우며 참 즐겁고 행복했다. 우리가 함께 읽고, 저마다 쓴 시가 우리 아이들에게 오래오래 힘이 되기를 빌어 본다. 詩끌詩끌하더라도 시가 마음의 좋은 씨앗이 되고, 저마다의 마음속 주문이 되어 자신의 삶을 쑥쑥 튼튼하게 가꾸어 주기를 응원해 본다.

필사의 힘으로 시 창작까지
— 3학년 어린이 시 쓰기 중심으로

윤미경

동시로 '우리가 꿈꾸는 교실' 운영하기

"나를 찾는 데 쓸 빛이란다."

갓 난 내 두 눈에
부어 주고서

하느님은 숨어,
나 오기를 기다리리

아니라고 말할 수 없는
모든 것 속에

하느님은 숨어서

_ 이안, 〈숨바꼭질〉 전문

세상 모든 것 속에는 하느님의 섭리가 숨겨져 있다. 하느님은 그것을 찾는 도구인 "빛"도 갓 난 내 두 눈에 잔뜩 부어 주셨다. 찾아보고 싶은 마음이 가득하다. 찾는 것을 "시"라고 생각해 보았다. 나도, 우리 아이들도 자세히 보고, 귀 기울여 듣고, 생각하고, 찾는다면 찾을 수 있지 않을까? 그게 바로 시가 아닐까? 상상만 해도 즐거워진다. 아이들과 함께 시 창작! 어차피 잘 안 되겠지만 그렇다 한들 어떤가? 과정이 즐거우면 더 바랄 나위 없고!

서울시교육청의 '우리가 꿈꾸는 교실' 예산을 지원받아 3학년 전체를 위한 동시집을 준비했다. 동시로 노래도 부르고, 역할극도 하고, 낭송도 많이 하고 싶으나 마스크를 쓴 상황에서 어려움이 있었다. 동시 필사를 중심 활동으로 하고, 시 창작을 해 나갔다.

동시 읽기, 필사하기, 느낌 나누기

"시를 읽는 것은 어쩌면 이렇게 시인이 마음속에 품은, 그러나 겉으로 드러내지 않은 (   )를 찾아가는 길인지도 몰라."

이안 시인이 《고양이의 탄생》 책머리에서 한 말이다. 드러내지 않은 (   )를 찾아야 해서 동시 읽기가 어려운 것일 수 있다. 하지만 여러 번 읽고 생각하고 (   )를 찾아가는 것이 동시 읽는 맛일 것이다. 같은 동시를 읽어도 아이들 마음과 처지, 경험이 달라서 느낌은 다 다르겠지만 말이다.

동시 필사를 하기 위해서 제일 먼저 3학년 아이들과 읽을 동시집을 준비했다. 정유경 시인의 《까만 밤》(2013)과 방주현 시인의 《내가 왔다》(2020)를 아이들 수만큼 준비했다.

《까만 밤》은 "아이들의 상대방에 관한 관심, 애정에 대해 해맑게 받아들이고 그것을 아주 티 없이 표현하는 솜씨를 지녔다"라는 김이구의 해설처럼 여러 마음이 동시에 담겨 있다. 동음이의어, 의성어와 의태어를 활용해 리듬감을 살리고, 감각에 호소하는 작품들도 꽤 있어서 3학년 아이들에게 맞춤하다.

《내가 왔다》는 〈주전자〉로 제1회 동시마중 작품상을 받은 방주현 시인의 첫 동시집이다. 맛난 급식이 나온 날처럼 신나고, 청소기를 피해 콘센트 위에 착지하는 먼지처럼 평범하지만 새롭고, 〈달팽이 안전교육〉처럼 재밌는 동시들이 담겼다. 웃음을 주면서 힘도 준다. 아이들이 동시 속에 퐁당 빠져서 재미를 느낄 수 있다. 동시집을 준비한 후에는 필사 공책을 만들었다. A4용지를 반으로 접어서 스테이플러로 찍어서 사용하면 동시도 쓰고 그림도 그려 넣을 수 있어서 좋다.

아이들이 등교하면 동시집을 꺼내서 동시 필사를 매일 한다. 그날 마음에 와닿는 동시를 한 편 골라 필사 공책에 쓰고, 떠오른 생각이나 느낌을 쓴다. 정해진 시간이 되면 스티커 세 개를 나누어 주고, 다른 아이들 필사 공책을 읽으며 다닌다. 느낌을 잘 쓴 친구에게는 스티커를 붙여 준다. 이때 교사도 돌아다니면서 아이들이 쓴 것을 느낌까지 꼼꼼히 읽어 나간다. 처음엔 느낌 쓰기 어려워하던 아이들도 점차 금방 쓰게 된다. 글씨를 잘 못 썼거나 그림이 시원찮아서 스티커를 받지 못할 아이들에게는 응원 차원에서 스티커를 붙여 주면서 다닌다. 5분 정도 시간을 준 후 낭송하고 싶은 아이나 최고로 칭찬스티커를 많이 받은 친구들의 낭송을 듣고 마무리한다. 아이들이 등교할 때마다 첫 시간 10분은 시간을 내어서 이 활동을 꾸준히 해 나갔다.

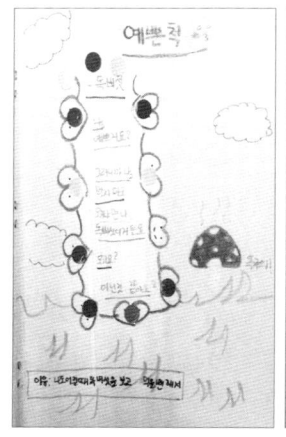 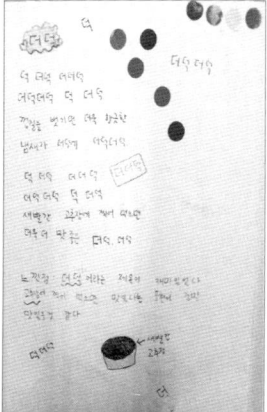 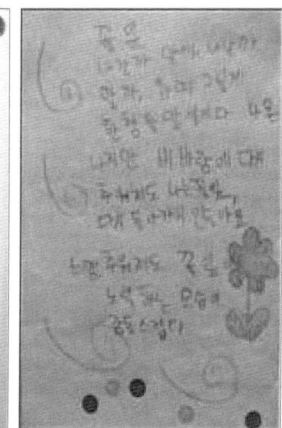

동시 필사의 장점은 무엇일까? 동시를 필사하면 눈으로 읽는 것, 소리 내어 읽는 것과 비교할 수 없을 정도로 머리에 새겨진다. 시인이 선택한 시어 하나하나가 새롭게 느껴진다. 나라면 이런 말을 썼을 텐데 어떻게 이렇게 표현했지?라며 시어 하나하나를 곱씹어 보게 된다. 그리고 종결어미를 어떻게 쓰는지도 배우게 된다. 아이들 시를 보면 필사한 동시집에 나타난 시어들과 종결어미들을 체득하여 시를 쓰고 있다는 것을 알 수 있다.

지도하면서 특히 중요하게 생각한 것은 동시 필사 후 친구들이 쓴 것을 보는 시간이다. 본다는 것은 또 다른 배움이다. 같은 동시를 보고서 나는 이렇게 느꼈는데 다른 친구는 다르게 느꼈다는 것을 보는 것 자체가 배움이요, 나눔이라고 생각한다. 그리고 주중에는 동시를 두 편 인쇄해서 나눠 준다. 매일 세 번씩 읽고 표시하도록 하고 등교 일에 검사해 준다. 주말에는 두 편 중에서 맘에 드는 동시 한 편을 일기장에 쓰고, 느낌도 쓰게 하는 등 꾸준히 이런 활동을 같이 해 나갔다.

  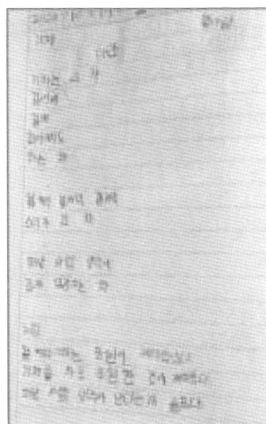

    2학기에는 방주현 시인의 《내가 왔다》 필사를 시작했다. 《까만 밤》 필사를 한 후라서 느낌도 더 풍성하게 쓸 줄 알고 동시의 맛을 알아 가는 모습이 보였다. 매일 아이들은 필사하고 느낌과 질문을 적었다. 자기들 이야기와 비슷하니까 더 좋다고 한다. 아이들의 질문을 미리 시인께 보냈다. 그리고 방주현 시인을 줌으로 만났다. 이틀간 6교시에 3개 반씩 만났다. 시인과의 만남은 아이들에게 신선한 충격을 주었다. 시인을 줌으로 보고는 동시집이 먼 책이 아니라 가깝고, 닮고 싶고, 따라 하고 싶게 만드는 꿈을 갖게 해 주었다.

시 창작

《내가 왔다》 필사를 시작하면서 시 창작을 시작했다. 먼저 박성우 시인의 동시집 《첫말 잇기 동시집》에서 몇 편 뽑아서 아이들과 같이 읽었다. 동시의 맛과 규칙을 알아보았다. 첫말이 같은 두 낱말을 연결하여 제목을 정하고, 두 낱말의 공통점을 찾거나 두 낱말을 가지고 이야기를 펼치는 거라고 짧게 설명하였다. 짧은 시간인데도 쓱쓱 아이들은 각자 낱말을 정하고 자신 있게 쓴다. 첫말 잇기 동시 쓰는 방법을 어려워하는 아이는 다시 한번 알려 주었다. 결과는 아주 다양한 작품이 나왔다.

잣절 공원으로 체험학습을 가서 숲에서 보고 듣고 느꼈던 것을 시로 적었다. 산을 오르며 힘들었던 것, 벌레, 낙엽, 새, 웃는 아이들을 시로 옮겼다. 시로 적는데 거리낌이 없다. 어릴 때 사진으로, 나의 꿈으로, 비둘기로, 비눗방울 놀이하고 시를 쓰기도 하였다. 3학년 2학기 사회 교과에 단오선 만들기가 나온다. 단오선에다가 자신의 시를 쓰고 꾸미는 시간을 가졌다. 자신의 시가 부끄러워서 다른 친구 시를 쓰거나 동시집에 있는 동시를 쓰는 아이도 있었다.

김치_김치 냉장고
서울 오류초3 김윤호

김치 냉장고 김치는 아삭아삭
김치 냉장고 알타리무는 와그작 와그작
김치 냉장고 열무김치는 사각 사각
김치 냉장고 안에는 으스스

우리 가족_우리 동물원
서울 오류초3 임세나

우리 가족 중에서
우리 엄마는
호랑이처럼 으르렁
우리 가족 중에서
우리 아빠는
돼지처럼 꿀꿀
우리 가족 중에서 우리 언니는
쥐처럼 찍찍
나는 양처럼 메에~

난 나무야
서울 오류초3 김가현

난 나무
꿈쩍도 안 하는 나무
툭 하고 건들어도
말 한마디 안 하는 나무

난 나무야!
초록색 머리카락을
하고 있는 나무

마치 초록색 머리를 하고
있는 조용한 사람 같아
아무튼 난 나무야!

자랑하지 마
서울 오류초3 이나린

비눗방울아 비눗방울아
자랑하지 마

퐁퐁퐁 날아다닐 수 있다고
색이 예쁘다고
친구가 많다고
투명 망토를 둘렀다고
자랑하지 마

비눗방울아 비눗방울아
자랑하지 마

톡 만지면 좌르르
물이 돼서 없어지니까

3학년 2학기 과학 교과 중에서 물질의 상태를 배우고 이를 이용하여 장난감을 만드는 활동이 있다. 풍선 로켓이 정말 재미있어서 아이들에게 강조하였더니 5명 빼고 풍선 로켓 만들 준비를 해 왔다. 5명 중 2명은 공기 대포, 2명은 잠자리, 1명은 자석을 이용하여 나비를 만들기로 했다. 풍선 로켓은 뾰족한 부분 달고, 키친 타월 심에 날개 3개와 굵은 빨대를 붙이고, 7미터가량 실을 빨대에 끼우고, 공기주입기로 풍선에 공기 넣어서 키친 타월 심과 붙이면 준비 끝! 풍선 로켓을 날릴 때 아이들의 환호성은 정말 대단했다. 이 과정의 힘듦을 시로 쓴 아이, 날릴 때의 신남을 시로 적은 아이, 공기 대포로 시를, 어떤 아이는 잠자리로 시를 썼다. 체험하고 나서 쓰면 시가 살아난다.

풍선 로켓
서울 오류초3 이은우

풍선 로켓은

피슝
파아아
피이익
푸드득

노래를 부르면서
날아간다

풍선 로켓
서울 오류초3 손하현

풍선 로켓이
날아갈 때

선풍기처럼
시원시원
날아간다.

공기 대포
서울 오류초3 한진우

공기 대포 안에서
공기가

포옹 포옹
포옹

포옹 포옹
포옹

눈에 보이지 않아도
대포알이 보이는 것 같아

박성우 시인의 동시집 《삼행시의 달인》을 함께 읽고서 규칙을 익힌 후에 삼행시를 썼다. 자신 없어 하던 아이도 이제는 삼행시, 이행시는 잘 쓴다.

김밥	진후	피자
서울 오류초3 신가율	서울 오류초3 최진후	서울 오류초3 정다윤
김이 돌돌 말려서	진짜로 진후랑 진우 헷	피자 대령이요!
밥상 위에 툭!	갈려	자리에 앉아서 기다려요!
	후~ 한숨이 쉬어진다	

다음으로 정유경 시인의 〈비밀〉(《까불고 싶은 날》 창비, 2010) 시 바꿔 쓰기를 했다. 〈비밀〉은 내용도 그렇지만 제목과 형식이 재미있는 동시이다. 장난꾸러기 동수를 좋아한다는 감정을 글자 속에 감추어 표현하면서 다른 아이들이 한심하다는 것으로 나타낸 동시이다. 각 행의 첫 글자를 세로로 읽으면 "동수 동수 난 좋아 참 좋아"다. 제목이 세로로 된 이유이다. 아이들에게 가족을 예로 들어서 아빠의 잔소리가 듣기 싫지만, 사랑한다는 이야기, 혹은 귀찮게 구는 동생이 짜증이 나기도 하지만 속마음은 사랑한다는 이야기 등등 가로 글과 세로 글은 달라서 비밀이라고 설명을 해주었다. 아이들은 재미있는 비밀을 만들었다.

난 동생이 참 좋다	비밀
서울 오류초3 강세연	서울 오류초3 임세나

동생은 나를 기분 좋게 한다
생각보다 동생이 생기는 건 너무 좋다
이제부터 동생한테 잘해 줘야지
참 예쁘고 귀여워 어쩜 저리 귀여울까
싫다고 느낀 적이 없다
어수선하고 정신없을 때도 많지만 참
좋다
싫어한 날도 몇 번 있지만
지는 걸 싫어하는 동생 그래도 귀엽다

책은 너무나 재미있어
이렇게 재미있을 수가 없어
너무 좋아
무엇이 좋으냐고 물으면 절대
싫다고 얘기 안 해
어린이들은 책을 싫어해
정말 이해가 안 가
말로만 그러는 게 아니야 정말
싫어해
어! 왜 그런지 모르겠어

이외에도 유강희 시인의 《손바닥 동시》를 읽고서, 국어 동시 단원에서 시를 썼다. 그동안 쓴 시를 모아서 e학습터 게시판에 시 6편을 올리게 했다. 시집의 제목을 정했다. '동시는 ~이다. 왜냐하면 ~이기 때문이다.'를 생각하여 발표한 후 다수결로 제목 '풀숲'을 정했다. 다음은 아이들에게 많은 공감을 받은 동시에 관한 생각이다.

- 동시는 풀숲이다. 왜냐하면 풀숲에 있는 풀처럼 맑은 동시도 있고, 풀숲에서 길을 잃듯이 빠지면 헤어 나오지 못하는 동시가 많기 때문이다.(우지민)
- 동시는 자유시간이다. 왜냐하면 동시는 자기가 원하는 느낌을 쓰는 것이기 때문이다. (심혜민)
- 소풍 가는 날이다. 왜냐하면 내 동시에서 친구들 동시로 소풍 가기 때문이다.(이은우)
- 동시는 동네이다. 왜냐하면 동시는 동네처럼 아이들이 항상 많기 때문이다.(김도윤)

돌아보기

　1년 동안 같이 동시 수업을 실천한 선생님들은 어떻게 생각하는지 대화를 나눠보았다. 한 선생님께서는 꾸준히 동시 지도를 해 보는 것이 처음인데, 아이들이 이렇게 동시를 좋아하는지 미처 몰랐고, 창작은 많은 동시를 접하게 해 주는 것이 제일 좋은 방법이라고 깨달았다고 했다. 올 한 해 배운 덕분에 앞으로도 꾸준히 동시 지도를 할 것 같다고 했다. 또 다른 선생님은 아이들에게 어떤 소재나 주제를 제시해도 형식에 구애 받지 않고 아이들이 쓸 수 있게 되었고, 내용도 좋고 나름으로 반전 있는 시도 쓰게 되었다고 평가하였다.

　동시 필사와 시 창작 활동은 교사와 아이들 모두가 서로의 생각을 나눔으로써 친밀감을 형성하게 하였다. 등교일마다 동시 필사하고, 주중에 동시 두 편을 주어서 매일 동시 3번 읽고, 주말에 동시 일기 쓰고 느낌 쓰기를 꾸준히 하였다. 그 결과, 아이들은 동시를 몸으로 받아들이고, 시 창작을 어렵지 않게 하게 되었다. 필사는 정말 시 창작의 기본 준비물인 것이다. 아이마다 필사할 같은 종류의 동시집을 마련해 준 것도 참 잘한 것 같다. 아이들은 필사하면서 시어들과 종결 어미를 자기도 모르게 터득한 것으로 보인다. 앞으로 자주 낭독하고 암송하고, 창작할 때 그 과정에 관해 아이들에게 더 질문하고, 역할극, 동시 노래, 무엇보다도 체험을 많이 하면서 시 창작의 의욕을 더 불어넣고 싶다.

서로의 마음을 이어 주는 시 쓰기

김효진

내가 기억하는 인생 최초의 시 쓰기 경험은 초등학교 3학년 때이다. 한 시인님께 몇 명의 친구들과 같이 일주일에 한 번씩 글쓰기 수업을 받았다. 시인님과 함께한 수업은 학교 수업과 무척 달랐다. 날씨를 다양하게 표현해 보고 꽃과 나무들을 자세히 들여다보는 등 계절의 변화를 여러 감각을 통해 느끼게 해 주었다. 새로운 어휘를 알려 주었고 우리가 살면서 놓치기 쉬운 작고 소중한 것들에 관한 이야기도 들려주었다. 다행히 고향 집에 글쓰기 수업 공책들이 몇 권 남아 있어 그때 받아 적었던 선생님 말씀과 내가 쓴 시들을 읽어 볼 수 있었다. 신기하게도 어떤 시는 시를 읽는 동안 그 당시 시를 쓰고 있는 내 모습이 어제 일처럼 생생하게 떠올랐다.

시를 쓸 때면 자기가 시 쓰기에 몰두할 수 있는 장소를 골랐다. 어떤 날은 냉장고 옆에 기대서 쓰고 또 어떤 날은 바닥에 엎드려 쓰기도 했다. 웃고 떠들다가도 시를 쓸 때면 모두가 집중해 조용해지는 그 순간이 참 좋았다. 지금 보면 뻔하고 부끄럽기만 한 시인데도 그때는 정말 진지하게 썼다. 서로 쓴 시를 나누고 마음에 든 시는 공책에 옮겨 적었다. 내가 쓴 시를 나누는 건 나의 비밀 하나를 털어놓는 기분이었다. 함께 공부한 친구들은 반도 다르고 나이도 달랐는데 뜻 모를 유대감 같은 게 느껴졌다.

사실 이런 기억들은 까맣게 잊고 있다가 교사가 된 후 동시를 읽고 공부하기 시작하면서 불현듯 떠올랐다. 어느 날 동시가 '톡'하고 건드려 주니 '팡'하고 터져 버렸다. 아마 아이들과 함께 시를 쓰고 싶다고 생각한 것도 이맘때였을 것이다. 함께 시를 쓰고 나눈다는 것만으로도 서로의 마음을 이어 주고 따뜻하게 한다는 것을 아이들에게도 느끼게 해 주고 싶었다.

시작은 자연스럽게

아직 우린 친해지지도 않았는데 대뜸 아이들에게 "우리 시 써 볼래?" 하고 물을 수는 없었다. 시작이 중요하다. 자연스럽게 아이들이 시를 쓸 수 있는 계기는 없을까 고민했다. 이런 고민이 통한 건지 3학년 1학기 국어 1단원은 감각적 표현을 동시에서 찾아 익히는 단원이었다. 교과서에 실린 동시들뿐만 아니라 도서관에서 여러 가지 동시집을 빌려와 동시 속에 쓰인 다양하고 새로운 감각적 표현을 찾아보았다. 그리고 아이들과 1단원을 마무리하며 감각적 표현이 한 가지 이상 들어간 시를 써 보기로 했다. 시 쓰기 싫다고 하면 어쩌나 하는 나의 우려와는 달리 아이들은 재미있겠다며 좋아했다. 큰 주제는 '봄'으로 정하고 무엇을 쓸지는 함께 마인드맵으로 완성했다.

> 봄 - 봄비, 나무, 꽃, 곤충, 여행, 낮잠, 새 학기 등

마음에 드는 소재를 골라서 내가 들여다본 것, 들어서 기억에 남는 것, 생각한 것을 써 보기로 했다. 아이들이 시에 좀 더 쉽게 다가가도록 내가 먼저 시를 써서 아이들에게 들려주었다.

"선생님이 저번에 너희들과 '별명 짓기' 하다가 들었던 말인데 기억에 남아서 써 본 시야"

마음의 창문

김효진

내 별명은 창문이야
창로가 말했어

왜 창문이야?
선생님이 물어봤지

주저하는 창로 대신
연우가 대답했어
선생님, 창로의 창문은 마음의 창문인
가 봐요

아이들은 그때 기억이 난다면서 웃는다. '이런 것도 시가 될 수 있구나' 하는 생각에 한결 편해진 얼굴로 준비해 온 시 공책의 첫 페이지를 채워 나갔다.

새 학기
　　　　　　하남 망월초3 장선우

옆집에 시끌시끌한 소리
아아, 새 학기 준비하려고!

나도 냉큼 달려가
새 학기 가방을 쌌다.

언니가 발을 꼼지락거리면서 말했다.
"지금 뭘 챙겨 나중에 하면 되지"

언니는 봄이 온지도 모르나 보다

기차 여행
　　　　　　하남 망월초3 김예성

차보다 더 빨리
익산에 가자
용산에서 기차를 타 출발한다.
우우우웅~

바람처럼 쌩쌩 달린다.
이리저리 쿵쿵
신나게 열차에서 놀다 보니
어느새 익산에 도착한다.
이제 진짜 여행이 시작된다.

공부할 때
　　　　　　하남 망월초3 박동혁

공부할 때 지루해서
머리가 부글부글 터질 것 같다

문제 하나하나가
빨간색 악몽 같다

뭔가 숙제와 나랑
겨루는 것 같다

공부
　　　　　　하남 망월초3 김현호

문제집을 많이 틀렸다
짜증이 났다
정말 울고 싶다

엄마의 말이
귀에 안 들어온다
엄마에게 대들고
퍽! 소리 나게 때리고 싶다

엄마는 나를
문제집으로 달달 볶는다
울분의 볶음이다

봄비
하남 망월초3 김나율

봄비가 내립니다.
우산을 쓰고 우비를 입고
물웅덩이로 들어가 첨벙첨벙
물장난을 칩니다.

집에 와서 샤워를 하고
봄비 내리는 장면을 봅니다.
내 친구도 첨벙첨벙
내 동생도 첨벙첨벙

이불에 들어가 누웠더니
잠이 솔솔 옵니다.
엄마가 밥하니
냄새가 솔솔 납니다.

봄의 향기
하남 망월초3 박주빈

기차를 타고 가족과 함께
여행을 가는데
기차가 덜커덕덜커덕
철도 위를 달리는데

어디선가 봄의 향기가
내 콧속으로 들어온다.

기차의 열린 창문으로
데이지 꽃향기
작은 새싹 향기가 말한다.

"나는 봄의 향기야."

 아이들이 쓴 시는 동시와는 또 다른 결이 느껴진다. 여러 번 생각하게 하고 무릎을 탁! 치게 하는 그런 표현들은 없지만 시 쓴 이가 '어린이'라는 것만으로 시가 주는 따뜻함이 있었다.

 옆집의 시끌시끌한 소리를 듣고 냉큼 새 학기를 준비하러 가는 아이, 기차를 타고 가족과 함께 떠난 봄 여행에 설레는 아이, 봄비 속에 흠뻑 젖어 놀고 와서 낮잠을 솔솔 자다 엄마가 짓는 밥 냄새를 맡으며 일어나는 아이, 콧속으로 들어오는 꽃향기로 저절로 봄이 왔음을 느끼는 아이. 모두 모두 사랑스럽다. 하지만 봄이 주는 아름다운 풍경 뒤엔 새롭게 시작해야 하는 것에 긴장하고 있는 아이들도 보인다. 2학년에서 3학년이 되어 늘어난 교과서 수만큼 늘어난 공부량 때문에 새 학기의 설렘보다는 두려움, 막막함이 앞선다. 문제 하나하나가 새빨간 악몽 같은 아이, 엄마가 문제집으로 달달 볶아 울분의 볶음이라는 아이. 모두 모두 토닥토닥 꼬옥 안아 주고 싶다.

일상이 된 시 쓰기

매주 수요일 아침에는 동시집을 읽고 마음에 들어온 동시 한 편과 감상을 두 세줄 쓴다. 그리고 우리 반 책꽂이에는 언제든 읽을 수 있도록 내가 모은 동시집과 학교 도서관에서 빌려온 동시집을 꽂아 놓았다. 시 쓰기의 물꼬를 튼 이후로 아이들은 동시에도 관심이 많아졌다. 쉬는 시간에 동시집을 읽는 친구들도 눈에 띄기 시작했다. 이렇게 동시와 친해지니 누가 시키지 않아도 시 공책에 자신이 지은 시를 쓰는 아이들도 생겼다. 이제는 아이들과 시 쓰기 활동이 자연스러워졌다.

겪은 일을 가지고도 시를 쓰지만, 아이들이 온몸으로 느낄 수 있는 계절이 시의 소재가 되기도 한다. 봄에는 바람 냄새부터 다르다. 학교를 오가는 길의 나무 색깔, 들리는 소리, 마주치는 사람들의 표정도 달라져 있다. 아이들은 달라진 것을 찾아서 들여다보고 시를 쓴다. 거기다 3학년의 봄은 특별하다. '배추흰나비'를 만난 봄이기 때문이다. 배추흰나비는 맨눈으로 잘 보이지 않는 아주 작은 알의 상태로 케일 잎 뒤에 붙어 우리 반에 왔다. 그리고 봄의 마지막 한 달을 우리와 함께 지냈다. 우리에게 온 이 작고 소중한 존재들은 나와 아이들의 학교 일상을 바꿔놓기에 충분했다.

배추흰나비와 함께한 한 달

케일 잎과 배춧잎을 먹고 쑥쑥 자란 애벌레가 꼬물꼬물 기어가는 모습을 아이들은 지루하지도 않은지 쉬는 시간마다 들여다본다. 일곱 마리 애벌레들에게 이름을 붙여 주기로 했다. 배흰이, 꼬물이, 노랑이, 방울이, 옥수수, 근육나비(튼튼하게 자라라고 지어 주었으며, 근육이라고도 함) 그리고 자유. 이름의 힘은 대단하다. 곤충의 한살이 중 한 과정에 지나지 않는 '애벌레'에게 이름을 지어 주니 '우리 애벌레'가 되었다. 근육이와 자유가 먼저 번데기가 되었다. 혹시나 떨어질까 싶어 우리는 관찰할 때도 가까이 가지 않고 사육장 주변을 조심조심 걸어 다녔다.

근육이와 자유의 날개돋이를 기다려 온 아이들의 바람이 무색하게도 주말을 지내고 오니 둘은 예쁜 날개를 펴고 사육장 안에 붙어 있었다. 사육장 안에서 날아다니는 나비를 날려 보내기로 했다. 좁은 사육장 안에서 태어난 나비가 과연 잘 날 수 있을까 걱정됐다. 하지만 나비에게 넓은 세상으로 나갈 준비가 되었는지 우리는 물어볼 수가 없었다. 작별의 말을 나누고 창문에 비스듬하게 기대 사육장 망을 열어주었다. 우리의 걱정이 무색하게 나비는 잘 날아가 금세 저 멀리 점이 되어 버렸다. 번데기가 되어 잠자는 동안 나비는 수없이 나는 법을 상상하고 꿈꿔 왔을까?

나비들과 헤어질 때마다 마음 한구석 허전함을 표현할 길이 없었다. 마지막 나비까지 날려 준 후 우리는 헤어진 나비들을 떠올리며 시를 쓰기로 했다.

어떻게 시를 쓸까?

시를 쓰기에 앞서 어떻게 하면 배추흰나비들이 아이들의 시에서 다양한 모습으로 살아 숨 쉴 수 있을까 고민했다. 헤어진 배추흰나비를 떠올리는 추억에 관한 시도 좋지만, 아이들이 배추흰나비를 통해 또 다른 세상을 상상하거나 배추흰나비의 한살이 중 한 장면을 포착해서 시를 쓴다면 어떨지 궁금했다. 그래서 우리는 시를 쓰기 전에 여러 동시집에서 동물들을 어떻게 표현하는지 찾아보기로 했다. 각자 마음에 드는 동시집 한 권씩을 골라서 동물이 나오는 시를 찾아 옮겨 적고 시인은 동물을 어떻게 표현하고 있는지도 간단히 적었다.

- 러닝머신에서 달리는 이모를 보고 자신이 키우는 햄스터 콩이를 떠올렸다.
- 바다에서 잡혀 온 아기 고래를 수산 시장에서 보고 아기 고래의 삶을 떠올렸다.
- 나비의 이름을 가지고 재미있게 표현했다.
- 매운 떡볶이를 먹고 혀를 날름거리는 것을 보고 뱀으로 표현했다.

내가 고른 동시 두 편도 아이들에게 들려주었다. 먼저 임미성 시인의 〈배추흰나비〉 시를 소개했다. 이 시에서 배추흰나비는 시인의 할머니를 상징한다. 지난가을 돌아가신 할머니를 고치 속으로 들어가 겨울을 나셨다고 표현했다. 고치 속에서 겨울을 난 할머니는 희고 얇고 가벼운 한 마리의 흰나비가 되어 날아오신다. 아마 배추흰나비의 흰색이 시인의 할머니를 떠올리게 했을 것이다. 텃밭의 꽃 사이를 나폴나폴 나는 나비를 보며 자신의 텃밭을 돌보러 온 할머니가 아닐까 생각된다. 종종 나비는 누군가의 환생, 사랑하는 이의 모습을 나타내기도 한다. 우리 반 아이 중에도 배추흰나비를 보면 떠오르는 누군가가 있을지도 모른다.

그다음 이정록 시인의 〈달팽이 학교〉 시를 들려주었다. 이 시는 달팽이 학교를 배경으로 달팽이가 느려서 벌어지는 여러 가지 상황을 재치 있게 담아냈다. 달팽이 학교는 선생님이 더 많이 지각하고 이웃 보리밭으로 소풍 다녀오는 데 일주일이나 걸린다. 화장실이 코앞인데도 교실에다가 오줌 싸는 애들도 많다. '달팽이는 느리다'라는 건 뻔한 특징이지만 달팽이가 학교에 다닌다면 새로운 장면들이 펼쳐진다. 우리도 배추흰나비의 특징을 가지고 다양한 장소, 배경과 연결 지어 상상한다면 아이들만의 톡톡 튀는 재미있는 이야기가 나오지 않을까.

우리가 찾은 동시에서 시인들은 동물을 어떻게 표현하고 있는지 정리했다.

- 이름의 유사성, 사람의 모습과 비슷한 부분을 떠올림, 시인과의 관계, 추억, 동물의 세계를 상상, 현실을 반영함(비판)

마지막으로 '배추흰나비'를 생각하면 떠오르는 것들을 마인드맵으로 완성했다. 무엇을 가지고 이야기를 풀어 나가고 싶은지 주말 동안 생각해 오고 시를 쓰기로 했다.

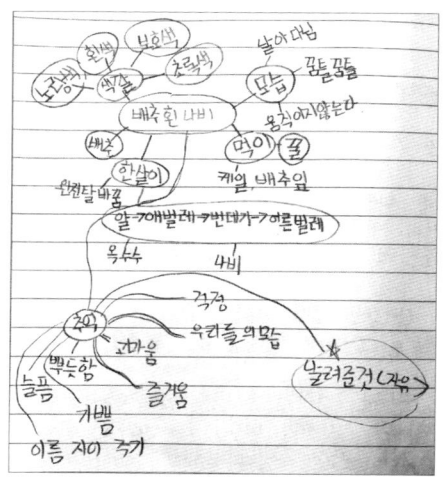

배추흰나비에게 보내는 아이들의 마음

애벌레 식당
　　　　　하남 망월초3 이연우

우리 애벌레 손님들은
일주일 정도 먹고 가시는데
많이 먹는 손님들도
적게 먹는 손님들도
일주일 먹고 나가시면
다시 돌아오시지 않는다

손님들은 어디 가신 걸까?

보호색
　　　　　하남 망월초3 김민지

번데기 색은 보호색이래
흰 벽에 붙으면 흰색
초록 잎에 붙으면 초록색

나도 보호색이 되고 싶어
너무 부끄러울 때
아무도 날 찾을 수 없게

똑똑
　　　　　하남 망월초3 서연서

나는
잠을 자고 있는데
누가 자꾸
두드린다

똑똑똑똑
똑똑똑똑

옥수수 알을 깨고
나와 보니

풀잎이 날
정답게 맞아 주었다

배추흰나비의 추억
　　　　　하남 망월초3 이준우

난 배추흰나비를 키웠어
배추흰나비들의 추억을
다시 생각하고 싶어

잘 먹은 애벌레 통통하게 잘 컸고
다른 한 마리는 못 먹어서 죽었어

기쁜 기억, 슬픈 기억 다시 생각하고 싶어

추억

하남 망월초3 박지웅

배추흰나비가 하늘로 떠날 때 슬펐다
길에서 다른 나비들을 보면
우리 배추흰나비가 보고 싶다

글에는 사람의 성격, 성품이 드러난다고 한다. 아이들의 시에도 아이마다 가지고 있는 성격과 매력이 톡톡 튀어나온다. 순수함과 엉뚱함을 가진 연우가 쓴 〈애벌레 식당〉은 연우다움이 물씬 느껴지는 시이다. 배추흰나비의 한살이에서 애벌레가 번데기가 되기 위해 열심히 먹고 번데기가 되면 먹지 않는 상황을 식당 주인과 손님의 관계로 비유한 것이 재미있다. 일주일이나 왔으면 단골일 텐데…. 애벌레 식당 주인은 다시는 오지 않는 손님이 궁금할 만하다.

애벌레들은 제일 좋은 자리를 찾아 사육장에서 탈출하곤 한다. 그런데 갈색 문에 붙었을 때는 번데기 색이 갈색이 되더니 흰 벽에 붙었을 때는 흰색으로 변했다. 말로만 듣던 보호색을 직접 눈으로 보고 나니 자신을 지키기 위한 번데기들의 생존력이 더욱 대단하게 느껴졌다. 〈보호색〉을 쓴 민지는 조용하고 차분한 아이다. 실수란 걸 하지 않을 것 같은 아이인데 보호색이 필요한 순간들이 있었나 보다. 누구에게나 들키고 싶지 않은 부끄러운 순간은 있을 것이다. 이런 순간 배추흰나비처럼 보호색을 가지고 있다면 참 좋을 텐데 말이다. 〈똑똑〉은 읽고 나면 미소가 그려지는 그런 시다. 애벌레와 풀잎의 우정을 그린 동화의 소개 글 같기도 하다. 이 시를 쓴 연서는 글 쓰는 것을 좋아한다. 연서가 쓴 글들은 따뜻함이 느껴지는 데 앞으로도 꾸준히 시를 쓰면 좋겠다.

　배추환나비를 추억한다면 나는 좋았던 기억만 떠올리고 싶다. 하지만 준우는 기쁜 기억, 슬픈 기억 모두 다 추억하고 싶다고 한다. 〈배추환나비의 추억〉을 읽으니 주말 동안 새로운 잎을 못 먹어서 죽은 애벌레들이 생각났다. 어쩔 수 없는 일이라며 애벌레의 죽음을 아무렇지 않게 흘려보내고 잊고 있었다. 번데기도 나비도 되지 못하고 죽은 애벌레와 제대로 이별식을 하지는 못 했지만 준우의 마음속에 기억하기로 했으니 애벌레에게 조금은 위로가 되면 좋겠다.

　〈추억〉을 쓴 지웅이는 자신의 감정을 잘 드러내지 않는 아이다. 교사인 내가 이야기를 해도 시큰둥, 어깨를 으쓱, 별일 아니라는 듯 툭툭 내뱉는 말투가 특징이다. 지웅이가 쓴 시를 읽고 괜히 코끝이 시큰해졌다. 배추환나비에 크게 관심도 없어 보였는데 사실은 길가에서도 우리 나비인가 하고 들여다보고 '보고 싶다'라고 생각한 그 마음이 전해졌다. 이 시가 아니었다면 영영 몰랐을 지웅이의 모습. 나를 대하는 태도가 그 아이의 전부는 아닐 텐데…. 3행의 짧은 시지만 많은 생각이 들었다.

시 쓰기의 완성은 문집

　아이들의 시가 허공으로 사라지지 않고 남길 바라는 마음에 처음 시를 쓰고 난 후 반 아이들의 시를 A4 앞, 뒷장에 다 들어오도록 예쁘게 인쇄해 나눠 주었다. 아이들은 친구들의 시를 보고 좋아했다. 하지만 그게 다였다. 그 종이는 아이들의 서랍 속에서 구겨진 채로 버려져 있었다. 내 마음도 몰라주는 아이들에게 좀 서운한 마음이 들었지만 생각해 보니 종이 한 장을 누가 잘 간직할까 싶다. 그래서 간단하면서도 쉽게, 하지만 오래 간직할 수 있도록 소책자 형식으로 문집을 만들었다. 표지는 아이들이 그린 그림으로 하고 내가 쓴 머리글, 시 제목이 적힌 차례와 페이지까지 적어 주고 나니 근사했다. 소책자 시문집을 처음 받고 아이들은 흥분했다. "이거 선생님이 만드셨어요?", "진짜 책 같아요.", "저 이거 어른 될 때까지 간직할 거예요." 등등 반응이 폭발적이었다. 그 뒤로는 조금 수고스러워도 아이들의 시는 무조건 소책자 시문집으로 만들고 있다.

문집 나오는 날은 아이들과 함께 문집을 읽는다. 이 시간은 우리 반 아이들과 내가 가장 좋아하는 시간이다. 찬찬히 읽어 보고 마음에 드는 시를 몇 편이

든 제한 없이 골라 놓는다. 그리고 자기가 고른 시 중 한 편을 낭송하고 왜 마음에 드는지 간단한 소감도 함께 곁들인다. 자기의 시가 낭송될 때 부끄럽다며 귀를 막으며 얼굴이 빨개지거나 고개를 푹 숙이기도 하는데, 입가에 웃음은 떠날 줄 모른다. 세상에 단 하나밖에 없는 시 문집을 가진 우리는 서로의 시를 나누고 마음이 이어졌다. 3학년 ○반이 가진 소속감보다 더 끈끈한 이어짐이다.

시를 쓰는 일

글쓰기는 자신감에서 온다고 생각한다. 아이들이 글쓰기를 좋아하지 않는 이유는 대체로 자신은 글을 못 쓴다고 생각하기 때문이다. 그런데 시 쓰기를 하면서 "시 쓰기 싫어요.", "저는 시를 못 써요."라고 말하는 아이들은 단 한 명도 없었다. 모두 시 쓰기를 즐거워했고 자기가 쓴 시를 무척 자랑스러워했다.

아이들에게 시를 쓴다는 것은 어떤 의미일까? 안타깝게도 아이들에게 물어보지 못했다. 내가 생각하기에 아이들은 시 쓰기가 어렵지 않아서 좋아하는 것 같다. 평소에 보았던 것, 들었던 것, 생각했던 것, 상상했던 것 등등 무엇이든 소재로 삼아 길이에 상관없이 쓰면 되니 글쓰기에 자유로움을 느끼는 것 같다. 하지만 그 자유로움 속에서 내가 어떤 역할을 해야 하나 고민이 될 때가 있다. 아이들이 쓴 시를 그대로 받아들여야 할지 조언을 해 주어야 할지 말이다.

아직은 그 고민을 미뤄 두고 아이들 시를 읽는 첫 독자의 기쁨을 맘껏 누리고 싶다. 함께 동시집을 읽고 친구들의 시를 읽고 그렇게 쓰다 보면 조금씩 더 표현하고 싶은 것들이 많아지겠지. 시 쓰는 게 즐겁다면 그것으로 된 거 아닐까? 즐거워야 하고 싶어지고 자꾸 하다 보면 실력은 는다.

시를 모으는 일

아이들의 시를 모으는 일은 보물이 숨겨져 있는지 아무도 모르는 땅의 보물 지도를 나만 가지고 있는 기분이다. 그 땅의 주인도 묻혀 있는지 모르는 금은보화를 나 혼자 발견하고 신이 난다. 그 희열 때문에 아이들과 시 쓰는 일을 그만둘 수가 없다. 그리고 무엇보다도 내가 학교에 오는 일이 즐거워졌다. 아름다운 것을 보고 맛있는 것을 먹으면 좋아하는 사람과 나누고 싶어진다는데 내 마음에 들어온 동시를 읽으면 다음 날 아이들과 나누고 싶었다. 종업식날 유ㅇ에게 받은 편지를 보면 이런 내 마음이 일 방향이 아니란 걸 알 수 있다. 편지의 일부를 옮겨 본다.

> 저는 2학년까지만 해도 친구들에게 인기가 없었어요. 키가 작아서인지 아니면 다른 이유 때문인지…. 그냥 그런 기분으로 3학년에 올라왔죠. 그런데 3학년에 올라오니까 새로운 세상이 펼쳐진 거 같았어요. 엄마랑 아빠한테 시를 잘 쓴다는 칭찬도 조~금 받고요.
>
> _ 유ㅇ의 편지 중에서

친구들과 시를 쓰고 시인을 만났던 일이 3학년 생활에서 가장 기억에 남는다는 유ㅇ는 톡톡 튀는 생각과 자유로움이 가득하고 감수성이 풍부한 아이다. 유ㅇ가 쓴 시에도 그런 성격이 잘 드러났고 난 그 시들을 무척 좋아했다. 시 쓰기를 통해 인정받고 자유롭게 자신을 발산하니 새로운 세상을 만난 기분이었을 것이다. 나도 그 기분을 알 것 같다. 동시를 만나기 전 나는 보이는 것만 보고, 들리는 것만 들었다. 더 이상 새로운 것을 찾아보고 들여다보지 않았던 나에게 동시는 새로운 세상을 보여 주었다. 그것도 혼자가 아닌 아이들과 함께 걸어갈 새로운 세상. 앞으로도 계속 아이들과 동시를 나누고 시를 쓰며 그 세상을 함께 걸어가고 싶다.

동시 속 '숨은그림찾기'
— 《프라이팬을 타고 가는 도둑고양이》 6학년 온작품읽기

한우정

왜 김륭 동시집인가?

"무슨 동시가 이렇게 어렵냐고 눈살 찌푸릴 사람이 많을 것 같습니다. (…) 울퉁불퉁 이야기가 있는 동시를 쓰고 싶었고 아이들보다 먼저 엄마 아빠에게 읽어 주고 싶었습니다." 《프라이팬을 타고 가는 도둑고양이》에서 시인은 머리말을 통해 동시집이 어려울 수 있음을 인정하고 "머리 숙여 용서"를 구한다고도 했다.

2018년 처음 김륭 동시집을 만났을 때 그랬다. 이게 동시냐고, 아니라고 머리를 절레절레 흔들며 동시가 뭐 이리 어렵냐고 함께 공부하는 선생님들께 따지듯 되물은 기억이 난다. 그래서 아이들과 동시집을 여러 번 함께 읽으면서도 김륭 동시집은 아예 목록에 넣을 생각조차 안 했다.

그렇게 2년이 지나고 쌀떡밀떡 모임 선생님들과 김륭 시인을 만나 인터뷰할 기회가 있어 그제야 다시 첫 동시집 《프라이팬을 타고 가는 도둑고양이》부터 최근 《앵무새 시집》까지 읽어 보게 되었다. 여전히 어려운 건 마찬가지였다.

다만 시인이 추구하는 시론을 어렴풋이나마 알아차릴 수 있었고, 시인이 늘 어린이 독자들에게 동시를 읽고 질문과 고민을 꾸준히 이어 갔으면 한다는 바람이 내게도 그대로 전달되는 듯해서 좋아지기 시작했다.

김륭의 시적 오브제는 감 씨 속의 숟가락에서부터 밥풀, 콩나물, 고양이, 새, 하늘, 달까지 참으로 다양하다. 이것들은 어떤 시 안에서 문득문득 툭 튀어나오기도 한다. 특히 신발, 새, 자전거, 달, 그리고 눈사람은 창작자의 남다른 사유가 깃들어 있는 느낌이다. 인터뷰 후 김륭 시인과 김륭 동시의 매력에 푹 빠진 건 비단 나뿐만이 아니었을 거다.

온작품읽기에 김륭 동시집을 선택한 건 우리 반 아이들이 6학년인 이유도 있었다. 정확히 말하자면 김륭 시인의 동시 세계를 6학년 아이들과 함께 나누고 싶은 욕심이 컸다. 3·4학년 아이들만 해도 시를 직관적으로 읽어 낸다. 어렵고 쉽고의 경계가 없는 듯 동시 전체 맥락보다는 특정 시어, 시구에 꽂혀 시를 선호하는 경향을 보인다. 하지만 6학년이면 좀 다르지 않을까 하는 기대가 있었던 거다.

동시, 동시집과 친해지기 - 터 닦기

우선 우리 아이들의 동시 감수성 출발점 진단을 해야 했다. 그동안 동시집, 동시를 어떻게 읽어 왔고 생각하는지, 동화, 그림책 등 다른 책 읽기와는 어떻게 다른지도 살펴볼 수 있는 나만의 출발점 진단이 필요했다. 늘 학년 초에 하던 것처럼 3월 첫 만남 때부터 동시로 만났다. 동시집을 한 권씩 주고 읽어 보도록 했고 첫인사도 동시 한 편을 소개하고 함께 읽고 나눴다. 6학년 아이들인지라 반응이 즉각적이지 않아도 나름 나쁘지 않았다. '아침 독서'는 으레 하는 것으로 알았던 터라 무리 없었고 동시집이라서 더욱 새로운 호기심이 느껴졌다. 동시라서 또 부담 없이 책장을 넘기며 누구라도 편안하게 아침 독서를 즐기는 모습이었다.

코로나 2년째 아이들의 학교 일상이 그 이전과 달리 함께 어울리는 활동 중심 수업이 크게 줄고 스스로 혼자 감당하고 해내야 할 내용이 많아지게 되었다. 달라진 환경 속에서 동시가 관계 맺기, 감성 놀이 도구로도 안성맞춤이었다. 각자 뽑은 동시 한 편을 소개하는 시간은 아침 독서 시간을 매주 한두 차례 진행한다. 이 과정에서 친구들의 생각과 경험을 나누고 서로에 대한 이해를 넓히는 시간이 되어 더욱 친해지는 결과를 가져온다. 이때는 동시 한 편 한 편이 온작품이 되어 주는 것 같아 아주 귀하다. 동시집 온작품읽기 출발점 진단과 준비는 이렇게 동시와 가까이 지낼 수 있는 환경을 만들어 주는 일로 시작했다.

마음이 심란하고 혼란스러울 때 동시를 읽으며 스스로 치유할 때가 있다. 가족이나 친구가 힘들어할 때 동시 한 편씩 소개하며 다독이기도 한다. 바쁜 일상 가운데 자신만을 위한 가만한 시간에 동시집을 읽는다. 마음에 들어온 동시를 필사하고 누군가에게 사진을 찍어 보내며 예기치 않은 소통의 즐거움을 만끽하기도 한다. 동시는 어린이를 위한 시이면서 어른을 위한 시임을 실감하는 순간이다. 우리 아이들에게도 좋은 동시는 삶을 풍성하게 가꾸는 데 커다란 역할을 할 것이라고 믿는다. 그동안 교실에서 동시를 나누며 체험한 바다. 작년에는 코로나19 원년의 그 당황스러운 상황임에도 동시가 나와 우리 아이들에게 친밀감을 더해 줬다. 막막한 일상을 부드럽게 메워 준 달달한 아이스크림만큼이나 기특한 역할을 해 주었다. 2년 연속 6학년을 하게 된 것도 코로나 상황이지만 동시와 함께라면 문제없겠다 싶은 마음이 컸다. 그렇지만 올해는 상황이 좀 달랐다. 매년 다르게 마련이지만 올해는 학급 분위기가 작년과 사뭇 달랐다. 유난히 내 마음을 들었다 놨다 하는 아이가 있어서 심적으로 애를 먹었다. 그래도 동시는 늘 상비약처럼 내 곁을 지켜 주었고 징검다리 역할을 톡톡히 해 주었다.

작년 1년 코로나 상황을 겪으며 원격수업에 어느 정도 익숙해지긴 했지만 올해도 환경이 별로 달라지지 않았다. 그래서 교사도 학생도 교육활동에 대한 기대를 어느 정도 낮출 수밖에 없었다. 아이들의 친구 관계는 더욱 소원해지고 학습에 대한 자신감도 많이 후퇴한 모습이었다. 게다가 6학년 초등학교 마지막 시절을 소중하고 알차게 보내며 신나는 추억을 많이 만들고 싶은 의욕마저 접어 둔 모습이 안타깝기만 했다. 소원해진 친구 관계와 배움에 대한 열정이 동시를 통해 조금이나마 회복할 수 있다면 참 좋겠다 싶었다. 하지만 뜻대로 되지는 않았다. 동시로 연결고리 만들기에 애써 힘을 쏟았지만 말이다. 다만 1학기를 마치고 아이들이 내게 준 동시 읽기에 대한 피드백은 나쁘지 않았다. 시인과 동시집을 많이 알 수 있어 좋았고, 시를 잘 쓸 수 있게 되었다고 했다. 부담 없이 아침마다 동시집을 꺼내어 읽는 모습도, 그날그날 내 마음에 들어온 동시를 뽑아 소개하는 모습도 어느 틈엔가 자연스러운 일상이 되었다. 그 모습에 힘겨운 환경이지만 동시랑 고리 만들기를 참 잘했구나 싶다.

동시집 읽으며 아침 열기(아침 독서)

- 읽고 싶은 동시집 골라 읽기
- 내 마음에 들어온 동시 나누기
- 좋아하는 시인과 그 이유

3월 등교 수업 첫날, 책상 위에 동시집을 한 권씩 올려 두고 아이들을 맞았다. 처음 대면하는 날 낯설어서 머쓱한 분위기를 동시로 메워 보고자 한 것이다. 이렇게 시작된 아침맞이는 굳이 부연 설명이나 회의를 거치지 않아도 아이들은 자연스럽게 받아들였는데, 동시집이 가진 장점이기도 한 것 같다. 첫날 그렇게 동시집을 읽고 첫 만남 소감을 나누는 데 동시 한 편씩 뽑아 낭송했다. 동시를 매개로 제 느낌을 발표하고 나니 자연스럽게 각자의 모습을 드러낼 수 있어서 모두가 만족할 수 있었던 게 아닐까 싶다.

줌 수업 때도 동시집을 한 권씩 집으로 가져가서 볼 수 있도록 했고, 아침 독서 시간을 갖고 동시를 나누자는 의견을 내놓기도 했다. 제한된 화면에서 각자의 상황이 달랐기에 등교 수업 때와 같은 분위기가 연출되지는 못 했다. 한 사람씩 돌아가며 그날의 동시를 발표하자, 담당자를 정해서 함께 나눌 동시를 뽑자는 아이들 의견도 있었지만, 그냥 상황에 따라 자유롭게 참여하도록 했다.

아침 독서 시간에 동시를 읽고 나누는 시간을 확보하기 어려울 때가 대부분이었다. 그래서 1교시는 주로 국어 시간이나 창체 시간으로 하여 동시 읽는 시간을 확보해 나갔다.

주간 동시 한 알씩 외우기

- 읽고 맛보고 암송하기
- 시인 알아보기
- 시인의 다른 동시집 찾아 읽어 보기

매주 주간 계획을 세울 때 아이들과 나눌 동시를 한 편씩 뽑는다. 계절이나 교육활동 관련성 등을 따져 가며 동시를 선정하는 데 익숙해지면 아이들이 직접 뽑아보도록 해도 좋겠다. 매주 동시 한 알씩 나누는 방법과 순서는 다음과 같다.

다양한 방법으로 낭송하기

동시를 함께 읽고 간단히 느낌을 나눈 다음 다양한 방법으로 낭송해 보도록 안내한다. 행과 연을 맡아 번갈아 가며 읽기, 시적 화자와 대상을 구분하여 역할을 나누어서 실감 나게 읽어 보기 등의 방법으로 두세 차례 읽어 본 후 동시집을 소개하고 시인에 대해서도 간단히 소개하기도 한다. 그 시인의 다른 동시집을 아울러 소개하면 아이들이 아침 독서 때 동시집을 고르는 데 참고하기도 한다.

시어, 시구 알아맞히기

이렇게 동시를 다양한 방법으로 충분히 읽고 나면 시안이 될 만한 시어, 시구를 지우거나 가리고 퀴즈 형식으로 풀어 본다. 동시에서 글자 하나, 시어 하나하나가 가진 특별한 의미를 느껴 보고 시인의 의도는 무엇이었을지도 짐작해 본다. 동시 한 편이 어떻게 완성되는지 나름대로 생각해 보는 기회를 갖는다. 이 방법은 순전히 '이안의 동시 이야기_다 같이 돌자 동시 한 바퀴' 팟캐스트를 들으며 직접 체험해 보고 힌트를 얻은 거다.

암송하기

이번에는 거꾸로 동시 전체에서 중요한 시어, 시구를 남기고 조금씩 지워 가며 다 같이 낭송해 본다. 동시 전체에서 시어가 2~3개 정도 남을 때까지 반복한다. 화면에 제목과 시인만 남고 본문이 다 없어질 때쯤 되면 동시 전체를 외우게 되는 아이들이 대여섯 명 생긴다. 동시 사탕 한 알을 걸고 암송하기 경쟁을 붙이면 우리 반 아이들 대부분이 외우게 되는 놀라운 결과를 맛본다. '백창우와 굴렁쇠아이들'의 노래는 아침 수업 시작 전에 늘 들려주는데 "어, 이 동시는 노래 아닌가요?"라며 반기기도 한다. 매주 동시 한 알씩 먹으며 시나브로 알게 되는 동시집과 시인을 통해 저도 모르게 동시와 가까워진다.

체험을 통해 시 기르기 - 텃밭 가꾸기, 계절 생태 나들이

- 시인마다 다른 '감자' 동시 감상하기

- 텃밭 식물 가꾸며 자라는 우리들

- 우리 모두 시인 되어 보기

감자꽃

권태응

자주 꽃 핀 건 자주 감자,
파 보나 마나 자주 감자.

하얀 꽃 핀 건 하얀 감자,
파 보나 마나 하얀 감자.

_《감자꽃》(창비, 1995)

텃밭 가꾸기 주 작물은 감자다. 〈감자꽃〉 시인 권태응을 알려 주고 싶은 마음도 담았다. 광복 전후 6.25 전쟁 발발 시기까지 권태응 선생은 짧은 생애 동안 병마와 싸우면서도 동시로 우리 민족의 수난 시대를 극복해 내려 애쓰신 숨은 위인이다. 왜 '동시'여야만 했을까.《감자꽃》동시집을 함께 읽으며 권태응 시인의 삶을 들려주고 '동시'에 대한 남다른 애정을 쏟은 시인의 뜻이 무엇이었는지 생각해 볼 수 있도록 했다. 이문구의 〈감자〉(1988), 권정생의 〈감자〉(2011) 등 서로 다른 〈감자〉 동시를 감상하며 당시 쌀이 귀한 시절 감자가 주식과도 같이 무척 친숙했기에 이것에 특별한 애정을 담아 동시로 표현했다는 것을 확인하기도 했다.

텃밭 가꾸기를 포함한 생태 체험활동은 일상의 시간이 시적인 순간이 되고 이를 놓칠세라 바로바로 글쓰기 활동으로 이어 갔다. 다른 동시를 패러디하기도 하고, 일기글, 편지글, 이야기 글처럼 쓰기도 하며 각자 제 방식대로 자유롭게 글쓰기를 했다. 시로 써도 되느냐는 몇몇 아이들의 요구는 나를 흥분시키기도 했다. 나도 시 창작은 무척 어려워하고 있던 터라 시 창작 시도를 하지 못하고 있었다. 우려와 달리 아이들은 시 쓰기 활동에 거침이 없었고 우리 반 시인 별칭을 얻은 아이들도 몇 명 탄생했다.

김륭 동시집, 어떻게 읽을까?

읽기 전 활동

학년 초 학년 권장 도서 목록에는 동시집이 다수 포함되었다. 1학기 동안 다양한 동시집을 소개하고 아침 독서 활동을 통해 동시 맛보기를 꾸준히 해 오면서 2학기 온작품 도서로《프라이팬을 타고 가는 도둑고양이》을 예고했다.

이미 김륭 동시집에 수록된 몇 편을 자주 인용하며 나누고 있었고, 2학기 온작품읽기 활동 후에 김륭 시인을 직접 초대해 보자고 약속하기도 하였다. 아이들은 나름 기대하며 동시집을 개별적으로 모두 구해서 함께 읽기 시작했다.

표제작으로 동시집 맛보기

동시집 제목과 표지 그림을 보며 표제작 《프라이팬을 타고 가는 도둑고양이》를 제일 먼저 함께 읽었다.

프라이팬을 타고 가는 도둑고양이

김륭

우리 동네 구멍가게와 약국 사이를 어슬렁거리던 고양이, 쥐약을 먹었대요 쥐가 아니라 쥐약을 먹었대요 우리 아빠 구두약 먼저 먹고 뚜벅뚜벅 발소리나 내었으면 야단이라도 쳤을 텐데…

구멍가게 빵을 훔쳐 먹던 놈은 쥐인데 억울한 누명 둘러쓰고 쫓겨 다니던 고양이, 집도 없이 떠돌다 많이 아팠나 보아요 약국에서 팔던 감기 몸살약이거나 약삭빠른 쥐가 먹다 남긴 두통약인 줄 알았나 보아요

쓰레기통 속에 버려진 고양이, 구멍가게 꼬부랑 할머니랑 내가 헌 프라이팬에 담았어요 죽어서는 배고프지 말라고, 프라이팬을 비행접시처럼 타고 가라고 토닥토닥 이팝나무 밑에 묻어주고 왔어요

_《프라이팬을 타고 가는 도둑고양이》(문학동네, 2009)

"선생님, 시 같지 않아요."

"너무 길어요."

"이야기 같아요. 고양이가 불쌍해요."

"만화처럼 재밌어요."

대번에 아이들은 기존 동시와 다른 느낌을 이야기했다. 김륭 동시가 가진 특별한 지점이다. 그동안 읽은 동시랑 뭐가 다른지 한참을 이야기 나누고, 본격적으로 시 내용을 짚어 보았다. 누구랄 것도 없이 고양이를 키우는 이야기, 길거리에서 본 삐쩍 마르고 지저분한 고양이 이야기 등 자기의 경험을 떠올리며 이야기가 이어졌다. 죽은 고양이 이야기라며 불쌍하다고도 하고 어떻게 쥐약을 먹을 수 있냐며 안타까워하기도 했다. 우리 학교 앞 도로 가로수가 이팝나무이다. 6월에 하얀 꽃을 흐드러지게 피워 내는 이팝나무는 꽃이 흰쌀 모양을 하고 있어서 붙여진 이름이다. 이것을 알고 있는 아이들은 학교 올 때 그 죽은 고양이 생각날 것 같다며 야단법석을 떨기도 했다. 죽은 고양이를 왜 이팝나무 밑에 묻어 주었는지 모두 고개를 끄덕이며 공감했다. 죽어서는 배고프지 말라고 일부러 흰쌀 가득 피우는 이팝나무 밑에 묻어 준 건 참 잘했다며 시인의 마음 씀을 칭찬하기도 했다.

한 편의 시를 읽고 한 시간이 부족할 만큼 풍성하게 경험을 나눌 수 있으니 시 한 편 한 편이 온작품읽기를 하게 되는 셈이다. 가장 마음에 와닿는 구절을 뽑아 나누기도 하고, 시인이 선택한 감추어진 언어(말)에 관한 질문을 만들며 서로의 의견을 나누었다. 고양이는 왜 버려졌을까, 사람들은 왜 고양이에게 먹이를 주지 않았을까, 왜 하필이면 프라이팬에 고양이를 담았을까, 구멍가게 할머니랑 고양이는 어떤 사이였을까 등 서로 궁금한 것들을 질문으로 만들고 답변하며 동시를 더욱 깊이 감상했다.

　다음으로 동시집 머리말을 함께 읽고 나눴다. 왜 김륭 동시가 특별한지 시인의 말에 잘 담겨 있기 때문이다. 인상적인 문장에 밑줄을 긋고 함께 나누며 앞으로 김륭 동시 세계에 풍덩 빠져 재미나게 동시를 읽어 보기로 하고 읽기 전 활동을 마쳤다. 이렇게 시작한 동시집 온작품읽기는 원격수업과 등교 수업이 교차로 이루어지는 환경을 고려하여 매주 두 차례씩 아침 독서 시간과 국어, 창체 시간을 통해 읽기로 했다. 그때그때 상황에 따라 읽기 방법을 달리하기로 하고 시작했다. 10여 년이 훌쩍 넘은 2009년 동시집이지만 시편 하나하나에 담긴 이야기는 아이들의 경험과 질문 그리고 상상을 자극하기에 충분했다.

읽기 중 활동(다양한 방법으로 읽기)

- 테마별 동시 읽기 _ 그때그때 달라요
- 필사하며 읽기
- 동시 외우는 시간 _ 동시로 암호 만들기

　월간, 주간 교과 교육과정에 맞게 동시집 수록 동시를 주제별로 묶어서 한 번에 2~3편씩 함께 읽었다. 코로나 상황 속에서 비대면 원격수업과 병행하는 과정에서도 오히려 동시집 온작품읽기는 탄력을 받으며 꾸준히 진행할 수 있었다. 그러나 이 과정에서 좀 더 새롭고 흥미로운 다양한 읽기 방법이 요구되었다.

동시 묶어 읽기

- (자연 생태) 나무, 새, 풀, 벌레

〈나무들도 전화를 한다〉, 〈자전거 타는 나무들〉, 〈나무 늘보 학교 가다〉, 〈배추벌레〉,

〈울음 공장〉, 〈거미〉, 〈숨은그림찾기〉, 〈선인장〉

- 엄마 아빠

〈미운 오리 새끼〉, 〈달려라! 공중전화〉, 〈은행나무〉, 〈코끼리가 사는 아파트〉,

〈수박이 앉았다 가는 자리〉, 〈애벌레 열 마리〉

- 울퉁불퉁 이야기

〈염소랑 소랑 둘이서〉, 〈맛있는 동화〉, 〈꽃 피는 눈사람〉, 〈마법의 빗자루〉,

〈프라이팬을 타고 가는 도둑고양이〉, 〈감나무의 수수께끼〉, 〈홍시〉, 〈사과〉,

〈염소와 달〉, 〈수박 대통령〉, 〈쉿! 우리 동네 저수지의 비밀〉, 〈고추 잠자리〉, 〈낮달〉

- 사물(글자)에 숨은그림찾기

〈중국집에 간 개구리〉, 〈파란 대문 신발 가게〉, 〈소리로 만든 운동화〉, 〈빨래집게 뽑났다〉,

〈번지점프〉, 〈공부하는 파리〉, 〈밥풀의 상상력〉, 〈3학년 8반〉, 〈바다가 심심해진 꽃게들〉,

〈내비게이션〉

- 사랑

〈짝꿍〉, 〈깔깔거리는 꽃밭〉, 〈안경다리〉, 〈부부 안경점〉

- 동생, 할머니

〈게임기〉, 〈무당벌레〉, 〈꽃의 걸음걸이〉, 〈할아버지의 헛기침〉, 〈변기 위의 아기 펭귄〉,

〈여름방학〉, 〈개똥참외〉

《프라이팬을 타고 가는 도둑고양이》에는 총 48편의 동시가 실려 있는데 사실은 일정한 카테고리로 묶는 건 큰 의미가 없었다. 시적 대상이 같아도 시인의 시선과 담아낸 상황들은 사뭇 달랐고 아이들의 다양한 상상력을 자극하는 지점이 되어 주었다. 동생을 떠올리게 하는 동시, 엄마와 아빠를 생각나게 하는 동시는 매주 월요일 주말 이야기를 나눌 때 주로 함께 읽었다.

필사하며 읽기

작가 노트라는 이름으로 손바닥만 한 공책 한 권씩 마련하도록 했다. 6학년 아이들의 취향과 개성을 존중하는 의미에서 일정한 공책에 일정한 제목을 붙이는 대신 각자 준비하여 사용하도록 했다. 동시 외우는 시간에 함께 외운 동시를 주로 필사하고, 특별히 내 마음에 들어온 동시를 옮겨 적으며 필사하며 동시 읽기, 감상을 체험하도록 했다. 사실 필사는 눈으로 읽는 것보다 한 발 더 나아간 감상법이라고 한다. 시인의 시어 선택이 매우 정교함을, 쉼표 마침표 따위의 문장 부호 하나도 그냥 사용하지 않음을 손끝으로 느끼며 감상할 수 있기 때문이다. 시의 행과 연 구분하기, 띄어쓰기, 맞춤법까지 돌아볼 수 있음은 덤이다. 초등학교 문학교육에서 필사는 이런 뜻에서 충분한 의미가 있다. 필사하면서 자유롭게 끄적이듯 그림을 그리거나 인상적인 시구나 시어에 표시하는 활동도 권장하였다.

동시 외우는 시간

동시집 속 동시 가운데 비교적 길이가 짧은 동시를 골라 '동시 외우는 시간'에 함께 외웠다. 시구 한 구절만으로도 한 편의 시처럼 되뇔 수 있어서 아이들도 좋아했다. 함께 외운 동시는 〈선인장〉, 〈숨은그림찾기〉, 〈꽃 피는 눈사람〉,

〈바다가 심심해진 꽃게들〉, 〈자전거 타는 나무들〉, 〈소리로 만든 운동화〉 등 상대적으로 짧은 동시들이다. 언제고 제목을 말하면 툭 튀어나올 정도로 잘 외우는 아이들이 신기하기만 했다. 주 1회 한 편씩 외우면서 등교 시간, 방과 후 시간, 그리고 자투리 시간에 문득문득 했던 동시 암호 대기 놀이는 애써 기억해 내려 애쓰는 우리 반 몇몇 개똥참외 같은 녀석들에게도 피해 갈 수 없는 시간이 되었다.

읽고 난 후 활동

내가 뽑은 동시로 시 엽서 꾸미기

온작품읽기를 하는 동안 미술 시간을 이용하여 대형 현수막을 만들고 그림

| 책 표지 | 〈감나무의 수수께끼〉 | 〈꽃 피는 눈사람〉 |
| 〈거미〉 | 〈할아버지의 헛기침〉 | 〈선인장〉 |

동시 속 숨은그림찾기　249

그리기, 캘리그라피 등을 통해 각자의 소감을 표현하는 활동을 하곤 하는데, 이번에는 시 엽서 꾸미기를 했다. 동시집에서 가장 맘에 드는 동시를 고르고 인상적인 시구를 그림과 함께 표현하도록 했다.

시 그림책 만들기

시 그림책은 우리 학교에서 전통적으로 해 오고 있는, 1학년과 6학년이 함께하는 의형제 활동을 염두에 두고 해 본 활동이다. 11월 말에 예정된 의형제 활동이 코로나 상황이 안 좋아져 대면 활동이 어려워지자 시 그림책을 만들고 영상을 통해 1학년 동생들에게 들려주자며 생각해 낸 것이다. 직접 목소리로 시 낭송 녹음을 하고 시 그림책을 소개하는 방식으로 이루어질 예정이다.

〈미운 오리 새끼〉 시 그림책

시인과의 만남

김륭 시인은 경남 진주 출생으로 현재는 김해에 사시는 데 섭외하기가 무척 부담스러웠다. 아침 9시까지 인천까지 오실 수 있을지 긴가민가했는데 도서관 사서 선생님이 문학동네 출판사를 통해 섭외를 시도했고 다행히 시인과의 만남 일정이 정해졌다. 쌀밑 시인 인터뷰를 통해 6학년 우리 아이들과 만남을 성사시켜 보리라 했었는데 흔쾌히 응해 주신 덕분에 고대하던 시인과 만날 수 있었다. 동시집 온작품읽기를 했기에 가능했던 시도였고 우리 아이들에게는 잊지 못할 소중한 추억이 만들어진 셈이다.

시인이 들려준 동시 이야기는 아이들의 마음을 가득 채우기에 충분했다. 시는 바로 내 이야기를 솔직하게 내 방식으로 쓰면 된다는 것, 시인이 된 이유는 내 이야기를 쓰고 싶어서라며 학문과 문학이 어떻게 다른지를 재미난 비유로 들려주기도 하셨다. 공부하는 시간이 아닌 것만으로 즐거워하는 모습이었다. 그런 분위기에서 아이들은 자유롭게 질문하고 어떤 질문도 그 아이의 입장을 충분히 헤아려 정성껏 답변하는 시인에게 아이들은 매료된 게 틀림없다.

시인에게 편지 쓰기(소감 나누기)

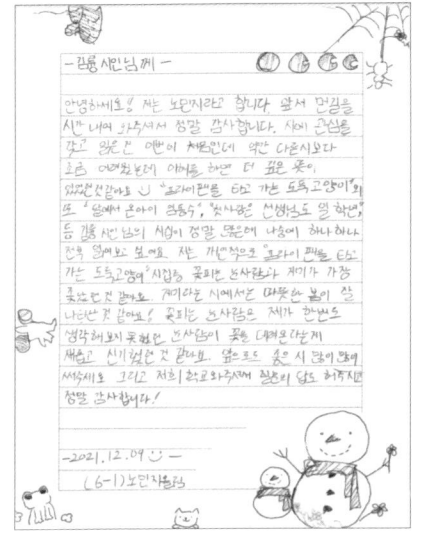 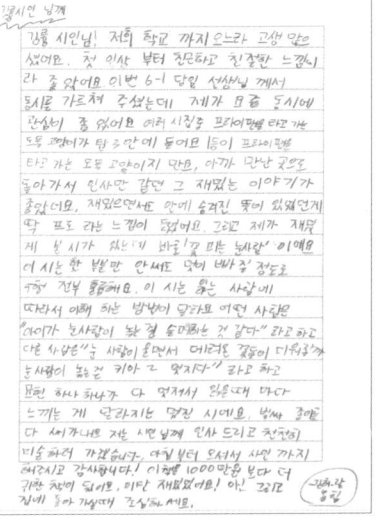

"이런 놀라운 시집을 만든 사람을 만난다니 꿈만 같았다."

"시를 읽으면 마음도 몸도 편안해지고, 시는 정말 대단한 것 같다."

"표현 하나하나가 다 멋져서 읽을 때마다 느끼는 게 달라지는 멋진 시예요."

"저한테 이 시집은 천만 원보다 더 귀한 시집이 됐어요."

"김륭 시인님은 〈달려라! 공중전화〉가 좋다고 하셨는데 저는 〈숨은그림찾기〉가 좋아요."

　시인과의 만남을 마치자마자 그 흥분의 순간을 놓치지 않고 바로 시인에게 편지쓰기를 하면서 소감을 나누었다. 동시집 온작품읽기 과정에서 코로나 확진자 발생과 같이 예기치 않은 일들로 우여곡절이 많았던 탓에 시인과의 만남이 대면으로 이루어질 수 있을까 하는 걱정이 컸다. 막상 시인과의 만남을 갖고 나니, 아이들도 나도 동시로 교감하며 서로의 마음을 붙잡고 나눌 수 있었다.

"시(詩)란 내가 꿈꾸는 글자, 자신 있게 내 이야기를 쓰면 된다"라는 시인의 말이 귀에 맴맴 돈다. "내가 세상에서 가장 글을 잘 써!"라는 자신감을 가지고 세상의 모든 글자에 관심을 가지라는 말도 아이들의 뇌리에 박혔을 것이다. 교사인 나도 아이들도 편안하게 재미나게 동시를 읽고 즐기는 가운데 우리들의 이야기를 써나가기로 했다.

마음 놓고 진지하기
—《커다란 빵 생각》6학년 동시 온작품읽기

권선희

언제나 어려운 시 수업

6학년 담임을 맡게 되었다. 10년 만이다. 오랜만에 6학년을 만난다고 생각하니 걱정이 앞섰다. 요새 6학년은 어떤 아이들일까. 아이들의 감성을 내가 잘 공감하고 소통할 수 있을까. 6학년 아이들한테 가장 필요한 것은 무엇일까. 잘 지낼 수 있을까. 시간의 거리는 10년이었지만 정서적으로 20~30년보다 오래 떨어져 있었던 것처럼 막막했다. 겨울방학 내내 동료 교사들과 연수도 듣고 기존 6학년 교사들이 연구해 놓은 자료도 공부하며 새로운 한 해를 준비했다.

주제 중심으로 교육과정을 재구성하고 주제 수업에서 다루지 못한 국어의 성취기준을 모두 온작품읽기 수업에서 다루기로 했다. 하지만 시 단원이 문제였다. 온전히 시에 집중하는 문학 수업을 해 보고 싶은데 방법을 알지 못했다.

- 시 단원이 나오면 어떻게 가르쳐야 할지 몰라서 지도서대로 따라 가르쳐요.

- 교과서나 지도서가 알려 주는 시 교육 방법이 너무 재미가 없어요.
- 가르치는 제가 재미없으니까 아이들도 재미없어해요.
- 시는 뭔가 다른 것을 가르쳐야 할 것 같은데 흉내 내는 말 찾고, 비유하는 말 찾고, 내용 파악하고 하니까 더 재미없어요.
- 어떤 시가 좋은 시인지, 어떻게 가르쳐야 하는지 저도 잘 모르니 답답해요.

동학년 교사들은 이렇게 시 단원 지도의 어려움을 토로했다. 시 수업을 좀 더 잘해 보고 싶어서 지난 1년간 쌀떡밀떡 선생님들과 동시집을 읽으며 공부해 왔다. 동시집을 읽는 것은 매우 좋았다. 시어 하나에 오래 머무르던 순간도, 시가 주는 감동에 저리는 마음도, 익숙했던 세상이 시인의 렌즈를 통과하며 완전히 낯설게 다가오는 경험도 모두 좋았다. 나도 모르게 사물을 자세히 들여다보기도 하고, 좋아하는 동시 작가의 다른 동시집을 찾아 읽으며 동시에 더 가깝게 다가갈 수 있는 시간이었다. 하지만 다른 교사들에게 시 수업의 방향을 제시할 만큼 내공이 쌓이지 않았다. 아직도 시 수업은 어려웠다.

시 수업을 어떻게 할까. 답을 찾을 수 없어서 6학년 교사들에게 동시집을 읽어보자고 했다. 8명 중 6명은 동시집을 읽어 본 적이 없었다. 처음에는 동시집 자체도 낯설어했고, 잘 모르는 분야를 읽어서 수업으로 가져가는 것도 썩 내켜하지 않았다. 하지만 누구도 시 수업에 대한 뾰족한 수가 없었던 터라 일단 읽어 보기로 했다. 다행히 교사들은 한 권 한 권의 동시집을 재미있게 읽었고 동시가 이런 거라면, 이런 느낌을 아이들에게 전달할 수 있다면 수업으로 가져가 보자고 했다. 어떤 동시 수업이 되길 바라는지 교사들의 바람을 먼저 모아 보았다.

- 시 공부가 재미있으면 좋겠다.

- 시를 읽으며 '아!' 하는 깨달음의 순간이 있었으면 좋겠다.

- 아름다운 시에 감동할 수 있으면 좋겠다.

- 시 공부가 아이들 마음을 어루만져 주면 좋겠다.

- 시 공부를 하면서 시가 더 좋아지고, 시를 찾아 읽고 싶은 마음이 들게 하면 좋겠다.

- 6학년 국어의 시 단원 목표인 비유적인 표현을 배우고 시에서 찾고 쓸 수 있으면 좋겠다.

- 내가 좋아하는 시로 친구들과 이야기 나눌 수 있으면 좋겠다.

이렇게 교사들의 바람을 모으니 동시 온작품읽기 수업의 방향이 잡혔다. 동시집은 김개미 시인의 《커다란 빵 생각》과 성명진 시인의 《오늘은 다 잘했다》로 정했다. 《커다란 빵 생각》에는 6학년 남자·여자 어린이들이 모두 공감할 만한 시들이 많고, 《오늘은 다 잘했다》는 1년을 마무리하며 함께 읽고 싶은 동시들이 있어서 학년말에 온작품읽기 교재로 적절해 보였기 때문이다.

동시 온작품읽기 수업 사례가 없었던 때라서 동시집으로 어떻게 수업을 풀어 나가야 할지 처음엔 막연했다. 교사들이 각자 교실에서 했던 시 수업 경험을 모으고 6학년 시 단원 성취기준과 일반적인 동화 온작품읽기 수업 사례들을 참작해 재구성했다. 처음으로 동시 온작품읽기 수업을 준비하면서 '이렇게 수업해도 괜찮을까? 아이들이 이 수업을 좋아할까?' 등 여러 가지 걱정이 앞섰다. 아이들이 하나의 주제에 몰입할 수 있도록 수업을 만들어 왔는데, 이번 수업에서는 몰입할 수 있는 주제가 하나로 잡히지 않았다. 이 수업을 통해 최소한 아이들이 시를 좋아하게만 돼도 성공이라며 《커다란 빵 생각》 온작품읽기 수업을 시작했다.

동시 몸풀기

- 착하다
- 순수하다
- 교훈적이다
- 흥미 없다

- 초등학생이 읽는 시다
- 재미없다
- 지루하다
- 아무 생각 없다

우리 반 아이들이 생각하는 동시다. 예상과 다르지 않았다. 교사가 시를 가르치는 것이 그다지 즐겁지 않았으니 배우는 아이들이 재미있을 리 없다. 동시집으로 온작품읽기를 해 볼까 하고 의견을 묻자 "그냥 해요. 동시집으로 안 하면 국어책으로 할 거잖아요."라며 시큰둥하게 답했다. 동시집, 어린이시집, 시선집 등 다양한 시집들을 아이들한테 임의로 나눠 주었다. 그리고 딱 10분만 읽고 마음에 드는 시 한 편을 고르기로 했다.

- 야, 이것 좀 봐.
- 동시가 원래 이래?
- 개- 꿀-
- 이거 진짜 동시집이에요?

'뾱'라는 음절 하나로 봄에 전투적으로 돋아나는 새싹들의 분주함과 힘을 담아 낸《손바닥 동시집》의〈봄〉도, 글씨를 뒤집어 수수께끼를 품은 듯한《글자동물원》의〈른자동롬원〉도 기발하다며 "기가 막힌대요!"라고 했다.《초록 토끼를 만났다》의〈지하 비밀 도시〉를 읽은 남자아이들은 "이거 19금이에요!" 하며 여자아이들이 읽으면 안 되는 동시라고 아우성을 쳤고, 《까만 밤》의 〈_랑〉이 너무 달달해서 좋다고도 했다. 이렇게 동시 몸풀기를 하고 본격적으로 《커다란 빵 생각》으로 들어갔다.

개미 시인 김개미

어쩌면 나는 정말 개미인지도 몰라 이끼 그늘에서 잠시 쉬고 있는 건지도 몰라 사람이 된 꿈을 꾸고 있는 건지도 몰라…….
_《커다란 빵 생각》 책머리에서

김개미 시인은 동시의 문을 조금만 열고 들어오면 쉽게 만날 수 있는 시인이다. 《어이없는 놈》으로 잘 알려져 있고, 《쉬는 시간에 똥 싸기 싫어》, 《레고 나라의 여왕》, 《커다란 빵 생각》 등 다수의 동시집을 출간했다. 하지만 태어나 동시집은 처음 읽는다는 아이들에게는 이 모든 것이 다 낯설고 생소할 뿐이다. 시인이 낸 여러 권의 시집과 동시집을 소개하자 의외로 많은 책을 쓴 작가라는 것에 약간 호기심을 보였다. 《레고 나라의 여왕》 중 〈어떻게?〉를 들려주었다. 할아버지 장례식에서 진심으로 슬퍼하지 못했던 어린 시절의 나를 돌아보고 자책하는 〈어떻게?〉를 들으며 아이들은 "그럴 수 있다. 그래도 슬픈 척하지 않고 솔직해서 좋다. 아이들은 뭘 잘 모른다."라며 화자에게 흔쾌히 공감해 주었다. 시인의 말을 읽을 때는 "우리 지금 개미가 쓴 시를 읽는 거야?"라며 '김산옥'이라는 이름을 '김개미'로 바꾼 것은 동시인으로서 탁월한 선택이라고도 했다. 표지부터 서문까지 꼼꼼하게 읽으며 온작품읽기의 본격적인 첫 수업을 열었다.

내가 고른 시

《커다란 빵 생각》에는 50편의 동시가 실려 있다. 첫 시간에는 2부까지 조용히 읽고 마음에 드는 시를 고르기로 했다. 색인표를 다섯 장씩 면지에 붙여 놓고 시집을 읽으며 마음이 가는 시에 하나씩 붙였다. 처음으로 《커다란 빵 생각》을 만나는 순간이었다. 몇 분 지나지 않아 "동시는 지루해요, 재미없어요" 했던 아이들이 시와 함께 고요해지고 피식피식 웃기도 하고 "이거 이상해요" 하며 동시에 대한 낯선 감정을 표현했다.

2부까지 읽기가 다 끝나면 색인표를 붙여 놓은 동시만 여러 번 다시 읽고 색인표를 떼면서 마지막 한 편을 남겼다. 먼저 시를 고른 아이들은 동시를 시 공책에 필사하고 낭송 연습을 했다. 동그랗게 둘러앉아 자기가 고른 동시를 낭송한다. 여러 명이 같은 동시를 고르면 한 연씩, 혹은 한 행씩 번갈아 읽었다. 친구가 고른 시를 들으면 지나쳤던 시가 다시 살아나고, 나와 같은 시를 고른 친구가 달라 보인다고 했다.

왈가닥 은이는 평소에 별로 호감이 가지 않던 순우가 자기와 같은 〈나와 너와 내 도마뱀〉을 골랐다는 것을 알고 놀랐다. 은이는 친구들이 시를 다 고르기도 전에 이 시를 골라 놓고 "야! 〈나와 너와 내 도마뱀〉은 내가 찜했다. 이건 완전 내 시야. 이거 고르지 마!"하며 으름장을 놓았다. 그런데도 자기와 같은 시를 고르고 조용히 낭송하는 순우가 의아한지 힐끗힐끗 쳐다본다. 은이의 높고 힘찬 목소리가 순우의 고요하고 낮은 목소리에 맞춰 점점 낮아졌다. 전혀 어울릴 것 같지 않은 두 사람의 목소리가 조화롭게 섞이는 낭송을 들으며 우리 사이에 잠깐 고요가 흘렀고 시가 흘렀다. 이 동시의 어떤 부분이 두 아이를 붙들었을까. 지금 다시 읽어 봐도 갸웃해지니 사람마다 취향이 참 다르다.

〈내가 어른이 되면 지을 집〉을 고른 아이들이 많았다. 나만의 공간에 대한 욕구가 커질 때이고 내 방을 갖지 못한 아이들이 많아선지 어른이 되면 지을 집 이야기가 끝나지 않았다. 동생 때문에 괴로운 아이는 키 작은 아이는 절대 열 수 없는 방문을 만들고 싶어 했고, 벌컥벌컥 문 여는 엄마 때문에 힘든 아이는 문을 열어도 안이 잘 안 보이는 방을 갖고 싶어 했다. 또 게임을 좋아하는 아이는 초고속 컴퓨터와 방음이 완벽한 집을 갖고 싶어 했고, 가족들이 각자 자기 방만 가질 수 있으면 뭐든 다 좋다는 아이도 있다.

2부까지 동시 중 단연 인기가 높았던 동시는 〈이상한 엄마〉다. 평소에 종종 느꼈던 엄마의 이중성을 대변한 이 동시를 읽고 아이들은 통쾌해했다. 저마다 우리 엄마가 더 이상하다며 이상한 엄마 열전을 늘어놓았다. 동시에 표현된 엄마의 43살이라는 나이도 압권이었다. 그 나이를 지나온 지 오래라 감도 안 잡히는 43살이 아이들에게는 친숙한 나이였다. 엄마가 딱 그 나이인 아이들도 있었고 비슷한 나이인 아이들이 대부분이었다. 그러다 보니 동시에서 보여 주는 이상한 엄마는 아이들이 일상에서 만나는 엄마와 많이 닮아 있었다. 이상한 엄마 열전을 끝내자 도대체 엄마에게 몇 살이라고 해야 적당한가를 논하기 시작했다. 열띤 토론 끝에 진심으로 엄마를 기쁘게 해 주려면 2~3살 어린 나이로 보인다고 해야 한다는 데 합의했다.

이상한 엄마

김개미

코 고는 소리가 어마어마한데도
자기는 시체같이 얌전히 잔다고 한다
그걸 어떻게 알지?

시체같이 얌전히 자는 사람이

누굴 좋아하는 게 죄도 아닌데
자기는 아빨 좋아해서 결혼한 게 아니라고 한다
귀찮아서 어쩔 수 없이 해 줬다나
결혼하면 평생 귀찮을 텐데
그게 말이나 되나?

몇 살로 보이냐고 해서
43살로 보인다고 솔직히 말하면 화를 낸다
그렇다고 또 10년은 젊어 보인다고 하면
왜 거짓말을 하냐고 화를 낸다
43살 먹은 여자 어른한테는 대체
몇 살로 보인다고 해야 하나?

엄마 아들은 난데
나보다 옆집 상우를 더 믿는다
숙제 없다고 하면
상우한테 물어보고 나서야 내 말을 믿는다
그러려면 상우를 키우지
왜 나를 키우나?

_《커다란 빵 생각》(문학동네, 2016)

〈짝의 일기〉에서는 아이마다 자기 소원을 큰소리로 앞다퉈 말하다가 "내 소원은/ 우리 집에 아무 일도 일어나지 않는 거다"는 부분에서는 순식간에 시적 화자의 마음에 동화되어 교실에 정적이 찾아들었다. 말하지 않아도 알아지는 마음들이 있다. 그 순간이 그랬다. 수업을 준비하며 가슴을 툭 떨어지게 했던 이 마지막 연을 아이들이 어떻게 느낄까 궁금했었다. 어른인 나와 다르지 않게 동시를 느끼는 아이들을 보며 새삼 가슴이 먹먹하고 뿌듯했다.

이름 부르지 마

아이들이 입을 모아 이건 '준혁이 동시'라며 보자마자 준혁이한테 양보한 동시가 있다. 바로 〈역할 놀이〉다. 이유는 단순하다. 〈역할 놀이〉의 첫 행 "점잖은 정치가는 준혁이, 네가 해" 때문이다. 준혁이의 꿈은 정치가가 아니다. 잘 웃고 늘 유쾌한 준혁이는 '점잖다'와 거리가 멀다. 그런데도 아이들은 가타부타 말하지 않고 준혁이 동시라고 했고 준혁이도 뜻하지 않은 선물을 받은 것처럼 좋아했다. 함께 읽는 시나 이야기에 자신의 이름이 나오면 이렇게 좋아하는 모습은 1학년 수업을 하다 보면 흔히 있는 일이다. 6학년 아이들도 다르지 않음에 웃음이 나왔다. 〈역할 놀이〉는 우리 반의 묵은 논쟁을 불러일으켰다. 바로 '이름으로 불러도 되는가'이다.

어느 날 하교 후 순우가 와서 말했다.
"선생님, 저는 이주현 때문에 진짜 기분이 나빠요. 걔가 자꾸 저를 이상하게 불러요."
"어떻게 부르는데?"
"저를 '순우야'라고 불러요."
"순우를 순우라고 부르는데, 왜 기분이 나빠?"

다음 날 남학생들만 남겨 이야기를 나누었다. 하나같이 이름만 부르는 이주현의 호명법에 불편함을 호소했다. 아이들 사이에는 나름의 호명 규칙이 있었다. 성을 뺀 이름은 가족들이나 친한 관계의 동성 친구만 부를 수 있는 아주 사적인 영역이었다. 학교에서, 특히 이성 간에는 반드시 성을 붙여 불러야 한다. 동성마저도 관계를 트기 전까진 성을 붙여 부르는데, 하물며 이성인 학급 친구가 이름만 부르는 것이 싫다고 했다. "기분 나빠요. 느끼해요. 좀 그래요." 다음 날 주현이를 불러 남학생들이 느끼는 불편함을 전했다. 주현이는 남학생들의 감정을 이해하지 못했고 그럴 수도 있겠다는 공감의 근처도 가지 못했다. 그래도 다음부터는 성을 붙여 부르려고 애썼다.

"준혁이, 네가 해"가 재미있는지 아이들은 자꾸 이 시구를 읊조렸다. 말이 입에 붙은 김에 학급 전체가 동그랗게 앉아 진로와 관련해 'ㅇㅇ이, 네가 해' 활동을 했다. 6년을 같은 동네에서 자란 아이들은 서로에 대해 너무 잘 알았다. 술래가 정해지면 그 아이의 꿈을 알고 있는 친구가 수식어를 붙여 'ㅇㅇ이, 네가 해'라고 말해준다. 그러면 받은 아이가 '그래 ㅇㅇ은 내가 할게.'라고 답하며 또 다른 누군가에게 말을 전달한다.

- 미슐랭 별 다섯 개, 세계 최고의 요리사는 ★희, 네가 해
- 오버워치 1인자, 최고의 게이머는 ★태, 네가 해
- 네이버 주간 순위 1위 웹툰 작가는 ★나, 네가 해
- 공부 잘 가르치고 재미있는 초등학교 선생님은 ★아, 네가 해
- 잘 놀고 유능한 외교관은 ★★이, 네가 해
- 상상이 안 되지만 최고의 모델은 ★★이, 네가 해

- 그래도 점잖은 정치가는 준혁이, 네가 해

이렇게 한바탕 자연스럽게 이름을 부르며 'ㅇㅇ이, 네가 해' 활동을 하고 나니 분위기가 말랑말랑해졌다. 문득 이주현이 물었다.

"야, 그럼 이제부터 이름으로 불러도 돼?"

"그건 아니지!"

찰나의 침묵 끝에 남학생들이 이구동성으로 대답했다. 영문을 모른 여학생들은 뭔 일인가 싶어 했고 남학생들의 설명을 들은 여학생 대부분도 남학생들의 생각에 동의했다.

"알았어. 알았다고."

이주현의 기꺼운 수긍으로 오래 묵은 이름 논쟁의 마침표를 찍었다.

함께 읽으면 더 좋은 시

그애 손을 잡은 다음 날
김개미

눈을 뜨자마자 내 손을 한참 들여다보았다

_《커다란 빵 생각》

〈그애 손을 잡은 다음 날〉은 시의 (   ) 안을 찾는 과정도 재미있었지만, 친구들이 만든 동시 속 (   ) 찾기 퀴즈도 재미있었다.

- (치킨 다리를 잡은) 날/ 자꾸자꾸 손가락을 빨게 되었다.

- (BTS 손을 잡은) 다음 날/ 수건으로 손을 꽁꽁 싸맸다.

- (내 똥을 만진) 날/ 하루 종일 화장실을 들락거렸다.

아이들은 친구들의 경험이 잘 드러난 시에 공감하며 '악악' 소리를 지르기도 했다. 동시가 직접적인 감정표현과 연결되다 보니 혐오의 감정이나 불편한 감정이 드러날 수도 있겠다 싶어 잠시 수업을 멈췄다. 친구의 이름을 사용할 때는 당사자에게 이름을 사용해도 되는지를 허락받거나, 친구와 관련된 불편한 감정을 표현하고 싶으면 상황과 이름을 모두 바꿔서 드러나지 않게 해야 한다는 원칙을 여기서도 적용하기로 했다. 동시를 읽다 보면 동시가 예상치 못한 감정에 붙어 그것을 밖으로 끄집어내기도 한다. 감정의 교류가 많은 수업이라 내가 풀어낸 감정이 같이 읽는 누군가에게 상처가 되지 않도록, 동시 읽기가 누군가를 공격하는 무기가 되지 않도록 세심히 살필 필요가 있었다. 〈그애 손을 잡은 다음 날〉은 동시집을 펼치기 전에 아이들과 함께 읽으며 이야기 나누기에 좋은 동시다. 아이들이 읽어 버린 후에 다루면 김이 샌다.

〈달팽이〉,〈모기향〉도 시인에게 동시를 배웠던 방식대로 수업 도입부에 제목 맞히기 활동으로 제시했다. 전혀 감을 잡지 못하다가 동물이라는 힌트에 제목을 금방 맞힌 〈달팽이〉와 달리 〈모기향〉은 끝내 제목을 찾아내지 못했다. 〈모기향〉처럼 익숙한 대상의 특징을 잘 포착해 시로 표현한 동시들이 아주 많다. 하지만 동시집이라고는 태어나서 처음 읽어 보는 아이들은 시가 특별한 곳에서 오는 것이 아니라 아주 익숙한 일상에서 올 수도 있다는 것을 실감하며 신기해했다.

이어 주는 시

《커다란 빵 생각》을 읽으며 지우가 가장 많이 했던 말이 "시인이 어떻게 내 마음을 이렇게 잘 알아요?"이다. 지우는 그사이 친구들과 사이가 좋지 않았다. 예전과 달리 말을 잘 섞지 않으려는 지우를 친구들은 이해할 수 없었고, 자기를 있는 그대로 인정해 주지 않는 친구들이 지우도 불편했다. 말수가 줄어 가던 지우의 말문을 틔운 것이 동시다. 살짝 설레기 시작하는 자기의 마음을 읽어 준 〈그애 손을 잡은 다음 날〉, 요즘 들어 부쩍 힘들어하는 엄마 모습에 불안을 떨칠 수 없는 걱정을 담아낸 〈달밤〉이 지우 마음에 쏙 들어간다. 〈달밤〉에 붙여진 색인표가 '내 이야기를 들어 주세요.'라고 소리 지른다. 수업 후 교실을 나가는 지우를 붙들고 잠깐 이야기를 나누었다. 그 후 '요즘은 좀 어때서?'라고 묻지 않았다. 그래도 우리에게 끈이 하나 생겼다. 지우는 여전히 말수가 적었지만. 교실에서 자기 자리를 찾은 것처럼 조금은 더 편안하게 지냈다.

앞 시간에 〈나만 그런가〉를 골라 "아무도 없을 때/ 화장실 거울 앞에서" 벌이는 나만의 소동을 재치 있게 표현했던 아이가 다음 시간에는 "아빠도 어디/ 아픈 데가 있는 것 같다"라는 표현에 붙들려 〈아빠도 때로〉를 골랐다. 동시를 고른 아이는 "시가 왜 이래요, 진짜?" 하며 동시가 불러일으키는 슬픔, 연민과 같은 낯선 감정에 불편해했고, 아이들은 〈이상한 엄마〉에서처럼 '우리 아빠' 이야기를 마구 쏟아 냈다. 쏟아져 나오는 아이들의 말속에 부모들의 고단함이 다 묻어 나왔다. 그렇게 쏟아 내면서도 "그럴 수 있죠, 그건 이해가 가는데요."라는 말로 부모를 전혀 이해하지 못하는 것이 아니라는 단서를 달기도 하고, 친구들도 나와 다르지 않음을 알고 위로받기도 했다. 신기한 것은 아이들이 진짜 힘들다며 쏟아 낸 부모에 관한 이야기가 동시의 문을 통과한 순간 유쾌해지고 따뜻해지고 조금은 슬퍼진다는 것이다. 사춘기에 접어들어 가장 가까운 권력에 대한 항거로 부모와 관계가 힘들어지는 이 시기 아이들에게 〈아빠도 때로〉는 조용히 '너만 힘든 게 아니야. 어른들도 힘들어.'라며 삶의 진실을 귀띔해 준다.

우리 반의 시

반마다 분위기가 다르듯이 《커다란 빵 생각》의 50편의 동시 중 8개 반이 뽑은 '우리 반의 시'도 달랐다. 〈우리 선생님 걱정이다〉, 〈3반에 생쥐가 나타났다〉, 〈투명 인간〉, 〈내 방은 이렇게 해 주세요〉, 〈내일이 개학이다〉 등이 나왔다.

우리 반 아이들은 동시를 나눌 때 많이 울었던 〈별에 무전을 친다〉를 뽑았다. 어릴 적 내 손을 꼭 붙들고 어린이집에 데리고 다녔던 할머니, 엄마가 늦게 오는 날, 잠들 때까지 업어 주며 잠자리를 봐주고 밤길을 가셨던 할아버지, 볼 때마다 "내 새끼" 하며 토닥거려 주던 모든 할머니, 할아버지들이 사춘기 아이들의 공간으로 소환되었다. 아이들은 이 동시를 나누며 '내가 사랑을 참 많이 받고 자랐구나.' 하는 깨달음에 스스로가 소중한 사람이라는 생각이 든다고 했다. 또 돌아가신, 시골에 계신 할머니, 할아버지가 너무 그립다고 했다. 일하는 부모 대신 성장 과정을 함께했던 할머니, 할아버지가 아이들 마음에 새겨 놓은 자리가 이렇게 크리라고 미처 생각해 보지 못했다. 감사하는 마음을 담아 한 번 더 읽어 보자는 제안에 시작한 두 번째 낭송은 결국 울먹임으로 끝을 맺었고, 그렇게 〈별에 무전을 친다〉는 우리 가슴에 남았다.

동시는 눈물 버튼이 되어 '우리 반의 시'를 정할 때도 이 동시를 언급하며 아이들은 글썽였다. 함께 울고 나누었던 공유의 순간이 좋아서였는지 '우리 반의 시'로 이 동시를 골라놓고 아이들은 읽지는 말자고 했다.

별에 무전을 친다
　　　　　　　　김개미

시간　8월 17일 밤 10시 13분
준비물　큰 돌멩이 1, 작은 돌멩이 1

숲으로 갔다 오버
혼자였다 오버
나뭇가지에 앉아 있었다 오버
뚝 떨어졌다 오버

베개를 업어 재웠다 오버
자장가를 불러 줬다 오버
나도 누군가에게 업혀
자장가를 듣고 싶었다 오버

인형 옷을 만들었다 오버
바늘에 찔렸다 오버
별로 아프지도 않은데
오래 울었다 오버

들리는가 오버

들리면 제발,
우리 할아버지
한 번만 바꿔 줘라 오버

_《커다란 빵 생각》

마음 놓고 진지하기

동시 온작품읽기 수업은 처음에 만들었던 전체 수업 흐름도를 따라갔다. 시 필사하기, 마음에 드는 시를 골라 친구와 나누기, 시 퀴즈 내기, 역할극으로 표현하기, 그림이나 만화로 표현하기, 화자에게 쪽지 쓰기, 시화 그리기, 시 선물하기, 우리 반의 시 등 주로 감상 중심의 수업을 했다. 비유적인 표현에 대해 배운 후 동시집에서 비유적인 표현을 잘 살린 동시를 고르기도 하고, 직접 비유적인 표현을 사용하여 시 바꿔 쓰기도 했다.

- 선생님, 이거 동시 맞아요? 왜 이렇게 재미있어요?
- 생각보다 재미있고 감동적이어서 놀랐어요.
- 시인과 제가 통하는 것 같아요.
- 시인이 제 마음을 잘 아는 것 같아 깜짝 놀랐어요.
- 왜 이제야 저는 동시를 읽은 거죠?

"이렇게 동시집을 직접 읽어 보니까 어때?"하고 물으니 쏟아져 나온 동시에 대한 아이들의 반응이다. 일단 아이들이 동시를 좋아하게 되었으니 성공이다. 아이들은 동시집을 펼친 첫 시간부터 풍덩! 하고 동시의 세계에 빠져들었다.

교사인 나는 문을 열어 주었을 뿐이다. 아이들은 스스로 수업에 몰입하고 수업을 이끌어 나갔다. 수많은 이야기를 나누었고, 웃고 울며 서로를 위로해 주었다. 나와 동시의 접점에서 만난 친구들을 신기하게 맞이했고, 숨겨 둔 혹은 있는지도 몰랐던 감정을 읽어내는 동시에 놀라워했다. 감추고 싶었던 속마음이 동시를 통해 드러날 때는 유쾌하게 인정하며 웃어넘기기도 했다.

처음 만났을 때 아이들은 감정을 드러내는 것이나 공감해 주는 것을 어려워했다. 감정을 드러내는 아이는 별거 아니라는 듯 가볍게 드러냈고, 듣는 아이도 말장난이나 비아냥으로 그 순간을 대충 모면하려고 했다. 진지하게 말하거나 들을 줄 몰랐고 '진지'에 어느새 '충'이라도 들러붙을까 봐 나의 감정이든 남의 감정이든 감정에 머무르고 살피려 하지 않았다. 그런데 동시 온작품읽기를 하는 동안에는 달랐다. 동시는 감정을 나눌 수 있는 안전한 공간을 열어 주었고, 그 속에서 아이들은 진지하게 감정을 표현하고 진지하게 공감하며 유쾌하게 그 상황들을 즐겼다. 마음 놓고 진지했다.

동시 온작품읽기가 끝나고도 아이들은 자주 책꽂이에서 동시집을 꺼내 읽었다. 필사 공책을 만들어 꾸준히 필사하는 아이도 생겼다. 깊이 마음을 나누고 마음과 마음을 엮어 본 아이들은 속마음 드러내는 것을 어려워하지 않았다. 교과서 시 단원 수업으로는 얻어지지 않던 것들이 교실에 쌓였고 교실은 감정을 교류해도 되는 안전한 공간이 되었다.

♥ "준혁아, 고마워!"
아이들의 이름은 모두 가명이지만 '준혁'이는 실명입니다. 어쩔 수 없이 실명을 써야 하는 상황인데 기꺼이 허락해 주어서 고맙습니다.

시인과 잇기

- 상상의 아이콘! 눈사람, 김륭 _ **이혜림**
- 공감과 치유의 동시, 송선미 _ **강연미**
- 동화적 상상력이 시 세계로 들어왔다, 송찬호 _ **황세원**
- 새로운 형식의 동시 놀이, 유강희 _ **유선민**
- 말을 기르는 시인, 이안 _ **김효진**

상상의 아이콘! 눈사람, 김륭

이혜림

김륭 시인

2007년 신춘문예에 시와 동시가 당선되어 등단했다. 2009년 첫 동시집 《프라이팬을 타고 가는 도둑고양이》를 출간했다. 낯선 시도로 동시의 경계를 확장한 작품을 발표하고 있다. 동시집 《삐뽀삐뽀 눈물이 달려온다》(2012), 《엄마의 법칙》(2014), 《별에 다녀오겠습니다》(2014), 《앵무새 시집》(2020), 동시 평론집 《고양이 수염에 붙은 시는 먹지 마세요》(2021)가 있다.

때   2021년 2월 6일 토요일
곳   경남 창원, 8월의 크리스마스 북카페

김륭 시인을 만나러 아침 일찍 광명역에서 KTX를 타고 남쪽으로 남쪽으로 향했다. 열차 안의 두근두근 2시간 30분은 시인을 만나기 위한 준비 시간. 빠르게 지나가는 풍경을 보니 시간여행을 하는 느낌이 들었다. 시인의 시집들을 보면서 그렇게 시간을 채워 드디어 창원중앙역에 도착하였다. 창원중앙역에서 햇살을 받으며 시인을 기다렸다. 2월의 햇살은 봄을 부르듯이 따사롭고 빛났다. 키가 큰, 모자와 스니커즈를 즐겨 착용하신다는 멋진 분이 저 멀리 보였다. 햇살과 함께 와우! 드디어 시인을 만났다. 자리를 옮겨 '8월의 크리스마스' 북카페, 2021년 2월 6일 하루가 이틀 같았던 꿈 같은 그 날의 기억을 떠올리며 인터뷰 내용을 펼친다.

아이들의 미래는 어른이 아니다

이혜림　안녕하세요? 전국초등국어교과모임 쌀떡밀떡 이혜림입니다. 상상의 아이콘, 동시 계의 오아시스 김륭 시인을 직접 만나게 되어 영광입니다. 이 어려운 시기에 흔쾌히 인터뷰를 허락해 주셔서 감사합니다. (웃음)

김　륭　네, 반갑습니다. 먼 곳까지 잘 오셨습니다. (웃음)

이혜림　김륭 시인의 동시집을 공부하면서 꼭 한번 뵙고 싶었습니다. 인터뷰 질문은 쌀떡밀떡 선생님들이 시인과 시인의 작품에 대해 궁금해하는 질문들을 모은 것입니다. 그럼 천천히 시작해 보겠습니다. 시인에게 동시를 읽고, 동시를 쓴다는 것은 어떤 의미입니까? 또 '륭'이라는 시인의 이름이 궁금합니다.

김　룡　"아이들의 미래는 어른이 아니다." 동시와 관련된 산문을 쓰기 위해 고민하다 최근 쓴 문장이에요. 이 문장 속에 답이 들어 있는 것 같아요. 좀 추상적이긴 하지만 아이들의 미래는 언제 어디서나 아이임을 잃지 않고 가는 길이며, 스스로 가는 그 길에서 만난 또 다른 아이들의 가치를 발견하는 것이 아닐까, 하는 생각을 했어요. 그것은 현실적인 시간이나 공간 너머 상상을 초월하는 이야기처럼 그 무엇이 되지 않을까요? 그래서 아이는 어른을 이해해서는 안 되며 이해를 하려고 해서도 안 된다고 생각해요. 어른 또한 마찬가지일 테죠. '륭'이란 이름은 저도 궁금해요. 본격적으로 시를 쓰면서 만들었는데 그때를 떠올리면 나도 낯설고 잘 모르는 이름을 짓고 싶었어요. 왜냐고 물으신다면 "그게 곧 사람이 아닐까요." 하고 말씀드리고 싶고요.

신발 그리고 달

이혜림　시 속에 신발이 많이 나오는데 '신발'에 특별한 의미가 있을까요? 《엄마의 법칙》(문학동네)에서 〈신발을 찾습니다〉, 〈울고 싶은 날〉에서 "신발들이 새처럼 날아다니는 꿈속으로", 〈살금살금〉에서 "나는 가끔씩 새들을 신발처럼 신고 하늘 어딘가를", 〈트램펄린〉에서 "나비와 벌들의 신발을 보았다"를 비롯해서 신발이 정말 많이 등장했어요. 또 《앵무새 시집》(상상)에서 〈신발이 나는 것을 본 새들의 반응〉 중 신발의 의미는 또 무엇일까요? 시인의 시에서 '신발이 갖는 의미'에 대해 전반적으로 이야기를 들려주세요.

김　룽　어느 날 문득 인간은 신발 때문에 뿌리를 가질 수 없는 거 아닌가? 그런 생각을 했어요. 좀 우습겠지만 뜬금없는 생각이란 건 지금도 마찬가지예요. 굳이 신발의 의미를 말하자면 뿌리조차 가질 수 없게 스스로 행하는 억압쯤 될까요? 신발을 뒤집으면 새가 되죠. 그러니까 좀 상투적이지만 '자유'쯤 될까요. 자유라는 단어라는 게 억압 없인 존재할 수 없는 단어잖아요. 시적으로 말하면 인간이 가진 '묘심'과 가장 어울리는 사물이 신발이 아닐까 싶어요. 나의 가장 밑바닥까지 걸어볼 수 있는 게 마음이라면 그 마음 또한 신발로 환원해 사용할 수도 있겠죠.

이혜림　시인의 동시에는 또 '달'이 중요한 시적 상징으로 등장합니다. 《달에서 온 아이 엄동수》(문학동네)를 보면 더욱 그렇게 생각되는데요. 《앵무새 시집》에서 "걀걀 달이 걀걀" 달의 웃음소리를 밤새 따라 하며, 코끼리에 반한 냉장고 속 달걀의 엉뚱 발랄한 모습도 참 재미나고요. 시인에게 '달'은 어떻게 동심의 근원으로 작용하게 되었나요?

김　룽　밤의 거울? 인간에게 허상이 좀 필요한 것 같아요. 달이 밤의 거울이란 생각은 여기서부터 시작된 것 같아요. 이 생각을 바탕으로 하면 빛과 어둠의 경계가 무의미해질 때가 있어요. 이건 어둠으로 상징되는 밤을 이길 수 있는 묘책일 수도 있잖아요. 그런데 이 묘책이 허상이란 거죠. 밤은 밤으로서 존재하는 거니까요. 개인적으로 달의 이미지를 빛으로 대변하기보다 거울로 환원하는 게 좋아요. '달'은 어떻게 동심의 근원으로 작용하게 되었나요?라는 질문엔 아이들과 어른의 경계를 허물 수 있는 유일한 힘이기 때문이라고 답하고 싶어요. 그 힘 자체가 이른바 '동심' 아닐까요. 돌이켜 보면 헛된 것이 참 가치로울 때도 있었잖아요.

앵무새 시집

이혜림   《앵무새 시집》에서는 또 제목과 내용의 차이가 큰 시들이 보입니다. 〈신발이 나는 것을 본 새들의 반응〉,〈전학 첫날〉,〈웅〉 등은 제목을 보고 내용을 연결해서 이해하기 정말 쉽지 않은데요. 시인님은 제목을 정할 때 어떻게 정하시는지요?

김 룡   참 잘 골랐네요. 세 편의 공통점은 전체 서사를 생각해 붙인 제목이에요. 전 제목으로 모든 걸(내용과는 무관하다 싶을 정도로) 말하고 싶을 때가 있어요. 이건 제가 동시를 쓰는 이유와 직결되는 문제인데, 아이들에게 주는 동시는 괜찮은 질문 하나만으로도 충분할 때가 있지 않을까요? 전 어른 작가로서 아이들에게 좀 이상하고 엉뚱하고 재미있는 질문을 만들어 주고 싶어요. 그 질문을 아이들에게 던지면서 답을 원하고 싶은 마음은 추호도 없어요. 제가 질문을 만드는 것은 '내가 이렇게 질문을 만들었으니까 너희들도 스스로 질문을 만들어 보면 어때?' 하고 응원하는 거니까요. 제목을 정할 때는 좀 어렵더라도 전체 서사를 생각해 제목을 정할 때가 가장 많고요. 그다음이 제목만으로도 괜찮은 질문이 된다 싶은 판단이 설 때예요. 먼저 〈신발이 나는 것을 본 새들의 반응〉처럼 제목만으로 질문이 되는 작품이란 걸 염두에 두시면 시에 대한 해설은 없어도 되지 않을까요? 시를 공부하지 않은 독자라면 제가 생각해도 좀 어려울 것 같아요. "진짜 하늘을 나는 새의 일과 지금 하늘을/ 새처럼 날고 있는 것 같은 내 기분은/ 다를 거야" 그러니까 "말로 다 할 수 없는 기분이 있어서/ 지금 내 기분은," 새처럼 날 수 없는 나를(신발이), 내 기분이(새가)

바라보는 풍경을 담은 것. 〈전학 첫날〉 좀 우스운 이야기지만 전 개인적으로 바람과 사람을 동일시하는 습관이 있어요. 그런데 사람은 바람처럼 자유로운 몸과 마음으로 놀고 싶지만 그럴 수가 없잖아요. 물론 이때도 바람=사람이란 등식을 부정하고 싶진 않아요. 왜냐하면 몸은 그럴 수 없지만, 마음은 충분히 그럴 수 있잖아요. 1연 오줌싸개 지도 이야기로 시작되는 이유지요. "갈 데가 없으면/ 빈둥빈둥 놀면 되는데" 그럴 수 없을 것 같은 아이의 막연한 두려움과 (외톨이가 될까 봐) 불안을 담고 싶었는데 너무 욕심을 부렸나 싶어요. 암튼 전학을 온 아이가 엄마랑 학교 가면서 느끼는 어색함과 두려움 등의 감정을 바람의 이미지(바람과 사람의 관계성)로 그려내고 싶었던 작품이에요. 〈옹〉 이 작품은 '물고기의 잠'이 부제로 붙어 있죠. 전체적으로 긍정하는 힘을 강조한 작품이에요. 혼자가 아니고 둘이 되고 싶은 외로운 아이의 내면을 꿈 이야기로 비춰 내고 싶었어요. "손잡아도 돼?/ 우린 손이 없잖아./ 있다고 생각하면 돼." 1연이 이 작품의 본론이라고 할 수 있을 것 같아요. 엄마 없이 아빠와 사는 아이의 꿈 이야기를 '물고기의 잠'으로 은유했으니까요.

이혜림 《앵무새 시집》에서 보이는 상상의 깊이, 차원이 너무 넓어서 놀랍습니다. 김륭 시인의 쉽게 넘나들 수 없는 상상을 만들어 내는 힘은 어디서 오는 걸까요? 혹시 시인께서 상상의 힘을 키우는 특별한 방법이 있을까요? 그리고 요즘 시인께서 상상의 힘을 기르는 데 도움이 되었거나 즐겨 읽는 책이 있나요?

김 륭 상상력은 생각의 깊이와 비례해요. 결국 상상력의 힘을 키우는 방법은 생각을 깊게 하는 방법밖에 없는데 전 아직 멀었어요. 부족함을 채우기 위해 나름 열심히 게을러지고 있는 중이에요.(웃음) 고백컨대 책은 정말 열심히 안 읽는 편이에요. 제가 쓰는 작품들은 거의 맨바닥에 머리를 박는 수준? 굳이 책 이야기를 하자면 린드그렌의 동화가 가진 서사와 미학을 좋아해요. 아름답잖아요. 파스칼 키냐르의 《혀끝에서 맴도는 이름》도 참 좋아해요. 개인적으로는 《음악 혐오》 같은 책을 읽고, 저 같은 인간이 절망하기 딱 좋다고 생각했죠. 숀 탠의 《먼 곳에서 온 이야기들》도 마찬가지예요. 이밖에 가스통 바슐라르의 《몽상의 시학》, 막스 피카르트의 《침묵의 세계》, 마세도니오 페르난데스의 《계속되는 무》, 사뮈엘 베케트의 《이름 붙일 수 없는 자》 등을 개인적으론 최고로 꼽아요. 최근엔 클라리시 리스펙토르의 《달걀과 닭》, 윌리엄 포크너의 《소리와 분노》도 감동적으로 읽었어요.

이혜림　시인을 좋아하는 동시 독자들도 《앵무새 시집》이 읽어 내기 만만치 않다고 합니다. 한 편의 동시가 열어 보이는 세계가 넓고 직관적으로 이미지에 접속하게도 되지만, 생각지 못한 방향으로 훅 던져지는 기분이 들기도 합니다. 오래 곱씹어 보아도 어려운 시도 있습니다. 시인의 작품이 쉽게 해석되지 않는 것이 마치 현대미술 같다는 느낌을 받아요. 독자들이 《앵무새 시집》을 좀 더 쉽게 읽을 수 있는 비법을 좀 알려 주세요.

김　룡　"슬픔을 감추는 것이 슬픔"이라는 이성복 시인의 말이 떠오르네요. 시는 말하는 게 아니라, 말을 숨기는 거란 걸 좀 고려해 주시면 좋겠어요. 숨김으로써 말하는 것이 시라고 해도 되겠죠. 물론 어른 시를 말할 때나 통용되겠지만 말이에요. 전 동시를 쓸 때도 이런 생각들을 고집할 때가 많아요. 아이들을 믿으니까요. 좀 어렵더라도 시가 태어나는 순간을 의미를 생산하는 순간이란 사실 또한 놓치지 아야 할 부분이에요. 이런 고집은 신형철 평론가의 말을 떠올려 보면 좋을 것 같아요.

"어떤 생각과 감정을 이전에 누구도 그렇게 표현해 본 적이 없는 어떤 방식으로 표현해내서, 이제는 다른 사람이 그 생각과 감정을 표현하려 할 때 다른 문장을 떠올리기 어렵게 만드는 그런 경지, 어떤 글이 '정확하다'라는 느낌은 당연히 독자 편에서 생성되는 것. 그런데 그런 반응을 끌어내는 힘이 창작자 쪽에 애초에 있지 않다면 아무 일도 일어나지 않을 테니까 그런 반응을 끌어내는 힘이 과연 무엇일까에 대해 생각해 볼 필요가 있다."

_ 신형철, 인터뷰 "섬세해지고자 노력하는 공부", 2018

생각해 볼 필요가 있죠? (웃음) 결론적으로 시의 이해는 두 개의 자아가 마주치고 부딪치는 순간에 이루어지고, 마주치거나 부딪치지 않고 이해되는 것은 없다는 말보다 적확한 말은 없을 것 같아요.

사랑이란

이혜림　시인은 '사랑의 시인'이라고도 불리는 거 알고 계신가요? 송진권의 〈어떤 것〉을 언급하는 과정에서 시인의 '어떤 것'은 '사랑'이라고 하셨어요. 시인이 말하는 '사랑'이라는 낱말과 보통 사람이 생각하는 '사랑'과 다른 것 같아요. 시인의 사랑은 무엇인가요? 그리고 그 사랑의 근원은 어디인가요?

김 륭   사랑이란? 개인적으로 시간을 무력화시키는 유일한 힘이 아닐까 싶어요. 좀 슬프게 말하면 결국 혼자란 것을 알게 해 주는 것. 이런 문장은 어때요? 어디서 읽은 것 같은데, 너무 상투적이어서 기억이 오래 남아요. (웃음) "영원한 사랑이란, 끝까지 둘이 함께 갈 수 없다는 것을 알게 해 주는 것이다. 기쁨보다 고통인 것을 알게 해 주는 것이다. 짐이 될 수 없는 것은 사랑이 될 수 없는 것이다. 어떤 상처와 고통이 될 수 없는 것은 사랑이 될 수 없는 것이다." 다음 문장들을 살펴보면 느낌이 오실까요?

"사랑의 가치는 한 존재가 자신을 망각한 채 타인에게 전폭적으로 헌신하는 그 도취적 아름다움에만 있지 않다. 사랑은 타자에 대한 사유를 가장 집중적으로 하게 하는 인생의 사태이다. 그것은 집중된 광기의 시간이다. 사랑이 끝났다고 생각되는 그 허탈한 순간조차 상태에 대한 생각은 집요하게 이어진다. 이러한 생각들은 너와 나의 관계, 나아가서 인생을 진지하게 묻게 하는 통로가 된다. 깊은 사랑을 경험한 자는 그것을 경험하지 않은 자와 다른 내면을 가질 수밖에 없다. 그는 이전의 그가 이미 아닌 것이다. 그는 생의 아름다움과 상처를 동시에 내면화하고 막막하게 펼쳐진 일상으로 되돌아와야 하는 쓸쓸함 속에서 휘청거린다. 이 모든 것을 포함한 것이 사랑의 가치이다."
_ 엄경희, 〈우리는 왜 사랑 시에 열광하는가〉, 《시 대학생들이 던진 33가지 질문에 답하기》 (세움, 2011)

"인간은 항상 자기가 사랑하는 것에 대해 말하는 데 실패한다."(롤랑 바르트)

"스스로 영원을 깨닫는 곳에 그대의 영혼이 있다. 그러니 그곳에서 살아라. 바로 그 부분의 영혼을 우리는 사랑이라고 부른다."(톨스토이)

"여기서 나는 사람들이 영광이라고 하는 것이 무엇인지를 깨닫는다. 그것은 거침없이 사랑할 권리이다."(알베르 까뮈)

시인의 일상

이혜림   시인은 거의 매년 시와 동시를 넘나들면서 시집을 내 왔습니다. 이렇게 다작을 하시는데 일상생활 중에 어느 정도의 시간을 창작에 쏟고 있는지 궁금합니다.

김 륭   고백컨대 창작에 쏟고 있는 별도의 시간은 별로 많질 않아요. 태생적으로 게으름이 체질화된 상태여서 원고 마감 등 발등에 불이 떨어진 어떤 경우가 아니면 사람이 아니라 나무늘보예요. 시가 곧 삶이 되어야 한다는 말이 있는데, 이 말은 그냥 언제 무엇을 하든 시를 생각하는 것일 테죠. 그냥, 그저, 그런, 일상을 보낼 뿐이에요.

동시 수업과 시 창작

이혜림   지난 10년간 동시 장르에는 뛰어난 창작자와 작품들이 나와서 동시 텍스트를 풍부하게 갖추어 놓았는데요. 그럼에도 불구하고 현장에서는 동시가 언어 예술로 받아들여지지 않고 동시 수업도 정형화된 옛날 방식대로 이루어지기도 합니다. 그러다 보니 아이들의 창의력이나 상상력이 제한받는 거 같아 아쉽습니다. 창의력과 상상력을 키우는 동시 수업을 위해 조언 부탁드립니다.

김 륭   동시의 세계는 결코 완성될 수 없고, 완성되어서도 안 된다고 생각해요. 왜냐하면 동심은 진화하니까요. 동시라는 장르가 곧 아이들과 어른들의 밀당과 싸움 그리고 아우성이 난무하는 세계의 미학적 진술이자 묘사로 이루어진 또 하나의 세계잖아요. 이 세계는 아이들과 어른들의 고민이 뒤섞여 만들어 내는 세계, 그러니까 있으면서도 없고 없으면서도 있는 세계로 곧 동시(아동문학)라는 장르가 발화되는 지점이라고 생각해요. 아이들과 함께 고민하고 쓰면서 '어, 이건 내가 한 번도 생각하지 못했던 건데?' 하고 나의 생각(내가 가진 세계) 바깥에서 새로운 뭔가를 가져와 스스로 놀랄 때 생기는 것 같아요. 우리가 흔히 말하는 창의력이나 상상력은 이 놀라움을 장착할 때 생기지 않을까 싶어요.

이혜림 시 창작 수업을 할 때 아이들에게 시 쓰는 기쁨을 맛보게 하고, 시를 읽는 삶으로 아이들을 연결해 주고 싶습니다. 창작자 입장에서 볼 때 초등학교 동시 수업 시간에 아이들과 시 창작을 한다면, 교사가 어떤 것을 꼭 염두에 두면 좋을까요?

김 룡 먼저 어른이자 교사로서 가진 시간과 공간의 제약을 아이들의 질문으로 허물겠다는 의지가 중요할 것 같아요. 쉽게 말하면 가르치는 게 아니라 함께 어떤 이야기를 찾아 모험을 떠나는 거죠. 이때 이야기는 세상에 없는 이야기까지 함의된 것이죠. 이게 생각보다 쉬운 일은 아닐 거예요. 아는 만큼 모르는 게 두 배로 늘어난다고 하잖아요. 어른으로서의 자기 연민에서 탈출하는 게 가장 먼저일 것 같아요. 그래서 전 아이들과 동시를 읽거나 쓸 때 그냥 놀아요. 마음껏 상상하게 한 다음 더 이상은 못 읽고 못 쓰겠다고 할 때까지 기다려요. 그리고 조금만 더 가면 훨씬 재미있는 세상이 있다고 온갖 감언이설(?)로 꾀어요. 이때 중요한 것은 아이들이 쓴 마지막 문장을 이어 시작하게 될 나의 첫 문장이죠. 엉뚱하면서도 흥미로운 문장이라면 아이들은 다시 가요. 세상의 모든 이야기는 끝이 없는 거니까요. 그래서 선생님들께서도 동시를 좀 진지하게 공부를 하면 좋겠어요. 창작자보다 더 중요한 게 아이들과 함께 제각기 아이들의 이야기 속을 살아가는 선생님들이니까요.

이혜림 시인의 이야기를 들으면서 선생님들이 아이들에게 자꾸 무언가를 가르쳐주려고 하는 습관에서 벗어나는 것이 우선 필요함을 느낍니다. 교실에서 아이들이 선생님과 함께 동시를 가지고 놀고 생각을 확장하는 시간을 가지면 성장과 서로에 대한 존중은 자연스럽게 따라올 것이라는 믿음이 듭니다. 학교 현장에서 2021년 김륭 시인의 동시집을 통해 상상력을 펼치고 사고를 확장하는 기회를 마련해 보겠습니다. 코로나로 대면 강의도 어렵고 만남이 어려운 시기에 긴 시간 인터뷰에 응해 주셔서 감사드립니다.

김 륭 생각, 상상, 내 머리를 말랑말랑하게 하는 시와 동시는 예술입니다. 시, 동시 한 편으로도 2박 3일 수업이 가능합니다. (웃음) 선생님과 함께 엉뚱하게 생각하는 습관, 다르게 바라보는 기회를 통해 초등학교 때 아이들이 '생각을 하는 힘'을 기를 수 있기를요. 감사합니다.

    김륭 시인을 만나고 서울로 향하는 발걸음에는 아쉬움과 기쁨이 교차했다. 우리는 코로나로 인해 꽉 막힌 답답한 일상 안에서, 그래서 모두 '여행'을 꿈꾸며 코로나가 끝나기를 바라고 있다. 하지만 아직도 코로나라는 터널은 끝이 잘 보이지 않고 그 안에 머무는 중이다. 돌아오는 KTX 안에서 오늘의 시간을 돌아보며 많은 생각이 들었다. 우리가 지금의 순간을 누릴 방법으로 작가의 책을 탐구하고 작가와 소통하는 기회를 마련하는 것, 이것 또한 여행이 될 수 있다고 생각했다.

　작가를 만나고 오는 내 안에는 여행 후 느끼는 감정들과 앎에 대한 기쁨이 차올랐다. 공간을 이동하는 것, 꼭 멀리 해외가 아니라도 책속으로 들어가 코로나가 주는 새로운 시간을 활용해 보는 것은 어떨까? 학교 현장에서 아이들과 자주 만날 수는 없지만, 원격 수업과 대면 수업 시간에 김륭 시인의 사랑과 상상이 가득한 시를 함께 나누어도 좋겠다. 꼭 기억할 것은 선생님과 아이들이 함께 즐기는 것. 그리고 엉뚱하게 생각하고, 나 자신을 탐구할 수 있도록 하는 것.

　김륭 시인은 동시, 청소년 시, 시의 모든 장르에서 꾸준히 활동하고 있다. 세 장르의 작품들을 함께 읽어 보며 연결되는 것들도 찾아보면 새로운 즐거움을 찾을 수 있을 것이다.

공감과 치유의 동시, 송선미

강연미

송선미 시인

2011년 《동시마중》에 동시를 발표하며 등단했다. 2010년 5월 5일에 창간된 격월간 동시 전문지 《동시마중》 발행인이며, 동시와 동시 평론을 쓴다. 《옷장 위 배낭을 꺼낼 만큼 키가 크면》(2016), 《미지의 아이》(공저, 2021)를 냈다.

때   2021년 2월 28일 일요일
곳   충북 충주시, 감자꽃

아침 일찍 차를 몰고 충주로 향했다. 충주 감자꽃 학원에서 우리들의 담임 선생님? 송선미 시인의 인터뷰가 있기 때문이다. 우리 모임(쌀떡밀떡)은 2018년부터 송선미 시인께 동시를 공부하고 있어서 우리가 가 보지 못한 길을 걷게 해 주신 송선미 시인이 우리 모임에게 담임 선생님과 같은 존재이다. 4년째 송선미 시인과 함께 공부하면서 동시를 읽는다는 건 우리 인식의 한 페이지를 넘길 수 있게 해 준다는 생각을 많이 하게 되었다. 그런데 그 인식의 한 페이지 넘기기는 '사람'이라는 생각도 많이 한다. 그 사람을 만나러 가는 길. 공부가 아닌, 평소 궁금했던 이야기들을 터놓고 들을 수 있는 자리를 마련하고 그 시간에 와 있다는 게 설레고 기대되었다.

감자꽃 학원에 도착. 권태웅 시인의 《감자꽃》 동시집 표지 그림에 나온 감자꽃 걸개그림이 창문에 걸려 있어 인상적이었다. 알고 보니 송선미 시인이 직접 그린 그림이었다. 남다른 그림 솜씨가 있다고 생각은 하고 있었지만 역시나!!

일상

강연미 시인님은 아침 일찍 일어나시는 것 같아요. 어떤 글에서 다양한 빛을 좋아하신다고 봤어요. 저도 아침 일찍 일어나서 아침 빛이 서서히 떠오르는 때를 좋아하는데, 시인님이 하루 중 가장 좋아하거나 사랑하는 시간은 어떤 시간인지 궁금합니다. 그리고 코로나 상황이긴 한데 요즘 생활의 큰 즐거움이 있으시다면 무엇일까요?

송선미 네, 일찍 일어나는 거 좋아해요. 아침에 책상에 앉아서 커피 마시면서 밖이 환해져 가는 거 볼 땐 기분 좋아요. 아침에 침대에서 눈을 떴는데 벌써 훤한 날엔 속상해요. 그리고 코로나 상황이지요. 사흘도 좋고 일주일도 좋고 밖에 잘 안 나가는 집순이였는데요, 외부적 강요 땜에 방콕이 되니까 되려 밖으로 나가게 되더라구요. 몇 년 동안 사용하지 않던 사무실에 인터넷을 설치해서는 한 시간 걸어가서 거기서 책 읽고 일하고 그러다가, 다시 한 시간 걸어서 집에 오고 그랬어요. 코로나 상황에 알게 된 즐거움은, 누워서 책 읽는 즐거움이요. '눕서대'도 샀답니다.

강연미   시인님은 TV 프로그램, 영화, 음악, 미술 등 예술문화 다방면에 많이 관심 갖고 계신 듯합니다. 그림 솜씨도 남다르시고요. 그러고 보니 예술적 재능을 타고나신 것도 같아요. 특별히 좋아하는 TV 프로그램, 영화나 소설이 있나요?

송선미   그렇게 생각하셨다니 부끄럽습니다. 대부분이 오해이십니다. TV는 안 본 지 오래됐어요. 아마 요즘엔 많이들 그러실 것 같아요. 가끔 넷플릭스를 보긴 하는데, 넷플릭스에서 만든 건 드라마든 영화든 볼 때만 재밌고 정작 보고 나면 이상하게 슬퍼지더라구요. 딱 생각나는 영화는《서스페리아》(루카 구아다니노 감독, 2018)요. 원래 구아다니노를 좋아해서 무척 기대하며 기다렸다가 본 영화였는데, 역시나 좋았어요. 틸다 스윈튼은 원래 좋아했지만,《그레이의 51가지 그림자》땜에 별로였던 다코타 존슨 같은 경우 이 영화 땜에 완전 호감이 됐어요.《메트릭스》(워쇼스키 감독, 1999) OST 이후 처음으로 OST도 샀어요(이게 몇십 년 만인가요). 제가 공포 영화는 무서워서 못 보는데, 구아다니노 영화라 일단 무조건 봤거든요. 그런데 하도 좋아서 오컬트 영화를 섭렵하게 됐어요. 소설은 김애란. 소설은 거의 안 읽고 보통 인문서나 평론집 같은 비문학 책을 읽는데요, 코로나 상황이 이어지니 저도 모르게 김애란의 작품을 찾아 읽고 있더라구요. '희망'이 궁금할 때 습관처럼 떠오르는 이가 김애란입니다.

글쓰기

강연미   하루 중 어느 때에 글을 쓰시는지, 쓸 때는 어느 정도 분량을 쓰시는지, 특별히 정해진 규칙이 있는지 궁금합니다. 시 창작을 위해 특별히 신경 쓰시는 시인만의 루틴이 있으신지요. (《아티스트 웨이》 - 모닝 페이지를 꾸준히 쓰신다는 얘기도 생각이 납니다.)

송선미   이 질문을 받으니 격하게 반성하게 됩니다. 첫 동시집 낼 땐 동시 쓰려고 정말 노력 많이 했는데, 요즘은 안 그러거든요. 저 반성해야 해요. 그땐 일어나자마자 동시를 읽었어요. 옮겨 적고 싶은 마음이 드는 동시 10편을 모을 때까지 동시를 읽었어요. 읽는 작품마다 좋아서 10편이 바로 모이는 날도 있고, 한 권을 다 읽었는데도 10편이 골라지지 않을 때도 있었어요. 10편을 모으면 그중 1편을 작은 수첩에 옮겨 적고, 그 수첩을 자주 서 있는 장소에 두고 반복해서 읽고. 모닝 페이지도 열심히 썼습니다. 필사도 손가락이 아파서 더 못 할 때까지 했어요. 늘 수첩을 가지고 다니면서 무조건 적고 무조건 그리고. 그런데 지금은 그렇게 안 해요. 제가 올해로 동시 쓴 지 만 10년이 됐는데요, 동시 처음 쓰던 그때 그 내가 떠올라, 최근 다시 모닝 페이지를 쓰기 시작했습니다. 그런데 매일은 못 써요. 그땐 그걸 어떻게 했나 싶어요.

강연미　필기구, (볼)펜에 대한 애착이 남다르신 것 같아요. 〈볼펜 고문〉과 같은 시는 송선미 시인이 아니면 쓸 수 없는 시 같기도 할 정도로 특별하게 다가옵니다. 평소 시인의 펜에 대한 남다른 관심과 애정이 깃들어 있음을 알게 해 주는 것 같아요. 특별히 아끼는 문구류, 펜이나 노트 수집 같은 시인만의 취미 관련 얘기를 듣고 싶어요.

송선미　저는 수집하는 취미가 있지는 않아요. 제게 지나치게 물건이 많은 거 같거든요. 다만 어떤 우연으로 어떤 펜 하나나 색 하나가 제게 올 때가 있어요. 누군가에게 색연필을 선물 받았는데 너무 예쁜 파랑이 있다, 그러면 그 파랑이랑 어울리는 다른 물감이나 펜, 종이, 붓, 이런 것들을 사 모으게 됩니다. 다행히도 늘 사용하는 필기도구들에 대한 애착이 심해서 그런 일이 자주 일어나는 건 아니에요. 저한테 문구류 선물하시면 안 됩니다. (웃음)

강연미　'글을 쓴다는 것'을 직업으로 갖는 것은 아무나 할 수 있는 일이 아니고 어쩌면 어렵고 힘든 일일 수도 있다고 생각합니다. 지금의 시인이 되기까지 어렸을 적 경험이나 문학적인 방향으로 이끌어 주신 가족 또는 작가 등 특별한 계기가 있었는지 궁금합니다.

송선미　시적 인간이 있고 산문적 인간이 있다면, 저는 저 자신을 산문적 인간이라고 생각했어요. 하지만 그 전에 저 자신을 비창조적 인간이라고 생각했어요. 그래도 만약에 글을 쓴다면? 평론이나 소설은 쓸 수 있지 않을까 정도는 막연히 생각해 본 적은 있어요. 시는 타고 태어난 사람만이 쓸 수 있다고 생각했어요. 그런데 너무 우연히 또 감사하게도 동시가 절 찾아와 주었어요. 그리고 제 첫 동시집 머리말에도 감사를 드린 두 분 시인이 있으셨어요. 제 동시의 길 처음에 두 분 시인이 아니 계셨다면 절 찾아와 준 동시의 손을 이렇게 오래 잡고 있지 못했을 겁니다. 그런데 정작 더 신기한 일이 있어요. 몇 년 전 생각난 일들이에요. 초등 5학년 때 같은 반 친구한테 특이한 생일 선물을 부탁받은 적 있어요. 그리 친하지도 않았던 친구였는데, 저한테 자기 생일 선물로 글을 써 달라는 거예요. 왜냐고 물었더니 제 글이 좋대요. 중고등학생 땐 방학 숙제로 제출한 독후감을 담임 선생님이 출품하신 게 상을 받아서, 전교생이 모인 조회 시간에 연단 앞으로 나가 다시 수상하는 퍼포먼스를 하기도 했어요. 중고등학생 때 내내 문예반이었고, 개교기념일 때면 자작시에 직접 그린 그림으로 시화전을 하고. 대학교 입학하자마자 가입한 동아리도 사회과학 공부하는 동아리하고 글 쓰는 동아리였어요. 생각해 보니 저는 늘 산문이든 시든 글을 쓰는 곳에 있었고, 어떤 식이든 글을 쓰고 있었어요. 그런데도 전 동시를 쓰기 전까지 저 자신을 글 쓰는 사람일 수 없다고 생각하며 살아왔어요. 글과 함께했던 저의 시간은 모두 잊은 채요. 신기하죠? 정말 그 사실을 몇 년 전에야 떠올렸어요. 사람이 자기 마음을, 자기 욕망을 이렇게까지 모를 수도 있더라구요. 그러니까 동화책을 좋아하던 꼬꼬마 초등학생 시절부터, 저는 글을 쓰고 싶었던 거예요. 그런데 그걸 무서워했던 거죠.

추천 도서

강연미　《동시마중》 격월평 등 시인님의 동시 평론 글을 읽다 보면 언어(학) 연구를 깊이 공들여 하신다는 느낌이 듭니다. 낱글자, 낱말의 조응, 행과 연의 배치, 문장부호까지 어느 것 하나 그냥 지나치지 않고 소리의 규칙을 찾아내시거나 낱말과 어구 등 연결 관계를 짚어 주셔서 시를 감상하는 데 또 다른 즐거움을 느끼게 해 줍니다. 평소 다양한 책을 많이 읽고 연구하며 꾸준히 공부하시는 것 같아요. 그래서 더욱 존경스럽습니다. 동시 감상을 넘어서서 동시 창작을 하려는 저희에게 도움이 될 만한 책이 있다면 소개해 주세요.

송선미　사실 저는 언어학을 공부하고 싶어 건대에 지원했어요. 서울대 언어학과에 가고 싶었지만, 제2외국어를 정말 못했거든요. 그래서 권재일 선생님이 계신 건국대 국어국문과에 가고 싶었어요. 고등학생일 때는 한글학회 허웅 선생님께서 만드신 '한글나무'라는 전국 고등학교 연합 동아리에서 활동도 열심히 했었구요. 우리말이 주는 유려하면서도 강한 느낌과 우리말의 배치와 반복이 주는 느낌이 좋았어요. 책을 많이 읽는 편이 아니라서 다시 부끄럽습니다. 저 정말 책 많이 안 읽어요. 이제 막 창작을 시작하신 선생님들이니 테드 휴즈의 《오늘부터, 詩作》과 줄리아 카메론의 《아티스트 웨이》를 권합니다. 테드 휴즈의 책은 잘 봐야 잘 쓴다는 걸 알려 주죠. 카메론의 책은 무엇이든지 써야 한다는 것, 계속 쓰고 있어야 한다는 걸 알려 줍니다. 그리고 제가 요즘 읽고 있는 책 《롤랑 바르트의 마지막 강의》에서 옮겨 둔 구절을 읽어 드리고 싶은데요, 메리 올리버의 '삶의 규칙'입니다. "관심을 가져라, 놀라고 감탄하라, 그 일에 관해 이야기하라." 제가 새기고 싶어 적어 둔 문장이에요. 관심을 가져야 놀라기도 하고 감탄도 할 수 있는 거겠죠? 관심을 가져라. 이게 쉬워 보이지만 결코 그렇지 않아요. 관심을 가질 수 있다는 것, 그것만으로도 놀라운 변화고 축복이에요. 늘 관심을 갖고 있다면 놀라고 감탄할 수밖에 없어요. 더 중요한 건 이 느낌을 이야기해야 한다는 겁니다. 이야기는 이야기됨으로써 이야기되기 전의 경험을 넘어섭니다. 이야기된 문장을 통해 우리는 자기 경험을 새로운 언어로 낯설게 만나게 돼요. "관심을 가져라, 놀라고 감탄하라, 그 일에 관해 이야기하라." —보라, 만나라, 써라. 그런데 이 간단해 보이는 게 쉽지 않아요. 그래서 시 쓰기가 어려운가 봐요.

치유의 힘

강연미 《옷장 위 배낭을 꺼낼 만큼 키가 크면》(이하《옷배키》) 동시집 속 〈나 때문이 아니다〉, 〈누굴 보고 있나요〉, 〈완두콩 콩깍지 우리〉, 〈외롭다 말하기〉, 〈크리스마스 신데렐라〉, 〈딱지 옆에 스티커〉, 〈네 살 적 사진〉, 〈먼지가 되겠다〉, 〈한 아이〉, 〈나만의 세상-잠수〉, 〈맘대로 거울〉이란 시들은 가만히 내면을 들여다보게 만드는 작품이면서 '치유의 힘'을 갖는 동시라는 생각이 듭니다. 어쩌면《옷배키》동시집은 내면 아이를 들여다보게 하고 그 과정을 통해 치유의 힘을 갖게 하는 동시집이 아닐까 하는데요. 이 동시집은 마치 자전적 에세이처럼 느껴집니다. 동시집이 출간되었을 때 남다른 의미로 다가왔을 듯한데 어떤 느낌이셨을지 궁금합니다.

송선미   상처가 없는, 언제나 밝고 명랑하기만 한 사람으로 보이고 싶었고, 또 아주 오랫동안 그렇게 살아왔어요. 상처를 들여다보는 일은 힘든 일이지만, 그 상처를 누군가에게 보여 주는 일은 더 큰 용기가 필요합니다. 그러나 제 마음은 '외롭다고 말하면 안 되는 건가요?'라고 묻고 있었습니다. 강한 것, 밝은 것, 건강한 것만 말하고 보여 주길 강요하는 것이 동시라면, 그런 동시는 강하지도 밝지도 건강하지도 않다는 생각이 들어요. 저 자신에게 가장 필요한 것이 아이들에게도 가장 필요한 것이라 생각합니다. 〈나 때문이 아니다〉라고 말할 수 있어 기뻤어요. 제게 일어나는 모든 일이 다 저 때문에 일어난 일이라고만 생각해 왔거든요. 〈누굴 보고 있나요〉라고 묻는 건, 여기에 있는 건 '나'지 '엄마 아빠가 생각하는 나가 아니라고 말하는 거였어요. 정지용의 '나'가 '말'에게 검정콩 푸렁콩을 주듯, 송선미의 '나'가 저 자신과 제가 아닌 누군가에게 〈완두콩 콩깍지 우리〉의 방식으로든 다른 방식으로든, '콩', 그러니까 무언가를 건넬 수 있어요. 혼자여도 함께가 될 수 있는 그 기분은 〈나만의 세상〉에도 있는데요, 동시가 이런 기분을 "콩깍지"나 "나만의 세상" 등의 단어로 적어 주고 알려 주었기 때문에, 아무도 보이지 않아 혼자인 것 같은 시간도 견딜 힘이 생겼어요. 〈크리스마스 신데렐라〉는 단편 동화로 써 보기도 했던 제 어린 시절 경험인데요, 동시 〈크리스마스 신데렐라〉의 형식으로 어린 시절 경험을 재진술 할 수 있게 되어 제겐 큰 치유의 경험이 되었습니다. 〈먼지가 되겠다〉나 〈한 아이〉 같은 작품도 동시의 형식이 아니었다면 더 시니컬하거나 복잡한 언술이 되었을 거예요. 무엇보다 이런 저의 작품들을 독자들께서 사랑해 주셔서 그것이 가장 큰 치유와 위로의 경험이 되고 있습니다. 제 동시를 선생님들, 학부모님들, 어린이 독자들 앞에서 이야기할 때, 제가 미처 깨닫지 못했던 저의 내면을 발견하고 흠칫 놀라곤 해요. 〈네 살 적 내 사진〉도 그런 경험을 선사한 작품인데요, 독자가 앞에 계시다는 것, 들어 주는 당신들 앞에서 내가 내 이야기를 할 수 있다는 강연 행위는 제게 놀라운 경험의 순간을 만나게 합니다. 강연이 아니더라도, 누군가가 내 말을 들어 준다는 것만으로도, 더욱이 어린이 독자가 내 말을 듣고 있다는 동시라는 장르의 특징이, 저를 돌아보게 하고, 잘 살고 싶게 하고, 더 나은 내가 되고 싶게 합니다.

거울과 여행

강연미 《옷배키》 동시집에 나오는 '거울'과 '여행 가방'의 의미가 궁금합니다. 동시집 머리말의 '길은 자꾸 이어지고 소망은 자꾸 길어진다'와 연결되어 생각됩니다. 시인님은 옷장 위 여행 가방을 몇 개나 꺼내셨을까요? (웃음)

송선미 저는 저한테 관심이 많았습니다. 자신을 들여다보는 방법이 거울이잖아요. 그래서 거울에 관심이 많아요. 저는 제가 '보는 사람'이면 좋겠어요. 그냥 보는 게 아니라, '어디'에서 보는 사람. 난 '어디'에서 보는 사람이지? 위치가 다르면 보는 것도 달라져요. 난 지금 어딨지? 맨날 다니는 데만 다니는 거 아니야? 문을 열고 나가면 어떤 게 있을까? 이 길을 걷다 보면? 그렇게 여행을 떠나게 된 것 같아요. 제 여행은 '나'를 경유해서, 나와 닮거나 닮지 않은 누군가를 만나는 데로 떠난 것 같아요. 이제야 한 권 냈고, 7월에 합동 동시집 《미지의 아이》(문학동네

2021)가 나오니, 옷장 위 배낭은 이제 두 개 꺼내진 셈이네요.

강연미 〈맘대로 거울〉, 〈누굴 보고 있나요〉, 〈어떤 말들이 노래가 되나〉…《옷배키》 동시집에 세 편이나 백창우 선생님이 노래로 만드셨어요. 이 중 특별히 애정이 가는 노래가 있다면 무엇이고 이유는 무엇일까요?

송선미 〈맘대로 거울〉요. 2011년 5월 연희 목요 낭독극장에서 굴렁쇠 아이들의 입을 통해 제 시가 울려 퍼지던 그 순간을 잊을 수 없을 겁니다. 〈누굴 보고 있나요〉도 좋아합니다. 선생님께서 만들어 주신 노래를 듣다 보면 제가 하고 싶었던 말이 무엇이었는지를 알게 될 때가 있어요. 〈누굴 보고 있나요〉 노래에서 지독한 외로움이 느껴져 상당히 당황했던 기억이 납니다. 있는 그대로의 오롯한 저를 인정받고 싶다는 기분을 어린 제가 오랫동안 느꼈다는 것도 잊고 있었는데, 그때 감정이 들어 있는 거예요. 또 2020년 여름 '지속 가능한 독자+작가의 만남'(충주 호암지) 때 백창우 선생님이 기타 연주와 함께 〈어떤 말들이 노래가 되나〉를 들려주셨는데요, 제가 레오 리오니의 '프레드릭'이 된 듯한 착각이 들었어요. 백창우 선생님이 노래의 첫마디 입을 떼자 그 순간 막 생겨난 빛과 색깔들이 눈앞에 펼쳐지는 기분이랄까요. 백창우 선생님과 동시대를 살고 있다는 건 감사하고도 감격스러운 선물이고 축복입니다.

어릴 적

강연미 〈삐삐롱스타킹〉, 〈데미안 놀이〉와 같은 시를 보면 동화나 소설을 떠올리게 됩니다. 어렸을 때 문학을 좋아하는 소녀였을 것 같아요. 어렸을 때 좋아하는 작가와 작품이 있었나요? 특별히 기억에 남는 문학 작품이 있는지요?

송선미 뭐니 뭐니 해도 월간 《보물섬》이죠. (웃음) 어렸을 때 50권짜리 계몽사 세계 명작 시리즈를 시쳇말로 '끼고' 살았어요. 동시집도 한 권 있었는데, 윤석중 선생께서 엮으신 거였더라구요. 제가 그 《세계 동요 동시 선집》은 일기 쓰기 싫을 때 애용했습니다. (웃음) 〈숙제 기계〉나 〈유리창 닦기〉, 도둑이 문 없는 성에 들어가 금빛 사과를 훔쳐 오는 '마더구스'는 지금도 생각나요. 에리히 캐스트너의 《에밀과 탐정들》 시리즈를 좋아했어요, 《북유럽 동화집》도 좋아했습니다. 〈푸른 수염의 아내〉랑 〈눈물의 여왕 에스테라〉는 커서도 자꾸 생각나는 이야기예요. 도서실을 좋아해서 운동장보다 주로 도서실에서 놀았어요. 초등학생 때는 추리 소설을 참 많이 읽었어요. 코난 도일이나 에거서 크리스티 전집들요. 얼마 전에 《아무튼, 스릴러》(이다혜, 코난북스, 2018)를 읽었는데요, 괴도 루팡의 팬이었던 초등학생 시절로 돌아가는 기분이었습니다. 아까 말씀드렸던 영화 《서스페리아》 말고도 《유전》(아리에스터 감독, 2018 개봉), 《미드 소마》(아리에스터 감독, 2019 개봉), 《바바둑》(제니퍼 켄트 감독, 2014), 《위커 맨》(로빈 하디 감독, 1973) 같은 음습하고 으스스한 동시를 써 보고 싶다는 검은 욕망이 제게 있어요. (웃음) 어릴 때 《포켓몬스터》의 지우와 친구들보다는 로켓단을, 《들장미 소녀 캔디》보다 이라이자를 응원하던 취향의 소유자라 그런지, 밝아서 밝은 이야기보다는 어두워 보이지만 반짝하는, 길가에 떨어진 귀걸이 한 짝 같은 이야기가 좋아요.

낭독과 소리

강연미　선생님 시는 낭송해 볼 때 말소리에 음악적 느낌이 있어요. 〈어떤 말들이 노래가 되나〉, 〈달빛 풍경 그림자 물고기〉, 〈완두콩 콩깍지 우리〉에서도 말소리의 긴장이 자꾸 생각나게 하는 매력을 느끼는데요. 혼자 《옷배키》를 낭독할 때 어떤 시는 작사하는 것과도 비슷하겠다, 창작자 자신이 들은 노래에 자기 목소리를 싣는 거라서요. 이아립의 노래 〈이름 없는 거리 이름 없는 우리〉(2010)처럼 담담하게 자기 이야기를 노래하듯이 들려주는 느낌도 들고요.

송선미　아이들이랑 〈완두콩 콩깍지 우리〉 읽을 땐, 제목을 제가 시범 보이고 따라 읽으라고 시켜요. 전 과장되게 '콩' '콩' '깍'에 강세를 줍니다. 이렇게 제목을 읽어 두고 본문을 읽어야, 눈에 '콩깍지'가 씌워지는 마법이, 완두콩 우리의 콩깍지 사랑이 시작될 수 있다고 믿거든요. 〈달빛 풍경 그림자 물고기〉는 '빛'과 '풍'이 서로 충돌하며 반짝이고, '그림자'와 '물고기'의 어감은 부드럽게 흐르며 미끄러져요. 〈달빛 풍경 그림자 물고기〉 중에 "밤바람 딸랑 밤바다 찰랑"하는 부분이 있는데, 처마에 달린 풍경 그림자가 툇마루에 드리워진 걸 보고 쓴 시라 이런 표현이 나오게 되었어요. 처마에 달린 풍경(風磬)의 물고기가 툇마루

그림자로 내려와 있다면, 바람에 흔들리는 물고기 그림자는 밤바다를 유영하는 물고기인 거잖아요. 바람이 불어왔으니 풍경이 딸랑, 소리 냈을 거고요. 곧 나올(2021년 7월) 합동 동시집 《미지의 아이》(김개미 외 4인, 문학동네)에 실린 작품 중에 〈누구, 미지의 소이〉라는 작품이 있어요. 표면적으로는 대명사 '누구'가 미지칭이기도 부정칭이기도 하다는 데 착안한 새로운 말놀이의 시도이지만, 실은 제목 '누구, 미지의 소이'라는 표현을 변용하며 반복하는 데서 생기는 리듬을 즐기는 시입니다. "미지"라는 말은 뜻도 뜻이지만 소리가 재미나고, "소이"라는 이름은 다정하면서도 "미지"와 잘 어울리는 소리를 지녔어요. 이 시의 하이라이트라 할 수 있는 3, 4, 5연은 이렇습니다. "너/ 미지의 소이" "누구?/ 미지의 소이" "소이,// 너는 누구니?" 그러니까 1, 2연은 3, 4, 5연으로 가기 위한 물꼬인 셈입니다. 이 시집에 〈소리 고양이 마리 망고 미오〉라는 작품도 실려 있는데요, 우리의 자음 "ㅁ(미음)"은 단정하면서도 남몰래 모난 구석이 있어요. 제 이름에도 들어 있고요.(웃음) 저희 집 고양이 이름이 '미오'인데요, 집 근처 카페 고양이 이름이 '마리' '망고'인 거예요. 고양이 이름에 모두 미음이 들어가잖아요. 저는 그게 신기했어요. 고양이라서 그런가? 미오, 마리, 망고. 고양이들은 모두 "야옹"이나 "먀옹" 비슷하게 우는데, 걔들은 이마도 모두 동그랗거든요. 만지면 따뜻하고 아주 기분이 좋아져요. "야옹"에도 "먀옹"에도 동그라미가 들어 있고, 그게 재미있어서 만든 시가 소리 고양이에요. 마리랑 망고랑 미오가 '야옹'

하고 울어서 만든 고양이, 소리 고양이.

강연미 《웃배키》 동시집 머리말에 보면 소중하게 길러 주신 아버지에 대한 감사의 메시지가 느껴집니다. 특히 동시집 속 〈아버지의 여섯 번째 손가락〉이란 시를 떠올리게 돼요. "태어날 때 아빠는/ 손가락이 여섯 개// 엄청난 힘 나오는/ 손가락이 하나 더// 그 손가락 자르고/ 아버지가 되었다" 여기서 "손가락이 여섯 개"의 의미가 무엇일까요?

송선미 전 엄마들은 엄마로, 아빠들은 아빠로 태어나는 줄 알았어요. 제가 아이를 낳고 나니 그게 아니더라구요. (웃음) 그걸 쓴 시가 〈아버지의 여섯 번째 손가락〉이에요.

노래

강연미 《웃배키》 속 〈어떤 말들이 노래가 되나〉라는 시는 동시 창작의 소재에 대해 생각해 보게 됩니다. 시인님에게 '노래'의 의미는 무엇일까요? 그리고 앞으로 시인님이 내실 두 번째 동시집의 '노래'가 궁금합니다. 다음 시집은 어떤 노래들이 담겨 있을지요?

송선미 노래와 이야기는 인간에게 가장 익숙한 공감의 형식이 아닐까 싶어요. 공감, 그러니까 삶을 구성하고, 관계를 구성하고, 나를 구성하는 것이 노래고 이야기가 아닐까. 삶이든 관계든 나든 구성되기 위해선 반복돼야 해요. 한 번으로 끝난 건 뭘 만들 수 없으니까요. 그래서 노래와 이야기엔 리듬이 있어요. 노래의 리듬과 이야기의 리듬. 이 두 리듬이 서로 소통하는 지점들을 만나고 싶어요. 두 리듬이 딱 만나는 플로우를 타고 흐르고 흐르다 보면 엄마를, 할머니를, 할머니의 할머니를 만날 수 있지 않을까, 다소 그런 엉뚱한 상상을 합니다. 두 번째 동시집에는 '나'와 함께 나를 구성하는 '누구'에 대한 고민이 담길 것 같아요. 난 뭐지? 나는 혼자일 때는 나인 것 같은데, 왜 너를 만나면 아까랑은 다른 내가 되는 거지? 현재 나를 만들었다고 생각했던 과거의 일이 알고 보니 잘못된 기억이었어. 그럼 내가 나라고 생각했던 현재의 나는 어떻게 되는 거지? 등등. 아무래도 제겐 '나'에 대한 고민이 더 필요한 모양입니다. 다만 첫 번째 동시집과 다른 지점은 내가 '나'와 만나는 방법인 것 같아요. 우리 둘 사이엔 우리 둘을 보고 있는 누군가가 있어요. 이 누군가의 '시선 관측자'는 속도를 관측하면 입자처럼 행동하고 위치를 관측하면 파동처럼 행동하는 양자역학의 전자처럼 나를 바꿉니다. '나'는 입자이기도 하고 파동이기도 해서, 내가 단일할 수 없다는 것을 알려 주는 누군가의 시선은 매우 중요해요.

강연미   학교에서 '작가와의 만남'을 할 때 시인님의 여러 이야기는 아이들에게 '용기'를 얻게 해 준다는 느낌을 받았어요. 요즘의 어린이에게 해 주고 싶은 말이 있으시다면 무엇일까요?

송선미   고민을 많이 하게 만드는 질문입니다. 그 나이 때 나는 무슨 생각을 했었나. 저는 저 자신과 완전히 똑같이 생긴, 생각도 느낌도 완전히 똑같은 또 다른 '나'가 있었으면 너무나 좋겠다고 생각했었어요. 내가 암말 안 해도 날 그냥 다 알아주는, 가오갤《가디언스 오브 갤럭시》에 나오는 맨티스처럼, 더듬이 한쪽만 대고 있거나 손끝 하나만 대고 있어도 지금의 나를 오롯이 공명할 수 있는 그런 누구요. 이를테면 '쌍둥이 언니'나 '쌍둥이 동생'이 있었으면 좋겠다는 상상을 했어요. 쌍둥이가 아니라 생긴 게 달라도 난 단박에 그 애를 알아볼 수 있을 거라 확신했죠. 왜냐면 걔는 나니까. 중학생이 되고 고등학생이 되면서는 그런 생각 더는 안 하게 되고, 다 큰 뒤에는 그런 존재를 바랄 수도, 바래서도 안 된다는 걸 알게 됐지만, 그때 '쌍둥이 언니가 필요했다'라는 사실은 제게 무엇보다 큰 의미가 있어요. 어떤 게 절실히 필요했던 '순간'이, 어떤 걸 절실히 원했던 '나'가 있었단 걸 깨닫게 됐거든요. 그걸 알 수만 있다면, 시간이 아무리 많이 지난 후에라도 우리는 자기 자신에게 뭔가를 해 줄 수 있어요. 그때의 나에게, 나만이 해 줄 수 있는 그 무엇을요. 그래서 저는 제게 "나만은 절대 널 떠나지 않아. 내가 널 지켜 줄게."라고 말해 줄 수 있었어요. 그래서 전 이런 말을 해 주고 싶습니다. "너희들이 지금 바라는 게 그 무엇이든, 그것이 아무리 황당해 보이거나 실현 불가능해 보이거나 심지어 나빠 보이는 것이라 할지라도, 그것이 네가 바라는 것이라면 그 무엇이든 상상하고 소망해." 전 제가 원하는 것이라면 그게 무어든 소망해도 된다고 허락하기로 했습니다. 이젠 어느 정도 (아직도 살짝 먼저 망설이기는 하지만) 저 자신을 믿거든요. 제가 소망하는 것은 모두 제게 필요한 것일 테고, 제게 필요한 것은 모두 저를 닮았을 테니, 보나 마나 아름다운 게 아닐까요. (웃음) 아이들 역시 그러하리라 생각합니다.

연결

강연미　시인님이 2019년 프랭클린 다이어리 첫 페이지에 쓴 첫 단어 '연결'이 궁금합니다. 송선미 시인과 함께 공부하다 보면 가장 빈번하게 등장하는 단어이기도 합니다. 어떤 연결인지, 무엇과의 연결인지 시인님만의 의미가 담겨 있는 것 같아요. 들려주세요.

송선미 '본다는 것'은 '잇는 것'이더라고요. 나와 대상을 눈길로 잇고, 대상과 대상 너머의 무엇을 잇고. 본다는 건 하나를 보는 게 아니라, 하나가 무언가와 이어지면서 나오는 엉뚱함을 만나는 거더라고요. 우린 이어지고 싶어서 글을 읽고 쓰고 그러는 건 아닐까 싶기도 합니다. 더 많은 것과 이어지고 싶다는 욕심도 있어요. 나와 나, 나와 너, 나와 아이, 나와 너와 우리, 나와 신과 우리……. 이 이어짐이 낯선 풍경으로 또 몰랐던 이야기로, 다함이 없이 계속되었으면 좋겠습니다. 그러기 위해 걷고 또 걸어야겠지요.

강연미 올해도 11년째 되는 동시 전문지 《동시마중》(2010~)의 편집자로서 일하고 계시는데요. 소회가 남다르실 것 같아요. 그 외에도 팟캐스트 〈다 같이 돌자 동시 한 바퀴〉, 유튜브 등도 운영하고 계시는데 '동시 전달자'로서의 보람에 대해 듣고 싶습니다.

송선미 '쌀떡밀떡' 선생님들을 만난 것이 2018년도 3월이니까 우리의 만남도 4년 차가 되고 있네요. '이런 사람들도 다 있구나!' 만남을 거듭할수록 선생님들께 더 놀랍니다. 선생님들의 지극하고 순정한 마음이며 열정은 저를 언제나 초심으로 돌려놓아요. 쌀밀 선생님들 덕분에 2021년을 살고 계신 초등 선생님들에 대한 신뢰와 믿음이 생기고, 교실 밖 아이들에게 해 주고 싶은 무언가가 생깁니다. '동시 전달자'로서 가장 큰 보람이라면 바로 기적 같은 선생님들을 만나 동시 이야기를 할 수 있다는 거예요.

강연미　코로나 시기 바쁜 시기에 소중한 시간을 내어 주셔서 감사합니다. 시인님에 대해 새롭게 알게 되었던 시간이면서도 동시에 대해서도 좀 더 깊이 생각해 보게 되는 시간이었던 것 같습니다.

　인터뷰를 마치고 점심을 먹은 후 커피를 손에 들고 봄을 기다리고 있는 호암지를 함께 걸었다. 차를 몰고 다시 서울로 올라오는 길에서 송선미 시인이 우리에게 들려주셨던 메리 올리버의 '삶의 규칙'이라는 시 구절이 생각났다. "관심을 가져라, 놀라고 감탄하라, 그 일에 관해 이야기해라" 어쩌면 이것은 동시를 배우고 쓰는 자의 자세이기도 하지만 우리의 삶을 더 풍요롭게 만드는 일이 아닐까 하는 생각이 들었다. 다행인 것은 우리가 '쌀떡밀떡'이라는 모임에서 그것에 대해 이야기하고 있다는 것이다.
　4년 전 동시 공부를 시작하면서 몰랐던 이야기들을 많이 만나게 되었다. 길은 이어진다. 우리가 걷는 길이 어디로 이어질지 궁금하고 설렌다.

골목

송선미

걷다 보니

모르는 데다.

몰랐던 이야기가 걸어 나온다.

_《옷장 위 배낭을 꺼낼 만큼 키가 크면》(문학동네, 2016)

동화적 상상력이 시 세계로 들어왔다, 송찬호

황세원

송찬호 시인

1987년 《우리 시대의 문학》 6호에 〈금호강〉 등을 발표하며 작품활동을 시작했다. 2000년 김수영문학상, 2008년 미당문학상, 2009년 대산문학상, 2010년 이상시문학상을 수상했다. 동시집 《저녁별》(2011), 《초록 토끼를 만났다》(2017), 《여우와 포도》(2019)를 냈다.

일시 2021년 7월 3일 토요일
장소 충북 보은, 신라식당

비 오는 주말, 송찬호 선생님을 만나기 위해 보은으로 떠나는 길은 설렘으로 가득했습니다. 동시를 공부하고, 시작(詩作)하는 우리에게 송찬호 선생님의 동시는 교과서와 다름없고, 닿을 수 없는 너머의 시라서, 더욱 그랬습니다. 작품도 미리 읽고, 여러 차례 화상 회의와 밴드 글로 소통하며, 인터뷰 질문지를 만들어 떨리는 마음으로 선생님을 만났습니다. 송찬호 선생님이 묵묵히 자신만의 동시 길을 뚜벅뚜벅 걸어가신 자취를 함께 걸어 보실까요.

시인의 동시 쓰기

황세원   먼저 인터뷰에 응해 주셔서 정말 감사합니다. 선생님께서는 많은 시간과 노력을 들여서 작업하신다고 들었습니다. 선생님들이나 아이들이 동시를 잘 쓸 수있는 방법이 궁금합니다. 말하고 싶은 이야기가 동시가 되기까지 어떤 과정을 거치고, 그 과정 중 가장 중요하게 생각하는 부분은 무엇인지 알고 싶습니다.

송찬호   동시를 잘 쓰는 방법이 무얼까, 저도 잘 알지는 못 해요. 동시를 공부하던 제 경험에 비추어 말씀드릴 수밖에 없겠네요. 저는 동시를 쓰기 위해 먼저 동시집을 읽었어요. 많은 동시집을 읽으려고 노력했지요. 그러면서 동시를 쓰는 데 길잡이가 될 만한 시집들을 조금씩 발견했고, 그 책들을 반복해서 읽었어요. 동시를 읽는 게 즐거웠고 차츰 동시 쓰는 법도 익히게 되었어요. 동시를 쓰기 위해서는 좋은 동시를 반복해서 읽는 게 도움이 될 것 같아요. 물론 좋은 동시에 대한 기준은 사람마다 다 다르겠지요. 제 생각으로는 자신이 어떤 작품에 끌리면 그게 좋은 작품이라고 생각돼요. 먼저 그 작품의 열성적인 독자가 되는 거지요. 열성적인 독자가 되면, 왜 그 작품이 좋을까, 거기서 쓰기 위한 어떤 방법을 배울 수 있을까, 자연스럽게 생각이 이어지게 되지요. 제 경우 동시 쓰는 방법이 특별한 게 없어요. 늘 동시를 생각하는 편이지요. 그러다 동시가 될 만한 어떤 생각이 떠오르면, 머릿속에서 거의 순식간에 동시 작업이 이루어져요. 퇴고 과정은 짧을 수도 있고 길 수도 있어요. 짧게는 한 시간, 하루, 몇 달이 걸리기도 해요. 종이에 써 보기도 하고 버스 타고 가면서 머릿속에서 다시 고쳐 보기도 하지요. 동시를 쓰는 데 가장 중요하게 생각하는 부분은 이미지가 새로운가, 기존 동시와 구별되는 것이 있는가 하는 거예요.

황세원 그렇다면, 시인에게 일상인 시를 쓰실 때 방해되는 것은 무엇인가요?

송찬호 말씀하신 대로, 시는 제게 일상입니다. 대부분 시간을 시 생각하며 지내니까요. 시를 쓰는 데 방해되는 일이 많지요. 쓰는 건 혼자만의 작업이어서 눈에 띄지 않아요. 쓴 것을 알아봐 주는 사람도 없고요. 일상에서 항상 생활의 뒷전으로 밀리는 게 글 쓰는 일입니다. 마당의 잡초를 뽑거나 창고 물건을 정리하면 당장 표가 나지만, 시간을 무한정 붙잡고 끙끙거린다고 해도 글쓰기는 그만한 성과가 나는 게 아니에요. 생활에서는 원고 마감 기한을 넘기지 않는 것보다 연체료 물지 않고 공과금 내는 게 더 중요하지요. 그런데 사실 이런 것도 다 핑계이지요. 대부분 글이 안 되는 건 저 자신한테 있어요. 글 앞에서 긴장이 떨어지고 집중이 안 되는 것이 문제지요. 자주 그렇습니다. 나이 탓도 있어요.

첫 동시집 《저녁별》

황세원   이제 구체적으로 선생님 작품에 관한 질문을 하겠습니다. 동시집 《저녁별》의 책머리에서 "동시를 쓰고 싶었지만 시작하지 못하고 있다가, 그즈음 나온 어떤 좋은 동시집이 내 게으름을 채찍질한 것"이라고 하셨는데 어느 시인의 어떤 동시집인지요?

송찬호   안도현 시인의 《나무 잎사귀 뒤쪽 마을》이 2007년도에 출간되었어요. 그때 이미 김용택 시인의 《콩, 너는 죽었다》(1998), 최승호 시인의 《말놀이 동시집》(2005) 등으로 동시에 관한 관심이 한창 높아지고 있었지요. 안도현 시인은 그전에 이미 《연어》(1996)도 냈었고요. 안도현 시인이 동시집을 냈다고 해서 얼른 사 보았어요. 《나무 잎사귀 뒤쪽 마을》을 읽으면서 오랫동안 손에서 책을 놓질 못했어요. 동시도 좋고 삽화도 마음에 들고 책 장정까지 마음에 들었어요. 문득 동시를 쓰고 싶다는 생각이 들었어요. 단순한 생각이 아니라 진짜 써 보고 싶은 결심이 섰어요. 사실 그전부터 동시에 관한 관심이 있었는데 쓸 엄두를 못 냈지요. 《나무 잎사귀 뒤쪽 마을》이 그 계기가 된 거지요. 그리고 얼마 안 있어 안도현 시인이 직접 제게 동시를 쓰라고 조언하고 격려해 주기도 했어요. 그게 큰 힘이 되기도 했어요. 그때부터 아까 말씀드린 대로 동시집을 읽기 시작했어요. 그렇게 읽고 쓰면서 제 나름의 습작의 시간을 보낸 다음 2011년 제 첫 동시집 《저녁별》을 내게 됐어요.

동화적 상상력

황세원   이안 선생님이 말씀하신 '시귀(詩鬼)'가 떠오르기도 하는데요. 선생님의 동시집 외에 2009년 작 《고양이가 돌아오는 저녁》 시집도 인상 깊게 읽었습니다. 이 시집에서도 선생님의 동화적 상상력을 엿볼 수 있었습니다. 어쩐지 쓸쓸함도 보이고, 자연 속에서 어른들이 놀 수 있는 판타지 세계를 그리셨다는 생각이 들었습니다. 선생님이 그려 내시는 동화적 세계가 무척 독특하고 감각적입니다. 동물이나 꽃 등의 평범한 소재가 동시 속에서 새롭게 재탄생하는데, 그 영감의 원천은 무엇인가요?

송찬호   《고양이가 돌아오는 저녁》은 대부분 제 어린 시절을 추억하며 쓴 시집입니다. 어렸을 때 가까이 있던 꽃을 비롯한 자연의 소재를 시로 썼지요. 그래서 이 시집을 제 어린 시절에 대한 헌사라 말하고 싶어요. 제 고향은 산골로 사방이 산으로 둘러싸이고 하늘만 빠끔하게 보이는 동네였어요. 마을 앞산 중턱에 돌 광산이 여러 곳 있었는데, 거기서 두께가 얇고 면이 넓은 점판암이 생산됐어요. 지붕을 잇는 돌기와로 쓰이기도 하고 구들로도 쓰이는 돌이지요. 아주 어렸을 적, 어른들이 들로 일하러 나간 한낮 앞산 돌 광산에서 터뜨리는 남포 소리에 혼자 자다가 깨어나곤 했어요, 그때 제 고향에선 다이너마이트를 남포라고 불렀는데, 햇볕이 마루까지 들어와 비추는 가운데, 낮잠 자다 깨어나 주위를 두리번거리다 적막한 집에 혼자 있다는 걸 깨닫고 갑자기 무서운 생각에 사로잡히곤 했지요. 동네 공터나 고샅길은 물론이고 집집마다 꽃밭이 있었어요. 봉숭아, 맨드라미, 채송화, 백일

홍, 분꽃, 접시꽃, 족두리꽃, 서광꽃…, 그때 꽃밭에 있던 꽃들이지요. 그땐 다들 가난했는데, 꽃을 가꾸는 마음만큼은 부자였어요. 그런 걸 '찬란한 가난'이라고 부르고 싶어요. 소를 비롯해 동물들하고도 친했어요. 소는 농사를 짓는 데 가장 중요한 가축이었지요. 소꼴 먹이는 건 집마다 아이들 몫이었어요. 그래서 어른들이 아이들 키에 맞는 애기 지게를 만들어 주었어요. 그 지게로 봄부터 가을까지 소꼴을 베어다 먹였어요. 그리고 고개 너머 산에는 폐광도 있었어요. 일제 식민지 때 잠깐 석탄을 캐다 경제성이 없어 문 닫은 광산이었어요. 동네 동무들과 횃불을 만들어서 컴컴한 갱 속으로 백여 미터쯤 들어가면 통나무 말뚝이 앞을 막아서고. 그 너머로 아래로 차츰 내려가는 사갱이 있었어요. 어른들이 거기는 절대 들어가면 안 된다고 단단히 주의를 주었지요. 그쯤에서 아이들은 횃불을 컴컴한 그 너머로 던지고 뒤돌아 갱 입구로 달려 나왔지요. 뒤에서 누군가 잡아당기는 것 같아 막 고함을 지르면서요. 그리고 광산 아래 저탄장에서 미끄럼을 타고 놀았어요. 빨래도 어려운 시절 옷이 까맣게 돼서 집에 돌아와 혼나는 건 말할 것도 없었지요. 다니던 초등학교는 산 너머 먼 곳에 있었어요. 학교 가는 것보다 방과후 집으로 오는 길이 더 신났어요. 두 개의 냇물을 건너고 고개 하나 넘어야 집에 오는데, 오다가 온갖 놀이와 해찰로 시간을 보내곤 했지요. 어렸을 때의 그런 체험들이 제겐 원형적 상상력으로 자리 잡고 있어요. 시나 동시를 쓰는 데 무엇보다 큰 도움이 되지요.《고양이가 돌아오는 저녁》에 수록된 〈채송화〉란 시를 읽어 보겠습니다.

이 책은 소인국 이야기이다// 이 책을 읽을 땐 쪼그려 앉아야 한다// 책 속 소인국으로 건너가는 배는 오로지 버려진 구두 한 짝// 깨진 조각 거울이 그곳의 가장 큰 호수// 고양이는 고양이 수염으로 알록달록 포도씨만 한 주석을 달고// 비둘기는 비둘기 똥으로 헌사를 남겼다// 물뿌리개 하나로 뜨락과 울타리// 모두 적실 수 있는 작은 영토// 나의 책에 채송화가 피어 있다

어렸을 땐 참 심심하기도 했어요. 산과 들로 냇가로 그렇게 쏘다니며 놀았는데도 그래도 심심했어요. 그럴 땐 담 밑에 핀 채송화 앞에 쪼그려 앉아 꽃송이를 세어 보기도 했지요.

서정성에서 환상성으로

황세원 《저녁별》에서 《여우와 포도》로 오기까지 서정성에서 환상성으로 이동해가고 있다는 생각이 듭니다. 《저녁별》의 무대는 자연, 《초록 토끼를 만났다》의 무대는 인간과 동시적 캐릭터가 살던 우리 동네로, 《여우와 포도》에서는 동시적 캐릭터가 사는 가상의 동시 무대로 이동해 온 느낌입니다. 그래서 동시적 모험이 본격화되고 동시적 판타지 어드벤처, 송찬호 월드로 놀러 온 즐거움이 더해졌습니다. 저는 이렇게 읽었는데, 선생님의 동시 세계의 변화를 어떻게 바라보고 계시는지요?

송찬호 처음 동시를 공부할 때 동시집 한 권만 내도 좋겠다 생각했는데 벌써 세 권을 냈어요. 언제 동시 쓰기를 그만둘지 저도 모르겠어요. 아마 제 시의 운명과 같을 거예요. 자의로 그만두는 게 아니라, 상상력

이 고갈되거나 언어의 힘이 빠져 쇠락해 가면서 어쩔 수 없이 독자의 시야로부터 사라지게 되는 거지요. 그때까지는 동시를 계속 쓰고 싶어요. 동시집을 낼 때 형식과 내용에 통일된 어떤 독특한 세계를 구축하려고 하지 않아요. 동시집 한 권을 의도적으로 면밀한 기획으로 꾸미지도 않고요.《저녁별》,《초록 토끼를 만났다》,《여우와 포도》는 그때그때 쓴 작품을 모아서 낸 것일 뿐이에요. 물론 각각의 동시집에 있는 시를 쓸 때, 그때 집중적으로 몰두하던 생각이 어떤 색깔로 나타날 수는 있겠어요. 한 무리의 어떤 시적 대상들 앞에 생각이 고였다가 넘쳐 둑을 넘어 다시 다른 쪽으로 흘러가는 것처럼요. 그렇게 깊은 생각 없이 썼는데,《저녁별》에서《여우와 포도》로 오기까지 서정성에서 환상성으로 이동해 가고 있다고 귀띔해 주시니, 그게 조금이나마 개성의 빛을 띠고 시적 긴장을 잃지 않고 있다는 말로 받아들여져 무척 고마워요. 이와는 별개로, 세 권을 나란히 놓고 살펴보니, 최근에 올수록 아이 화자 시가 눈에 띄게 줄어드는 게 보였어요. 그럴 만한 이유가 있기는 해요. 아이들을 가까이 관찰하려 해도 제가 사는 시골에는 아이들을 거의 볼 수 없어요. 동네 초등학교도 아이들이 없어 거의 문 닫기 직전이고요. 그리고 제가 생활 동시 쪽엔 관심이 적은 것 같아요. 잘 쓸 자신도 없고요. 그것보다는 자연이나 사물을 깊이 들여다보면서 그 존재를 호명하는 방식이 제겐 더 편해요.

우경숙 덧붙이자면,《여우와 포도》에서 그려 내는 세계가 아이들이 더 다가가고 싶고 만지고 싶고 자기 마음대로 하고 싶은 쪽으로 더 말을 걸고 있다는 생각이 듭니다. 선생님이 말씀하신 것처럼 자연물을 관조하거나 일상 속의 감정 정서를 건드리는 동시는, 지금 어린이들은 마음이 많이 지쳐 있어서 그런지 그런 동시에 감응하지 않더라고요. 어린이들은 판타지 요소가 있는 것에 훨씬 더 호감을 갖고 생기 있게 반응해서, 네 번째, 다섯 번째도 이런 시들이 있는지 궁금합니다.

송찬호 요즘 아이들 마음이 지쳐 있다는데 공감해요. 요즘 아이들은 바쁘지요. 아이들이 해야 할 일, 아이들에게 주어진 일이 참 많아요. 지금 아이들은 대부분 도시에서 태어나요. 도시가 고향으로 도시적 정서와 추억을 쌓으며 어른이 되지요. 고향! 하면 저는 산과 냇물과 동구 밖 느티나무를 생각하지만 요즘 젊은이들이나 아이들은 거리의 번화가와 빌딩 숲을 떠올릴 거예요. 전 국토가 도시화되면서 자연이 사라지고 있어요. 아이들도 자연을 자주 만날 수가 없지요. 영상으로 만나거나 동물원이나 식물원을 찾아가 보거나 식물도감이나 동물도감으로 그 이름들을 익히지요. 자연은 아이들에게 낯설어요. 이미 아이들은 도시 생활에 익숙해져 있고요. 그러니 아이들이 자연을 소재로 한 동시에 쉽게 다가가겠어요? 서먹하겠지요. '빨랫줄에 앉은 잠자리'보다 '횡단보도'가 더 친숙할 거예요. 이렇듯 어린이 독자의 동시에 관한 관심의 방향이 뚜렷이 보이는데도, 제 동시는 거기에 맞출 수 없는 것 같아요. 글쓰기도 사람의 행동이나 생활의 버릇 같아서 쉽사리 고쳐지지 않거든요. 그렇더라도 "자연물을 관조하거나 일상 속의 감정 정서를 건드리는 동시는, 지금 어린이들은 마음이 많이 지쳐 있어서 그런지 그런 동시에 감응하지 않는다"라는 말씀은 제가 앞으로 새로운 동시를 모색하는데, 중요한 지침으로 참조할 만해요. 그리고 제 동시에 판타지적 요소가 있다고 지금 선생님 말씀을 비롯해 여러분들이 지적해 주셨는데, 동시에 있어 그런 시 쓰기 방식이 유효한 것 같아요. 현실의 경계를 넘으면 낯설고 신기한 사물들을 만날 수 있어요. 거기서 이상한 동물이나 식물들에게 말을 시키는 건 아주 자연스러운 일이지요. 판타지가 멀리 있는 게 아니에요. 커튼 뒤에 숨어 있는 요정처럼 생각만 살짝 바꾸면 아주 가까이서 만날 수 있어요. 무엇보다 아이들이 그런 이야기들을 좋아하지요. 참 비슷비슷한 동시가 많은데 판타지적 요소는 그런 유사 혐의의 지적으로부터도 비껴 설 수 있어요. 그렇다고 제 시를 쓸 때 위에 열거한 거를 의식한 건 아니에요. 그냥 썼을 뿐이에요. 네 번째 동시집 원고가 출판사에 들어가 있는데요. 내년 상반기에 출간될 것 같은데, 거기도 판타지가 있어요.

우경숙 아이들의 자유분방한 면을 해석해 주는 면이 있어서, 아이들이 어떻게 해석해야지 하고 생각하지 않고 바로 받아들이고, 오히려 교사가 아이들이 읽는 것을 보고 '아하! 이렇게 읽는 거구나' 합니다. 아이들은 직관적으로 받아들이는 것 같습니다.

송찬호 아이들은 어른의 지식이나 경험을 뛰어넘을 수 없지만, 사물을 더 감각적이고 날카롭게 보기도 해요. 오히려 지식이나 경험이 사물의 진실을 가리기도 하지요. 아이들은 보이는 대로 사물을 봐요. 보이는 대로 맑게, 군더더기 없이 사물을 보는 것, 그걸 직관이라 한다면, 아이들의 눈이야말로 시인의 그것에 가장 가깝다고 할 수 있을 거예요. 아이들의 읽기도 재미있지만, 아이들이 쓴 어린이 시 앞에서도 놀랄 때가 많아요. 어른들이 쉽게 생각할 수 없는 새롭고 재미있는 발상이나 이미지가 있어요. 거기서 공부할 게 많아요. 그래서 어린이 시도 종종 찾아 읽곤 해요.

어린이에게

황세원 〈사슴뿔 숙제〉와 연결하여 송찬호 시인의 동시는 "최후의 詩의 족장이 아이들에게 내는 시 숙제"라는 해설(이안)에 많이 공감하였습니다. 어린이날은 한참 지났지만 요즘 아이들에게 해 주고 싶은 말씀이나, 내 주고 싶은 숙제가 있다면 무엇인지 말씀해 주세요.

송찬호 〈사슴뿔 숙제〉는 정말 눈 깜짝할 새 쓴 시예요. 첫 줄부터 마무리와 퇴고까지 시간이 얼마 걸리지 않았어요. 그림을 그리다 잘못 그려 지우개로 지웠다 다시 그리는 경험은 누구나 갖고 있잖아요. 지금 아이들도 그럴 거고 어른들도 옛날에 그랬을 거예요. 나중에는 그림은 그림대로 마음에 들지 않고 밑바탕 종이만 지저분해지고 말지요. 사슴뿔 그리기가 쉬울 것 같아도 어려워요. 사슴 실물이나 사진을 보지 않고 당장 상상만으로 그려 보라면, 선뜻 연필이 움직여지지 않지요. 소 얼굴을 그릴 때도, 뿔이 귀 아래쪽에 있는지 위쪽에 있는지 헷갈리는 사람도 있을걸요. 아무튼 제 동시에 있어서는 〈사슴뿔 숙제〉가 시의 밑바탕에 독자들과 경험의 공감대가 넓은 드문 시 중의 하나여요. 요즘 아이들에게 해 주고 싶은 말이나 내 주고 싶은 숙제는 생각나는 게 없어요. 놀 땐 열심히 놀고 공부할 땐 열심히 공부하고, 그래도 시간이 남으면 책을 읽으라고 권하고 싶지만, 아이들 앞에서 제 목소리가 약해져요. 요즘 아이들에게는 책 속보다 책 바깥에 더 재미있는 일이 많으니까요. 그래도 아이들은 책을 읽어야지요. 그들의 미래를 위해서요.

황세원 그 질문에 이어서 요즘 무서울 정도로 지구환경이 변하고 있다고 생각합니다. 좀 더 편해지려고 효율성과 경제성을 쫓는 삶이 가져온 지구환경과 자연 파괴의 문제가 심각합니다. 그런 점에서 볼 때《여우와 포도》에서도 몇 편의 동시들이 이와 연결되어 인상적으로 읽었습니다. 자연과 문명이 다투지 않고 사이좋게 어울려 사는 세상에 대해 생각하시는 점이나 이 동시집 내실 때의 생각을 듣고 싶습니다.

송찬호   지난해 보은 읍내에서 기후 위기에 대한 강연을 들은 적 있어요. 슬라이드와 영상 자료에 비친 지구 온난화로 인한 위기가 정말 심각했어요. 10대와 20대 젊은이들이 그 심각성을 일깨우는 데 앞장서고 있는데 숙연해지더군요. 기성세대로서 우리가 앞으로 그들이 살아가야 할 이 지구를 너무 훼손하고 있다는 죄책감도 들었어요. 지난해부터 우리 집에서도 생수를 사 먹지 않고 간단하게 생긴 정수기를 들여 물을 사용하고 있어요.《여우와 포도》에는 자연을 생각하는 시편이 여럿 있어요.〈북극곰〉,〈깊은 숲속 빵집〉,〈세 개의 섬〉,〈너구리 결사대〉,〈숲속 길〉,〈도토리 왕자의 꿈〉 등이 그런 계열의 시들이지요. 유튜브를 보니, 지구의 허파로 불리는 아마존 밀림이 개발을 위해서 끝없이 벌목되고 파헤쳐지고 있더군요. 거기 살던 소수의 부족들은 영문도 모른 채 쫓겨나고 있고요. 이제 문명에 쫓기는 자연도 어디 갈 데도 없어요. 자연과 문명이 상생해야 한다는 데는 누구나 공감하면서도, 우리 생활 패턴이나 소비 방식은 점점 자연을 파괴하는 쪽으로 흘러가는 것 같아요. 힘이 없다고, 소수라고, 삶의 가치가 결코 없는 게 아니에요. 동시는 작은 것, 사라지고 잊히는 것을 노래하기에 알맞지요. 작은 형식으로 큰 울림을 낳는 게 동시라고 생각해요.

눈사람 눈사람 눈사람

황세원   실제로 아이들이 읽는 것을 보면 시가 그런 역할을 하는 것 같습니다. 다음 질문입니다. 시 〈눈사람〉《분홍 나막신》 2016)을 아주 인상 깊게 읽었습니다. 동시집 《초록 토끼를 만났다》와 《여우와 포도》에도 〈눈사람〉이라는 동시가 있습니다. 두 개의 눈사람이 동화적 상상력으로 연결되는 지점도 있고, 독자에게 또는 아이들에게 환상 열차를 타고 잃어버린 세계를 만나게 해 주는 시인의 모습으로도 느껴졌습니다. 각각의 시 속에 등장하는 '눈사람'에 특별한 의미가 담겨 있을까요? 그리고 작품에 등장하는 익숙한 동물들이 낯선 캐릭터로 나옵니다. 예를 들어 초록 토끼에서 초록과 토끼를 연결해 등장시킵니다. 그렇게 쓰신 특별한 이유가 있나요?

송찬호   말씀대로 시 〈눈사람〉도 썼고 동시 〈눈사람〉도 썼어요. 시 〈눈사람〉은 관성적인 사고를 살짝 비틀어 쓴 거예요. 이 시도 한번 읽어 볼게요.

> 내가 시간에 쫓겨 헐레벌떡 열차에 뛰어올랐을 때/ 내 옆자리 창가에/ 눈사람이 앉아 있었다// 찌는 듯한 한여름인데도 눈사람은 더워 보이지 않았다/ 겨울에 보았던 모습 그대로/ 털모자를 쓰고 목도리를 두르고 있었다/ 땀도 흘리지 않았다// 눈사람의 모습은 뭐랄까/ 기나긴 겨울전쟁에서 패하고/ 간신히 그의 고향으로 돌아가는/ 상이군인 같았다/ 어느 해 겨울 선거에 패하고 흰 붕대를 하고 다니던 사람들 모습의,// 눈사람은 나를 향해 한 번 희미하게 웃는 듯했다/ 찌는 듯 더워도/ 그의 흰 피가 흘러내려/ 의자의 시트를 더럽히지는 않을 거라고 말하는 것 같았다// 그 이상 우리는 서로 말이 없었다/ 열차는 한여름 밤/ 자정을 향해 끝없이 달렸다// 얼마쯤 달렸을까 깜빡 졸다 깨어보니/ 옆자리는 비어 있었다/ 그는 어디쯤에서 내린 걸까/ 털모자나 목도리 하나 남겨두지 않고

겨울 눈사람은 당연하지만, 한여름 눈사람이라니! 낯설고 생경하지요. 이 시의 방점은 여기에 있어요. 한여름과 눈사람, 현실에서는 공존할 수 없는 조합. 시에서는 거리가 먼 두 대상을 적절하게 연결할 때 강력한 긴장이 발생하지요. 겨울 눈사람이라면 그냥 지나치지만, 여름에 눈사람이 나타났다 하면 우르르 몰려들 거예요. 시적 효과는 그렇게 나타납니다. 시에서 '낯설게 하기'가 강조되는 것도 그런 이유일 거예요. 그리고 이런 전제 조건이 충족되면 시는 비로소 의미의 새김질에 들어가, 여름 눈사람을 낯선 이방인, 아까 선생님 질문처럼 환상 열차를 타고 온 여행자, 사회적 소수, 불온한 자 등으로 읽을 수 있는 거지요. 동시로 쓴 〈눈사람〉은 두 편인데, 여기서도 그 중 하나를 읽어 볼게요.

골목길 공터에서/ 잃어버린 눈나라를/ 찾으러 온/ 하얀 독립군 눈사람을 보았어요// 골목마다 눈이 펄펄 내려/ 다시 찾은 눈나라에서// 독립군처럼/ 나도 신이 나서/ 만세! 불렀어요

무슨 감격스러운 일이 있으면 만세! 부르잖아요. '대한 독립 만세'와 눈이 내려 신이 난 아이들의 "만세!" 소리를 겹쳐 놓았어요. "하얀 독립군"인 눈사람은 겨울에만 아이들을 찾아오지요. 시 〈눈사람〉이 여름 눈사람이었다면, 동시 〈눈사람〉은 겨울 눈사람으로 거기에 일제의 피지배를 경험한 우리의 아픈 역사 이야기를 하고 싶었어요. 그리고 "재미있는 세상은 뭘까. 왜 흰 토끼만 있지? 따분해. 초록 토끼나 노랑 토끼는 없는 걸까?" 저는 그게 동시의 첫걸음이라고 생각해요. "사과나무에 사과만 열리고 배나무에 배만 열리는 세계도 너무

따분해. 사과나무에 구두가 주렁주렁 열리고 자동차가 주렁주렁 열리는 세계는 없을까?" 이런 엉뚱한 생각이 재미있는 동시의 세계라는 생각이 들기도 하고요.

어린이 송찬호

황세원   동시를 읽다 보면 어린 시절의 나를 마주하는 기분이 들 때가 있습니다. 시인님은 자신의 시들 중에 어린 송찬호를 만나게 하는 시가 있으신가요? 그리고 어떤 아이였는지도 궁금합니다.

송찬호   동시를 쓰면서 그때마다 자신의 어린 시절을 소환하거나 어릴 때를 회억하는 것이 좋을지 모르겠어요. 눈앞의 아이들을 그려야 하는데 말이에요. 솔직히 말씀드리면, 동시를 쓸 때마다 어린 시절의 '나'를 만나요. 옆에서 같이 동시를 쓰지요. 어린 시절 제 모습은, 꾀죄죄한 얼굴로, 학교보다는 산이나 저수지를 더 좋아하고 공부보다는 냇물 가재를 잡는 걸 더 좋아하는 아이였어요. 이런 추억도 있어요. 학교 오가는 길에 냇물을 건너야 하는데 비가 많이 내려 냇물이 불면, 거길 건너다 자주 신발을 잃어버려요. 까만 고무신이요. 물론 그때는 다리가 없어 바지 둥둥 걷고 그냥 건너야 했지요. 신발 잃고 엉엉 울면서 집으로 가지요. 하루나 이틀 후에 물이 맑아지고 수위가 낮아지면 어른들이 신발을 찾으러 가요. 대부분은 찾지 못하지요. 그러면 아이를 이렇게 위로해요. 죽은 사람 신발은 가까이 떠내려가 찾을 수도 있지만, 산 사람 신발은 멀리 떠내려가 찾기 어려운 법이라고. 제 어릴 때를 만날 수 있는 시로는, 〈민들레 꽃씨〉, 〈칠점무당벌레〉, 〈제비꽃〉, 〈저수지 배꼽〉, 〈독한 놈〉, 〈참새들이 까분다〉, 〈메아리〉 등이 있어요.

징검돌 마무리

황세원   저희가 동시를 쓰기 시작했는데, 가장 마지막 연을 쓰는 것이 제일 어렵습니다. 잘못하면, 식상하거나, 교훈적이거나, 말이 안 되거나, 힘이 빠지거나 합니다. 창작 동시 한 편을 마무리 지을 때 무엇을 조심하면 좋을지 조언 부탁드립니다.

송찬호   저도 마지막 연 마무리 때가 제일 신경 쓰여요. 어렵긴 저도 마찬가지예요. 대부분의 시가 끝으로 갈수록 분위기나 의미가 점점 상승하면서 마무리되는 경우가 많지요. 가파른 언덕을 오른 길이 절벽 앞에서 뚝 그치는 것처럼요. 네 번째 동시집에 수록될 시 한 편 읽어볼게요. 〈강아지 옆 돌멩이〉(2022)라는 제목의 시예요.

강아지 옆에/ 돌멩이가 하나 있는데/ 강아지를 좋아하는 게 분명해// 돌멩이 이마에/ 강아지똥이 묻었는데도/ 싫지 않은가 봐// 강아지 뒷발에 채여/ 굴러도/ 멀리 가지도 않아// 강아지가 없을 땐/ 강아지 대신/ 멍멍 짖기도 하지

여기서도 마지막 연을 강조했어요. 처음 떠올린 단상이 "강아지 옆 돌멩이가 강아지를 좋아하다가 강아지처럼 멍멍 짖는다"여서 2연, 3연을 징검돌처럼 놓으며 시를 완성했지요. 이처럼 시적 동기나 시의 주요한 이미지를 뒤쪽 나아가 마무리에 배치하는 경우가 많아요. 선

생님들께 참고가 될지 모르겠어요.

황세원 　마지막 질문인데요. 선생님께서 쓰시는 앞으로의 시가 닿으려고 하는 세계는 어떤 세계일까요.

송찬호 　동시를 공부하면서 이문구의 〈산 너머 저쪽〉, 정지용의 〈별똥〉을 좋아했어요. 지금도 마찬가지고요. 그런 동시를 쓰고 싶었어요. 두 편 다 형식과 내용이 완벽해요. 시 세계에 대한 동경, 이루지 못한 꿈이 녹아 있어요. 짧고 단순해 보이는 형식이지만, 그 속에 인생의 깊은 질서와 섭리가 담겨 있지요. 앞으로 이처럼 삶의 근원에 가닿는 동시를 써 보고 싶어요. 고맙습니다.

황세원 　시에 어떻게 다가가야 하는지, 다독을 습관처럼 꾸준히 하신다는 것을 듣고 다시 한번 돌아보고 배우는 시간이었습니다. 인터뷰 감사드립니다.

새로운 형식의 동시 놀이, 유강희

유선민

유강희 시인

1987년 시 〈어머니의 겨울〉이 서울신문 신춘문예에 당선되어 등단했다. 동시집 《오리 발에 불났다》(2010), 《지렁이 일기 예보》(2013), 《뒤로 가는 개미》(2015), 《손바닥 동시》(2018), 《무지개 파라솔》(2021), 손바닥 동시 《달팽이가 느린 이유》(2021)가 있다.

 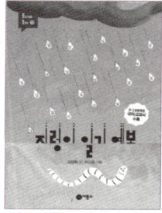   

때   2021년 11월 6일 토요일
곳   전북 전주, 커피발전소

금붕어

유강희

단풍잎 한 마리
단풍잎 두 마리
어, 가을이 움직인다

_《손바닥 동시》(창비 2018)

    11월 6일 토요일 이른 아침, 유강희 시인을 만나러 KTX를 타고 전주로 향한다. 따사로운 가을볕 아래 울긋불긋 단풍을 지나고, 추수를 기다리는 황금빛 들녘을 지나고, 설레는 마음을 가득 실은 기차는 그렇게 가을을 통과한다. 자연현상, 풍경, 동물, 사물 등을 섬세한 관찰과 사유로 깊고 맑게, 그리고 다정하게 담아내는 유강희 시인은 오늘의 풍경을 어떻게 만나고 계실까. 새로운 형식의 동시를 만들어서 놀고, 동심 그 자체일 아이와 함께 새로운 세계를 걷고 계실 시인의 숨은 이야기가 궁금해진다. 안경 너머, 또랑또랑한 얼굴로 반갑고 따뜻하게 맞이해 주신 유강희 시인님. 그 가을, 특별한 시간과 만남을 여기에 꺼내 본다.

동시와 함께

유선민   유강희 시인님, 이렇게 인터뷰에 응해 주시고, 전주에 초대해 주셔서 감사합니다.

유강희   먼 길 오시는데, 날씨가 좋아 다행이에요. 반갑습니다.

유선민　오늘 인터뷰는 저희 쌀떡밀떡 회원의 질문을 모아 진행하겠습니다. 1996년《불태운 시집》과 2005년《오리막》두 권의 시집을 낸 후, 2010년 첫 동시집《오리 발에 불났다》를 내셨습니다. 시를 쓰시다가 동시를 쓰시게 된 특별한 계기가 있었을까요?

유강희　대학 선배이신 안도현 시인의 권유로 2008년쯤에 처음 동시를 쓰게 되었어요. 내게 동시 몇 편을 써서 보여 달라고 하셨어요. 제 안에 동시적인 것이 있다는 것을 발견해 주신 분이죠. 순식간에 동시가 쏟아져 나와 저도 놀랐어요. 그렇게 해서 나온 동시집이《오리 발에 불났다》예요. 그게 계기가 되어 지금까지 동시를 쓰고 있지요.

유선민　그렇다면 동시를 쓰시면서 시인님께 찾아온 기쁨이나 이전과 달라진 점이 있는지요?

유강희　처음 시를 쓰게 된 건 둘째 형님 영향이 크다고 볼 수 있어요. 형님이 문학청년이었거든요. 어릴 적 형님의 시작 노트를 보고 깜짝 놀랐어요. '아, 이런 세계도 있구나' 했는데, 동시를 쓰면서 또 한 번 놀랐어요. 시와는 또 다른 세계였고, '신생'을 경험한다고나 할까요. 늘 새로 태어나는 느낌을 받으니까요. 동시의 그런 느낌이 좋아서 동시를 읽고, 쓰는 것 같아요. 세상을 처음 보는 듯한 느낌이 동시의 매력입니다.

어린 시절

유선민　문학청년이셨다는 형님의 영향이 크다고 하셨는데요. 어릴 적 시인님이 품었던 꿈은 무엇이었나요?

유강희   집에 형님이 보던 책이 많았어요. 저는 초등학교 때 《님의 침묵》, 《청록집》, 《화사집》, 보들레르의 《파리의 우울》, 하이네 시집 같은 것들을 읽었습니다. 뭘 이해하고 읽었다기보다 책 읽기를 좋아했어요. 그리고 어떤 전집의 동시 선집엔 제 나름의 시 감상을 적어 놓기도 했어요. 자주 이사 다니면서 그 책을 잃어버려서 지금 많이 아쉬워요. 물론 시도 쓰고, 글 쓰는 걸 좋아했구요. 동아리 활동 때는 문예반에 들어가서 활동을 했어요. 초등학교 6학년 땐 예전 시골집에서 키우던 개 '털보' 이야기를 글로 썼는데, 그때 담임이었던 장세돈 선생님께서 칭찬을 많이 해 주셨어요. 그런 분위기가 저를 작가가 꿈인 아이로 만들지 않았나 생각해요. 제가 좀 더 자란 뒤엔, 헤르만 헤세가 15살 때 "시인이 아니면 아무것도 되지 않겠다"라고 한 말도 늘 가슴에 담아 두었죠. 나도 그런 멋진 시인이 되고 싶었거든요. 글쓰기 외에도 전 그림 그리는 걸 좋아했어요. 그래서 한때는 화가가 꿈이었던 적도 있어요. 지금도 가끔 그림 전시회에 가곤 해요.

유선민   시인님의 동시는 세상 모든 존재들을 따스한 시선으로 들여다보고 그들의 소리에 귀 기울이고 있음을 느낍니다. 세상을 어쩌면 이토록 따뜻하고 긍정적으로 바라볼 수 있게 되었을지 어린 시절의 경험이 남달랐을 것 같아요.

유강희   제가 아주 어릴 적, 아버지가 농약과 씨앗을 파는 상회를 하셨는데요. 그 일로 가족 모두 고향집을 떠나 큰길가로 이사

를 했어요. 그런데 전 고집을 부리고 따라가지 않았어요. 할머니와 단둘이 제가 태어난 그 집에서 한동안 살았어요. 그때가 가장 행복했던 시절이 아닌가 생각돼요. 할머니가 밥도 맛나게 해 주시고, 누구의 간섭도 받지 않은 채 자연 속에 홀로 내던져져 있었거든요. 작은 마을이었고, 집 앞엔 개울이 흐르고, 저녁 무렵에 바라보는 개울은 그렇게 아름다울 수가 없었어요. 반짝이며 흐르는 개울을 넋을 놓고 바라보곤 했지요. 그건 충분히 놀라운 어떤 세계였어요. 제가 쓴 시 중엔 자연을 소재로 한 시가 많은 편인데요. 아마도 이때의 경험들이 문학적 자양이 되지 않았나 생각해요. 또 하나 기억나는 건 아주 큰 장수풍뎅이를 잡아서 제가 좋아하는 여선생님께 선물한 거예요. 시골엔 선물 살 가게가 마땅찮았거든요. 있다고 해도 아마 살 돈이 없었겠지요.

모든 존재를 처음 보듯

유선민   시인님의 동시를 읽고 있으면 누군가, 무언가의 앞에 몇 시간이고 쪼그리고 앉아 있는 느낌을 받습니다. 집중해서 보고, 또 보아서 그들의 이야기를 끝내 듣고 함께 속삭이고서야 일어서는 아이가 느껴집니다. 그래서 동시가 보여 주는 사물들이 낯설지만 설득됩니다. 아이보다 더 아이 같은 호기심과 풍부한 상상력으로 시상을 떠올리시고 가꾸시는 시인님만의 특별한 비결이 있을까요?

유강희   어떤 사물이든 자신만의 이야기를 담고 있지요. 또 그 이야기를 누군가에게 들려주고 싶어 합니다. 진실로 마음의 귀를 열고 가까이 다가

갈 때 사물은 자신의 목소리를 들려주는 것 같습니다. 사물이 가진 고유한 어떤 것을 끄집어내려고 노력하죠. 중학생일 때《샘터》라는 잡지에 글을 보낸 적이 있어요. 복도에 있던 국화를 서너 시간 동안 꼼짝 않고 바라본 기억이 나요. 사물은 자신의 비밀의 문을 쉽게 열어 보여 주지는 않죠. 지극하고 간절한 마음으로 다가가면 사물이 어느 순간 나에게 들어오는 순간이 있어요. 어떤 기교에 앞서 그런 지극지심이 중요하다고 봐요. 그때 비로소 사물의 심장 소리를 들을 수 있겠지요. 저는 시인이란 사물의 심장 소리를 듣는 사람이라고 생각해요.

유선민 아이들에게 '지극지심'이라는 말이 조금 어려울 듯싶어요. (웃음) 시를 잘 쓰고 싶어 하는 아이들이나 시 창작 지도를 하시는 선생님들을 위해 좀 더 구체적으로 설명해 주세요.

유강희 언젠가 아이들과 함께 시 쓰는 시간이 있었어요. 시제가 호랑가시나무였는데, 처음엔 아이들이 어떻게 써야 할지 서로 눈치만 보았어요. 그래서 제가 아이들에게 직접 호랑가시나무를 만져 보고 안아 보고 잎의 모양도 자세히 보라고 했어요. 그랬더니 순식간에 아이들의 글이 달라졌어요. 아주 생생한 느낌이 그대로 전달되었거든요. 아주 짧은 시간이었지만 그때 아이들에게서 많은 걸 배웠어요.

아이들은 직접적이고 직관적이죠. 동심의 직관이 아직 살아 있는 시기죠. 특히 동시를 쓰는 어른들에게도 그러한 직접적 만남과 느낌이 중요하다고 생각해요. 아이들은 세상의 모든 것들을 살아 있는 존재로 봅니다. 아이들은 끊임없이 중얼거리죠. 구름하고도 말하고 인형하고도 말하죠. 물고기하고도 말하고 떨어지는 나뭇잎하고도 말하죠. 무정물이든 유정물이든 모든 것들과 대화가 가능하죠. 이러한 대화는 모든 사물들을 순간순간 새롭게 태어나게 하죠. 시는 본질적으로 대화란 생각이 들어요. 모든 존재, 우주, 세계와의 대화인 거죠. 또한 사물을 볼 때, 보이지 않는 부분을 보려고 노력합니다. 연못에 오리가 여유롭게 떠 있는 것 같아도 보이지 않는 물속의 발은 쉴 새 없이 움직이고 있지요. 보이지 않는 것을 보는 것이 시이고, 그걸 볼 수 있게 해 주는 것이 시인의 일이 아닌가 생각해요. 그리고 작가는 늘 새로움을 운명으로 받아들이는 존재지요. 보들레르가 이런 말을 했지요. "아이는 모든 것을 새로움으로 받아들인다." 저는 이 새로움에 이르는 방법으로 남들과 다른 위치에 나를 세우고자 끊임없이 노력합니다. 시선의 위치(방향)에 따라 대상이 전혀 다르게 보이니까요. 사람들은 대개 꽃의 앞쪽, 그러니까 핀 쪽만 보죠. 전 꽃의 뒤쪽도 곧잘 봅니다. 꽃의 뒤통수를 보면 얼마나 적막한지 모릅니다. 꽃의 눈부심은 바로 그로부터 나온 게 아닐까요. 전 남들이 보지 않고 놓치는 것을 보려고 합니다.

유선민 '시는 대화'라는 말씀이 무척 와닿네요. 《오리 발에 불났다》 해설에서 김이구 평론가 말씀 중에 "이 시인이 자연의 존재들을 바라볼 때 이처럼 서로 교감하고 감응하는 존재로서 인식한다"와 연결되는 것 같아요. 〈우렁이 껍질〉을 읽을 때 낮고 외롭고 약한 대상에 힘을 보태 주고 함께 있어 준다는 느낌을 받았습니다. 〈우렁이 껍질〉이나 〈나무와 건전지〉는 시작(詩作) 과정에서 시인님의 어떤 시선과 태도가 반영된 걸까요?

유강희 박경리 선생님이 '연민이 없으면 작가가 되려고도 하지 말라', 이런 말을 어떤 인터뷰에서 하신 걸 들은 적이 있는데요. 그 연민은 누구나

가지고 있는 마음이고, 그게 동심이기도 해요. 〈우렁이 껍질〉을 쓸 때 천변에서 자주 우렁이 껍데기를 보았어요. 거의 매일 전주천을 걸었는데 그때 쓴 시예요. 생명이 빠져나간 우렁이는 물 위에 동동 떠 있게 마련이지요. 그렇게 가벼울 수가 없었어요.

모든 존재는 서로 연결되어 있다는 생각이에요. 폴 너스가 말한 '생명의 혈통' 개념도 저에겐 무한한 어떤 영감을 주어요. 그런 믿음이 저에겐 있어요. 그 믿음이 불 꺼진 생명에 새 생명의 입김을 불어넣어 주고 싶었을 거예요. 죽음이라는 것도 실은 인간이 세계를 인식하는 하나의 방식에 불과할 뿐이죠. 그런 구분을 무너뜨리고 통합된 세계로서의 따스함, 존재에 대한 옹호, 존재의 의미를 이야기하고 싶었어요. 〈나무와 건전지〉도 이와 크게 다르지 않을 거라고 봐요. 잎이 다 떨어진 겨울나무와 그 먹을 것 하나 없는 가지에 앉아 있는 참새. 이 두 존재를 묶어 주는 건 결국 '따스한 기운'이고 그것은 건전지라는 이미지를 불러들이죠. 그렇게 해서 존재는 다시 '꿈틀꿈틀' '씩씩하게' 생명 운동을 이어가고요.

오리 발에 불났다

유선민   그런 의미에서 《오리 발에 불났다》에서 시인님과 관련된 이야기가 있는 동시 한 편을 낭독해 주시길 청합니다.

유강희   낭독 〈반딧불〉.

대부분의 제 동시들은 이야기가 있어요. 이 동시도 사연이 있어요. 아는 형님이 서울에 살고 계셨는데, 그분이 시골에 자리 잡으려고 목수 일을 배우러 다니셨어요. 자주 가는 가게 주인아주머니의 고향이 순창이래요. 어머니께서 순창에 혼자 사시는데, 그곳에 갈 일이 있으면 꼭 찾아봐 달라고 하셨대요. 그러던 어느 날 그 형님이 저를 만나러 김제에 오게 되었어요. 함께 순창으로 가서 어떻게 어떻게 겨우 그 어르신을 찾아뵈었는데, 산골에 다섯 집뿐이었고, 그 어르신께서 너무 반갑게 맞아 주시는 거예요. 얼마나 사람이 그립고, 이야기하고 싶었는지 손을 잡고 놓아주지 않았어요. 같이 간 저도 발길이 떨어지질 않았는데 그런 생각들이 이 동시를 쓰게 하는 바탕이 되었어요. '어디 아픈 데가 없나, 말동무라도 해 드려야지, 편찮으시면 어쩌나' 하는 마음을 담았어요. 자기의 경험, 체험에서 나온 시는 누군가에게 진정성 있게 다가가는 것 같아요. 그랬을 때 독자에게 공감도 되구요.

지렁이 일기 예보

유선민 《지렁이 일기 예보》는 날씨 동시로만 40편이 실려 있는데, 모두 날씨를 참신한 발상과 따뜻한 시선으로 풀어내고 있어서 참 좋았어요. 별로 좋아하지 않았던 날씨조차 사랑하게 만드는 동시였달까요. 아이들이 무척 재미있게 읽고 암송하는 것도 좋아해요. 〈천둥소리〉(초3 국어)와 〈고드름 붓〉(중1 국어)이 교과서에 실려 있습니다. 교과서에 실린다는 것은 작가에게 어떤 의미가 있을까요? 아울러 특별히 좋아하는 날씨나 이 동시집에 관해 이야기해 주세요.

유강희 저는 겨울에 태어나서인지 겨울을 좋아하는 편이에요. 눈 쌓인 광활한 들판, 그 태초 같은 느낌이 좋아요. 세상의 처음, 하얗게 눈 쌓인, 아무것도 없는 텅 빈 백색의 종이 같은 풍경이 좋아요. 그걸 보고 있으면 뭔가 창작 욕구 같은 게 들끓기도 해요. 교과서에 시가 실리면 아이들이 어쨌든 읽잖아요. 시를 쓴 사람으로서 그 점이 무엇보다 기쁘다고 말할 수 있죠. 내 시를 아이들이 읽는구나, 생각하면 가슴이 마구 뛰죠. 시를 더 잘 써야지. 그런 욕심도 생기구요.

《지렁이 일기 예보》는 정말 즐겁게 쓴 거 같아요. 날씨와 관련된 책과 사전을 머리맡에 쌓아 두고 몇 날 며칠 거기에만 집중했거든요. 몰입하는 동안 미처 내가 몰랐던 사실들도 알게 되었구요. 우리말에 날씨와 관련된 말이 그렇게 많은 줄도 처음 알았어요. 이 동시집을 쓰면서 저 자신에게도 많은 공부가 되었다고 말할 수 있어요.

뒤로 가는 개미

유선민 이번에는 《뒤로 가는 개미》의 이야기를 해 볼게요. 책머리에서 '어른이면서 어른이 아니고 아이이면서 아이가 아닌 그 어떤 것을 동심이라고 한다면, 나는 참 행복하게도 그때 여치 얼굴에서 어린 나를 만났고'라고 하셨습니다. 〈여치 얼굴〉도 이를 잘 보여 주는 것 같아요. 시인님은 오리에 대한 시를 많이 쓰셔서 주로 '오리 시인'으로 불리셨는데, '여치 얼굴'은 어떤 의미가 있나요?

유강희   저는 틈만 나면 산책을 해요. 걷는 것을 좋아하고, 걸으면 상상력이 더 활발히 작동되구요. 전 산책하면서 메모를 많이 해요. 어느 여름날, 걷다가 우연히 풀밭에서 여치 한 마리를 보았어요. 그날은 신기하게도 여치가 도망도 안 가고 빤히 날 쳐다보는 거예요. 그래서 여치 얼굴을 자세히 볼 수 있었어요. 그리고 어느 순간 내 어릴 적 얼굴이 오버랩되어 보였어요.

평소 내 어린 시절 얼굴이 무척 궁금했거든요. 어릴 적 사진도 많이 남아 있지 않구요. 여치 눈과 딱 마주친 순간, 내 어릴 적 꾸밈없이 '맑은 얼굴'과 맞닥뜨린 거죠. 마치 내가 여치가 된 것처럼, 여치가 내가 된 것처럼요. 장자의 호접몽과 비슷한 경험을 한 거죠. 그때 내 어릴 적 얼굴을 되찾고 뛸 듯이 기뻤어요. 금방이라도 울음이 터져 나올 것만 같았지요.

《무지개 파라솔》에 실려 있는 〈헤어짐은 잠시〉라는 시 역시 체험을 바탕으로 쓴 시예요. 강칼라 수녀님이 있는 고창성당 동해공소에 갔을 때 실제 구름을 보고 쓴 시거든요. 그날도 우연히 토끼 모양의 구름을 보고 있었는데요. 갑자기 머리 한쪽이 뚝 떨어져 나가더니 산책하듯 한 바퀴 빙 돌고 와서 다시 제자리에 딱 붙는 거예요. 헤어짐은 우리의 일상이잖아요. 이 시를 쓰고 나서 헤어짐에 대한 두려움이나 공포가 조금 사라졌어요. 어떤 축복 같고 계시 같은 느낌을 받았거든요. 지금 생각해도 참 신비로운 체험이었어요.

유선민   시인님께 가장 위로가 되었다는 작품 〈헤어짐은 잠시〉 낭독을 청합니다.

유강희   낭독 〈헤어짐은 잠시〉.

헤어짐은 잠시

유선민   시인님의 낭독이 무척 깊은 울림으로 다가옵니다. 《뒤로 가는 개미》에도 특별한 이야기가 담긴 동시가 많겠지요?

유강희   〈만일 풀과 벌레가 프러포즈를 한다면〉은 2015년 고양 아람누리 도서관에서 강연할 때 낭독한 시인데요. 그 자리엔 아내도 함께했는데, 일종의 프러포즈 동시라고도 할 수 있지요.(웃음) 이 시는 환경문제와 관련해 자연의 순리를 이야기하고 싶었어요. 또 이 동시집 맨 뒤에 실린 〈누군가는 불고 있다〉는 어릴 때 죽은 친구를 떠올리며 쓴 동시예요. 《무지개 파라솔》의 〈감꽃 목걸이〉도 어릴 적 보았던 여러 죽음이 모티브가 된 거구요. 어릴 적 겪은 정신적 외상은 쉬이 지워지지 않고 계속 흉터처럼 마음에 남아 있는 것 같아요.

존재는 저마다 아름답다

유선민   시인님의 동시 소재에 관한 질문입니다. '할머니'에 관한 시가 많고, 특별한 애정이 느껴집니다. 그 외에도 '오리', '곤충', '눈', '좋아하는 사람에 대한 설레는 감정' 등도 자주 등장하는 소재인 것 같습니다. 애정 하는 소재가 있을까요?

유강희   특별히 애정 하는 소재는 없어요. 그걸 의식하고 쓴 적도 거의 없는 것 같습니다. 주위에 늘 관심을 가지다 보니 자연스럽게 그런 소재들이 등장하지 않았나 싶습니다. 하지만 새로운 소재를 찾기 위해 늘 눈과 귀를 열어 두고 있지요. '존재는 저마다 아름답다.' 이 아름다움(혹은 의미로움)을 발견하는 게 시인이 아닐까요.

손바닥 동시

유선민   다음으로 《손바닥 동시》 이야기를 해 볼게요. 해설에서 이안 시인은 이 동시집 해설에서 손바닥 동시를 "새로운 동시 놀이 형식의 탄생"이라고  표현하셨습니다. 손바닥 동시가 어떻게 탄생했는지 탄생 비화를 듣고 싶습니다.

유강희   제가 손바닥 시를 본격적으로 쓰기 시작한 건 15년 전쯤이에요. 중국 칭다오에서 처음 쓰기 시작했어요. 물론 그 전부터 짧은 시에 대한 관심이 많았구요. 그러던 중 칭다오에 있는 해양대학교에서 1년간 한국어를 가르치게 되었어요. 그때 중국의 절구, 일본의 하이쿠, 우리 고유의 시조를 공부하면서 손바닥 시의 기본적인 틀을 만들었어요. 현대적 감각에 맞는 한국적 짧은 시의 전형을 만들어보고 싶었거든요. 처음 손바닥 시의 형식을 만들고 이름을 무어라고 할까, 많은 고민을 했어요. 칭다오에서 쓴 그때 노트를 보면 여러 이름을 놓고 고민한 걸 알 수 있어요. 결국 '손바닥 시'란 이름을 붙이게 되었죠. 제가 그때 학교 앞 바닷가를 걸으며 시를 메모하거나 향수를 달래곤 했죠. 이때 직접 손바닥에 시를 쓰기도 했던 게 자연스레 장르명이 된 거죠.

유선민   〈한국일보〉(2018.12.28.) 인터뷰에서 "요즘 시는 지나치게 길고 난해해요. 시는 여백이 있어야 합니다. 《손바닥 동시》에는 저 나름의 경계와 반성, 성찰도 담겨 있습니다. 손바닥 동시의 핵심은 생명심입니다"라고 말씀하셨습니다. 작가님께서 말씀하신 시의 여백, 생명심, 단순함에 대해 더 듣고 싶습니다.

유강희   저는 '여백이 시이고, 침묵이 시'라고 생각해요. 시 속에서 이 여백과 침묵을 느끼지 못하면 그 시는 좋은 시라 할 수 없겠죠. 이 여백과 침묵을 다른 말로 하면 재미와 감동이고요. 결국 시는 여백과 침묵을 창조하는 고도의 언어 조직이란 생각입니다.

생명심은 제가 만든 단어인데요. 생명과 동심을 결합해 만든 겁니다. 간단히 말하면, 생명을 생명답게 하는 건 동심이고 동심을 동심답게 하는 건 생명이라고 할 수 있습니다. 아기가 매급시(맥없이) 무언가에 이끌려 춤을 추는데 이걸 '짓이 났다'라고 합니다. 생명심이란 말 속엔 이 '짓'과 '흥'이 들어 있지요.

단순함은 손바닥 동시의 가장 중요한 요소이기도 하죠. 형식과 내용면에서 그러하죠. 손바닥 동시는 글자 수에 제한을 두었기 때문에 단순화하지 않으면 제대로 손바닥 동시의 맛을 내기 힘들죠. "단순성은 결코 간단한 방법으로 얻어지지 않는다. 단순성은 예술가가 진지하게 추구해야만 다다를 수 있는 일종의 경지다." 이 말은 작가 가오싱젠이 한 말인데, 손바닥 동시를 쓰는 데도 좋은 귀감이 되는 말이라고 생각합니다. 그런 의미에서 "손바닥 시는 생명심의 언어적 최소화다"라고 말할 수 있겠네요. 저는 단순하면서도 오묘한 깊이를 지닌 시를 쓰고 싶거든요.

유선민   그래서일까요? 손바닥 동시는 몇 마디 말로 언어적 생명력을 그려 내는 긴장과 호흡에서 절제미를 느낍니다. 제목에 꼭 맞으면서도, 불필요한 꾸밈이 없는 간결한 문장이 인상 깊어요. 하지만 손바닥 동시를 쓰기는 쉽지 않아서 시인님의 '손바닥 동시' 창작 팁이 궁금합니다.

유강희   손바닥 동시는 짧지만 다 읽고 나서 짧다는 느낌이 들지 않아야 좋은 손바닥 동시라고 할 수 있습니다. 자칫 짧다는 것 하나만 생각하면 유치하기 쉽지요. 손바닥 동시는 아주 짧은 시 형식이기 때문에 무엇보다 언어의 선택과 배제 그리고 배치가 중요합니다. 어떤 문학 작품이든 이 점이 중요하겠지만 특히 손바닥 동시에선 더욱 필요하다고 할 수 있죠. 극도의 절제와 응축 그리고 최소한의 호흡 속에서 이루어지기 때문입니다.

처음부터 글자 수에 얽매이면 즐길 수 없게 됩니다. 처음에는 길게 쓰거나 마음대로 쓰게 한 뒤, 글자 수의 규칙을 알려 주세요. 《손바닥 동시》에 있는 '시인의 말'과 이안 선생님의 '해설'을 보면 도움이 되실 거예요. 글자 수가 시조의 앞 첫 구만으로 짜인 형식의 시다. 단, 3행의 이 시는 기본 자수에서 2~3자를 넘지 않아야 한다. 대신 글자 수를 줄이는 건 얼마든지 가능하다. 이 점이 손바닥 시의 기본 형식이라고 말할 수 있습니다. 그러니까 시조처럼 자수에 제한을 두고 있지요. 그리고 이점을 지키지 않으면 손바닥 시라고 할 수 없습니다. 어떤 언어를 선택하고 배제할지, 또 어느 행, 어느 위치에 배치할지가 그래서 더욱 중요하죠. 시적 긴장도 이런 과정에서 만들어지고요. 비슷한 의미를 가진 단어일지라도 글자 수 제한이 있기에 어떤 단어는 선택되고 어떤 단어는 배제될 수밖에 없죠. 이런 점이 손바닥 시를 창작하는 데 어려움으로 작용하지요. 하지만 이점을 거꾸로 재미있어하고 즐길 수 있다면 이보다 더 좋은 창작 방법은 없겠지요. 실은 저도 이런 점이 재미있어서 계속 쓰고 또 여러 번 고치게 되는 것 같습니다. 워낙 시가 짧기에 그 효과도 금방 알 수 있는 장점이 있구요. 이러한 점 때문에 스마트 폰의 순발력을 활용하는 것도 하나의 좋은 방법이라 생각합니다.

유선민 언어의 선택과 배제 그리고 배치가 중요하다고 하셨는데, 아이들은 단순히 짧게 쓴 세 줄 시를 쓰고는 손바닥 동시라고 생각하는 경우가 많더라구요. 아이들에게 손바닥 동시를 지도하였던 좋은 사례가 있으면 소개해 주세요.

유강희 평론가 유종호 선생님은 《시란 무엇인가》에서, "놀이의 규칙을 알아야 제대로 즐길 수 있으며 이해할 수 있다."라고 했지요. 이 말은 손바닥 동시에도 그대로 적용된다고 할 수 있어요. 먼저 손바닥 동시만의 규칙을 아는 게 중요해요. 아이들이 좋아하는 축구나 피구도 그 각각의 룰을 정확히 알았을 때 제대로 즐길 수 있고 재미가 있는 것처럼요. 제가 제주에 강연 갔을 때 한 어린이가 쓴 손바닥 동시를 예로 들어 볼게요. "북도 풍물놀이가 긴장되는지/ 둥! 둥!/ 심장이 뛴다" 이런 시였어요. 제목은 〈북〉이구요. 그런데 이 시는 1행이 규칙에 맞지 않죠. 글자 수가 최대 10자까지 허용되는데 무려 2글자가 더 많은 거죠. 그래서 다시 고쳐보라고 했죠. 그랬더니 1행을 "북도 긴장되는지"로 고친 거예요. 그리고 제목을 슬쩍 〈풍물놀이〉로 바꾸고요. 어때요? 고치기 전의 시보다 훨씬 더 긴장감이 높고 간결해졌죠. 이건 단적인 예지만, 이런 과정을 통해 언어의 자리 이동에 따라 어떻게 느낌이 달라지는지, 어떤 단어를 골라야 자신의 느낌을 더 잘 살릴 수 있는지 등을 배울 수 있죠. 이런 훈련을 통해 궁극적으로 문학적 언어 감각을 키우게 되는 거죠. 한 가지 더 말씀드리면 손바닥 동시는 아주 짧기에 제목과 문장부호 하나까지도 아주 세심하고 긴밀한 접근이 필요하다는 거지요. 앞의 송민규(제주 함덕초 선인분교장 6년) 어린이가 쓴 시 〈풍물놀이〉처럼 말이죠.

유선민   아이들이 짧은 몇 줄로 동시가 될 수 있다는 것도 신기해하고, "진짜 봄 같아요.", "우리 집도 금붕어 키워요." 하며 《손바닥 동시》에 순식간에 빠져들어요. 혹시 손바닥 동시 중 가장 기억에 남는 동시가 있는지요?

유강희   〈만일 하느님도 오늘 방학을 한다면〉인데요. 어느 초등학교에 강연 갔을 때, 한 어린이가 이 시가 있는 페이지를 펼치고 거기에다 사인을 해 달라고 하더군요. 대개 사인은 시집 맨 앞 면지에 하거든요. 그래서 이 시가 특별히 기억에 남습니다.

무지개 파라솔

유선민   올해 발표하신 다섯 번째 동시집 《무지개 파라솔》은 이전의 동시집과는 사뭇 다른 결이 느껴지는 동시가 많이 있습니다. 해설을 쓰신 김개미 시인의 말씀처럼 경쾌하고 발랄하며 사랑스러운 동시가 많아졌습니다. 《무지개 파라솔》과 이전 동시집과의 차이점은 무엇인지요?

유강희   딸이 태어나면서 동심이 하나의 실체, 실감으로 다가왔어요. 그전엔 대개 동심이 막연한 관념으로 머물렀던 때가 많았거든요. 《무지개 파라솔》과 이전 동시집과 가장 큰 차이는 동시 안으로 아이가 뛰어들어왔다는 점이죠. 소리치고, 울고, 웃는 아이가 동시를 움직이는 주된 동력이 된 거죠.

유선민 《무지개 파라솔》에서는 현실 속 작가와 육아하는 아빠의 생활이 보이기도 해서 재미있습니다. 〈안경 놀이〉, 〈아기가 울 때〉, 〈무서운 꿈이 찾아오면〉 등 육아와 관련된 동시처럼 일상의 일들이 시로 만들어지기까지의 과정과 글을 잘 쓰는 비법이 궁금합니다.

유강희 아이와 직접 관련된 시들은 대부분 저의 육아 경험에서 나온 시에요. 제가 일기를 쓰고 있는데요. 일기도 많은 도움이 됩니다. 이러한 경험을 나만의 상상과 연결하려고 노력하죠. 그리고 글을 잘 쓰는 특별한 비법은 없는 것 같은데요. 무엇보다 동심에 대한 투철한 자기 인식과 탐구가 있어야 한다고 생각합니다. 전 동심의 지속성을 믿는데요. 어른은 누구나 어린 시절을 통과한 거라는 생물학적 관점에서죠. 그렇다고 동심이 아이들처럼 즉자적으로 발현되지는 않잖아요. 때문에 저마다 방식은 다르겠지만 그러한 노력이 절대 필요하다고 생각해요. 아이들이 쓴 시나 그림을 보는 것도 하나의 좋은 방법이 되겠지요. 그런 노력이 내 안에 잠자고 있는 혹은 관념화된 동심을 새롭게 일깨우는 계기가 되리라고 생각합니다.

유선민 《무지개 파라솔》에는 그림책을 소재로 한 동시도 있더라구요. 요즈음 따님에게 읽어 주시는 동시집이나 그림책은 무엇일까요?

유강희 저는 딸에게 동시만 읽어 주지 않고 백석이나 비스와바 쉼보르스카 같은 시인들의 시집도 읽어 줘요. 시를 전부 이해하진 못 해도 어떤 느낌 같은 건 통할 수 있다고 생각해요. 아이가 책을 좋아해서 그림책은 거의 매일 읽어 주고요. 요즘 읽어 준 그림책은 《단어 수집가》이고, 동시집은 《미지의 아이》예요.

동심과 함께

유선민   요즘 시 쓰기 외에 하시는 일과 앞으로의 활동 계획이 무척 궁금하고 기대됩니다.

유강희   두 번째 손바닥 동시집은 12월에 나올 예정이에요. 이번엔 시집 제목을 장르명인 '손바닥 동시' 대신 따로 정했어요. 《달팽이가 느린 이유》(창비)입니다. 성인 대상의 손바닥 시는 정리 중이고요. '손바닥 시' 장르는 저의 필생의 작업이란 생각으로 쓰고 있어요. 절판되었던 첫 시집 《불태운 시집》(1996)도 개정판 《불태운 시집》(2021)으로 다시 나올 예정입니다. 시 쓰기 외엔 아무래도 딸과 시간을 보내는 일이 많고요. 그 외 강연을 하거나 산책을 해요. 저는 그림책 작가 중 특히 토미 웅거러를 좋아하는데 기회가 되면 그림책도 쓰고 싶어요.

유선민   여러 가지 기대되는 일들이 너무 많아 기쁩니다. 이 인터뷰가 실릴 즈음이면 새 동시집은 출간이 되었겠네요. 진심으로 축하드리고 응원합니다. 마지막으로 독자들에게 꼭 하고 싶은 말씀이 있으면 남겨 주세요.

유강희   동시집이 근래처럼 많이 나온 적이 없었던 거 같아요. 좋은 동시를 많이 읽었으면 좋겠어요. 동심은 마음의 보약이니까요. 콘크리트처럼 딱딱해진 마음도 말랑말랑하게 만드는 힘이 있으니까요. 모두 건강하시길 빌고 감사합니다.

인터뷰를 마치고도 유강희 시인은 우리를 위한 문학기행으로 전주의 명소를 안내해 주시고 함께하셨다. 김사인 시인의 시 〈전주〉에 나오는 화순집에서의 점심 식사, 대금 소리로 더 붉어진 듯한 가을 풍경 속의 한벽당, 갈대와 억새 그리고 메타세쿼이아가 이어지는 바람 쐬는 길(한옥마을 둘레길), 시인의 절친 송현섭 시인과의 행운 가득한 만남, 시인의 고등학교 시절 추억이 깃든 신석정 시인의 시비가 있는 덕진공원과 자주 가시는 송천동의 전집까지. 그 모든 곳에서 우리는 시인과 시를 만났다.

돌아보니 인터뷰의 말과 글뿐만 아니라 시간과 공간을 함께 내어 주시는 모습에서, 유강희 시인의 동시에 나오는 모든 존재가 떠오른다. 가볍게 대충 만나지 않고 진실한 말로 진실한 친구가 되어 주는 여치 얼굴의 소년이 보인다. 내 앞의 모든 존재들을 처음 보듯 늘 '첫눈'이길 희망하는 마음으로 시를 쓰신다는 유강희 시인. 새로운 형식의 동시 놀이도, 새로운 동시 세계로의 변화도 우리 아이들이 설레게 맞을 '첫눈'임을 생각하니 기쁘다. 그리고 무엇보다 나도 '첫눈'처럼 아이들을 대하고 만나야겠다고 다짐해 본다.

첫눈

유강희

너랑 있을 때
처음 맞는 눈,
그 밖엔 모두 흰 눈

_《손바닥 동시》(창비, 2018)

말을 기르는 시인, 이안

김효진

이안 시인

1999년 《실천문학》 시 부문 신인상을 받으며 등단했다. 동시집 《고양이와 통한 날》(2008), 《고양이의 탄생》(2012), 《글자동물원》 (2015), 《오리 돌멩이 오리》(2020)를 냈다. 동시 평론집 《다 같이 돌자 동시 한 바퀴》(2014)를 썼고, 격월간 동시 전문지 《동시마중》의 편집위원이다.

    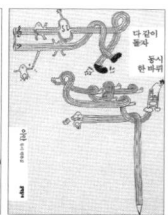

때 2021년 11월 14일 일요일
곳 충북 충주시, 감자꽃

처음 가 보는 길이 낯설지 않고 친숙하게 느껴질 때가 있다. 충주란 도시가 그렇다. 동시를 인연으로 처음 가 본 충주는 호암지와 '내 나무'가 있고, 이안 시인과 송선미 시인이 있기에 자꾸만 가고 싶은 곳이다. 햇볕이 따스한 가을날 이안 시인을 만나기 위해 충주로 향한다. 일곱 권의 책과 《동시마중》, 팟캐스트와 동시 강의까지, 쉴 틈 없이 동시 마당을 가꾸는 시인의 저력은 무엇일까. 천천히 오는 기쁨 같은 마음으로 이안 시인이 들려주는 이야기에 귀를 기울여 본다.

오래 바라보기, 새롭게 바라보기

김효진 이안 동시의 주요 오브제인 '모과'는 네 권의 동시집에 빠지지 않고 등장하고 있습니다. 같은 소재를 두고 계속해서 새로운 시상이 떠오르는 것이 신기합니다. 매일 보는 것을 새롭게 바라보는 방법이 있을까요? 그리고 시인님에게 모과, 모과나무는 어떤 의미인지 궁금합니다. 모과나무 이야기를 좀 더 들려주세요.

이 안 제 동시에 자주 등장하는 소재가 좀 있습니다. 모과, 또는 모과나무가 그중 하나고, 개보다는 고양이, 돌이거나 바위, 앵두, 그림자, 꽃, 나비, 뱀, 물 이미지 등도 그런 소재이지요. 동시집이 서너 권을 넘기게 되면 한 편의 작품 또는 소재 하나가 하나 이상의 무게를 갖게 됩니다. 소재, 또는 소재를 바라보는 시각의 계보 같은 것이 작동하면서 상징적 두께와 깊이를 갖게 되고, 각각의 소재와 작품을 연관관계 속에서 파악하고픈 욕망에서 자유롭지 못하게 됩니다. 이런 것이 독자뿐 아니라 창작자에게도 복잡성과 혼란을 불러오는 요소가 되기도 하지요.

혹시나 해서 내년에 나올 동시집 원고를 찾아보니까 거기에도 '모과'라는 단어가 아주 섭섭하지는 않게 등장해서 다행이다 싶었습니다.

'같은 소재'라고는 하지만 '모과'라는 말만 같지, 실상은 같은 것이 아니에요. 시적 대상인 모과를 바라보는 시선의 주체가 지난번의 나와 같은 존재가 아니니까요. 지난번의 나와 지금의 나 사이엔 동일성으로 유지되는 세계와 새로 만들어진, 전에 없던 세계가 공존하잖아요. 그래서 같은 소재를 동일한 시선의 주체가 다루는 것 같지만 실상은 다른 시선이 작용해요. 대상 자체도 그대로 있지 않잖아요. 시선의 주체가 시시각각 다른 존재로 유동하며, 하나의 대상이 지니는 수많은 면모를 한 편의 시가 다 포착할 수는 없습니다. 하나의 대상은 무수한 표정과 속성이 있는데, 한 편의 시가 포착해 보여 주는 것은 그 모든 것 가운데 고작 하나가 될까 말까 합니다. 독자의 수보다 많은 게 대상의 표정이라고 하면 될 것 같아요.

매일 보는 것을 새롭게 보기 위해서 모과의 전부를 알려고 할 때가 있어요. 처음부터 끝까지, 초겨울부터 봄과 여름 지나 늦가을까지, 꽃에서 씨앗까지, 가장 빛날 때부터 가장 누추할 때까지 보려고 합니다. 노란 모과를 안에 들여 가까이 두고 그것이 점차 검게, 딱딱하게, 어떤 것은 물렁하게 변하는 것을 지켜보기도 하고, 또 어느 밤에는 물렁해진 모과를 칼로 가르거나 손으로 찢어서 과즙을 쥐어짜 그 신맛을 맛보기도 합니다. 씨앗 집을 열고 씨앗을 하나하나 세어 보기도 해요. 가장 최근에 세어 본 바로는 모과 씨는 71개였어요. 쭉정이 빼고 쓸 만한 것만.

그런데 이런 것이 시 쓰기에 직접적인 도움이 되지는 않았어요. 이런 걸 가지고, 이런 과정 자체를 시로 쓰지는 않았거든요. 다만 이렇듯 다양한 행위를 거쳐 쓴 시는 그렇지 않은 시와 다른 면모와 깊이를 갖게 된다는 믿음이 있어요. 시는 느닷없이 오는 거잖아요. 차근차근 준비하고 있을 때가 아니라 방심 상태에서 훅 치고 들어와 주체를 단번에 홀려 버릴 때가 대부분이에요. 그러니까 이런 준비는 방심 상태에서 기습해 들어오는 시를 잘 받아 적기 위한 준비 과정인 거지요.

모과나무는 어느 날 갑자기 제 안으로 쑥 들어와 자릴 잡았어요. 어느 늦가을 햇빛 좋은 날 본 모과나무와 그 나무에 달린 대여섯 알의 노랗고 굵고 둥그렇게 빛나는 모과에 반해 그 집 초인종을 눌렀어요. 다짜고짜 주인에게 이 집 팔지 않겠느냐고 물었죠. 그랬더니 글쎄, 판다는 거예요! 그렇게 해서 모과나무 집에 들어와 살게 되었답니다. 2006년 11월이니까 15년을 모과나무랑 같이 살았어요. 이 집에서 시집 한 권, 동시집 네 권, 평론집 한 권, 《동시마중》 70권을 만들었고, 500개 가까운 팟캐스트 에피소드를 업로드 했네요. 두 번의 전국 동시인 대회(2015년, 2018년)를 개최했고, 오신 분들께 이 나무에서 열린 모과를 선물로 드리기도 했고요. 마당엔 모과나무만 있지 않고 소나무 앵두나무 화살나무 물푸레나무 목련 탱자나무 으름덩굴 같은 나무가 많지만 그래도 대표 나무는 어디까지나 모과나무입니다.

이안 동시의 노랑

김효진 노란 민들레의 단추, 모과의 노란빛, 오리, 국화 등 이안 시인의 시 속에는 색채의 느낌이 다가옵니다. 어떨 때는 희망의 모습으로 어떨 때는 세월호의 슬픔의 느낌이 모두 담긴 색채라는 생각이 들었습니다. 시인께 노란색은 어떤 의미인가요?

이 안 《고양이와 통한 날》(문학동네, 2008)에서 노란색이 주된 이미지로 사용된 작품을 찾아보니 〈은행나무〉 한 편이더라구요. 〈제자리 민들레〉 〈해바라기〉 〈국화〉 〈모과〉 같은 작품에도 노란색이 등장하거나 연상되지만 주된 색감을 표현한 것은 아니었으니까요. 《고양이의 탄생》(문학동네, 2012)에 오면, 노란색은 아니지만, 〈숨바꼭질〉에서 하느님이 "나를 찾는 데 쓸 빛이란다."라고 말하는 그 "빛"의 이미지가 앞에 말씀드린 〈은행나무〉의 '노란 환함'과 이어지는 것 같아요. 〈강마을의 밤〉에 나오는 "금빛 다리", 〈봄〉에 나오는 "며칠째 민들레 자리를// 노랗게 비추어// 봄", 〈모과 한 알의 방〉에 나오는 "빛"과 "향기", 〈들국화 기차역〉 〈노란귀바위거북을 타고〉에 나오는 들국화와 국화의 노란색 이미지가 의미 있는 분량으로 등장하더라구요. 《글자동물원》(문학동네, 2015)에서는 〈모과나무 달〉 〈초승달〉 〈단풍잎 차표〉 〈채송화〉 〈누가 한 말일까〉 〈노랑이네 집〉에서 노란 이미지가 사용되었고, 《오리 돌멩이 오리》(문학동네, 2020)에서는 〈금〉 〈조금〉('노랑'이란 말은 없지만, "조금" "소금" "지금"의 '금'을 저는 '숲'의 이미지를 떠올리며 썼습니다.) 〈꽃이 진 날에도〉 〈해바라기 창문〉 〈마지막 잎새〉 〈해바라기〉 등에 노란색 이미지가 중요하게 쓰였습니다. 시를 쓸 때는 어떤 것의 의미를 먼저 가늠하고 쓰지는 않아요. 다만 사후적으로 이런 식의 추출을 통해 이안의 동시에서 노란색이 지니는 의미를 구성해 볼 순 있겠습니다. '연결된 모든 것의 합'이 노란색의 의미일 것 같아요.

그림자

김효진 《오리 돌멩이 오리》에서 그림자를 얻기 위해 〈연못〉을 파고 돌탑을 쌓으며 모색하는 오리는 창작자의 자화상으로 읽힙니다. 그렇게 오래 기른 말은 본질에 다가가는 말이라서 맑고 깊어진다고 생각돼요. 써도 써도 물 위에서 이내 사라지는 〈시옷〉(《오리 돌멩이 오리》)의 순간적인 성질이나 연못 위에서 그림자를 갖게 될 돌탑의 물성이 모두 예술의 한계 같아서 읽는 동안 간절한 마음이 되곤 합니다. 그런데 최근 발표작 〈그림자 시〉(2022년에 출간되는 동시집에 수록)는 언어 예술인 시가 가질 수 있는 가능성과 영원성에 대해 말씀하시는 것으로 듣고 싶어집니다. 선생님이 생각하는 '그림자'의 의미를 듣고 싶습니다.

이 안 '그림자'를 추적해 보니, 《고양이와 통한 날》에 실린 〈아버지 고향〉이 처음인 것 같더라구요. 꿈에 가 본 고향 집 앞 냇물에 버들치가 아주 여러 마리 놀고 있더라는 이야기인데, 신기하게도 버들치가 아니라 버들치 그림자가 노는 꿈이었거든요. 지금 다시 생각해도, 아니 언제든 생각할 때마다 매번 신비로운 꿈이었어요. 아버지가 나오고 어머니가 나오고 어린 내가 나오고, 물에 잠겨 갈 수 없는 고향 마을이 나오고, 유년에 저랑 특별한 인연을 맺었던 버들치가 나오고. 그런데 실제 제 고향이 수몰 지역은 아니거든요. 거기서 얼마간 떨어져 있어요. 제가 다닌 초등학교도 멀쩡하게 남아 있고요.

다만 소풍 갔던 안암초등학교 고목숲이 있었는데, 그 학교는 류선열 선생이 다닌 황석초등학교 건너편에 있는 학교였어요. 안암초등학교

고목 숲은 수몰되었거든요. 시가 이렇게 된 것, 그러니까 "지금은 충주댐/ 물에 잠겨 갈 수 없는 아버지/ 고향 이야기/ 곰실곰실 손이 가려워지는/ 꿈 이야기"로 끝나는 것은, 버들치라는 실상을 잃은 유년의 시간과 공간이 충주댐 담수로 인한 수몰로 대체되어 표현된 것이 아닌가 하는 생각을 하게 돼요.

'그림자'가 더 중요하게 등장한 것은 《글자동물원》 머리말 '슬픔 한 알에 웃음 한 알'에서였어요. 가령 이런 대목이죠. "어떤 날은 빛과 웃음의 동시를 지어 먹었고, 또 어떤 날은 그림자와 눈물의 동시를 지어 먹었다. 한 알 두 알 동시를 지어 먹으며 나는 조금씩 빛으로 나올 수 있었다. 동시는 검은 천막보다 힘이 셌다. 나는 천막 속 어둠과 내 등 뒤의 그림자를 함께 들여다보며 빛과 웃음, 그림자와 눈물을 내가 쓰는 동시에 담고자 했다. 빛에는 그림자가 따르고 눈물 속에는 웃음이 산다. 마찬가지로, 그림자 저편에는 빛이 있고 웃음 속에는 눈물이 산다."

다음 동시집에 실리는 '그림자 시편'은 모두 《글자동물원》 시기에 썼어요. 전부 다는 아니고 일부이긴 하지만 《오리 돌멩이 오리》에 실린 〈그림자 방석〉까지 포함하면 일곱 편을 세상에 내놓아 보는 건데요. 나중에 더 내놓을 수도 있겠지만 지금으로선 이 정도면 알맞다는 생각이 들어서요. '빛과 웃음' 대 '그림자와 눈물' 이렇게 맞서는 관계가 아니라 '빛의 그림자(그림자의 빛)', '웃음의 눈물(눈물의 웃음)', '실상의 허상(허상의 실상)' 같은 관계로 저는 세상과 인생을 읽어요. 아까 말씀드린 '노란색'의 경우처럼, 제가 여태까지 썼고, 또 앞으로 쓰게 될 그림자에 관한 모든 것을 모으면 그림자의 의미가 드러날 거예요. 시 속에 들어 있(다고 생각하)는 의미는 시인도 잘 모르는 것이고, 시는 항상 의미 이상이기 때문에, 시인은 이 의미라는 것을 끝까지 잘 몰라야 한다고 생각합니다. 그래야 시가 시인에게서나 독자에게서나 살아남을 수 있거든요. 한 사람이 말할 수 있는 의미의 세계는 정말이지 너무나 제한적이에요. 올해는 "시인은 유한하고 독자는 무한하며, 시인은 한 명이지만 독자는 미래로부터 다가오는 존재로서 무수하다."라는 말을 정말 많이 하고 다녔어요. 저는 이 말을 믿기 때문에 언제 어디서든 이러한 관점의 신도가 됩니다. 시인은 독자에게 중과부적일 수밖에 없고, 의식은 무의식을 상대할 수가 없다는 것, 이러한 불가능과 무능이 저에게는 깊은 위로와 신뢰를 줍니다.

돌멩이

김효진 〈노란귀바위거북을 타고〉(《고양이의 탄생》), 〈외눈바위〉(《글자동물원》), 〈돌거북 버스〉(《오리 돌멩이 오리》) 등에서 돌 이야기를 자주 하시는데요. 그래서인지 말 없는 돌멩이가 우리 독자한테 말을 걸 것처럼 느껴집니다. 내 이야기를 돌한테 들려주고 싶어지기도 하고요. 선생님은 돌을 통해 하시고 싶은 이야기가 궁금해요.

이 안 《오리 돌멩이 오리》에서 '돌'이 나오는 작품을 찾아보았어요. 〈연못〉("돌탑"), 〈돌〉, 〈돌거북 버스〉, 〈오리 돌멩이 오리〉, 〈돌멩이〉, 〈봄 연못〉 정도가 되더라구요. 〈빗방울 펜던트〉는 다른 식으로 읽으면 '유한의 빗방울'(순간)을 '무한의 돌멩이'(영원)로 만드는 이야기가 될 수 있겠고, 〈모과나무〉가 지닌 육체성의 이미지도 돌의 성질을 담은 것으로 읽게 돼요. 《글자동물원》에서는 말씀하신 〈외눈바위〉를 비롯해서 〈돌사자상에 비가 오면〉 같은 작품, 《고양이의 탄생》에서는 〈금붕어〉("돌멩이 하나만 넣어 주면 안 될까요?" "돌멩이 뒤에 숨어,"), 〈나비 3〉("마당가 너럭바위에 네발나비가 앉았습니다// 너럭바위는,/ 네발나비의 꽃이 되고 싶은 듯이// 네발나비는,/ 너럭바위의 날개가 되고 싶은 듯이"_전문), 그리고 말씀하신 〈노란귀바위거북을 타고〉가 여기에 들지요. 《고양이와 통한 날》에선 공교롭게도 모과와 돌이 딱! 만나더라구요. "모두들 못생겼다고 하지만/ 모과는 얼굴이 아니고/ 주먹이다/ 돌덩이만큼 단단한/ 주먹이다"(《모과》 전문).

돌을 통해 하고 싶은 이야기는 이들 작품 안에 개별적으로, 또는 상호보완적으로 담겨 있을 것 같아요. 돌멩이와 오리, 바위와 나비, 돌탑과 그림자, 순간과 영원, 어른과 어린이 같은 관계의 짝으로 접근하면서 의미 구성을 할 수도 있겠어요. 가장 단순하게 말씀드리면, 저는 돌이 그냥 좋아요. 그런 무위의 수동성, 자기를 어떻게 하든 아무런 상관도 하지 않겠다는 태도 같은 게 좋아요. 돌이나 바위에게는 변심이 없잖아요. 변심을 하자면 자기가 먼저 금 가고 깨지고 부서져야 한다는 걸 보여 주잖아요. 그래서 그런 몸과 마음에 오리 날개를 달아 주고 싶었는지도 몰라요. 〈오리 돌멩이 오리〉에서처럼.

씀

김효진 〈물의 꿈〉(《글자동물원》)을 읽어 보면 "살실살살 사르르르르"의 의태어가 매우 리듬감 있고 낭송할 때 재미를 느끼게 합니다. 또한 물살에서 물이 꾸는 꿈, 꿈결로 어휘의 연결과 다음 연에서 물뱀이 "꿈을 이룬 물살 한 마리"라는 연결이 자연스럽게 느껴집니다. 그래서 이 동시의 창작 과정에 관해서 듣고 싶습니다.

이 안   실은 한 편의 시가 어디서부터 오는 것인지 시인도 알지 못해요. 심지어 저는, 〈도라지꽃의 올해도 하는 절망〉(《오리 돌멩이 오리》)의 도라지꽃이 백석의 〈여승〉에 나오는 그 도라지꽃, "어린 딸은 도라지꽃이 좋아 돌무덤으로 갔다"에 나오는 바로 그 도라지꽃의 후예에게서 온 것이라고 믿고 싶기도 합니다. 왜냐하면 〈도라지꽃의 올해도 하는 절망〉은 제가 충주 오일장에서 도라지를 사다가 몇 해째 기르면서 쓰게 된 시인데, 그 도라지를 판 사람이 자칭 '태백산 심마니'였거든요. 그러니 태백산에서부터 하나하나 거슬러 오르면 백석의 도라지꽃과 만나게 될 가능성이 아주 없다고는 할 수 없잖아요.

이 말씀은 한 편의 시가 어떤 근원으로부터 연유하였는지를 밝히기가 쉽지 않다는 거예요. 왜냐하면 좋은 시에는 의식 너머, 또는 심층에 도사린 무의식의 껴듦으로 인해 가능한 부분이 있게 마련이거든요. 그런 무의식적 가능이 결국은 의식적 불가능을 낳게 된다는 거예요. 이건 신비주의가 아니라 그저 시 이야기일 뿐입니다. 시인 스스로 의미를 다 설명할 수 있는 시는 독자를 당해 낼 수 없어요. 앞서 말씀드린 것처럼, 독자는 무한하며 무수하거든요. 의식이 무의식을 당해 낼 수 없는 것과 마찬가지로 시인이 아는 의미는 시인이 모르는 의미에 비하면 아무것도 아닌 게 되지요. 그러니까 시인이 독자에게, 의식이 무의식에게 아는 체할 수가 없단 거예요.

이런 관점에서, 〈물의 꿈〉의 창작 과정을 어떻게 말씀드리면 좋을까요. 〈물의 꿈〉을 쓸 때는 제 평론집 《다 같이 돌자 동시 한 바퀴》(문학동네, 2014) 원고를 출판사에 넘겼을 때였어요. 그러니까 2013년 여름과 가을 사이였는데, 그간 고생한 저에게 썩 괜찮은 상을 주자 했어요. 충주는 강이 좋잖아요. 저를 강가에 앉히고 몇 날 며칠 낚시를 해도 좋다고 허락해 주었어요. 가까운 강가에 앉아 강물에 낚시를 던져 놓고 아주 많은 물살의 일렁임을 보았더랬어요. 물살은 정말 살살 살살 사르르르르 강기슭으로 풀어져 와서, 꼭 그런 소리의 물결 자국을 강기슭에 남겨 놓고 저만치 물러나곤 했어요.

그러던 어느 때쯤 첫 문장이 왔어요. 어째서 이런 문장이 왔는지는 저도 잘 몰라요. 이 순간을 아무리 정교하게 말하려고 해 봤자 군더더기 같은 설명밖에 되지 않을 거예요. 어쨌든 그걸 받아 적었습니다. "강기슭으로／ 살살살살 사르르르르／ 풀어져 오는／ 물살은／ 물이 꾸는 꿈이래요" 이렇게 쓰고는 다음에 쓸 말이 하나도 없었어요. 정말 '텅 빔 그 자체'의 막막한 시간이 시 쓰기에는 있거든요. 한 발자국도 나가지 못하는 상태, 무능 그 자체의 상태가 앞에 딱 놓여 있어요. 다음 문장으로 건너가자면, 도저히 건널 수 없을 것 같은 사막의 이 막막함을 언제까지든 앞에 둘 수밖에 없어요.

꽤 여러 날 안 써졌어요. 1연 넉 줄을 쓰고 나서 2연 넉 줄을 쓰기까지 꼬박 1년이 걸린 〈외눈바위〉를 앞서 경험했기에 그리 조급해하진 않았어요. 이건 기술의 문제가 아니라 삶과 인식의 문제이니까요. 더 살고 쓰는 행위를 통해 부족한 분량을 채우게 되면, 시는 저절로 써진다는 공부를 〈외눈바위〉에서 혹독하게 했거든요. 〈물의 꿈〉에서 다음 문장을 쓸 수 없었던 건, 아직 다음 사건이 벌어지지 않았기 때문이었어요. 다음 문장엔 일어나지 않은 일이 와야 하는데 일어나지 않았으니까 아직 쓸 수 없는 문장이었던 거예요. 일어나지 않은 일도 미리 쓸 수 있다면 좋겠지만, 제가 쓴 어떤 시에는 저도 모르는 그런 것이 기록돼 있을지도 모르지만, 〈물의 꿈〉은 다음 문장을 쓰자면 다음 사건이 필요하단 걸 알려 줬어요.

다음 사건은 '물뱀의 출현'이었어요. 이때만 해도 제가 어딜 가든 뱀이 꼭 나타났거든요. 그런데 이때는 〈뱀〉 연작(《고양이의 탄생》)을 쓰고 나서 시간이 좀 지난 뒤였기 때문에 뱀에 관한 강박적 공포에서 어느 정도 놓여난 상태였어요. 그래서 낚싯대 앞에 아주 여러 차례 물뱀이 나타났는데도 예전처럼 놀라지 않고 물뱀을 물뱀으로 볼 수 있었어요. 〈뱀〉 연작의 기원이 〈뱀 6〉("고추포기 아래 돌돌 말린 채 떨어져 있던 양말에 손등을 물린 다섯 살 여자아이는, 마흔셋에 열 번째 아이를 낳았습니다/ 그 아이가 자라 양말에 관한 시를 씁니다"_전문)으로 거슬러 올라가듯이, 〈물의 꿈〉을 가능하게 한 것은 〈뱀〉 연작을 쓴 행위와 그 씀의 행위로 얻게 된 강박적 공포의 치유 경험이었어요. 〈뱀〉 연작을 쓰지 않았다면 뱀을 뱀으로 볼 수 없었을 테고, 뱀을 뱀으로 볼 수 없었다면 〈물의 꿈〉을 쓸 수 없었을 거예요. 볼 수 없으니까 쓸 수 없는 거죠. 첫 문장("강기슭으로/ 살살살살 사르르르르/ 풀어져 오는/ 물살은/ 물이 꾸는 꿈이래요")을 쓰고 나서 며칠 동안 물뱀을 만났고, 이 상관없어 보이는 두 사태('물살은 물이 꾸는 꿈'이라는 말과 '물뱀의 출현')가 씀의 행위를 통해 만나게 된 것이 〈물의 꿈〉이라고 할 수 있습니다. 며칠 동안 물뱀을 만나고 난 뒤 어느 한순간,

첫 문장에 이어지는 다음 문장이 한 번에 딱 써졌어요.
〈외눈바위〉 2연도 꼭 그렇게 한 번에 완성되었거든요. 〈외눈바위〉가 하나의 시적 사태("네발나비가 나풀나풀 날아와 바위에 앉았어/ 접었던 날개를 펴자/ 반짝!/ 바위가 눈을 뜨지 뭐니")의 해석에 필요한 삶과 인식의 문제를 가르쳐 주었다면, 〈물의 꿈〉은 말이 먼저 오고 그 말을 받아 줄 사건이 아직 일어나지 않은 시점의 문제를 가르쳐 주었습니다. 어떤 말은 사건보다 먼저 도착해서 곧 일어날 사건을 기다립니다. 그것을 시인은 받아 적습니다. 그것이 무엇인지 미처 알지도 못하면서. 그렇게 받아 적은 말은 아직 알 수 없는 말이에요. 다음 사건과 짝이 맞을 때까지는. 얼마 뒤 다음 사건이 벌어지고, 앞에 먼저 온 말은 다음 사건과 만나게 돼요.

사건보다 먼저 온 말 "강기슭으로/ 살살살살 사르르르르/ 풀어져 오는/ 물살은/ 물이 꾸는 꿈이래요"→이 말 뒤에 도착한 사건(물뱀의 출현) "물결은/ 물이 노는 꿈결이래요// 그럼 저기/ 살살살살 사르르르르/ 다가오는/ 물뱀은,// 꿈을 이룬 물살 한 마리" 이렇게 짝 맞춤이 이루어지는 거죠. 'ㄴ, ㄹ, ㅁ, ㅇ' 같은 유성음, 흐름소리인 'ㄹ'의 빈번한 사용, '물살 물결 꿈결' 같은 2음절 단어의 어울림, 마지막 한 줄("꿈을 이룬 물살 한 마리")로 표현된 뱀의 육체성(꿈의 실현) 같은 것은 형식과 내용의 측면에서 따로 살펴볼 필요가 있겠지요.

이런 걸 다 이야기한다고 하더라도 이 시의 의미는 조금도 훼손되지 않아요. 제가 드린 말씀은, 어쩌면 거기, 그러니까 의미의 심층으로 들어가기 위해 꼭 필요한 최소한을 이야기한 것에 지나지 않으니까요.

동시가 주는 치유의 힘

김효진 선생님은 〈사월 꽃말〉 〈사월 꽃말 2〉(《오리 돌멩이 오리》), 〈하느님 나라의 입학식〉(2022년에 출간되는 동시집에 수록)을 통해 공동체의 슬픔을 어루만지는 작품을 써 주셨습니다. '사월 꽃말' 연작은 묵직한 슬픔과 슬픔에 대한 기억을 다짐하는 아이가 떠오릅니다. 또 《글자동물원》 시인의 말에서 "당신만 아는 당신의 슬픔"이라는 구절이 특히 위안이 됩니다. 슬픔을 간직하는 마음도 시가 머무는 자리라고 생각해요. 선생님 작품 중에서 슬픔에 대한 시편이 유독 마음에 가까이 다가옵니다. 혹시 쓰는 사람에게도 동시는 슬픔을 어루만져 주는 효과가 있으신가요?

이 안 《글자동물원》 시기는 개인적 환란과 공동체적 환란이 동시에 찾아온 때의 기록이에요. 이런 이중의 환란, 슬픔과 맞서 싸우면서 그것을 내치지 않고 어떻게든 껴안아야 했지요. 언제든 삶을 놓을 수도 있겠다 싶었어요. 그만큼 위태로웠는데, 그때 동시가 찾아와 주었어요. 머리말에 쓴 대로("슬픔 한 알에 웃음 한 알. 그것이 나에겐 동시였다. 하루도 거르지 않았을뿐더러 아침부터 밤까지, 심지어 꿈에서조차 동시를 지어 먹었다.")였어요. 정말 그렇게 썼고, 그렇게 써서 죽지 않고 살 수 있었어요.

'슬픔'은 제 삶과 창작에서 중요한 주제이자 태도예요. "당신이 아닌 내가 어떻게 내가 아닌 당신의 슬픔에 가닿을 수 있는가" 하는 완전한 타자성에 대한 인식, 오직 모름(只不知)으로써 구성되는 타자의 윤리 같은 것이 있습니다. 제가 《글자동물원》을 '온 가정 상비 동시집'이라고 부르는 것은 괜한 말씀이 아니라, 가정상비약 같은 치유의 힘을 제 동시가 갖고 있다는 믿음에서예요. 그걸 어떻게 아느냐 하면, 제가 쓴 동시가 저를 살려 냈거든요. 세상없는 명약이었던 거지요.

쓰는 자를 살려 낸 동시에는 당연히 읽는 자를 살려 내는 성분이 들어 있다고 믿어요. 〈뱀〉 연작을 쓰고 나서 어릴 적부터 키워 왔던 뱀에 관한 강박적 공포에서 벗어났듯이,《글자동물원》과《오리 돌멩이 오리》를 쓰면서 저는 좀 더 온전한 사람이 될 수 있었어요. 이것은 시로써는 도달하기 어렵고 동시이기에 가능한 지점이라고 생각해요. 어른이 어린이 앞에서 지켜야 할 예의나 윤리 같은 게 동시에는 있어요. 어린이 앞에서 잘난 체해도 우습고 엄살 부리거나 청승 떨어도 우습잖아요. 동시에는 어른으로서 성숙한 태도가, 꼰대나 교훈주의와는 엄격히 구분되는 것으로서 아주 강하게 존재한다고 저는 생각해요. 로베르토 베니니의 영화《인생은 아름다워》(1997)에서 아버지가 보여 주는 태도 같은 것이라고나 할까요.

김이구 선생이 김미혜 동시집《안 괜찮아, 야옹》(창비, 2015)의 해설(〈꽃과 새의 이름을 부르며 생명을 보듬기〉)에서, 김미혜 시인의 두 번째 동시집《아빠를 딱 하루만》(창비, 2008)의 상실감과 그리움의 시간을 언급하면서 이렇게 적어 둔 것은 음미할 만한 대목이에요. "남편이며 아빠인 존재의 뼈아픈 상실을 직시해 언어로 드러내는 일은 절제된 표현을 얻어 내는 노력을 통해 한 걸음씩 상처를 치유해 가는 과정이기도 하다."

모든 씀의 행위, 그중에서도 많은 절제를 요구하는 시 쓰기, 그중에서도 더 특별히 어린이부터 읽을 수 있는 동시 쓰기는 "절제된 표현"

을 획득하기 위한 더 많은 노력을 필요로 합니다. 그러니까 "절제된 표현을 통해 한 걸음씩 상처를 치유해 가는 과정"이 동시 쓰기에는 불가피하게 작동할 수밖에 없지요.

대상

김효진 〈돌거북 버스〉(《오리 돌멩이 오리》)에서 봄에 출발해서 가을에 도착하기까지 돌거북 버스가 "한 번도 쉬지 않"고, "눈 한 번 깜빡이지 않았다"라고 했어요. 이 시를 보면 코로나 상황에서 매일 애쓰고 계신 선생님들, 방역 담당자님들, 학부모님들, 급식실 관계자분들, 교통 봉사자님들 여러분들이 떠오릅니다. 모두 '돌거북 버스'인 게지요. 〈돌거북 버스〉에는 부지런히 동시 마당을 가꿔 온 선생님 자신이 투영된 것 아닐까요?

이 안 그렇습니다. 〈돌거북 버스〉는 말씀하신 모든 분, 그러니까 자기의 소임이거나 소명을 다하느라 "한 번도 쉬지 않"고 "눈 한 번 깜빡이지 않"은 이들의 모습을 다 갖고 있습니다. 그분들을 기리는 이야기로 읽어 주시면 좋을 것 같아요. "담쟁이 유치원 아이들"로부터 내년 봄에도 "연두색 옷을 차려입고" "또다시 올라탈 거"라는 신뢰를 받는 어른의 모습, 어린이들의 수호자 이미지이기도 하겠고요.

시적 대상에는 어쩔 수 없이 시인, 또는 시적 주체의 자기 투사나 소망, 욕망, 그림자가 얹히게 되는데, 앞서 말씀 나눈 것처럼 제 동시의 주요 오브제들, 돌이나 바위, 모과 노란색 등에는 분명히 그런 요소가 들어가 있을 거예요. 제가 설정한 시적 화자의 목소리와 저를 분리하기가 어려운 작품도 있고, 그런 지점을 은근히 즐기기도 합니다. 시적 대상과 화자에게 저를 살짝살짝 입혀 놓는 거지요.

동(童)의 지향

김효진 《고양이의 탄생》에 실린 〈뱀〉 연작 18편(5, 6, 7, 8번은 수록되지 않음)이 인간 내면의 심층과 예술의 속성을 실험적인 형태로 그려 낸 작품들인데 독특한 빛이 있어서 매혹적입니다. 한 편 한 편이 독립적인 작품이면서 1에서 18로 고리처럼 연결된 순환의 구조로도 읽게 됩니다. 어느 문화권, 어느 세대에서도 자신만의 지성과 감각으로 읽게 될 법하여 동시가 가진 단순한 형식과 가능성이 몸을 얻은 작품으로 느껴집니다. 그래서 더욱 "동시의 태도로 시를 씁니다"('교차 언어 낭독회', 한국 문학 번역원, 2021)라고 하신 말씀을 더 들어 보고 싶은데요.

이 안　시가 자기표현으로서의 세계에 충실한 말하기라면 동시는 그것만으로는 부족하거든요. 자기표현으로서의 세계는 어른-시인 중심의 말하기라고 할 수 있어요. 동시의 태도로 쓰는 시란, 시 또는 시인 앞에 항상 동(童)의 지향을 갖고 쓰는 걸 뜻해요. '동'은 실제로든 상징으로든 '어린이'(라는 세계)가 포함할 수 있는 전부를 말하는 거지요. 그러니까 어른이 어린이(연령상의 어린이+어른 안의 어린이)를 향해 다가가거나(어른→어린이), 어른이 어린이와 합일된 상태(어른=어린이)에서 이루어지는 말하기에 가깝다고 할 수 있습니다.

'모름'의 태도

김효진　최근 들어 초등학교 선생님들이 동시에 관심을 갖고 많이 활용하고 있습니다. 대부분 독자는 아직도 '동시란 이런 것이다.'라는 동시에 대한 편견을 많이 가지고 있습니다. 시인님께서 한 인터뷰에서 "동시를 좀 잘 몰라주십시오."라고 말씀하셨는데요, 동시를 읽는 데 필요한 태도는 무엇일까요?

이 안　일반 독자와 초등 선생님들의 동시 읽기는 차원이 다르다고 생각해요. 어린이들에게 동시를 읽히고(소개하고) 시 쓰기를 가르치는 입장이니까요. 그러자면 개인 취향을 넘어서는 안목이란 게 필요하겠죠. 좋은 작품이 왜 좋은지, 모자란 작품은 어떤 점 때문에 부족하게 느껴지는지를 아는 거죠. 근본적으로는 교육대학에 동시 창작론 강의가 필수 과목으로 개설되어야 합니다. 읽고 쓰고 고쳐 써 본 다음에 말하는 것은 그렇지 않은 것과 다르잖아요. 기본적이나마 총체적인 관점을 갖고 동시를 대하게 되는 거죠.

'동시를 읽는 데 필요한 태도'는 아무래도 동시를 잘 안다는 생각을 버리고 읽어야 한다는 점 같아요. "제발 동시를 좀 잘 몰라주십시오." 이 말은 '동시'라는 말이 주는 선입견, 편견, 고정관념, 낮잡아보고 우습게 보기 등을 모두 포함하거든요. 그러니까 이런 생각을 내려놓고 동시를 새롭게 보자는 거예요. '별것 없다'라는 고정관념의 프레임 안에 동시를 가두어 놓고 보지를 말고.

나도 쓸 수 있다는 생각, 어린이도 쓸 수 있다는 생각은 결코 나쁜 게 아니에요. 그만큼 가깝게 느낀다는 거니까. 다만 어린이의 말을 경청하듯이 동시의 말을 경청하는 태도가 동시 읽기에는 정말 필요해요. 너무 단순해서 얼핏 아무것도 없는 것처럼 느껴지는 좋은 작품도 많이 있거든요. 가령 최승호의 《말놀이 동시집》(비룡소, 2005)을 '에이, 그냥 말놀이네 뭐.' 정도로 보고 말면 안 된다는 거죠. 왜냐면 그 안에 얼마든지 더 풍부하고 복잡하게 확산해 갈 수 있는 시의 기본이 다 들어 있기 때문에. 가령, 《말놀이 동시집》에 실려 있는 〈그네〉의 그 단순성 속에는 유강희의 〈우주 그네〉(《무지개 파라솔》 문학동네, 2021)가 이미 다 포함되어 있다는 거예요.

시를 가지고 시 이야기하기는 복잡해요. 그런데 동시를 가지고 시 이야기하기는 쉽잖아요. 쉽고 단순한데도 시의 요소, 구성 원리 등을 다 갖고 있으니까. 단순함 속에 깃든 시의 모든 것을 맛본다는 마음으로 대하면 좋을 것 같아요.

시 쓰기 수업

김효진   어린이들을 대상으로 시 쓰기 수업을 꾸준히 하고 계시는데 학교에서 아이들과 시 쓰기 수업을 진행하다 보면 어려움을 겪을 때가 많습니다. 시인의 입장에서 아이들을 만나는 교사가 시 쓰기 수업을 어떻게 접근했으면 하시는지요?

이 안   시 쓰기, 참 어렵죠. 저 혼자 쓰기도 정말 어렵고, 어른들 대상으로 진행하는 동시 창작 수업, 합평 수업 등도 모두 어렵죠. 시 쓰기를 포함한 글쓰기가 내밀한 자기 얘기를 하는 거잖아요. 자기 얘기를 한다는 것 자체가 어려운 일이죠. 어쩌면 글쓰기보다 그게 더 어려운 일인지도 몰라요.

그러니까 표현이 서툴더라도 거기 담긴 내용의 진심 같은 데 귀를 기울이는 게 맞죠. 얼마나 그럴싸하게 표현했느냐가 아니라 얼마나 진솔하고 정확하게 자기를 담고 있느냐에 초점을 두면 될 것 같아요. 기본적으로 시 쓰기는 시인에게도 쉽지 않다는 점, 그런데 어린이한테는 그걸 너무 쉽게 요구한다는 점. 모든 어른이 시를 좋아하지 않는 것처럼 모든 어린이가 다 시를 좋아하는 것도, 좋아해야 하는 것도 아니잖아요. 어린이를 시인으로 만드는 게 시 쓰기 수업의 목표가 아니니까요. 바람직하지도 않을뿐더러 불가능하기도 하고요.

무엇보다 각 교실 실정에 맞게 선별된 다양한 동시가 풍부하게 제시되면 좋을 거 같아요. 시적 대상에서 어떤 점을 보았는지, 그걸 어떤 형식으로 담아냈는지, 퇴고 사항이 있다면 어떤 부분을 어떻게 고쳤는지, 그것의 차이와 효과는 무엇인지. 쓰기에 앞서 다양한 읽기가 일상적으로 이루어지면 좋을 거 같아요. 적어도 일주일에 한 편 정도 시를 읽고 필사하고 암송하고 이런 게 시가 흐르는 교실의 모습일 텐데, 이런 활동이 아주 자연스럽게 이루어지는 교실이라면 시를 꼭 다 쓰지 않아도 좋은 시 수업이 이루어지는 교실이라고 생각해요.

김용택 선생이, 시골 학교라서 가능했는지도 모르지만, 어린이들이 시 쓸 때 그 곁에서 자기도 썼다 그랬잖아요. 선생님들도 한번 이렇게 해 보셔요. 그리고 가급적 고쳐 쓰기로 어린이들을 괴롭히지 않으면 좋을 거 같아요. 퇴고 사항의 사례를 풍부하게 알려 주긴 하되, 퇴고를 강요하지는 말자는 거죠. 왜냐하면 작가들도 퇴고하다가 '죽거든요'. 정말 절망하다가 죽을 것 같거든요. 어린이들에게는 그냥 이렇게 말하면 좋겠어요.

"시인들도 일곱 편 중에서 겨우 한 편 건진다더라. 우리도 일곱 편 써서 한 편 건지기로 하자."

그냥 가볍게 써 보는 게 좋아요. 시 한 편에 우주의 진리나 정의, 의미를 담으려고 하기보다는.

시를 기르다

김효진 시인의 동시집을 읽으면 기본적으로 세상을 세밀하게 관찰하는 남다른 눈이 따로 있는 것 같습니다. 그러한 눈을 타고나는 사람도 있겠지만, 저처럼 보통의 눈을 가지고 있는 사람은 쉽지 않네요. '시를 길러서 쓰신다는 말'을 좀 더 쉽게 설명해 주세요.

이 안 언제 찾아올지 모르는 영감을 기다리다가는 시의 실업자가 되기 십상이에요. 그러니 영감이 찾아오지 않는 더 많은 시간을 위해 시를 길러야 한다는 게 제 생각이에요. 기른다는 게 정말 기르는 것만 의미하는 건 아니고, 대상과 반복적으로 관계 맺기이거든요. 그러니까 꼭 생물만을 의미하지도 않는 거예요. 돌멩이도 가능하고 연필도 가능하고 수첩도 가능하고 고무줄도 가능하죠. 무엇이든 기를 수 있습니다. 관찰이라고 할 수도 있고, 같이 살아 보기라고 할 수도 있고, 내가 아닌 그것 되어 보기라고도 할 수 있어요.

올해도 저는 적잖은 병아리와 닭, 마당에서 자라는 수많은 풀, 따로 정을 붙여 심은 해바라기, 미선나무, 백모란, 작약, 산수유, 분꽃, 맨드라미, 아주까리, 바질, 아욱, 채송화, 접시꽃, 유칼립투스 같은 것을 가꾸고 돌보며 그 앞에 자주 서 있거나 쪼그려 앉아 있었어요. 지인에게 선물 받은 한 상자의 감자를 부지런히 깎아 밥에 넣어 쪄 먹은 해이기도 했어요. 그리고 10월 어느 날부터는 '감홍' 사과에 빠져서 살고 있는데, 이 모든 게 시를 기르는 행위예요.

노란 모과를 갖다 놓고 색이 바뀌어 가는 과정을 보는 것, 향이 깊어지는 걸 맡아 보는 일, 딱딱하던 모과가 물렁해지는 것을 보는 일, 생의 절정이 얼마나 고운지를 보여 주던 노란 모과가 검게 죽음의 빛으로 건너가는 것을 지켜보는 일, 그리고 그것이 실은 죽음이 아니라 씨앗의 시간으로 가는 과정이라는 것을 수락하게 되는데 이 모든 것이 대상을 기르는 거랍니다.

제 주변과 일상에 '봄(/들음)-삶-씀의 순환 구조', 쓰는 자로서의 루틴을 만들어 두는 거죠. 제멋대로인 영감만을 믿고 있다가는 시의 실업자가 되게 마련이니까요.

요약하자면 어떤 대상을 처음부터 끝까지 보는 거예요. 해바라기 씨앗부터 갓 올라오는 떡잎, 어린 해바라기와 자라는 해바라기, 꽃망울이 맺히는 해바라기, 노랗게 빛나는 해바라기, 벌과 꽃등에와 달팽이의 만남, 고개가 숙여지면서 검게 변하는 해바라기, 누추한 해바라기, 거기 내려앉는 첫눈, 밤의 해바라기, 저녁의 해바라기, 새벽의 해바라기, 비 오는 날의 해바라기… 한 편의 해바라기 동시에는 이렇듯 무수한 만남이 어떤 식으로든 들어가 있게 마련이잖아요. 이렇게 길러서 쓴 시에는 시간의 주름과 깊이가 새겨지게 될 수밖에 없다고 믿어요.

어린이 독자

김효진 《동시마중》, 팟캐스트(http://www.podbbang.com/ch/8204), 강의, 학교 강연 등 다양한 방식으로 독자와의 소통을 꾸준히 하고 계십니다. 이 중에서 어린이 독자와 만나는 건 동시인으로서 특별할 것 같습니다. 어린이 독자와 동시를 나누고 소통하는 것이 시인님의 시작 세계에 어떤 영향을 주시나요?

이 안 어린이 독자님들은 저에게 믿음과 사랑을 줍니다. 《오리 돌멩이 오리》 머리말에 적은 것처럼, 어린이 독자들은 언제나 "내 동시를 읽고 즐거운 믿음과 환호"를 보내 주지요. 제가 쓴 동시 한 편이, 모든 어린이는 아니지만 어떤 어린이의 눈을 반짝이게 하고 마음을 설레게 했다는 걸 확인하게 돼요. 동시를 써서 가장 기쁜 일은 바로 그런 겁니다. 어른 독자의 열광과는 다른 기쁨이 어린이 독자의 열광에는 있어요. 어린이 독자들과의 만남을 통해 저는 조금 더 가 보고 싶은 사람이 돼요. 조금 더 모르는 곳으로 가서, 내가 알게 된 모르는 것을 어린이들과 나누고 싶은 사람이 됩니다. 생기를 받아 돌아옵니다.

어린이들과 나누고 싶은 마음

김효진 동시집 《오리 돌멩이 오리》의 시인의 말이 참 인상 깊습니다. 시인님께서 보시기에 요즘 우리 아이들에게 가장 필요한 마음 그래서 주고 싶은 마음과 말이 있다면 구체적으로 무엇일까요?

이 안 김창완 선생이 어떤 인터뷰에서, 아들에게 "발자국이 찍히지 않은 눈밭을 선물하고 싶다"라는 말을 했어요. 참 좋은 말이라고 생각해요. 저는 생명을 봐 왔어요. 거꾸로 꽂힌 자두나무 가지에서도 새싹이 나오는 걸 봤어요. 세상에! 잘린 채 거꾸로 꽂힌 가지에서도 새싹을 내밀다니 얼마나 놀라운 일인가요. 다 자란 모과나무는 가을이 되면 잎을 떨굽니다. 낙엽수이니까요.

그러나 어린 모과나무는 겨울이 돼도 잎을 떨구지 않아요. 악착같이 자라야 하기에 잎을 떨구고 쉴 시간이 없는 거예요. 차가운 겨울 낮에 나뭇가지를 만져 보면 죽은 나뭇가지는 햇볕을 받아 미지근하지만 산 나뭇가지는 아주 차갑습니다. 차가운 피가 흐르고 있으니까요. 저는 어린 생명이 지닌 이런 본성 같은 걸 믿어요. 어쩌면 우리 어린이들은 여태까지 모든 세대가 경험하지 못한 새로운 낯선 세계를 살아가게 될지 몰라요. 이전 세대 삶의 문법은 아무런 참고가 되지 못할 수도 있어요. 정도의 차이는 있지만 인류 역사상 어떤 세대들은 일찍부터 그런 삶을 살아오기도 했고요.

《고양이와 통한 날》에 실린 〈사진〉("어릴 적 사진 속에는/ 아직도 어머니가 나를 안고 있고/ 아직도 아버지가 나를 업고 있고/ 아직도 내가 웃고 있고// 젊은 어머니와 아버지와 나어린 내가/ 언제나 서로 사랑하며 가난하지요/ 언제나 서로 사랑하며 가난하지요") 같은 마음, 《글자동물원》 머리말(〈슬픔 한 알에 웃음 한 알〉)의 이야기, 《오리 돌멩이 오리》의 〈돌거북 버스〉 같은 태도를 놓아 주고 싶어요. 실은 제가 쓴 모든 동시가 어린이를 향한, 어린이들과 나누고 싶은 마음이고 말이에요. 그것이 "발자국이 찍히지 않은 눈밭"처럼 어린이들에게 다가가면 좋겠습니다.

한글날 오후 2시

김효진   유종호 평론가님은 《시란 무엇인가》(민음사, 1995)에서 "시인이란 제1언어와의 사랑놀이를 평생토록 지속하는 사람이다."라고 하셨는데 그런 시인으로 저는 이안 시인님이 떠올라요. 그 사랑놀이는 〈기쁨의 비밀〉(2022년 동시집에 수록)처럼 독자와 나눌 수 있는 기쁨이기도 하고, "처음부터 다시 시작할 거야"라고 다짐하는 〈파꽃〉(《오리 돌멩이 오리》)의 어엿함, "기어서 갔지요" 하는 〈덩굴 2〉(《오리 돌멩이 오리》)의 치열함이기도 하겠습니다. 선생님은 한 인터뷰(2020)에서

"시를 향해 제 모든 것을 가다듬습니다. 한시라도 시에 불충실한 모습을 보일 때 저는 아무것도 아닙니다." 하셨지요. 시에 충실한 삶이란 어떤 걸까요?

이 안   저는 제가 〈모과나무〉(《오리 돌멩이 오리》) 같기를 바랍니다. "어디를 봐도/ 모과나무는 모과나무처럼" 생겼거든요. 모과나무는 처음부터 끝까지, 그 사이사이의 모든 마디마디가 모과나무 아닌 곳이 한 군데도 없어요. 모과나무는 속속들이 모과나무일 뿐입니다. 저는 자나 깨나, 꿈에서까지 시만 생각하다가 죽고 싶어요. 시 말고는 다 무능했으면 좋겠어요. 결국 시에도 무능해서 〈도라지꽃의 올해도 하는 절망〉처럼 그런 열망을 지속할 수 있기를 바라지요. 저는 죽을 때도 '시' 하고 죽는 바보가 되고 싶어요. 실은, 이렇게 살면 좋겠다는 자기 다짐이자 주문인 겁니다.

  유종호 선생의 그 말, "시인이란 제 1언어와의 사랑놀이를 평생토록 지속하는 사람이다."라는 말을 저도 좋아해요. 제 동시는 우리말, 한글과 정말 짝 붙어 있어요. 매년 한글날 오후 2시, 이안의 동시 독자들은 충주시 호암지 내 나무 아래서 만나야 합니다.

동시의 시대 기획자들

김효진   평론가 김이구 선생님은 〈동시의 생태계, 동시의 희망〉이라는 글처럼 동시의 생태계를 가꾸고 희망을 염원하며 온몸으로 사셨지요. 남기신 글을 읽으며 그분의 안목과 전망, 선한 영향력에 존경의 마음을 갖게 됩니다. 이안 선생님이 작년과 올해 하신 일 중에 '지속 가능한 독자+작가의 만남'이나 《오디오 동시마중》, '월간 이안'(현장 강의+실시간 온라인 중계, 한국출판문화산업진흥원의 지원을 받아 '청주 꿈꾸는책방'에서 진행한 6회 연속 동시 강의) 등을 김이구 선생님이 보셨으면, 네 번째 동시집 《오리 돌멩이 오리》와 내년에 나올 다섯 번째 동시집을 보셨으면 얼마나 좋았을까요.

이 안   '동시의 시대'가 오기 전부터 '동시의 시대'란 말을 만들어 쓰고 다녔어요. 일종의 '자기 주문' 같은 거였어요. 《겨레아동문학선집》(보리, 1999)과 최승호의 《말놀이 동시집》(비룡소, 2005), 비룡소의 '동시야 놀자 시리즈'가 막 시작될 무렵(2007)이었지 싶은데, 그때 저와 비슷한 꿈을 꾼 사람이 두 명 더 있었다고 생각해요. 김이구 선생과 안도현 시인이신데, 이 셋은 동시라고 하는 문학 '판' 전체를 재구성하려는 꿈을 품었다는 점에서 '동시의 시대 기획자들'인 셈이었죠. 최승호 시인은 개인적으로 동시 '판'을 흔들고 갱신하려고 했고, 실제로 그런 역할을 했지만, 어디까지나 개인적인 차원의 작업이었죠. 물론 동시 '판' 전체에 영향을 끼친 작업이었지만요.

김이구 선생은 저를 동시 비평 쪽에 끌어들인 평론가들(김이구 김상욱 김제곤 원종찬) 중에서도 이상하리만큼 저와 비슷한 경로를 걸었어요. 《창비어린이》 창간 5주년 기념 심포지엄(2007)에서 김이구 선생이 〈해묵은 동시를 던져 버리자〉는 주제 발표할 때 저는 토론자로 함께했고, 《동시마중》이 창간되고선 '김이구의 시 한 편 생각 한 뼘'을 연재하면서 함께했죠.

제 평론집 《다 같이 돌자 동시 한 바퀴》(문학동네, 2014)와 김이구 선생의 《해묵은 동시를 던져 버리자》(창비, 2014)가 거의 비슷한 시기에 출간되었고, 그 이후에도 비슷한 시기에 김이구 선생은 한국일보에 '김이구의 동시 동심'을, 저는 한겨레신문에 '이안의 동시 사용 설명서'를 연재했어요. '연희 목요낭독극장'이나 '동시 톡톡' 행사 등도 선생과 같이 꾸려 나간 것과 마찬가지였습니다. 편집자이자 창작자, 평론가라는 점도 비슷했지만 저에겐 언제나 눈이 밝은 선배이자 선생님이셨죠.

너무 일찍 선생을 여의고 애통함을 금하기 어려웠어요. 자주 생각나는 편이에요. 살아 계셨다면 동시 동네 이야기가 지금과는 좀 다르게 전개되었을 거예요. 개인적으론 기댈 언덕이 사라져 버렸죠. 살아 계셨다면 다른 건 몰라도 '지속 가능한 독자+작가의 만남'에 한 번 이상 다녀가셨을 것이며, 분명히 이 이상한 일을 글로도 기록하고 발표하셨을 거예요. 무엇보다 선생은 기록할 현장의 충실한 취재자였으니까요. 새롭게 무언가를 기획하고 움직일 때 김이구 선생을 떠올리게 됩니다. 김이구의 눈을 하나 더 갖고 싶어서요.

동시

김효진 마지막으로 시인님에게 동시란 무엇일까요? '동시는 ○○이다.'라는 문장으로 말씀해 주세요.

이 안 '동시란, 언제까지고 잘 몰라서 언제까지고 잘 알고 싶은 시다.' 저는 제가 쓰는 동시가 어린이 독자들이 재미있게 갖고 놀 수 있는

'말과 시의 장난감', 인생과 세계에 대한 사유의 구조물이 되기를 바란답니다.

인터뷰를 마치고 "슬픔은 제 삶과 창작에서 중요한 주제이자 태도예요."라는 말이 오래 남는다. 우리는 '위로'가 필요할 때 문학을 찾는다. 작가는 누군지 모를 독자의 슬픔에 가닿을 수는 없지만 슬픔을 이겨 낼 힘을 준다. 이안 시인의 동시가 그렇다. 글쓴이를 살린 동시는 읽는 사람에게도 치유의 힘을 가지고 있다는 믿음을 그의 동시를 한 알씩 꺼내 읽으며 느낀다. 언제 끝날지 모르는 절망의 터널을 지나고 있는 지금, 내년에는 '조금' 더 나아지기를. 봄에는 모두의 마음이 금 간 곳에서 민들레처럼 '노란 시'가 피어나기를 바란다.

작품과 잇기
- 교사, 동시를 읽다

《권태응 전집》 **권태응**

《글자동물원》 **이안**

《까만 밤》 **정유경**

《내가 왔다》 **방주현**

《똥시집》 **박정섭**

《말아 다락같은 말아》 **오장환 외**

《미지의 아이》 **송선미 외**

《손바닥 동시》 **유강희**

《어떤 것》 **송진권**

《옷장 위 배낭을 꺼낼 만큼 키가 크면》 **송선미**

《착한 마녀의 일기》 **송현섭**

《첫말 잇기 동시집》 **박성우**

《초록 토끼를 만났다》 **송찬호**

또랑물

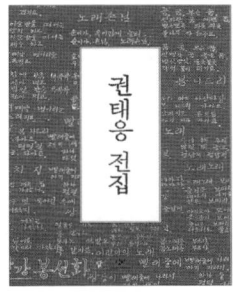

충주 탄금대에 가면 오래된 소나무 사이에 그 소나무만큼 오랫동안 그 자리를 지켜온 듯한 시비가 있다. 권태응 시인의 〈감자꽃〉 시비.

"자주 꽃 핀 건 자주 감자,/ 파 보나 마나 자주 감자. // 하얀 꽃 핀 건 하얀 감자,/ 파 보나 마나 하얀 감자." 부를 때마다 목이 메는 이 동시는 그대로 권태응 시인의 삶이고 철학이다.

권태응 시인은 1918년 충북 충주에서 태어났다. 1937년 일본 와세다대학 정경학부에 입학했고, 1939년 '독서회 사건'으로 일경에 검거되어 1년간 감옥 생활을 했다. 폐결핵 3기의 몸으로 귀국하여 요양 생활을 하며 1944년 초부터 시조와 소설을 쓰기 시작했다. 이후 동시 쓰기에 몰두하여 작고하기 전까지 《송아지》, 《하늘과 바다》, 《산골 마을》 등 아홉 권의 육필 동시집을 손수 엮었다. 1948년 동요집 《감자꽃》을 출간했으나 1951년 전쟁 통에 병세가 악화되어 34세 나이로 별세했다.

1995년에 동시선집 《감자꽃》(창작과비평사)이 간행되었고 권태응 시인의 탄생 100주년을 기념해 도종환, 김제곤, 김이구, 이안 등 5인의 시인과 평론가가 시인의 유작을 모아 《권태응 전집》을 엮었다.

_《권태응 전집》의 책날개 작가 소개 중에서

또랑물

　　　　　　권태응

고추밭에 갈 적에
건너는 또랑물.

찰방찰방 맨발로
건너는 또랑물.

목화밭에 갈 때도
건너는 또랑물.

찰방찰방 고기 새끼
붙잡는 또랑물.

_《권태응 전집》(창비, 2018)

'감자꽃' 시인의 삶과 시

권선희

《권태응 전집》을 만나면 세 번 놀란다. 처음에는 책의 두께에 놀라고, 두 번째는 너무 짧은 생애에 놀라고, 마지막으로 병세가 악화되는 중에도 흐트러짐 없이 따뜻하고 애정이 깃든 많은 시를 써 내려간 의지에 놀란다.

《권태응 전집》의 많은 시들이 읽을 때마다 새록새록 마음에 남지만, 그중에서도 나에게 가장 의미 깊게 다가온 시는 〈감자꽃〉, 〈땅감나무〉, 〈고추잠자리〉다. 이 의미 깊은 시들을 두고 〈또랑물〉을 소개하는 것은 권태응 선생을 알기 전부터 오랫동안 이 시로 아이들과 노래하고 놀았기 때문에 고마운 마음을 전하고 싶어서다.

〈또랑물〉은 어느 연수에서 백창우의 노래로 먼저 만났다. 6월이 되면 1, 2학년 아이들과 몸으로 이 시를 불렀다. 동그랗게 원을 만들고 "고추밭에 갈 적에"는 씩씩하게 걷기, "건너는 또랑물"은 제자리에서 폴짝 뛰기, "찰방찰방 맨발로"는 발로 물장구를 치듯 제자리에서 엇갈려 자잘하게 뛰기 등의 몸짓으로 부르는 〈또랑물〉은 6월 아침을 깨우는 노래다. 1단계는 원을 따라 한 방향으로 걸어가며 뛰고, 2단계는 모두가 원 안으로 걸어 들어가 작은 원을 만들어 뛰고, 뒷걸음질하여 제자리로 돌아오며 뛴다. 이 모든 활동이 몸에 익으면 3단계로 친구를 찾아가 마주 보고 한다. "건너는"에서 친구와 손을 잡고 하늘을 날 듯

높이 뛴다. 내가 친구를 들어 올리고 친구가 나를 들어 올리며 하늘에서 친구와 만나는 아이들의 눈빛이 또랑물에 반짝이는 아침햇살처럼 빛난다. 폴짝폴짝 또랑물을 건너는 아이들 이마에 아침부터 땀이 송글송글 맺힌다. 올해도 아이들은 마스크를 쓰고 숨을 헐떡이며 뛰었다.

  가물가물하던 여름날, 비라도 한바탕 내리고 나면 순식간에 차오르는 또랑물. 큰비 오고 나면 어른들은 물가로 피신 나온 새우며, 물고기며 장어를 잡으러 큰 시내로 가고, 아이들은 삼태기 들고 또랑에 모여 풀숲을 헤쳤다. 지금의 아이들은 상상도 못 할 그 이야기들을 품고 아이들과 함께 뛸 때마다 차갑고 부드러운 또랑물이 종아리를 휘감아 돈다.

마늘 묵찌빠

《고양이와 통한 날》(2008), 《고양이의 탄생》(2012), 《글자동물원》(2015), 《오리 돌멩이 오리》(2020), 《기쁨의 비밀》(2022, 예정)에 이르기까지 이안이 탐구해온 세계에는 일관된 힘이 있다. 시의 탄생을 기원하며 보고, 살고, 쓰는 창작자 이안은 자신의 시 세계를 닮았다. "일상의 시간과 공간을 뛰어넘어 시의 공간으로" 향하는 시인의 걸음을 응원한다.

《글자동물원》머리말을 읽을 때면 말이 가진 빛을 떠올리게 된다. 한 번 들으면 잘 잊히지 않는 말들, 그림자에 가까운 시들이 내 쪽으로 은은히 스며 온다. 빛이 그림자와 따로 있지 않듯이 웃음 한 알도 슬픔 한 알과 온전히 따로 있진 않을 것이다.

이안은 슬픔과 웃음이 찾아든 날에도, 시가 찾아오지 않는 날에도, 시를 향해 자신을 가다듬고, 언제까지고 시를 사는 사람이어서 든든하다. 말을 기르고 마당을 기르고 동시 전문지 《동시마중》을 품어 기른다. 12년째 쌓아온 돌탑이 그림자를 가질 때까지, 잘 기른 말이 "음악이 될 때까지", 음악처럼 우리를 달래 줄 약이 될 때까지 이안의 한글 놀이는 계속될 것이다.

마늘 묵찌빠

이안

마늘은묵
묵을넣고
묵을찧자
묵을넣고
묵을빻자
쿵콩쿵콩
묵을찧자
에효매워
묵을빻자
글썽글썽
찧자빻자
쿵콩쿵콩
찌로ㅎ을
찧자찧자
쿵콩쿵콩
빠로ㅎ을
빻자빻자
쿵콩쿵콩
찌빠만세!

_《글자동물원》(문학동네, 2015)

시, 당신의 슬픔에 맞설 수 있는 힘

우경숙

 《글자동물원》은 잘 익은 언어들이 그득하다. 읽으면 언어적 감각이 새로 돋는다. 머리말은 '시적인 것이 무엇인가' 되뇌게 하고, 〈마늘 묵찌빠〉는 실험성이 팽팽하다. "시인은 제 1언어와의 사랑놀이를 평생토록 지속하는 사람이다"(유종호)라는 말이 잘 어울리는 시인이다. 《글자동물원》을 읽을 때 나는 일상을 견디는 힘, 슬픔 너머 시적인 것에 발 들여놓는다. 고통과 슬픔을 투영한 시편에 맑은 빛이 어린다. "이안의 작품은 맑고 깊다"는 김륭의 말에 동감이다.
 상처에서 새어 나오는 빛 〈모과나무 달〉, 날아오르기 전 내달린 활주로가 길수록 웃음소리도 긴 〈꿩〉, 사랑하는 이의 부재를 내 온기로 오래 안는 〈안아요 놀이〉, 입 없고 눈 없어도 지팡이 짚고 찾아가는 〈앵두〉, 딱 한 번 본 것을 오래 맛보는 〈외눈박이〉, 1억 번 번개 주사를 맞고서야 바위에서 풀려난 〈돌사자상에 비가 오면〉…… 오래 아프고 오래 사랑하는 마음이다.
 〈채송화〉 앞에 쪼그리고 앉아 눈 맞추며 시를 길어 올리려면 발바닥부터 내 몸을 투과한 전기가 필요하다. 앵두꽃과 앵두의 시간은 짧고, 앵두나무의 시간은 길다. 일상에서 시를 어떻게 마중할까? 이안은 시적인 이미지를 들여놓고 산 만큼 길러서 무게감을 가진 말, 깊이감을 가진 말이 되게 기른다. "시사람을 만들래"(〈시〉)와 "우리 이 말 기르자"(〈사월 꽃말〉)가 연결되는 말 같다.

〈마늘 묵찌빠〉에서 이안은 말과 글자를 가지고 실험적으로 말놀이를 벌인다. 〈마늘 묵찌빠〉는 한글을 찢어서 낱자 단위, 음소 단위로 떼어 낸다. 찧다에서 ㅎ, 빻다에서 ㅎ, 묵은 아주 가루가 되어 버렸다. 가루로 만들면 얼마든지 다시 빚을 수 있다. 시인들이 말과 글이라는 질료를 조탁한다면 이안은 가루 상태의 알갱이들로도 탑을 쌓겠다는 뜻일까. 마늘은 대체할 수 없이 개운하고 깊은 맛을 만든다. 이안은 "개구리 아니고 오리"니까 배가 고파, 활주로를 달려 날아갈 것이다. 더 내달려 긴 웃음소리를 주려고.

시곗바늘이 왈츠처럼

《까만 밤》은 정유경 시인의 두 번째 동시집이다. 《까불고 싶은 날》(2010), 《까만 밤》(2013), 《파랑의 여행》(2018), 《미지의 아이》(공저, 2021)를 펴냈다.

떨리고 설레는 마음, 쓸쓸하고 그리운 마음, 화나고 밉고 삐친 마음과 부끄럽고 미안하고 아쉽고 궁금한 마음 등 시 속에 표현된 마음은 어린이들을 힘 나게 하고 설레게 할 것이다.

시곗바늘이 왈츠처럼

정유경

폴—착 착
폴—착 착

시곗바늘이
왈츠처럼 지나가기 시작했다.

폴—착 착
폴—착 착

내가 좋아하는 그 애가
내 옆에 앉고부터 갑자기.

_《까만 밤》(창비, 2013)

마음을 들여다보는 일, 마음에 힘을 주는 동시

윤미경

《까만 밤》(2013)은 정유경의 두 번째 동시집이다. 시인이 해 질 무렵 길을 걸으며 바라본 여러 마음을 담은 동시집이다. 사랑은 우리를 가장 힘 나고 설레게 하는 최고의 마음이라고 말하는 시인. 동시집을 읽다 보면 이 마음들을 만나게 된다.

이 동시집에는 아이들 가까이에 있는 사물들(산수유, 목련, 달, 밤, 나비, 유채꽃밭, 벌, 숲, 개구리, 바람, 하루살이 등)이 등장하여 아이들에게 가까이 다가간다. 그리고 다양한 먹거리(포도, 더덕, 짜장면, 울면, 도라지, 초코 머핀, 독버섯, 라면, 사탕, 번데기, 신이화, 바나나, 오이, 가지, 갈치 등)로 아이들의 경험을 환기하여 동질감을 불러일으킨다.

게다가 저자가 머리말에서 언급했듯이 여러 마음이 담겨 있다. "아이들의 상대방에 관한 관심, 애정에 대해 해맑게 받아들이고 그것을 아주 티 없이 표현하는 솜씨를 지녔다"라고 문학평론가 김이구는 해설했다. 〈시곗바늘이 왈츠처럼〉, 〈달콤하니〉, 〈_랑〉, 〈걸어〉에는 사랑의 마음이 설레면서도 경쾌하고 아름답게 그려진다. 〈지는 해〉는 지는 것과 쓸쓸함에 대해 생각한다. '지는'이라는 동음이의어를 포착해 쓰고 있다. 의성어와 의태어를 활용해 리듬감을 살리고 감각에 호소하는 작품들도 꽤 있다. 〈더덕〉, 〈포도송이〉는 사물의 이름 소리와 연관된 의성어와 의태어를 쓰고, 〈갈치〉는 "치-"소리가 실감을 자아낸다.

〈시곗바늘이 왈츠처럼〉 먼저 이 시를 보면서 글자 크기의 변화에 주목했다. "폴—착 착/ 폴—착 착"이라고 표현함으로써 리듬감이 느껴지고 왈츠를 흥얼거리게 된다. 분명 시곗바늘은 착착- 소리 없이, 때론 지루하게 지나갈 텐데, 기분 좋은 아이에겐 왈츠처럼 "폴—착 착/ 폴—착 착" 흥겹게 지나간다. 좋아하는 아이와 있을 때는 시간이 쏜살같이 지나간다고 표현하기도 하는데, 시인은 시곗바늘이 왈츠처럼 "폴—착 착/ 폴—착 착" 춤을 추듯이 지나간다고 표현했다. 시간이 신나고도 빠르게 지나감을 실감 나게 표현한 동시이다.

혼자 갈 수 있다

《내가 왔다》에는 생활 동시가 많이 담겨 있다. 그래서 동시를 읽다 보면 동시 속 화자가 우리 반의 누구를 닮았다는 느낌이 든다. 실내화 신고도 운동장을 누비는 개구쟁이 태성이, 짜증을 잘 내고 체육을 잘하는 호찬이, 자연 관찰을 좋아하는 아이, 이성에 관심이 있으나 소심한 아이, 짝사랑하는 아이, 당차고 씩씩한 아이 등 여러 아이의 목소리가 들린다.

전체적으로 밝은 어조이나 한 편으로는 부재에 관해 말하는 쓸쓸함이 함께 자리하고 있다.

혼자 갈 수 있다

방주현

입학식 다음 날
공부 마치고 교문 앞에 갔더니
엄마 할머니 사범님 학원선생님 할아버지
학원엄할마선생님머니엄사할범마아버지님
교문이 꽉꽉 막혔다

우리 엄마는 없다
괜찮아, 나는 1학년

학원엄할마선생님머니 나 엄사할범마아버지님

뚫고 간다

_《내가 왔다》(문학동네, 2020)

익숙한 소재를 새롭게, 소외된 이를 바라본 따뜻한 시선

이정희

입학식 다음 날, 교문 앞에는 학부모들로 가득하다. 이 시는 그 풍경을 그리고 있다. 그런데 시인은 이 익숙한 풍경을 조금 색다른 위치에서 바라보고 있다. 이 시 속 화자는 아무도 마중을 나오지 않은 1학년 아이이다.

학생을 데리러 온 이들의 열거를 보면 재미있다는 생각이 든다. 엄마뿐 아니라 엄마의 자리를 할머니, 할아버지와 다양한 학원 선생님이 채우고 있기 때문이다. 그리고 다음 연에 이들로 가득 찬 교문 앞을 묘사하는데 낱말의 분할 방법을 사용했다. 학원 선생님과 엄마, 할머니를 한 세트로 또 사범님과 엄마, 할아버지를 한 세트로 분할시키면서 배치하였다. 이러한 배치는 낱말 일부로써 한 낱말을 연상시켜서 좁은 교문 앞에 밀집된 사람들의 모습을 나타냈다. 즉 학원엄할마선생님머니를 통해 학원 선생님, 엄마, 할머니, 엄마, 학원 선생님, 할머니라는 낱말이 연상되면서 좁은 공간에 그들이 모여 있는 모습을 떠올리게 한다.

그리고 두 세트의 무리(학원 선생님, 엄마, 할머니) (사범님, 엄마, 할아버지)에 공통으로 들어 있는 엄마는 아이 엄마가 아니다. 기다리고 있는 엄마 중에 '우리 엄마는 없다'란 말은 아이 마음에 서운함과 소외감을 느끼게 한다. 그러면서 스스로 위로한다. '괜찮아 나는 1학년이라고. 이제 유치원생이 아니라고

그러니 이 많은 이들의 무리를 혼자서도 뚫고 갈 수 있다고.'

이 부분은 교사의 마음으로 아이에게 주는 응원을 전하고 있는 시인의 목소리로 들린다. 아무도 너를 마중 나오지 않았어도 주눅 들지 말고 씩씩하게 나가라는 응원의 메시지. 이렇게 시인은 어떤 상황에서도 소외된 아이들에게 먼저 눈길을 주고, 그 아이의 아픔을 이해하고 응원해 주고 있다.

이러한 부재의 대상을 바라보는 시인의 시각은 〈학부모 공개수업〉, 〈전학〉, 〈손톱 깎기〉, 〈환상통〉, 〈바위〉 등 다양한 작품에서 찾아볼 수 있다. 그래서 방주현 동시는 단지 밝고 경쾌한 생활 동시가 아니라 소외의 대상을 바라보는 따스한 시선을 담고 있는 동시로 나에게 다가왔다.

노총각 아저씨

박정섭 시인의 동시는 입체적이다. 시인은 종합예술인으로 통하는 재주꾼이다. 다른 동시집들 사이에서 《똥시집》은 그래서 더 빛이 난다. 《똥시집》을 읽을 때는 오감으로 느껴야 한다. 동시를 쓰고, 동시를 노래하는 시인! 시인의 노래를 들으면 나도 무엇으로든 연주하게 된다. 매일 먹고 마시고 똥 누는 것처럼 자유롭게 쓰고, 그리고, 노래하는 동시들을 만나 보자.

노총각 아저씨

박정섭

노총각 아저씨가
해 질 때까지
까맣게 그을린 채 일한다

삐이걱거리는 몸뚱어리에
술기름을 오늘도
붓는다

온종일 땀 흘려 번 돈
축축이 젖은
빨간 목장갑

붓는다
붓는다
붓는다

노총각 아저씨 붓는다

붓는다
붓는다아

노총각 아저씨의 손

다음 날 새벽에
말짱히 일어나서
아침 첫차를 기다린다

어여쁜 색시 얻으려고
쥐꼬리만 한 월급
적금을 붓는다

온종일 땀 흘려 번 돈
축축이 젖은 월급 통장

붓는다
붓는다
붓는다

노총각 아저씨 붓는다

붓는다
붓는다아

노총각 아저씨의 손

_《똥시집》(사계절, 2019)

동시는 종합예술! 그림으로 보고, 음악으로 듣는

이혜림

노총각 아저씨는 열심히 일한다. 아침 첫차를 타고 해 질 때까지 까맣게 그을리며 일한다. 아저씨는 적금을 붓는데 그 적금은 쥐꼬리만 하다. 하지만 어여쁜 색시를 얻으려면 열심히 부어야 한다. 노총각 아저씨는 일을 마치고 시원하게 술을 한잔한다. 그리고 다시 새벽이 되면 말짱히 일어나 다시 일터로 간다. 동시를 읽는 중간에 순간 나는 노총각 아저씨가 되어 땀이 나고 피곤하고 힘들어진다. 그러다 아저씨처럼 개미가 되어 일하는 마음이 된다.

동시는 검은색과 붉은색, 녹색 등의 원색이 강렬한 그림과 함께 등장한다. 마지막엔 악보까지 18쪽으로 이루어진 긴 동시는 아저씨의 긴 하루를 보여 주는 듯하다. QR코드를 찍으면 3분 49초의 노래가 된 동시가 나온다. 물론 연주와 노래는 박정섭 시인이다. 이 동시를 노래로 들으면 더 안타깝고 쓸쓸해진다. 하지만 늘 그렇게 열심히 하루를 살아가는 아저씨, 개미처럼 보이는 아저씨의 모습이 우리 자신이 아닐까 생각하며 나를 돌아본다.

박정섭 시인은 《감기 걸린 물고기》 그림책을 통해 알게 되었다. 5년 전 문래동에서 작업실 겸 카페를 한다고 하여 찾아갔던 '그림책 식당'에서 미니 그림책 만들기 체험을 해 본 적이 있다. 나는 하고 싶은 것을 다 할 수 있는 그의 뛰어난 감각과 젊음이 떠올랐다. 그런 그가 동시집을 냈다. 시인의 일상 안에서 새로운 시선과 늘 가졌던 시선을 통한 동시의 탄생. 아이들과 함께 읽고 따라 쓰고, 다시 써 보고 싶은 동시들이 보인다. 게다가 특별한 그의 음악과 그림이 함께 있다. 그림과 함께 동시를 읽고, 다음에는 QR코드로 조용히 듣는다. 치유의 시간이 된다.

아이들에게 현실 여러 면에서의 웃픈, 서글픈 상황도 함께 들려주고 그려 주어서 고맙다. "꼭 대단하고 멋진 것이 아니어도 삶의 모든 부분이 시와 그림, 음악으로 연결되어 있다는 걸 《똥시집》을 지으면서 알게 되었다."라는 그의 말처럼 종합예술인 박정섭의 생활 잡지 같은 동시집 《똥시집》으로 우리들의 삶을 담아 함께 놀아 보면 어떨까?

섬골

충북에서 태어나거나 작품 활동을 한 작고 시인(정지용, 권태응, 오장환, 권오순, 류선열)과 현재 활동 중인 시인의 동시가 수록되어 있다. 고전은 시간과 공간을 초월하여 우리를 깊고 풍부한 이야기로 데려간다. 동시의 시작과 현재 그리고 미래까지 아우르는 소중한 동시 선집이다.

충북 보은군에서 태어난 오장환 시인은 휘문고보 재학 시절 정지용 시인을 스승으로 만나 시를 배웠다. 그는 1933년 휘문고보 재학 중 《조선문학》에 〈목욕간〉을 발표하면서 시작 활동을 시작하였다. 이후 《성벽》, 《헌사》, 《병든 서울》, 《나 사는 곳》 등 네 권의 시집을 남겼다. 1948년 2월경 월북하여 시집 《붉은 깃발》을 출간하였으나, 1951년 34세의 젊은 나이에 병사하였다.

2006년, 도종환 시인이 1934년부터 1937년까지 《어린이》, 《조선일보》에 발표한 43편과 1946년 《조선주보》에 발표한 〈설날〉 1편을 포함한 44편을 모아 "어린이와 동심을 바르게 파악한 아름답고 밝은 동시"라는 평과 함께 오장환 동시집 《바다는 누가 울은 눈물인가》를 펴냈다.

_《말아 다락같은 말아》의 해설 중에서

섬골
오장환

이끼 앉은
청솔바위 밑
소나무 아래.
바닷바람은
작고* 간지러워
송이버섯은
문틀, 문틀
솟아오른다.

* 작고 자꾸

_《말아 다락같은 말아》(고두미, 2021)

작고 여린 것들에 대한 따뜻한 시선

김효진

충북 동시 선집 《말아 다락같은 말아》에 실린 작고 시인의 시들을 읽으면서 고전이란 무엇인가 생각했다. 아이들과 동시를 읽을 때 나도 모르게 고전 동시들은 배제해왔다. 아이들이 이 말 뜻을 알까? 아이들은 공감할 수 없을 거야. 나 혼자 의심하고 지레짐작했다. 동시란 현재 살고 있는 아이들의 공감을 이끌어내야 한다고 생각했다. 그렇기에 더욱더 최근에 나온 동시들만 찾아서 읽었다. 고전이란 시대와 세대를 뛰어넘는다는 것을 간과한 것이다. 이런 의미에서 '오장환'이라는 시인의 발견은 나에게 큰 수확이었다.

동시 선집에는 오장환의 시가 10편이 수록되어 있다. 꿈에서라도 배불리 엄마의 젖을 먹고 싶은 〈애기꿈〉, 해를 보려고 키가 자라는 〈해바라기〉, 어두운 저녁 하늘 먼 길을 떠나는 기러기들에 대한 걱정 〈기러기〉 등 자연을 따뜻하게 바라보는 시선과 어린이의 눈높이에서 바라보는 이야기들이 잘 담겨 있다.

어린이와 어른의 놀이에 대한 태도 차이는 '몰입'의 정도에 있다고 생각한다. 해가 지는지도, 배가 고픈지도 모르고 놀았던 어린 시절은 누구에게나 있었을 것이다. 어린이는 놀이의 세계에 몰입하면 다른 것들을 생각할 틈이 없다. 그렇기에 〈숨바꼭질〉에서 돌이는 숨바꼭질하느라 화초밭에 엎드렸다가 벌에 쏘여도 울음을 참을 수 있었다. 이 시의 재미있는 부분은 순이가 찾아내니까 으애- 하고 울어버리는 순수한 돌이의 모습이다. 벌에 쏘여도 울음을 참았는데 술래한테 잡히기까지 하다니 억울할 만하다. 어린이가 놀이에 몰입한 순간을 포착한 시인의 애정 어린 시선이 돋보인다.

〈섬골〉은 청솔바위 밑 소나무 아래에 쏘옥 올라온 송이버섯을 보고 쓴 시다. 자연에서 생명이 자라나는 데에는 햇빛, 바람, 물 등 모든 것의 적절한 조건이 필요하다. 송이버섯 또한 그렇다. 송이버섯은 약 30년에서 40년 된 소나무에서 잘 자란다고 한다. 그러니까 청솔 바위 밑 소나무는 바닷바람을 약 30년에서 40년은 맞으며 굳건하게 자란 것이다. 이 바닷바람은 송이버섯도 문틀, 문틀 솟아오르게 한다. '문틀, 문틀'이라는 감각적인 표현이 작지만 강한 생동감이 있는 송이버섯의 생명력을 느끼게 해준다.

마주 보는 문장으로 풀어 주자

고유한 개인으로 나를 알아주고, 독립적인 세계를 만드는 나를 응원하는 동시집이 있다. 《미지의 아이》는 김개미, 송선미, 임복순, 임수현, 정유경 시인이 모여 '나의 세계'를 주제로 묶은 작품집이다. 나를 아껴 주는 스타일은 5인 5색으로 다채롭다. 혼란스러울 때 주문 외면 통할 말, 오롯이 나만의 뭔가를 만들어 갈 때 자신을 안아 주는 말이 들어 있다. 소리 내어 나에게 낭독해 주자.

마주 보는 문장으로 풀어 주자

송선미

앙다문 나무 젓가락
쪽 쪼개서
마주 보는 문장으로 풀어 주자

발그스름 커다란 홍로
너랑 나랑 둘이서 먹을 수 있게
마주 보는 문장으로 풀어 주자

단단하고 까만 씨앗
연두 손바닥 펼 수 있게
마주 보는 문장으로 심어 주자

아껴 두었던 새 공책
활짝 펴서
마주 보는 문장으로 풀어 주자

거울 보고 치카치카 푸푸푸
어제의 나를
마주 보는 문장으로 풀어 주자

_《미지의 아이》(문학동네, 2021)

맘대로 거울, 맘대로 수첩

우경숙

《미지의 아이》 제5부 "마주 보는 문장으로 풀어 주자" 외 9편(송선미)은 '제2회 부마항쟁문학상 아동문학 부문'(2021)을 수상했다. 자기 목소리를 가진 "아이" 혹은 "I"의 세계는 내면을 지향한다. 혼자를 기르는 시간이라면 나를 기쁘게 하는 취미, 친구와 나누는 교감이 필요하다. 내가 바라보는 나, 가장 나다운 행동은 뭘까? 무엇이 나를 기쁘게 하나? 그걸 어떻게 하면 오래 할까? 나를 향해 읽고, 나를 향해 쓰지 못하고 미뤄 두었던 내 이야기를 들어 본다. 날 있는 힘껏 지지하며 내 이야길 써 본다.

그런 "I"와 다른 "I"가 만나려면 무엇이 통해야 할까? "그걸 들어 줘… 너에게만 들리는 내 이야기"(《친구가 되는 법》, 임수현)라서 의미 있으면 좋겠다. 그래서 궁금해지는 나였으면 싶다. 친구는 나를 입체적으로 비춰 볼 거울과 같다. 그런데 현실의 친구는 필요할 때마다 내 곁에 있어 줄 수는 없다. 김개미가 인형을 말하는 방식은 독특해서 나의 내면 아이를 불러낸다. 〈멍구〉(김개미)는 인형이어서 언제까지나 껴안고 지낼 수 있다. 살아 있지 않아서 내가 듣고 싶은 말을 해 주는 친구가 된다. 나는 안전한 울타리 안에서 충분히 긍정받을 수 있다. 접촉 위안은 우리가 얼마나 정서적 존재인가 되새기게 한다. 언제라도 감상자의 열렬한 사랑을 받아 줄 문학작품, 예술품도 애착의 안전한 대상이 된다. 나를 먼저 떠나지 않으니.

  5부에는 미음이 많다. 미음은 유성음이어서 궁글린 소리가 난다. 〈마주 보는 문장으로 풀어 주자〉를 읽으면 떠오르는 것이 있다. 〈공부〉(성명진) 그리고 내 시 수첩이다. 시 수첩에는 내가 반해서 필사한 작품, 서툰 습작이 들어 있다. 펼치기 전에는 무엇이 들었는지 알 수 없다. 펼쳐야 나를 꺼낼 수 있겠는데 펼치기가 그렇게 두렵다. 수첩의 펼친 면이 마주 보는 것처럼 수첩에 써 넣은 말도 나를 마주 본다. 그러니 〈맘대로 거울〉(《옷장 위 배낭을 꺼낼 만큼 키가 크면》)처럼 마주 보고 한껏 나를 사랑해도 된다고 안심(安心)시키고 마음을 풀어 주자.

봄

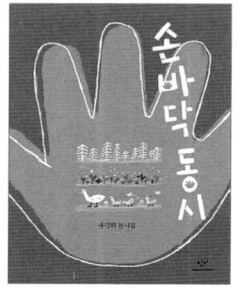

작가가 10여 년 전 메모지가 없어서 손바닥에 시를 쓰기 시작했는데 그게 자연스레 '손바닥 시'가 된 것이라 한다. '손바닥 시'의 형식은 전체가 1연이며 3행으로 구성되어 있다. 시의 소재가 곧 제목이기도 한 이 작은 시는 관찰의 정확함, 감상의 여백, 표현의 유쾌함 등 풍성하게 읽힌다. 작가가 소재를 깊이 있게 공을 들여 그것의 핵심을 담아 썼다는 것이 느껴지는 짧지만 긴 이야기이다.

봄

유강희

뾰뾰뾰뾰 뾰뾰뾰뾰

뾰뾰뾰뾰 뾰뾰뾰뾰

뾰뾰뾰뾰, 뾰뾰뾰뾰뾰

_《손바닥 동시》(창비, 2018)

단, 3줄 속에서 보물을 찾는 동시

황세원

처음 손바닥 동시를 읽었을 때는 짧고 귀여운 동시, 두 번째 읽었을 때는 어떻게 하고픈 많은 말들을 추려 단 세 줄에 핵심만 담아 썼는지 짧아서 더 단단한 동시로 읽혔다. 그리고 작가님이 나와 동향이라(전북) 낯익은 지명, 말투가 있어 친근했다. '삼례'는 멀리서도 찾아갈 정도로 소보다 작은 가축들을 파는 시장으로 유명하고, 소양에 있는 위봉폭포 물줄기는 정말 오줌발같이 가늘고, 재개발되면서 고층 아파트 대단지가 새로 들어선 곳이 호성 주공 아파트라는 걸 알고 있어 시가 잘 이해되고 더 가까이 다가왔다. 그 중 〈봄〉 시를 골라, 시평을 써 보았다.

겨우내 얼었던 땅이 녹고, 그곳에서 돋아나는 새싹이야말로, 봄이 왔음을 가장 잘 알려 주는 자연현상이다. "뽀뽀뽀 뽀뽀뽀뽀"를 3행에 걸쳐 반복해서, 밭에 돋아난 자잘한 새싹들이 줄지어 자란 모습을 시각적으로 보여 주기도 하고, 뾰족뾰족(여러 물체의 끝이 차차 가늘어져서 작고 날카로운 모양을 나타내는 말)이란 의태어에 따온 '뽀'가 언 땅을 뚫고 나온, 가늘고 작고 날카로운 새싹의 모습을 보여 준다. 그리고 '뽀'속에 봄의 'ㅂ'가 두 번 연결되어 보이는 것도 봄과 연결되고, 갑자기 나타나는 모양을 나타내는 말인 '뿅'도 떠올라, 봄이 언제 왔는지 모르고 있다가, 어제는 없던 새싹이 갑자기 나타난 모습이 떠오르기도 한다.

   '뾰'를 세 번 반복하고, 띄어쓰기한 후 '뾰'를 네 번 쓴 것은 읽을 때 자연스러운 운율을 위함인 것 같다. 계속 이어 읽으면 숨차지만, 띄어 읽으면 경쾌하게 읽힌다. 그리고 열 맞춰 심은 작물의 새싹이 아닌, 씨앗이 자연스럽게 모이거나 떨어져 자란 들꽃의 새싹이 아닌가 싶다. 그리고 세 번째 행에서의 '뾰'의 변주는 시가 지루하게 읽히지 않도록 한 장치인 것 같다. '뾰뾰뾰' 뒤에 찍은 쉼표는 새싹과 함께 깨어난 경칩에 벌레나 개구리가 아닐까 싶다. 그리고 마지막 '뾰'를 이전 행보다 한 글자 더 늘림으로써 더 많은 새싹이 있다는 것을 알려 준다. '뾰'라는 한 개의 음절로 봄을 표현한 작가의 선택이 탁월하다는 생각이 든다.

담쟁이

송진권 시인의 두 번째 동시집 《어떤 것》은 현재 나를 이루고 있지만 잊고 있었던 어떤 것에 대해 돌아보게 한다. 또, 아이들에게 어떤 것이 되어 깃들 수 있을까를 고민하게 하며, 아이들이 어떤 것을 간직했으면 싶은가를 생각하게 하는 따뜻하고 소중한 시간을 선물한다.

담쟁이

송진권

잎사귀가 있을 때는 몰랐는데
잎 지고 난 뒤에 보니
담장 위를 지나간 고양이
넝쿨에 앉았던 뱁새 떼
답답해서 나온 지렁이며
한숨 쉬며 울고 간 아주머니
말들을 모두 빼곡하게 적어 두었어요
하나도 잊지 않고
또박또박 적어 두었어요

_《어떤 것》(문학동네, 2019)

내 마음속 어딘가 깊이 살고 있는, 어떤 것

유선민

"이제는 없지만 나는 알아요. 나를 지나온 어떤 것들이 세상 모든 것에 깃들어 살고 있다는 것도 알고, 내 속에 웅크려서 가만히 나를 보고 있다는 것도 알아요. 나를 지나쳐 간 어떤 것들을 이 책에 주욱 적어 보았어요. 송아지, 가오리, 담쟁이, 병아리, 쇠뜨기, 액체괴물, 톱……. 어떤 것은 아무것도 아닌 것이 되기도 하고 아주 특별한 것이 되기도 해요."

_ 시인의 말 〈모든 어떤 것들에게〉 중에서

겨울 담쟁이의 모습을 본 적이 있는가. 겨울은 모든 생명을 움츠러들게 하고 쓸쓸하게 만든다. 특히 잎은 거의 지고 무수한 줄기들만 비틀비틀 벽을 붙들고 있는 모습을 보노라면 때론 우리 삶과 겹쳐 처량한 생각도 든다. 그러나 한편 그 쉼의 시간을 주는 대자연의 섭리가 분명 또 의미 있는 일임을 생각하게 한다.

〈담쟁이〉를 처음 읽었을 때, 잎이 지고 난 뒤의 쓸쓸한 모습을 보아 주는 시인의 따뜻한 시선과 마음이 느껴져서 참 좋았다. 그리고 겨울인 지금 다시 마주한 〈담쟁이〉는 담쟁이의 지나간 시간에 함께했었을 법한 고양이, 뱁새 떼, 지렁이, 아주머니의 말들을 빼곡하게 적어 둔 담쟁이로 새롭게 보아 주며, 흘러간 시간의 덧없음이 아니라 차근차근 지나온 시간의 영원함을 "담쟁이의 기록"으로 붙드는 시인의 애도로 느껴져 참 좋다. 그리고 그 애도 후에 다시〈담쟁이〉를 읽으면 "하나도 잊지 않고/ 또박또박 적어 두었어요"이기에 더 이상 쓸쓸하지 않고 마음이 단단해짐을 느낀다. 새롭게 다가올 시간도 설렘과 희망으로 힘차게 마주할 수 있을 것만 같다.

송진권 시인은 여는 시〈어떤 것〉에서 "나중에라도 너희들은 꼭꼭 기억해 둬야 해 그게 어떤 것이었는지 어떤 것이 무엇이었는지"라고 당부한다.〈담쟁이〉처럼 나를 지나간 어떤 것들과 나를 이룬 어떤 것들은 내 마음속 어딘가에 깊이 살고 있다. 나도, 우리 아이들도 때로 힘들고 어려울 때마다 마음속 '어떤 것' 들을 꺼내어 보면서 살아가는 데 힘이 되리라.

어떤 말들이 노래가 되나

격월간 동시 전문지 《동시마중》 발행인이면서 동시 전달자인 송선미 시인의 첫 동시집이다. 동·식물을 포함한 자연, 옛 시골 정취 등을 노래하는 여느 동시집과 다르게 (아이의) 자아, 내면에 집중하여 두려움을 떨치고 세상에 한발 한발 다가서는 아이의 성장을 섬세하게 그려 내고 있다. 고학년 온작품 도서로 추천하는 이유다.

《옷배키》를 함께 읽으며 '나'를 돌아보고 친구와 가족과의 관계도 함께 들여다보며 '자존감'을 세우고 세상 속으로 당당히 나아갈 수 있겠다.

어떤 말들이 노래가 되나
송선미

줄지어 고개 숙인 해바라기를 보며 생각한다
어떤 말들이 노래가 되나
거품을 감고 얌전히 누웠는 비누를 보며 생각한다
이런 건 노래하면 안 되나

어떤 말들이 노래가 되나

하늘에 박힌 별
먼 데서 흐르는 물
닭이 낳은 따끈한 알
이런 것들은 아직은 멀고
내 것이 아닌 것들

구겨진 수건을 보다가
시원하게 내려가는 변기 물을 보다가
자꾸만 생각하게 된다

이런 말들은 노래가 되나
어떤 말들이 노래가 되나

_ 《옷장 위 배낭을 꺼낼 만큼 키가 크면》 (문학동네, 2016)

고학년과 함께 읽는, 내면 아이 치유의 동시

한우정

동시집《옷장 위 배낭을 꺼낼 만큼 키가 크면》은 시인의 자서전을 보는 듯 깊고 울림이 있어 떨리며 읽게 된다. 시인은 나와 나의 내면에 집중하는 한편, 가족과 친구를 거쳐 은근하게 세상 속으로 나아가게 만든다. "세상이 아름다워지는 시간"의 정점에 닿아 있는 사춘기 아이들에게 특히 딱 맞춤형 동시집으로 읽힌다. 온작품 함께 읽기 활동으로 매주 한 번씩 동시집의 시 한 편씩 함께 읽고 나누기, 가족과도 함께 읽고 소감 나누기 등 부담 없이 즐기면서 꾸준히 동시랑 함께 삶을 가꾸어 나가는 과정이 되도록 하면 좋다.

〈어떤 말들이 노래가 되나〉는 시를 읽거나 쓸 때 갖게 되는 생각을 고스란히 담고 있다. 내가 보고 듣고 겪는 일상은 너무 흔해서, 새로울 게 없어서 '시'가 되지 못하는 건 아닐까? 아니 '시'가 되어서는 안 되지 않을까? 하지만 나랑 상관없는 것 같은 먼 곳의 일들 또한 너무 멀어서 내가 경험해 본 게 아니라서 '시'로 쓸 수 없다고 생각하기도 한다. 사실은 둘 다 '시가 되고 노래가 될 수 있는데 말이다. 다만 더 깊이 들여다보고 귀 기울여 잘 들어서, 이야기가 길게 이어지도록 만드는 일, 그래서 누군가에게 고리가 되어 또 다른 이야기로 연결되도록 하는 일. '시'를 읽고 쓸 때 가져야 할 태도가 아닐까 싶다.

백창우와 굴렁쇠 아이들이 노래로 그 느낌을 고스란히 담아냈다. 아이들과 함께 여러 번 읽고 노래로도 익히면 자연스럽게 외워 부르게 되고, 어떤 말들이 노래가 될 수 있는지 내 주변과 일상을 좀 더 자세히 들여다보고 그 속에 담긴 이야기들을 꺼내어 보는 활동을 해 보면서 자연스럽게 나만의 시를 써 보도록 하면 좋다. "너 거기에 있었구나 들여다 봐 주는 눈, 너도 그랬던 거니 들어 주는 귀, 눈과 귀에서 팔이 자라나고 이 팔이 자꾸만 길어져 서로에게 닿기"를 소망한다는 시인의 말처럼 이 과정을 통해 교사도 아이도 세상과 소통하는 길을 한 뼘 두 뼘 늘려 가며 서로의 꿈도 키우게 되지 않을까.

나와 함께하고 있는 존재에 관한 관심과 돌봄은 인간으로서 가져야 할 기본 태도이며, 그 안에서 삶의 가치와 행복한 배움을 가져올 수 있음을 깨닫게도 한다.

괜찮아

《착한 마녀의 일기》라는 제목부터 표지의 그림까지 뾰족뾰족 호기심을 불러일으킨다. 한참 호기심이 많을 나이부터 까칠한 자존감을 세울 나이에 딱 맞춤형 동시집 같은 느낌이었다. 그런데 동시를 읽을수록 그 시기를 동경할 어린아이부터 어린 시절을 추억하려는 나이 든 어른까지 아우르는 폭넓고, 속 깊은 동시집이다. 참 사랑스러운.

괜찮아

송현섭

끈적끈적, 흐물흐물, 머나먼 은하계의 성운 같은, 벼 그루터기 알집에서 튕겨져 나온 올챙이들이 살랑살랑 꼬리를 흔들며,

무셔,
무셔,
무셔,

버드나무 아래, 버드나무 이파리 같은, 버드나무가 부는 피리 소리 같은 은빛 송사리들이 뻐끔뻐끔 물 밖으로 주둥이를 내밀며,

무셔,
무셔,
무셔,

엄마는 두꺼운 밧줄, 새끼는 부스러기 실, 엄마 따라 호수를 건너는 물뱀 새끼들이 조그만 매듭 같은 얼굴을 물 밖으로 내밀며,

무셔,
무셔,
무셔

_ 《착한 마녀의 일기》(문학동네, 2018)

받아 보세요. 착한 마녀의 보물지도 한 장

김명순

송현섭의 동시는 살금살금 다가와서 살살 꼬드기는 느낌이다. 처음 읽을 때는 후루룩 읽으니 '뭐지?'였다. 다시 읽으면 송현섭만의 매력에 책을 놓지 못한다. 송현섭의 '동시 왕국'은 왕국의 모습이 머릿속에 쫙~ 펼쳐질 비밀 지도 한 장을 특별 서비스로 준다지만 '잘해 봐'라고 한 말처럼 찾아서, 찾아서 가야 하는 곳이다. 그렇지만 왕국의 주인으로서 장담한 것처럼 이런 기회는 정말 흔치 않을 동시집이었다. 이 책을 펼치는 순간 엄청난 행운아가 될 거라는 작가의 말처럼 그 행운을 잘 챙겨야겠다. 좀 더 깊이 읽어 보고, 옆에 두고 읽으며….

〈북을 두드리는 여덟 개의 발〉은 엄마와 아이의 대화로 짜여 있다. 같은 처지일 것이 분명한 아이와 엄마가 함께 보고, 함께 나누는 이야기는 강약 조절이 잘 되어 슬프다거나 '쿵' 하는 것은 없지만 마음에 무언가를 남긴다. 엄마와 아이는 담담하게 이야기를 나눈다. 마지막까지 아이와 엄마에 대해서는 생각하지 않고 따라갔는데, 결국은 아이와 엄마를 마음에 담게 한다. 〈토끼는 풀을 지우고, 외할아버지는 토끼를 지우고〉는 삶의 다양한 모습이나 아픔을 동시라서 비켜 가는 것이 아니라, 어디서나 언제나 삶이 꾸려지고 있음을 아프지 않게 받아들이게 하는 힘이 있는 동시다.

제목이 이렇게 큰 역할을 하는구나! 무심코 읽고 있다가 제목이 뭐지 하며 보았다. 〈괜찮아〉라는 제목이 '쿵' 하고 심장을 강타했다. 우리는 얼마나 쉽게 '괜찮아'라는 말을 쓰던가? 그런데 그렇지 않았어. "무서./ 무서./ 무서,"를 반복하며 행진하는 아가들에게 '괜찮아'라고 말하는 것은 얼마나 잔인한가? 그것을 제목 하나로 꼭꼭 눌러 담을 수 있다니. 올챙이, 송사리, 물뱀 새끼들이 처음 나서는 세상 나들이를 즐거운 시골 풍경이나 소풍 모습을 그리듯 너무 담백하게 써 놓아서 더 그랬던 것 같다. '무서워'를 '무서'로 표현함으로써 얼마나 무방비 상태의 어린 것들인지가 더욱 강조되었다. 졸랑졸랑 나서는 어린 것들의 모습이 그려지는 '무서'의 반복은 리듬마저 담고 있어서 더욱 가슴 서늘하게 하며, 눈앞에 모든 상황을 보여 주는 효과까지 갖는다.

책상_책임

시인은 누구나 한 번쯤은 해 봤을 끝말잇기를 간단히 비틀어 첫말 잇기를 만들어냈다. 첫말과 첫말 사이에 엉뚱한 상상을 집어넣고 이야기를 만들었을 뿐인데 이상하게도 말이 되고 재미가 있다. 여기에 서현 작가의 재치 있는 네 컷 만화가 함께하니 시의 의미는 더 확장된다. 우리도 눈을 감고 나만의 상상 상자에 손을 넣어보자. 잡히는 것들을 꺼내어 이야기를 만들면 되니 무수히 많은 상상으로 첫말 잇기는 계속될 수 있다.

우리가 쓰는 말에는 첫말이 같은 말이 많습니다. 무심코 저는 '상상'이라는 말과 첫말이 같은 '상자'라는 말을 이어 봤습니다. '상상_상자' 이렇게요. 그랬더니 놀라운 일들이 일어나기 시작했습니다. 이 상상 상자에는 뭐가 들어 있을까요?

- '시인의 말' 중에서

책상_책임

박성우

책상이 어질러진 건 책상 책임이야
책상이 없었다면
책상이 어질러지지 않았을 테니까
책상이 어질러진 건
내 책임 아니고 책상 책임이야!

_《첫말 잇기 동시집》(비룡소, 2019)

나만의 상상 상자를 열어 보자

김효진

어릴 때 잠이 오지 않거나 차를 타고 먼 곳을 떠날 때면 언니와 동생과 종종 끝말잇기 놀이를 하곤 했다. 시간을 때우는 마법 같은 놀이였던 끝말잇기는 이제 하지 않는 어른이 되었다. 끝말잇기 따위는 이제 시시해져 버린 재미없는 어른에게 첫말 잇기 놀이가 나타났다. 첫말들을 나열하는 게 무슨 놀이가 되고 동시가 될까? 싶었지만 《첫말 잇기 동시집》에서는 된다. 먼저 동시집의 차례를 훑어본다. 어울리지 않을 것 같은 낱말들이 옹기종기 모여 있는 모습부터 호기심을 불러일으킨다. 한 장 한 장 넘기며 읽다 보면 시인의 재치에 이마를 손뼉을 무릎을 치느라 손바닥이 얼얼해진다.

〈책상_책임〉에서는 어질러진 책상을 보면서 책상이 없었다면 어질러지지도 않았을 테니 책상에게 책임을 지라며 도리어 따진다. 이 상황이 어이없지만 피식 웃음이 난다. 매일 어지럽혀져 있는 내 책상도 내 책임이 아니고 책상 책임이라고 당당히 말하리라! 〈안경_안녕〉은 안경을 쓰는 사람이라면 공감할 수밖에 없는 이야기로 '안경 안녕'이 반복되는 말에 리듬감이 느껴져 더 재미있다. 이렇듯 서로 관계없는 낱말들에 상상력 고리를 만들어 연결해 주거나, 말은 안 되지만 소리가 주는 유사성으로 나도 모르게 고개를 끄덕이게 만드는 동시들이 가득하다. 하지만 가끔 고개가 갸우뚱해지는 동시들도 몇 편 있다. 도서관에 와서 도시락을 먹는 도깨비, 실수로 학교를 밟아 버린 공룡 등과 같은 동시다. 이는 서현 작가의 유쾌한 상상력이 돋보이는 그림이 더해져 시를 다양하게 이해할 수 있게 한다. 시를 읽고 그림을 보고 다시 시를 읽으면 또 다른 의미로 다가오기도 한다.

이 동시집의 또 다른 매력은 아이들이 따라 해 보고 싶게 만든다는 것이다. 아이들과 함께 읽은 후에 상자 안에 첫말이 같은 낱말들을 잔뜩 적어 넣고 꺼내어 이야기를 만든다. 말이 안 돼도 내 마음 가는 대로 이야기를 만들면 되니 큭큭, 키득키득 여기저기서 웃음소리가 터져 나온다.

초록 토끼를 만났다

송찬호 시인의 첫 동시집《저녁별》이후 두 번째 동시집이다. 이 동시집을 읽다 보면 동화적 상상력의 세계로 들어가게 된다. 동화 속으로 들어가 신기한 세상을 여행하고 온 느낌을 받게 될 것이다.

안경을 쓴 돼지도 만나고, 초록 토끼도 만나고, 다리 세 개인 의자가 걸어 다니는 것도 볼 수 있다. 거미가 남긴 초대장도 읽어 볼 수 있고 백 년 된 오래된 선풍기도 만날 수 있다. 호기심 많은 눈동자와 상상의 힘으로 이 세상의 궁금한 것들을 옮겨 놓은 것 같은 세계로 들어가 볼 수 있다.

초록 토끼를 만났다

송찬호

초록 토끼를 만났다
거짓말 아니다
너한테만 얘기하는 건데
전에 난 초록 호랑이도 만난 적 있다니까

난 늘 이상하고
신기한 세상을 기다렸어

'초록 토끼를 만났다'고
또박또박 써 본다
내 비밀을 기억해 둬야 하니까
그게 나에게 힘이 되니까

_ 《초록 토끼를 만났다》(문학동네, 2017)

신기한 세상, 동화적 상상의 세계

강연미

이 동시집은 '초록'의 존재를 믿는 한 아이가 '물도 딴딴하다고 믿는' 소금쟁이처럼, 자신만의 굳센 믿음을 갖고 상상의 세계로 여행 갔다 온 기억을 기록해 놓은 느낌이었다. 이 세상의 궁금한 것들에 대해 상상의 힘을 믿고 마음껏 상상하라고 말하는 듯하다. 평범한 사물이나 자연에 색을 하나 입힌다거나 무언가를 추가하거나 건드려 새로운 존재로 탄생하고 이야기가 발명된다.

이 동시집 속 동시들은 참신한 비유와 발상이 재미있다. 특히 〈초록 토끼를 만났다〉, 〈거미줄 초대장〉, 〈백년 선풍기〉가 인상 깊었다. 〈거미줄 초대장〉은 내가 거미줄에 걸린 나비 입장이 되어 읽게 만든다. 긴장감과 초조함을 준다. '친절'과 '호랑'이 어울리지 않지만 '호랑'거미여서 나비를 가엾게 여기기는커녕 돌돌 말아 식탁에 앉히는 거겠고, 그나마 '친절'한 호랑거미여서 미리 쪽지도 써 놓았을 것이다. 〈백년 선풍기〉는 낡고 오래된 보잘것없는 선풍기가 이야기를 가진 선풍기로 새롭게 탄생하는 시라 인상적이었다. 오래된 선풍기에서 오래된 바람이 나온다는 것, 오래되어서 어떤 바람보다 더 시원할 거라는 상상이 기발하다. 그런 데다가 그 바람을 맞는 순간 한 아이가 나이가 든다는 참신함까지 돋보이는 작품이라고 생각한다.

표제작인 〈초록 토끼를 만났다〉가 가장 좋았는데, 이 동시집을 상징하는 시라는 생각이 든다. '초록'이라는 의미가 다양한 의미로 다가왔다. 상상의 힘, 상상 속 세계, 신기함, 소망, 꿈 등의 의미가 아닐까 하는 생각을 했다. 초록의 존재를 믿고 그것을 기억하고 그것을 기록으로 남기며 다시 초록의 존재를 만나길 소망하는 한 아이를 만나게 해 준다. 기록을 한다는 것은 잊지 않겠다는 다짐일 수도 있겠다. 기억의 기록은 다시 꺼내 볼 수 있고 그때의 기억을 다시 소환시킬 수 있다.

무기력하고 세상이 재미가 없다거나 재미를 모르는 아이들에게 특히 소개해 주고 싶은 작품이다. 이 작품 속 아이처럼 늘 이상하고 신기한 세상을 기다리고 상상할 수 있었으면 좋겠다. 자신 안의 동심을 잠시 잊은 어른들에게도 권해 주고 싶은 작품이다. '초록'이라는 존재의 비밀을 갖고 있고 기억하는 것, 그리고 그것의 기록은 힘이 되니까.

부록 1 우리가 공부한 책

가네코 미스즈, 《나와 작은 새와 방울과》, 소화, 2006

가네코 미스즈, 《별과 민들레》, 소화, 2015

가네코 미스즈, 《억새와 해님》, 소화, 2015

강경수, 《다이빙의 왕》, 창비, 2020

권정생, 《삼베 치마》, 문학동네, 2011

권영상, 《아, 너였구나》, 국민서관, 2015

권태응, 《감자꽃》, 창비, 1995

권태응 외, 《귀뚜라미와 나와》, 보리, 1999

권태응, 도종환 외 엮음, 《권태응 전집》, 창비, 2018

기욤 아폴리네르, 《작은 동물원》, 아이들판, 2004

김개미, 《어이없는 놈》, 문학동네, 2013

김개미, 《쉬는 시간에 똥 싸기 싫어》, 토토북, 2017

김개미, 《레고 나라의 여왕》, 창비, 2018

김개미 외, 《미지의 아이》, 문학동네, 2021

김개미, 《티나의 종이집》, 천개의바람, 2021

김금래, 《꽃피는 보푸라기》, 한겨레아이들, 2016

김륭, 《프라이팬을 타고 가는 도둑고양이》, 문학동네, 2009

김륭, 《달에서 온 아이 엄동수》, 문학동네, 2016

김미혜, 《꼬리를 내게 줘》, 창비, 2021

김성민, 《브이를 찾습니다》, 창비, 2017

김소월 외, 《엄마야 누나야》, 보리, 1999

김용택, 《콩, 너는 죽었다》, 문학동네, 2018

김준현, 《나는 법》, 문학동네, 2017

김창완, 《무지개가 뀐 방이봉방방》, 문학동네, 2019

남호섭, 《벌에 쏘였다》, 창비, 2012

류선열, 《샛강 아이》, 푸른책들, 2002

류선열, 《잠자리 시집보내기》, 문학동네, 2015

문인수, 《염소 똥은 똥그랗다》, 문학동네, 2010

박성우, 《첫말 잇기 동시집》, 비룡소, 2019

박정섭, 《똥시집》, 사계절, 2019

방주현, 《내가 왔다》, 문학동네, 2020

성명진, 《축구부에 들고 싶다》, 창비, 2011

송선미, 《옷장 위 배낭을 꺼낼 만큼 키가 크면》, 문학동네, 2016

송진권, 《새 그리는 방법》, 문학동네, 2014

송진권, 《어떤 것》, 문학동네, 2019

송찬호, 《초록 토끼를 만났다》, 문학동네, 2017

송찬호, 《여우와 포도》, 문학동네, 2019

송현섭, 《착한 마녀의 일기》, 문학동네, 2018

쉘 실버스타인, 《골목길이 끝나는 곳》, 보물창고, 2008

쉘 실버스타인, 《다락방의 불빛》, 보물창고, 2011

실비아 플라스, 《침대 이야기》, 아이들판, 2004

신민규, 《Z교시》, 문학동네, 2017

유강희, 《손바닥 동시》, 창비, 2018

유강희, 《무지개 파라솔》, 문학동네, 2021

윤제림, 《거북이는 오늘도 지각이다》, 문학동네, 2018

이문구, 《개구쟁이 산복이》, 창비, 1988

이안, 《고양이의 탄생》, 문학동네, 2012

이안, 《다 같이 돌자 동시 한 바퀴》, 문학동네, 2014

이안, 《글자동물원》, 문학동네, 2015

이안, 《오리 돌멩이 오리》, 문학동네, 2020

임길택, 《탄광 마을 아이들》, 실천문학사, 1990

임복순, 《몸무게는 설탕 두 숟갈》, 창비, 2016

자크 프레베르, 《어린이를 위한 겨울 노래》, 아이들판, 2004

장철문, 《자꾸 건드리니까》, 사계절, 2017

정유경, 《까만 밤》, 창비, 2013

조정인, 《웨하스를 먹는 시간》, 문학동네, 2021

최승호, 《말놀이 동시집 1》, 비룡소, 2005

테드 휴즈, 《고양이와 뻐꾸기》, 아이들판, 2004

함민복, 《노래는 최선을 다해 곡선이다》, 문학동네, 2019

※ 격월간 동시 전문지, 《동시마중》 팟캐스트
　이안의 동시 이야기ㅣ다 같이 돌자 동시 한 바퀴

부록 2 책에 인용된 동시

제1부

나를 향한 시 읽기, 시 쓰기

김륭, 〈소금쟁이〉, 《엄마의 법칙》, 문학동네, 2014
김창완, 〈칸 만들기〉, 《무지개가 꿘 방이봉방방》, 문학동네, 2019
류선열, 〈시인의 말〉, 《잠자리 시집보내기》, 문학동네, 2015
문현식, 〈그럼 그럼〉, 《오늘도 학교로 로그인》, 창비, 2021
송찬호, 〈눈사람〉, 〈초록 토끼를 만났다〉, 《초록 토끼를 만났다》, 문학동네, 2017
송찬호, 〈무지개를 찾아서〉, 《여우와 포도》, 문학동네, 2019
송진권, 〈우리가 나고 자란 집〉, 《어떤 것》, 문학동네, 2019
송선미, 〈딱지 옆에 스티커〉, 《옷장 위 배낭을 꺼낼 만큼 키가 크면》, 문학동네, 2016
유강희, 〈봄〉, 《손바닥 동시》, 창비, 2018
이안, 〈금〉, 〈파꽃〉, 〈소금쟁이〉, 《오리 돌멩이 오리》, 문학동네, 2020
이안, 〈하느님 나라의 입학식〉, 《검은 시의 목록》, 걷는사람, 2017

시 읽기, 삶 읽기 - 노란 단추

류선열, 〈샛강 아이〉, 《잠자리 시집보내기》, 문학동네, 2015
송진권, 〈산그늘 1〉, 《새 그리는 방법》, 문학동네, 2014
이안, 〈금〉, 《오리 돌멩이 오리》, 문학동네, 2020
성명진, 〈불빛〉, 《축구부에 들고 싶다》, 창비, 2011

시 쓰는 교실, 시 쓰는 삶

이안, 〈시옷〉, 《오리 돌멩이 오리》, 문학동네, 2020

제2부

올망졸망 열어가는 동시 세상

오장환, 〈해바라기〉, 《말아 다락같은 말아》, 고두미, 2021

송찬호, 〈사슴뿔 숙제〉, 《저녁별》, 문학동네, 2011
최승호, 〈탁구〉, 〈목욕탕에서〉, 《펭귄》, 비룡소, 2007

함께 만난 동시의 세계
김성민, 〈브이를 찾습니다〉, 〈안녕, 똥〉, 《브이를 찾습니다》, 창비, 2017
김금래, 〈틈〉, 《꽃피는 보푸라기》, 한겨레아이들, 2016
성명진, 〈가 보자〉, 《축구부에 들고 싶다》, 창비, 2011

매일매일 낭독해요
권오삼, 〈짝짓기〉, 〈쟁이〉, 《라면 맛있게 먹는 법》, 문학동네, 2016
권태응, 〈오리〉, 《감자꽃》, 창비, 1995
박성우, 〈계속_계단〉, 《첫말 잇기 동시집》, 비룡소, 2019
이안, 〈은〉, 《오리 돌멩이 오리》, 문학동네, 2020
정유경, 〈번데기〉, 《까만 밤》, 창비, 2013
최승호, 〈오솔길〉, 〈나〉, 《말놀이 동시집 1》, 비룡소, 2005

네 손에 쥔 돌멩이가 말을 걸 거야
김륭, 〈소금쟁이〉, 《엄마의 법칙》, 문학동네, 2014
유강희, 〈소금쟁이〉, 《오리 발에 불났다》, 문학동네, 2010
이안, 〈소금쟁이〉, 《오리 돌멩이 오리》, 문학동네, 2020

온·오프라인으로 함께 한 〈온작품 동시 놀이 프로젝트〉
송선미, 〈변비 엄마〉, 《옷장 위 배낭을 꺼낼 만큼 키가 크면》, 문학동네, 2016

새로운 눈, 감각을 깨우는 동시 세계
김창완, 〈봄〉, 《무지개가 뀐 방이봉방방》, 문학동네, 2019

詩끌詩끌 동시 생활
김개미, 〈고슴도치야 고슴도치야〉, 〈외계로 보내는 메시지〉, 〈나의 꿈〉, 《어이없는 놈》, 문학동네, 2013

유강희, 〈오리 발에 불났다〉,《오리 발에 불났다》, 문학동네, 2010
유강희, 〈화음〉, 〈나비야〉, 〈첫눈〉,《손바닥 동시》, 창비, 2018

필사의 힘으로 시 창작까지
이안, 〈숨바꼭질〉,《고양이의 탄생》, 문학동네, 2012

동시 속 숨은그림찾기
김륭, 〈프라이팬을 타고 가는 도둑고양이〉,《프라이팬을 타고 가는 도둑고양이》, 문학동네, 2009
권태응, 〈감자꽃〉,《감자꽃》, 창비, 1995

마음 놓고 진지하기
김개미, 〈그애 손을 잡은 다음 날〉, 〈이상한 엄마〉, 〈별에 무전을 친다〉, 〈역할 놀이〉, 〈짝의 일기〉,《커다란 빵 생각》, 문학동네, 2016

제3부

상상의 아이콘! 눈사람, 김륭
김륭, 〈신발을 찾습니다〉, 〈울고 싶은 날〉, 〈트램펄린〉,《엄마의 법칙》, 문학동네, 2014
김륭, 〈응〉, 〈전학 첫날〉, 〈신발이 나는 것을 본 새들의 반응〉,《앵무새 시집》, 상상, 2020

동화적 상상력이 시 세계로 들어왔다, 송찬호
송찬호, 〈채송화〉,《고양이가 돌아오는 저녁》, 문학과지성사, 2009
송찬호, 〈눈사람〉,《분홍 나막신》, 문학과지성사, 2016
송찬호, 〈눈사람〉,《초록 토끼를 만났다》, 문학동네, 2017
송찬호, 〈강아지 옆 돌멩이〉, 미발표작

공감과 치유의 동시, 송선미
송선미, 〈골목〉, 〈아버지의 여섯 번째 손가락〉,《옷장 위 배낭을 꺼낼 만큼 키가 크면》, 문학동네, 2016

새로운 형식의 동시 놀이, 유강희

유강희, 〈반딧불〉, 《오리 발에 불났다》, 문학동네, 2010

유강희, 〈금붕어〉, 〈첫눈〉, 《손바닥 동시》, 창비, 2018

유강희, 〈헤어짐은 잠시〉, 《무지개 파라솔》, 문학동네, 2021

말을 기르는 시인, 이안

이안, 〈아버지 고향〉, 〈모과〉, 《고양이와 통한 날》, 문학동네, 2008

이안, 〈숨바꼭질〉, 〈봄〉, 〈나비 3〉, 〈금붕어〉, 〈사진〉, 《고양이의 탄생》, 문학동네, 2012

이안, 〈책머리에〉, 〈물의 꿈〉, 〈외눈바위〉, 《글자동물원》, 문학동네, 2015

이안, 〈돌거북 버스〉, 〈모과나무〉, 〈파꽃〉, 《오리 돌멩이 오리》, 문학동네, 2020

백석, 〈여승〉, 《정본 백석 시집》, 문학동네, 2020

제4부

교사, 동시를 읽다

권태응, 〈또랑물〉, 《권태응 전집》, 창비, 2018

이안, 〈마늘 묵찌빠〉, 《글자동물원》, 문학동네, 2015

정유경, 〈시곗바늘이 왈츠처럼〉, 《까만 밤》, 창비, 2013

방주현, 〈혼자 갈 수 있다〉, 《내가 왔다》, 문학동네, 2020

박정섭, 〈노총각 아저씨〉, 《똥시집》, 사계절, 2019

송선미, 〈마주 보는 문장으로 풀어 주자〉, 《미지의 아이》, 문학동네, 2021

유강희, 〈봄〉, 《손바닥 동시》, 창비, 2018

송진권, 〈담쟁이〉, 《어떤 것》, 문학동네, 2019

송선미, 〈어떤 말들이 노래가 되나〉, 《옷장 위 배낭을 꺼낼 만큼 키가 크면》, 문학동네, 2016

송현섭, 〈괜찮아〉, 《착한 마녀의 일기》, 문학동네, 2018

박성우, 〈책상_책임〉, 《첫말 잇기 동시집》, 비룡소, 2019

송찬호, 〈초록 토끼를 만났다〉, 《초록 토끼를 만났다》, 문학동네, 2017

오장환, 〈섬돌〉, 《말아 다락같은 말아》, 고두미, 2021

부록 3 참고 문헌

김대행 외, 《문학교육원론》, 서울대학교출판부, 2000, 118면.

김이구, 《어린이문학을 보는 시각》, 창비, 2005, 168면.

미셸 투르니에, 《미셸 투르니에의 상상력을 자극하는 시간》, 예담, 2011, 173~174면.

박지희, 《1학년 첫 배움책》, 휴먼어린이, 2017.

엄경희, 〈우리는 왜 사랑 시에 열광하는가〉, 《시 대학생들이 던진 33가지 질문에 답하기》, 세움, 2011, 332면.

이오덕, 《아동시론》, 굴렁쇠, 2006, 79면.

이향근, 《시 교육과 감성의 힘》, 청동거울, 2015, 17면, 238면.

이향근, 〈어린이와 동시 사이 거리 좁히기〉, 《창비어린이》 2020 겨울호, 2020, 144면.

유종호, 《시란 무엇인가》, 민음사, 1995.

조르조 아감벤, 《불과 글》, 책세상, 2016, 89면.

제시카 호프만 데이비스, 《왜 학교는 예술이 필요한가》, 열린책들, 2013, 85면.

탁동철, 《하느님의 입김》, 양철북, 2017.

테드 휴즈, 《오늘부터, 詩作》, 비아북, 2019, 251면.

페르난두 페소아, 《시는 내가 홀로 있는 방식》, 민음사, 2018, 11면.

에바 일루즈, 《감정 자본주의》, 돌베개, 2010.

김영숙, 《읽기&쓰기 교육》, 학지사, 2017.

이향근, 《시 교육과 감성의 힘》, 청동거울, 2015.

원종찬 외, 《교사를 위한 온작품 읽기》, 창비, 2019.

진선희·이향근, 《초등 시 교육론》, 박이정, 2021.

저자 소개

강연미 littlesora@hanmail.net
아이들과 시, 그림책, 동화책을 함께 읽고 나누며 이야기꽃을 피울 때 즐겁다. 동시를 마중하고 그 길을 걸으며 다른 몸이 되어 가는 중이다. 눈과 귀를 열어 좀 더 보고 들으려고 노력한다. 동시의 길을 따라 걷다 보니 더 좋은 어른이 되고 싶어진다. 좀 더 부지런한 삶을 살고 싶어진다. 그렇게 살려고 애쓰는 중이다.

권선희 birch70@hanmail.net
'영혼이 자유로운 교실', 언젠가 MBTI 연수에서 들은 내가 만들어 가는 교실의 모습이라고 한다. 동시를 만나고 동시의 길을 걸으며 문득 잊었던 이 어구가 생각난다. '영혼이 자유로운 교실' 그 교실에서 거침없이 춤추는 아이들을 만나고 싶다. 거침없이 춤추는 나를 만나고 싶다. 동시 읽기는 빈틈없이 빽빽한 일상에서 나를 과감히 탈출시킨다. 그리고 먼저 손을 내민다. '괜찮아, 괜찮아.' 아이들에게도 말해 주고 싶다. '괜찮아, 괜찮아, 다 괜찮아.'

김명순 jakunsomang@hanmail.net
'작은 소망'이라는 학급 이름으로 아이들과 함께 동시 텃밭을 가꾸고 있다. 아이들과 함께 작은 소망, 작은 추억을 소중히 가꾸며 살고 있다. '동시 공부'를 시작하면서 동시를 사랑하게 되었고, 사랑하니 자꾸만 동시를 들여다보게 되고, 누군가와 함께하고 싶어졌다. 그래서 아이들과 함께 암송하고 함께 필사하고, 선생님들과 동시를 나누며 즐거운 날들을 보내고 있다.

김효진 jinto23@naver.com
동시를 만나고 내 안의 다양한 모습을 마주하게 된다. 동시를 통해 받는 위로는 내가 싫어하는 나의 모습까지도 따뜻하게 안아 주고 싶게 만든다. 아이들에게도 동시가 마음이 힘들 때 기댈 수 있는 작은 안식처가 되길 바라며 오늘도 아이들과 함께 동시를 읽는다.

우경숙 phillia0424@naver.com
전국초등국어교과모임《어린이와 함께 여는 국어교육》편집장으로 4년간 활동했다. 세상에 없던 수업을 꿈꾸며 동시를 배우기 시작했다. 시를 낭독하는 시간, 가만히 시를 듣는 시간이 좋다. 어린이와 동시를 아껴 주는 사람이 되고 싶다.

유선민 sunmin78@sen.go.kr
이야기와 수다를 좋아한다. 초등학교 동창 이야기로는 학교에 오면 TV로 본 역사 드라마 이야기를 주로 하는 아이였단다. 중·고등학교 친구는 서점에서 시집을 사 읽는 내가 신기했단다. 그리고는 아주 훌쩍 시간이 지나 서너 해 전부터는 동시에 관한 수다를 떠는 내가 있다. 우리 반 아이들 그리고 쌀떡밀떡 선생님들과 나누는 동시 이야기가 참 재미있고 즐겁다. 무엇보다 '함께'여서 참 좋다.

윤미경 ymk9255@naver.com
아이들을 가르치다가 동시 단원이 나오면 항상 어렵고 답답했다. 깊고 맑은 동시의 맛을 알아가는 중이다. 그러다가 쌀떡밀떡에 발을 들여놓고 동시를 함께 공부했다. 무엇을 배운다는 것이 다 그렇듯이 처음에는 감상도 어렵고 생소했다. 꾸준히 읽을 뿐이다. 세상에 외치고 싶은 말들인 동시를 아이들에게 많이 읽히고 싶다. 또한 아이들이 하고 싶은 말을 표현하도록 돕고 싶다.

이정희 darong97@hanmail.net
어렸을 때 가장 싫어하던 과목이 국어였다. 그래서 초등학교 선생님이 되고 나서 가장 많이 공부하고 있는 과목도 국어이다. 어려서 안 읽던 그림책과 동화책을 교사가 되어서 읽었다. 이런 나의 관심은 이제 동시로 이어져서 4년째 동시를 공부하고 있다. 동시는 나에게 세상을 보는 새로운 눈을 알려 주었고, 지금 그 길잡이를 따라 동심이란 세계를 여행 중이다.

이혜림 glare222@naver.com
언젠가부터 학생들과 문집을 만들고 한 달에 한 편씩 시를 쓰고 있다. 2019년에 우연한 계기로 쌀떡밀떡 선생님들을 만나 동시 공부를 함께하면서 더 새롭고 단단한 학급을 만들고, 나를 찾고 사랑하고 있다. 학생들과 함께 소통하고 마음을 나누는 데 동시는 약이 된다. 아픈 곳을 어루만져 주고 때론 미리 먹는 보약처럼 우리의 몸과 마음에 약이 되는 동시! 이런 동시를 읽고 나의 시를 쓰는 경험을 많은 사람들과 함께 나누고 싶다.

한우정 jhjy35@hanmail.net
초등교사면서도 동시에 관심조차 없다가 2018년에 처음으로 동시집을 선생님들과 함께 공부하기 시작하면서 동시에 눈을 떴다. 4년이 되어 가는 지금, 동시랑 친해지게 된 사실이 꿈만 같다고나 할까? 덕분에 어릴 적 내 모습을 곰곰 돌아보게 되었고, '나'라는 아이는 어떤 아이였는지 내 가슴속에서 아직 머무는 내면 아이가 꾸는 꿈은 무엇인지 동시를 읽고 공부하며 꾸준히 탐색 중이다.

황세원 hsewon@sen.go.kr
2019년부터 장님이 코끼리 다리를 만지듯 동시를 더듬더듬 배우고 있다. 근사하기도 하고 거대하기도 한 동시의 세계가 때로는 어려워 내 길이 아닌 것 같기도 하지만, 그때마다 만나는 멋진 동시와 함께 걸어가는 글벗들(쌀떡밀떡, 화요 합평반)이 있기에 한 걸음 한 걸음 나아가고 있다.

추천의 말

바다에 띄워 보내는 사랑 이야기

송선미(동시인, 《동시마중》 발행인)

사랑 이야기가 아닙니다. 동시 이야기예요. 저는 지금 두 주먹 불끈 쥐고 '동시가 뭐길래'를 외치고 있습니다. 대체 동시가 무어길래, 이토록 달뜨고 노곤하니 달달하고 묵직하니 뜨거운가요.

네, 저는 이 사람들을 알아요. 저는 이 사람들을, 2018년부터 최근(마지막으로 만난 게 2022년 1월 14일이로군요)까지, 코로나 이전에는 일주일에 한 번(매주는 아니고요), 코로나 이후에는 한 달에 한 번(매달은 아니고요), 신촌, 지하철 2호선 신도림역 문화 공간 '고리', 가상공간 줌Zoom에서 만났습니다. 처음에 이 사람들은 '수강생'이자 '초등교사', 그러니까 일반 보통명사였어요. 처음에 이 '선생님'들은 동화나 그림책 공부는 해 봤지만 동시는 처음이라며 수줍어하였습니다. 수업이 끝난 뒤엔 다소 상기된 얼굴로 얼른 가서 우리 애들한테 동시 들려주고 싶다며 내일이 됐으면 좋겠다고 눈을 반짝였습니다.

빙 둘러 앉아 있는 우리는 무엇을 가운데 두고 모여 있나요.

동시를 가운데 두고 만났던 우리들은 헤어져 각자의 삶터로 돌아갔습니다. 돌아가, 저마다의 가슴에 남은 동시 씨앗을 심고 틔워 길러 피웠겠지요. 저마다의 삶터인 학급-교실이 있고 그곳에 아이가 있으니, 아이가 그걸 들여다보았겠지요. 이게 뭔가요? 너도 그랬던 거야? 그러니까 내가 말이지, 하루는 우리 엄마가… 조잘거렸겠지요. 동시가 아니었다면 "아이스크림 아저씨 아파트" "팡팡 핀 파 대가리를 (…) 갖고 싶어"라거나, "어제보다 더 나은 나를 위해" "그럼 이제 마음이 좀 풀렸지? 아니!" "시란 내가 꿈꾸는 글자", '이렇게 말하진 않았을 거'예요.

　동시는 어린이들을 만나기 위해 반복을 즐깁니다. 반복은 같은 것이나 비슷한 것을 부릅니다. 강물 위에 떨어진 나뭇잎처럼 동그라미를 만들고, 그 동그라미를 닮은 동그라미를, 그 동그라미를 닮은 또 동그라미를 만들어 냅니다. 동그라미는 동그라미를 부르고, 동그라미가 부른 동그라미는 또 동그라미를 만들어, 잔잔했던 강물의 수면을 꿈꾸듯 어디론가 데려갑니다.

　동시는 어린이들도 좋아할 수 있도록 진심으로 말합니다. 그래서 동시를 쓰는 사람도 제 마음에 깜짝 놀라고, 동시를 읽은 사람도 제 마음을 만나 깜짝 놀랍니다. 그래서 동시 옆에 동그랗게 동그랗게 그때의 제 마음을 놓아 보게 되지요. 어린이 독자는 동시를 쓴 사람이 되어 보고, 어른은 어린이가 되어 보기도 합니다.

　동시는 어린이들도 쉽게 읽을 수 있도록 쉬운 말과 단순한 짜임을 좋아합니다. 그래서 동시에서 사용된 말은 일상에서 찾아보기도 쉽고, 독자의 마음이 되기도 쉬워 공감하기 쉽습니다. 또 단순한 짜임이라 행간이 넉넉해 그 사이사이로 읽는 이의 마음을 마음껏 넣을 수도 있어요. 동시는 혼자 읽어도 좋지만 함께 즐기게 됩니다. 여백이 많아 읽고 나면 무언가를 자꾸 더 말하고 싶어지게 만들거든요.

그리고 동시는 어린이를 닮아 가능성을 향하여 섭니다. 지난 수년간 쌀밀 선생님들과 동시를 함께 읽으며, 저는 동시가 그러함을 알았어요.

이 책은 동시가 있어 처음으로 생겨난 이야기입니다.

동시가 있어 처음으로 생겨난 경숙, 정희, 선희, 세원, 명순, 연미, 혜림, 미경, 효진, 우정, 선민의 이야기입니다. 동시가 있어 경숙, 정희, 선희, 세원, 명순, 연미, 혜림, 미경, 효진, 우정, 선민이가 저마다의 아이와 만나 생겨난 이야기지요. 경숙들과, 정희… 선민들이, 아이들과 만나 생겨난 쌀밀 쌤들의 이야기에요. 그리고 이 책은, 동시와 경숙들과 아이들과 쌀밀 쌤들을 만난 여러분들께서, 처음으로 만들게 될 동시 이야기입니다.

우리들의 이야기는 유리병을 닮은 한 권의 책에 담겨 바다로 바다로 갑니다. 바다는 언제나 그곳에 있고, 바다는 원하는 누구든 달려가면 닿을 수 있으니, 유리병에 담겨 바다에 띄워진 우리의 이야기는 언제든 당신이 원하신다면 당신에게 닿아 당신의 이야기로 열릴 것입니다.